超大城市群协同发展研究丛书

城市群协同发展
——范式·决策·实践

岳 隽 单 樑 陈君丽 陈小祥 等 著

科学出版社

北 京

内 容 简 介

本书紧扣我国城市群协同发展综合决策的核心需求，优化形成了面向场景的城市群协同发展综合决策范式，基于此制定由场景识别—方案制定—决策分析—结果输出—结果应用的决策技术流程，提出了多主体、多目标、多要素、综合性的城市群协同发展综合决策范式。本书以复杂、多元以及具有不同特征的粤港澳大湾区为例，针对国土、产业、交通、生态、基础设施等重点协同领域，开展了城市群协同发展的场景、数据和模型的应用研究。本书将理论研究与实践应用相结合，为城市群复杂问题的解决提供了决策实施路径，是新时代以城市群为主体推进区域协调高质量发展的新实践。

本书可为区域协同发展、国土空间治理、智慧城市管理相关领域的研究人员，以及开展城市群综合决策相关技术和方法的研究人员提供参考。

图书在版编目（CIP）数据

城市群协同发展：范式·决策·实践 / 岳隽等著. 北京：科学出版社，2024.9. —（超大城市群协同发展研究丛书）. — ISBN 978-7-03-079113-9

Ⅰ. F299.21

中国国家版本馆 CIP 数据核字第 2024P125C9 号

责任编辑：彭婧煜　冷　玥　覃　理 / 责任校对：张亚丹
责任印制：徐晓晨 / 封面设计：义和文创

科学出版社 出版
北京东黄城根北街 16 号
邮政编码：100717
http://www.sciencep.com

北京凌奇印刷有限责任公司印刷
科学出版社发行　各地新华书店经销

*

2024 年 9 月第　一　版　　开本：720×1000　1/16
2025 年 1 月第二次印刷　　印张：16 1/2　插页：2
字数：320 000

定价：139.00 元

（如有印装质量问题，我社负责调换）

"超大城市群协同发展研究丛书"编委会

顾　问：郭仁忠　许学强　叶嘉安
主　编：黄正东
副主编：叶玉瑶　史文中　王　鹏　贺　彪　曾元武
编　委（按姓氏汉语拼音排序）：
　　　　蔡少仲　陈　宇　陈泽鹏　黄吴蒙　李启军
　　　　李晓明　罗宏明　齐志新　阮威健　单　樑
　　　　史京文　苏岳龙　孙　佳　涂　伟　王长建
　　　　严　淦　杨　阳　俞　露　张安舒　张　敏

本书编写组成员
（按对本书贡献排序）

岳 隽　单 樑　陈君丽

陈小祥　纪 元　唐文魁

虞 洋　关文川　左 倩

丛书序一

随着城市化进程的推进，城市空间、产业和人口规模不断扩展，相邻城市之间的联系日益增强，形成相互依存、合作紧密的城市群。城市群是资源要素高度集中的城市连绵区域，已成为经济、社会和科技发展的重要引擎。纽约、旧金山、伦敦、巴黎和东京等国际大都市，辐射带动了其周边不同等级规模的城市，形成特色鲜明、一体化程度高的城市群，在全球经济发展中具有重要地位。进入21世纪以来，我国逐步形成京津冀、长三角、粤港澳大湾区三个特大城市群，成渝、长江中游、山东半岛、粤闽浙沿海城市群、中原、关中平原、兰州-西宁、北部湾等不同规模的城市群也逐步纳入国家发展规划。实施城市群战略有利于推动区域协调发展，形成新发展格局，实现"双碳"目标，从而提升城市化质量和城市群竞争力。

《粤港澳大湾区发展规划纲要》明确提出"建设世界级城市群"，促进区域协调发展。粤港澳大湾区是典型的超大城市群，由珠三角9市和香港、澳门特别行政区共11个城市组成，经济社会密度高，创新要素集聚，产业体系完备，经济互补性强，区位和集群优势明显，国际化程度高，经济体量大，在我国发展大局和世界经济格局中均具有重要地位和作用。响应国家需求，强化城市协同，破解合作难题，向更高水平迈进，是粤港澳大湾区城市群的内在发展需求和必要使命担当。如何充分利用独特的体制机制优势，破除障碍因素，促进市场互联互通、资源合理配置、治理合作协同是粤港澳大湾区城市群发展面临的重要课题，需要政界、业界和学界共同努力，深入探究，破局求解。在数字技术和经济迅速发展的今天，通过数字湾区建设，强化粤港澳大湾区城市群在数字空间、网络空间的融合是推进区域一体化协同发展的重要路径。基于立体感知、深度分析和智能优化技术的应用，有利于整合粤港澳大湾区城市群的土地、人口、科技、经济、基础设施等资源，推动构建完整协调的产业生态链，降低企业的运营和创新成本，提升城市群综合竞争力，促进粤港澳大湾区城市群经济、社会和环境的可持续发展。

深圳大学联合广东省科学院广州地理研究所、香港理工大学深圳研究院、中国科学院自动化研究所、广东省土地调查规划院、中山大学、广东省国土资源技术中心、北京高德云图科技有限公司、中电科新型智慧城市研究院有限公司、深圳市城市规划设计研究院股份有限公司9家单位，承担了国家重点研发计划"物联网与智慧城市关键技术及示范"专项项目"粤港澳大湾区城市群综合决策和协同服务研究与示范"（项目编号：2019YFB2103100）。研究团队聚焦粤港澳大湾区城市群综合决策和协同管理服务需求，解析国内外城市群协同发展的规律与机理，构建粤港澳大湾区城市群协同发展理论框架，制定数字化治理、网络化服务、智能化协同技术标准；探索面向城市群空间协同的多源（元）数据治理、集成分析、优化决策等关键技术，提出综合决策和协同服务范式，构建粤港澳大湾区城市群综合数据一体化管理平台。通过近3年的合作研究，项目组取得一系列可喜的创新成果。"超大城市群协同发展研究丛书"是部分研究成果的总结，涉及粤港澳大湾区城市群协同创新、发展状态感知与计算、综合模拟与优化、协同发展场景规划等内容。本人希望并相信，丛书的出版能够引起各界的广泛关注、讨论和思考，为粤港澳大湾区城市群发展和国家城市群战略的实施提供有益的理论和方法参考及支持。

郭仁忠
中国工程院院士
深圳大学智慧城市研究院
2023年3月

丛 书 序 二

超大城市群，作为一个国家和全球城市体系中的璀璨明珠，以其顶级的战略地位、庞大的人口规模、雄厚的经济总量、超大的核心城市以及高度的经济外向度和综合发育程度，成为了城市群发展的巅峰形态。从全球范围来看，以纽约为核心的美国东北部大西洋沿岸城市群、以芝加哥引领的五大湖城市群、以东京为核心的日本太平洋沿岸城市群，以及以伦敦为核心的英伦城市群、欧洲西北部巴黎领衔的城市群等都属于全球超大城市群。在我国的京津冀城市群、长三角城市群、粤港澳大湾区城市群等，它们无疑也是全球超大城市群的典型代表。

这些超大城市群，通过精细合理的分工合作，紧密地嵌入全球生产与创新网络，如同强大的磁场，吸引着全球资源，推动着科技创新，引领着世界经济的浪潮。然而，它们也面临着同质化竞争、资源错配、发展失序、人地矛盾等区域协同发展的共性难题。

相比之下，粤港澳大湾区城市群，其"一国两制"、三个关税区的独特背景，使得其空间尺度关系更为错综复杂。在这片充满活力的土地上，要实现市场互联互通、生产要素高效流动、产业合理分工和资源高效配置的协同发展，无疑是一项更为艰巨而复杂的任务，同时也蕴含着更为丰富的研究价值。

正因如此，粤港澳区域协同发展一直是地理学及其他有关学科研究的热点与焦点。自20世纪80年代以来，众多专家学者围绕粤港澳区域合作、联动与一体化发展等议题，展开了大量深入而富有成效的研究，揭示了粤港之间从"前店后厂"到"前金后厂"，从"单向辐射"到"双向辐射"的协同模式。然而，随着时代的变迁，粤港澳大湾区协同发展的机制已发生了深刻的变化，"前店后厂"等已成为历史，协同发展的模式更加多元，领域更加广泛。

特别是在当前全球数字化与人工智能加速发展的时代背景下，粤港澳大湾区协同发展正面临着数智转型的巨大挑战。一方面，需要突破综合决策与协同管理的技术瓶颈，以支撑城市群产业协同创新、资源协同配置、服务协同共享、环境协同治理、制度协同安排等应用场景；另一方面，需要构建全新的协同机制，促进区域数据流动、信息共享、规则对接与管理协同等。

在此背景下，深圳大学携手广东省科学院广州地理研究所等9家高等院校、科研机构和企业，共同承担了国家重点研发项目，聚焦粤港澳大湾区城市群综合决策与协同管理服务需求，深入解析超大城市群协同发展的规律与机理，探索面向城市群空间协同的多源数据治理、集成分析、优化决策等关键技术，提出城市群综合决策与协同服务的范式与机制创新。

经过系统研究与提炼总结，研究团队形成了这套"超大城市群协同发展研究丛书"。在数字技术和经济迅猛发展的今天，强化粤港澳城市群在数字空间、网络空间的融合，是推动区域一体化协同发展的重要路径。基于立体感知、深度分析与智能优化技术的应用，将有利于整合区域土地、人才、科技、信息、基础设施等资源，推动构建产业创新生态链，缓解城市群人地矛盾，提升城市群综合竞争力。

我坚信，这套丛书的出版将引领数字化时代超大城市群协同研究的新方向，为新时期粤港澳大湾区的协同发展与智慧转型注入强大的知识动力与智慧光芒！

许学强

中山大学地理科学与规划学院教授

2024 年 10 月

前　　言

伴随经济全球化进入新阶段，城市群成为各国参与全球竞争和国际分工的基本地域单元。在国内大循环为主体、国内国际双循环相互促进的新发展格局下，我国城市群需要协同发展，以一定的经济规模和产业聚集参与全球性城市竞争和合作，来应对全球化挑战。目前，我国已经形成了京津冀、长三角、粤港澳大湾区、成渝、长江中游、山东半岛、粤闽浙沿海、中原、关中平原等不同等级和规模的城市群，城市群体系初具雏形，且京津冀、长三角、粤港澳大湾区三大城市群建设已初具规模，长三角城市群已跻身世界级城市群。但城市群内部各个城市间的协同发展仍有提升空间，城市群内在功能联系不强，同构问题比较突出，协同运行机制不足，难以形成一加一大于二的合力。

因此，深化城市群各城市协同发展与合作，建立规模适度、布局合理、结构协调的区域发展格局成为城市群建设发展的基本要求，对于统筹区域协调联动发展，提高城市群整体竞争力和国际竞争力具有重要意义。然而，在破解城市群在演进与发展中出现的资源错配、同质竞争、发展不均、交通拥堵、环境污染、用地紧缺等问题上，传统的分析工具和治理范式面临着挑战，急需更有效的数据支撑、空间模型以及决策方法。大数据、地理信息、物联网和人工智能等技术提供了新的分析方法和技术手段，为促进城市群协同、可持续发展提供新契机。

本书深入分析了国内外城市群协同发展的差异特点，紧扣我国城市群协同发展综合决策的核心特征，基于传统决策范式重建了决策主体—决策目标—决策分析—决策结果—决策应用之间的逻辑，优化形成了面向场景的城市群协同发展综合决策范式，提出城市群协同发展综合决策具有面向场景、关注协同、多元主体、方法综合以及数据集成的特点，综合决策技术具有独立性与系统性、实用性与可操作性、动态性与相对稳定性、特异性与普适性、定性与定量相结合的特征，并基于此制定场景识别—方案制定—决策分析—结果输出—结果应用的决策技术流程，构建场景库、数据库和模型库的决策支持底盘，从理论基础到技术路径，提出了多主体、多目标、多要素、综合性的城市群协同发展综合决策范式。

本书聚焦城市群发展的人口、产业、资源、环境、服务等重点领域，结合城市群发展目标、相关规划和政策文件以及政府部门的重点工作等，深入分析人口有序流动、国土空间优化、产业协同发展、交通互联互通、生态保育协同、环境污染防治、重大基础设施建设等决策需求，识别城市群综合决策的具体场景以及决策需要的数据、模型算法等技术支撑，形成城市群协同发展综合决策的场景库、数据库和模型库。同时研究构建的场景库、数据库、模型库具有可生长特征，可随着社会需求的变化和技术的更新以及特色需求进一步补充和细分。

本书以复杂、多元以及具有不同特征的粤港澳大湾区城市群为例，针对粤港澳大湾区国土、产业、交通、生态、设施等重点领域，开展了场景、数据和模型的应用研究，实现了基于多情景模拟的国土空间布局优化、区域产业协同发展的优化配置、都市圈城际轨道交通的布局优化、国土空间多尺度生态修复的综合评价、跨行政区邻避设施的规划选址、"人口-产业-环境"多要素耦合协调动态评估的综合决策。将理论研究与实践应用相结合，为城市群复杂问题的解决提供了决策实施路径，是新时代以城市群为主体推进区域协调高质量发展的新实践。

本书按照城市群协同发展综合决策范式研究、城市群协同发展在地化实践、城市群协同场景分析、粤港澳大湾区城市群协同应用和城市群协同发展展望五个方面进行章节组织。具体撰写工作分工如下：第一章城市群协同发展综合决策范式研究由岳隽、单樑和陈君丽完成；第二章城市群协同发展综合决策的在地化实践由陈君丽完成；第三章、第四章和第五章区分不同决策场景进行细分，其中，国土空间利用场景分析及应用实践由陈小祥和唐文魁完成，人口场景和交通互联互通场景分析及应用实践由纪元和关文川完成，生态环境建设场景分析及应用实践由左倩和唐文魁完成，产业协同发展场景分析及应用实践由岳隽、虞洋、陈小祥和关文川完成，重大基础设施场景分析及应用实践由陈君丽完成，"人口-产业-环境"多要素耦合协同发展研究及应用实践由岳隽、虞洋和关文川完成。全书由岳隽负责统稿，陈君丽、纪元、唐文魁、左倩完成校对。

本书作者

2023 年 7 月 1 日

目　　录

丛书序一
丛书序二
前言

第1章　城市群协同发展综合决策范式研究 ·················· 1
　1.1　城市群协同发展综合决策的提出 ·················· 2
　　1.1.1　城市群协同发展的现实背景 ·················· 2
　　1.1.2　城市群协同发展综合决策的意义 ·················· 3
　　1.1.3　城市群协同发展综合决策的研究内容 ·················· 4
　1.2　城市群协同发展综合决策范式内涵及特征 ·················· 5
　　1.2.1　城市群协同发展综合决策的需求 ·················· 5
　　1.2.2　综合决策提出与演进 ·················· 6
　　1.2.3　城市群协同发展综合决策范式的内涵与构成 ·················· 10
　　1.2.4　城市群协同发展综合决策范式的特征 ·················· 14
　1.3　城市群协同发展综合决策范式的技术支持 ·················· 16
　　1.3.1　综合决策技术特征 ·················· 16
　　1.3.2　综合决策技术流程 ·················· 18
　　1.3.3　综合决策技术支持 ·················· 20

第2章　城市群协同发展综合决策的在地化实践 ·················· 26
　2.1　国内实践：区域协同目标牵引下的融合发展 ·················· 26
　　2.1.1　京津冀城市群 ·················· 27
　　2.1.2　长三角城市群 ·················· 32
　　2.1.3　粤港澳大湾区城市群 ·················· 39
　　2.1.4　成渝城市群 ·················· 46
　　2.1.5　长江中游城市群 ·················· 51
　2.2　国外实践：多元主体合作下的统筹协调 ·················· 56
　　2.2.1　日本太平洋沿岸城市群 ·················· 56
　　2.2.2　英国中南部城市群 ·················· 61
　　2.2.3　北美五大湖城市群 ·················· 64

2.2.4　欧洲西北部城市群 ·· 67
第3章　城市群协同发展综合决策场景细分 ·· 70
　3.1　人口发展 ·· 70
　　3.1.1　决策需求 ··· 70
　　3.1.2　场景1：人口合理布局 ··· 72
　　3.1.3　场景2：人口有序流动 ··· 73
　　3.1.4　场景3：人口与资源环境平衡 ··· 74
　　3.1.5　决策支持底盘 ··· 75
　3.2　国土利用 ·· 76
　　3.2.1　决策需求 ··· 77
　　3.2.2　场景1：国土空间资源环境承载力及开发适宜性评价 ····················· 78
　　3.2.3　场景2：国土空间结构优化配置 ··· 81
　　3.2.4　场景3：土地覆被/利用变化模拟 ··· 82
　　3.2.5　决策支持底盘 ··· 85
　3.3　产业协同 ·· 87
　　3.3.1　决策需求 ··· 88
　　3.3.2　场景1：产业发展水平评价 ··· 90
　　3.3.3　场景2：产业集聚与产业集群 ··· 90
　　3.3.4　场景3：产业关联度与产业链协同 ··· 91
　　3.3.5　场景4：产业梯度转移 ··· 92
　　3.3.6　场景5：产业空间合理布局 ··· 92
　　3.3.7　决策支持底盘 ··· 93
　3.4　交通互通 ·· 95
　　3.4.1　决策需求 ··· 96
　　3.4.2　场景1：综合交通与区域空间功能协同 ··· 99
　　3.4.3　场景2：综合交通基础设施协同 ··· 100
　　3.4.4　场景3：综合交通服务协同 ··· 101
　　3.4.5　场景4：综合交通规划管理协同 ··· 102
　　3.4.6　决策支持底盘 ··· 103
　3.5　生态保育 ·· 105
　　3.5.1　决策需求 ··· 106
　　3.5.2　场景1：提升城市群生态系统功能 ··· 107
　　3.5.3　场景2：构建城市群生态安全格局 ··· 108

3.5.4　场景3：推动城市群绿色低碳发展 ··· 108
　　3.5.5　场景4：完善城市群生态环境协同机制 ··· 109
　　3.5.6　决策支持底盘 ··· 110
3.6　环境共治 ··· 112
　　3.6.1　决策需求 ·· 112
　　3.6.2　场景1：城市群水环境协同保护与治理 ··· 114
　　3.6.3　场景2：城市群大气污染联防联控 ·· 115
　　3.6.4　场景3：城市群废弃物协同处理 ·· 116
　　3.6.5　场景4：城市群土壤污染协同治理 ·· 117
　　3.6.6　决策支持底盘 ··· 117
3.7　基础设施建设 ·· 119
　　3.7.1　决策需求 ·· 120
　　3.7.2　场景1：跨区域水资源调配 ··· 122
　　3.7.3　场景2：能源系统高效配置 ··· 124
　　3.7.4　场景3：环卫设施共建共享 ··· 125
　　3.7.5　决策支持底盘 ··· 126

第4章　粤港澳大湾区协同发展综合决策的应用实践 ·· 128
4.1　基于多情景模拟的国土空间布局优化 ·· 128
　　4.1.1　国土空间布局优化决策需求 ··· 128
　　4.1.2　国土空间布局优化决策技术优化 ·· 130
　　4.1.3　基于多情景模拟的国土空间布局优化范式建立 ····························· 132
　　4.1.4　粤港澳大湾区国土空间变化模拟预测 ··· 136
　　4.1.5　范式应用的未来展望 ·· 138
4.2　关联视角下产业协同优化配置 ··· 139
　　4.2.1　产业协同发展需求 ··· 139
　　4.2.2　产业协同发展决策技术优化 ··· 140
　　4.2.3　基于关联视角的区域产业协同发展决策范式建立 ························· 141
　　4.2.4　广东省产业协同发展优化配置策略研究 ······································· 146
　　4.2.5　范式应用的未来展望 ·· 154
4.3　基于公平-效率的城际轨道空间布局优化 ··· 154
　　4.3.1　城际轨道空间布局优化需求 ··· 154
　　4.3.2　交通基础设施空间布局决策技术优化 ··· 156
　　4.3.3　基于公平效率的城际轨道空间布局优化范式建立 ························· 157

4.3.4　深圳都市圈城际轨道空间布局优化 ………………………………… 162
　　4.3.5　范式应用的未来展望 ……………………………………………… 171
4.4　国土空间多尺度生态修复综合评价 ……………………………………… 171
　　4.4.1　国土空间生态修复综合决策需求 …………………………………… 171
　　4.4.2　国土空间多尺度生态修复综合评价技术优化 ……………………… 172
　　4.4.3　国土空间多尺度生态修复综合决策范式建立 ……………………… 174
　　4.4.4　国土空间多尺度生态修复综合评价应用 …………………………… 177
　　4.4.5　范式应用的未来展望 ……………………………………………… 180
4.5　跨地市邻避设施规划选址 ………………………………………………… 181
　　4.5.1　跨地市邻避设施规划选址决策需求 ………………………………… 181
　　4.5.2　跨地市邻避设施规划选址技术优化 ………………………………… 182
　　4.5.3　基于博弈论的跨地市垃圾焚烧发电设施规划选址范式建立 ……… 183
　　4.5.4　深莞共建垃圾焚烧发电设施规划选址多主体决策 ………………… 190
　　4.5.5　范式应用的未来展望 ……………………………………………… 196
4.6　人口-产业-环境多要素耦合协调动态综合评估 ………………………… 197
　　4.6.1　人口-产业-环境多要素协同发展决策需求 ………………………… 197
　　4.6.2　人口-产业-环境多要素耦合协调动态综合评估技术优化 ………… 198
　　4.6.3　基于政策语义的人口-产业-环境多要素耦合动态评估决策范式建立 … 199
　　4.6.4　广东省9个湾区城市基于就业人口增长的多要素协同发展决策 … 203
　　4.6.5　范式应用的未来展望 ……………………………………………… 212

第5章　城市群协同发展综合决策发展展望 ……………………………… 214
5.1　提供场景化的决策支持 …………………………………………………… 214
　　5.1.1　产业协同发展 ……………………………………………………… 214
　　5.1.2　交通互联互通 ……………………………………………………… 215
　　5.1.3　国土优化利用 ……………………………………………………… 216
　　5.1.4　基础设施供给 ……………………………………………………… 217
5.2　关注多元主体的合作关系 ………………………………………………… 218
　　5.2.1　关注企业、政府、科研载体之间的互动 …………………………… 219
　　5.2.2　关注供给方与需求方之间的平衡关系 ……………………………… 219
　　5.2.3　关注跨区域、跨部门的政府、市民、企业之间的协同 …………… 220
　　5.2.4　关注公众和社会的参与 …………………………………………… 221
5.3　深化多要素联动机理分析 ………………………………………………… 222
　　5.3.1　强化技术、政策与空间资源配置的联动 …………………………… 222

5.3.2 驱动社会和经济要素协调发展 …………………………………… 223
　　5.3.3 增强人地耦合系统分析 ……………………………………………… 224
　　5.3.4 联动土地、环境、产业、功能等多要素 …………………………… 225
5.4 集成应用数字化技术与人工智能方法 ………………………………………… 226
　　5.4.1 多模态数据与多时空数据融合 ……………………………………… 226
　　5.4.2 数字化方法与人工智能大模型应用 ………………………………… 227
　　5.4.3 综合决策平台及其可视化平台建设 ………………………………… 229
参考文献 …………………………………………………………………………………… 231
后记 ………………………………………………………………………………………… 242
彩图

第1章　城市群协同发展综合决策范式研究

随着经济全球化进入新阶段，全球竞争已不再是单一城市的竞争，而是城市区域的竞争。城市群因具有在更大范围内进行资源配置的竞争优势，从而成为国家参与全球竞争和国际分工的基本地域单元，在全球经济竞争中发挥着举足轻重的作用，影响着世界政治经济的发展格局。城市群的协同发展模式成为我国高质量发展背景下区域协调发展的重要抓手，并日益成为参与国际竞争和分工的重要支撑。深化城市群协同发展与合作，建立规模适度、布局合理、结构协调的区域发展格局成为城市群建设发展的基本要求，对于统筹区域协调发展，提高城市群整体竞争力具有重要意义。

城市群协同发展具有多领域关联、多主体参与、多目标需求等特征，存在跨地域资源共享难、协调难、决策难等问题，综合决策集成多主体、多目标、多要素于一体，成为推进城市群协同发展的重要方法之一。与此同时，新一代信息技术的发展和迭代为城市群协同发展综合决策提供了新思路和相应的技术支撑。因此，有必要突破城市群协同发展综合决策的关键技术，构建一套适用于综合、复杂决策的普适性逻辑范式，夯实综合决策理论方法及应用。

从城市群协同发展综合决策提出的现实背景和意义出发，需要剖析城市群协同发展的需求特征，追溯综合决策及其范式的起源、概念内涵、特征及演变应用，聚焦综合决策五大构成要素，即决策主体、决策目标、决策分析、决策结果和决策应用，优化形成城市群协同发展综合决策范式，为综合决策提供理论支撑。针对城市群协同发展综合决策面向场景、关注协同、多元主体、方法综合以及数据集成的特点，以及决策技术的独立性与系统性、实用性与可操作性、动态性与相对稳定性、特异性与普适性、定性与定量相结合的特征，制定场景识别—方案制定—决策分析—结果输出—结果应用的决策技术流程，构建包括场景库、数据库和模型库等在内的决策支持底盘，从理论基础到技术路径，为多主体、多目标、多要素、综合性的城市群协同发展综合决策提供完整的理论和技术支撑。

1.1 城市群协同发展综合决策的提出

1.1.1 城市群协同发展的现实背景

1. 城市群协同发展是国际经济一体化背景下的必然趋势

从国内外城市群的形成特点和发展趋势来看，城市群发展一般具有以下特征。一是城市群以至少一个特大城市为核心，由三个以上大城市为基本构成单元（姚士谋，1992；方创琳，2009），是在一定空间范围内同时拥有不同等级规模的空间组合集聚区域；二是城市群依托发达便捷的交通、通信等基础设施网络进行要素之间的流通，具有高效的资源配置（顾朝林，2011）；三是城市群经济联系紧密且动态发展，最终成为高度同城化和高度一体化的有机综合体（姚士谋等，2010）。目前，我国已经形成了京津冀、长三角、粤港澳大湾区、成渝、长江中游、山东半岛、粤闽浙沿海、中原、关中平原等不同等级和规模的城市群，城市群体系初具雏形，长三角城市群已跻身世界级城市群，但城市群内部各个城市间的协同发展仍有提升空间。在以国内大循环为主体、国内国际双循环相互促进的新发展格局下，我国城市群要参与全球性的城市竞争和合作，应对全球化挑战，必须要形成足够的经济规模和产业聚集。

2. 城市群协同发展是新型城镇化发展到较高阶段的必然选择

改革开放以来，我国城镇化率由1978年不到20%提高至2021年64.7%[①]。在经历快速城镇化的同时，不同城市发展差距明显、城乡二元结构矛盾突出、城镇化发展不协调、发展质量不高以及区域发展不平衡不充分等问题成为城镇化下半场亟待解决的关键问题。2006年，《中华人民共和国国民经济和社会发展第十一个五年规划纲要》首次提出了"要把城市群作为推进城镇化的主体形态"。此后，随着京津冀、长三角城市群正式写入政府文件，在国家的重要文件或报告中，城市群对区域协调发展的重要性多次被强调。2017年，党的十九大报告提出"以城市群为主体构建大中小城市和小城镇协调发展的城镇格局，加快农业转移人口市民化"。2021年，《中华人民共和国国民经济和社会发展第十四个五年规划和2035年远景目标纲要》再次强调"坚持走中国特色新型城镇化道路，深入推进以人为核心的新型城镇化战略，以城市群、都市圈为依托促进大中小城市和小城镇协调联动、特色化发展，使更多人民群众享有更高品质的城市生

---

① 国家统计局：《中国统计年鉴-2022年》，中国统计出版社，2022，第2章，第1节，人口数及构成。

活"。在区域协调发展战略牵引下，国家相继发布《京津冀协同发展规划纲要》（2015 年）、《长江三角洲城市群发展规划》（2016 年）、《粤港澳大湾区发展规划纲要》（2019 年）等发展规划为城市群协同发展提供具体方向和目标。可见，随着我国城镇化发展由速度型逐渐转向质量型，作为新型城镇化的主体形态，国家对城市群协同发展的要求逐渐清晰明确，城市群的协同发展已成为我国新型城镇化的必由之路。

3. 城市群协同发展是破解大城市病和节约资源的必要举措

当前，"大城市病"问题比如交通拥堵、住房供需不平衡、生态环境退化、自然灾害应对韧性不足等依旧突出，严重威胁着城市的可持续发展。解决"大城市病"，不能就城市论城市，要打破"一亩三分地"的思维模式，从城市群协同发展的视野寻求系统解决方案。同时，城市群内部同质竞争，导致资源错配、社会空间分异、公共服务和经济发展不均衡以及政策条件等方面形成明显差异，使城市增长差距不断拉大。加强城市群的协同发展，能够有效发挥区域资源配置优势，整合有效资源。核心城市集聚现代服务业、高新技术等资源效率的产业，协同互补，推动产业规模化、集群化发展；中小城市利用土地、人力等成本优势，有效承接产业转移。通过把各类生产要素在更大空间范围内重新合理布局，使大中小城市和小城镇之间实现协同发展，从而实现互利共赢。

1.1.2 城市群协同发展综合决策的意义

1. 城市群协同发展综合决策有利于强化城市群决策的科学性

现阶段，我国城市群内部内在功能联系不强，同构问题比较突出，协同运行机制不明，难以形成一加一大于二的合力。综合决策依托于信息技术手段，对城市群自然条件、发展阶段、等级规模、职能类型等进行精准分析，可以为实现城市群监测评估和辅助决策等提供重要保障。同时，在我国城市群协同发展目标导向下，面向城市群多元需求与多样场景，深入了解其中各方利益主体的不同诉求，精准识别和聚焦协同发展的综合决策事项，有利于更好地促进城市群的协同发展，进一步切实提升城市群综合竞争力。

2. 城市群协同发展综合决策有利于合理统筹协同发展的开展和落实

一方面，城市群协同发展涉及到多个领域和服务，在时空尺度上有多重交叉，综合决策有利于统筹事项的把握和开展；另一方面，城市群协同发展需要跨越不同行政等级并涉及到多个利益主体，需要综合考虑多方诉求从而更好地落实工作。尤其是在全球化信息技术的支持下，城市群空间结构功能逐步形成紧密作用的逻辑基础，这一趋势需要实施多个决策事项综合统筹，汇聚各类资源，连接要素、目标和需求，起到综合统筹控制作用。因此，开展城市群协同发展综合决策可以为健全区域统筹、推进一体化运行机制提供支撑，对于解决当下城市问题、推进区域协同发展具有积极的现实意义。

　　3. 城市群协同发展综合决策有利于丰富城市群协同发展理论基础

　　城市群协同发展是一个多要素耦合的复杂系统，其多尺度、多层次、多主体的特征在一定程度上加剧了综合决策的难度。制定城市群协同发展综合决策范式，不仅为城市群复杂问题解决、多目标决策提供了新的科学方法，同时也有助于丰富数字时代城市群协同发展的理论基础。

1.1.3　城市群协同发展综合决策的研究内容

　　现阶段，我国城市群内部城市间经济发展不平衡，不同城市在交通基础设施、公共服务、产业发展等领域的分化差异明显，区域协同与分治矛盾普遍存在，信息孤岛、数据烟囱、数字鸿沟等问题相对突出，区域协同发展面临一系列严重挑战。

　　本书从城市群协同发展的实际应用场景需求出发，剖析场景要素之间的关联、协同的复杂关系，探讨数据、模型、人工智能等新技术对综合决策的支撑，厘清综合决策的技术逻辑，着力突破解决面向场景的城市群协同发展综合决策范式，并在粤港澳大湾区开展示范应用，理论与实践相结合，为区域协同发展提供理论和技术支撑。通过综合运用文献分析法、经验总结法、网络分析与空间分析法、实地调研访谈与定性分析法、跨学科分析法、系统科学方法等多种方法开展研究，从理论支撑到应用实践，不断优化决策技术、提升科学水平。具体研究内容包括：

　　（1）城市群协同发展综合决策范式研究。基于决策和决策科学的演变规律，剖析综合决策的内涵特点以及构成，提出城市群协同发展综合决策范式、特征以及面向应用场景的综合决策技术流程，确定综合决策的支持技术。

　　（2）城市群协同发展综合决策在地化实践研究。聚焦国内外典型城市群协同发展的实践，梳理其综合决策特征，深入分析城市群的协同发展目标、综合决策事项、协同实践做法及取得的成效。

　　（3）城市群协同发展的场景及支持技术研究。从城市群协同发展的人口、国土、产业、交通、生态、环境、基础设施等领域细分场景，明确基于场景实现综合决策所用的数据、模型等技术支持。

　　（4）城市群协同发展综合决策范式在粤港澳大湾区的实证应用。将城市群协同发展综合决策范式应用于粤港澳大湾区的国土利用、产业协同、交通互通、生态保育、基础设施建设以及人口-产业-环境多要素联动等领域的具体场景中，开展范式应用实证研究。

（5）城市群协同发展综合决策发展展望。结合社会需求变化和前沿技术发展，分析城市群协同发展综合决策的发展趋势，探讨了城市群协同发展综合决策的细分场景、多元主体合作关系、多要素联动分析以及新技术的集成等。

1.2 城市群协同发展综合决策范式内涵及特征

1.2.1 城市群协同发展综合决策的需求

1. 推进城市群一体化建设

协同发展主要在于协调两个或两个以上的不同资源或个体，相互协作完成某一目标，达到共同发展的双赢效果。对于地理临近、建设连绵的城市群而言，深化协同发展与合作不仅有利于构建合理分工、优势互补的差异化竞争格局，同时有利于提升城市群整体竞争力，推动区域均衡发展，因此，协同发展是城市群一体化的必由之路。

随着城市群建设的深化，城市群各城市在合作领域上逐渐从产业合作、基础设施共建共享向文化认同、保障民生等多方面拓展。合作机构上，各级政府职能不断完善，新的合作中介和交流平台也不断涌现，行业协会、商会等民间组织机构参与并发挥了重要作用（李博雅等，2020）。合作手段上，随着新一代信息技术的兴起，大数据、云计算等先进技术越来越多地被应用于城市群建设，为城市群的综合智慧决策提供了更多可能。合作机制上，对行政壁垒、产业同构、市场分割等问题的解决得以进一步开展与深化。因此，要实现城市群的一体化，必须聚焦于协同发展，以谋求更低成本和更高效率的共赢发展。

2. 谋求优势互补、分工协作的差异化发展

纵观国内外不同城市群的自身特征以及合作开展的事项，受地理格局的影响，各城市群的发展定位和合作重点有所差异。

北美五大湖城市群、中国长三角城市群和中国长江中游城市群拥有丰富的河湖水网体系，在合作上更注重保护淡水利用和水域保护。中国粤港澳大湾区聚集了大量的人口和新兴产业，更多关注产业分工布局和创新集聚。英国中南部城市群和中国京津冀城市群更多的是疏散中心城市的职能，带动周边城市发展。日本大西洋沿岸城市群和中国成渝城市群因容易受到地震等自然灾害的威胁，更注重应急防灾减灾的相关合作。北美五大湖城市群、欧洲西北部城市群和中国粤港澳

大湾区均跨越了不同的行政管理制度，需在不同的法律政策体系下进行协同，这对一体化的协同机制提出了新的要求。此外，受发展历史和城镇化进程的影响，国内外不同城市群在发展能级上存在着一定差异，协同发展的路径各有侧重。

总之，城市群协同发展应充分发挥自身地理位置和资源禀赋的特征，强化自身的特色和优势，形成优势互补、分工协作的差异化竞争格局，以促进区域经济的可持续发展。

3. 优化城市群发展模式

目前，我国提出推动19个城市群的发展①。从规模和发展目标来看，这19个城市群分为三个层级，分别为5个国家级城市群、8个区域性城市群和6个地方性城市群。从空间布局来看，这19个城市群在我国四大区域内均有分布，东部地区有6个城市群，中部地区有4个城市群，东北地区1个城市群和西部地区的8个城市群。由于地区经济发展水平和资源环境承载能力的差异，加上我国采取的梯度发展战略，使得这些城市群的经济总量从东部到中部再到西部地区呈现递减之势，中西部城市群近年来虽发展加速，但城市群梯度发展的格局未从根本上得到改变。

与国外发达的城市群相比，即使是已跻身世界级城市群之列的长江三角洲城市群，其在经济规模和水平上仍与其他世界级城市群有明显差距。此外，在城市群内部，由于人口、土地、资本等向中心城市倾斜，中心城市与非中心城市的发展差距也日益加大。总体而言，发展的不均衡意味着我国城市群在资源配置和要素流动等方面有待进一步优化，以城市群的协同发展带动片区乃至推动区域协调发展。

1.2.2 综合决策提出与演进

决策是普遍存在的一种行为过程，一般指个人或集体组织为达到或实现一定的目标，借助一定的科学手段和方法，从多个行动方案中选择一个或综合形成一个最佳的或者满意的方案，并付诸实施的过程。决策过程一般包括情况、问题、趋势、目标、措施、流程等基本要素（叶雅阁等，1989）。辅助决策者以人机交互方式进行决策的数据、模型、知识等构成了决策支持。

决策支持系统（decision support system，DSS）最早由迈克尔·S. 斯科特·莫

---

① 《中华人民共和国国民经济和社会发展第十四个五年规划和2035年远景目标纲要》中提及，优化提升京津冀、长三角、珠三角、成渝、长江中游等城市群，发展壮大山东半岛、粤闽浙沿海、中原、关中平原、北部湾等城市群，培育发展哈长、辽中南、山西中部、黔中、滇中、呼包鄂榆、兰州-西宁、宁夏沿黄、天山北坡等城市群。

顿（Michael S. Scott Morton）和彼德·G. W. 基恩（Peter G. W. Keen）于20世纪70年代提出，到70年代末，主要的决策支持系统大都由模型库、数据库及人机交互系统等三个部件组成，建立了从数据到模型再到人机交互的三维逻辑。80年代初期，决策支持系统增加了知识库与方法库，构成了三库系统或四库系统。其中，知识库是有关规则、因果关系及经验等知识的获取、解释、表示、推理及管理与维护的系统。方法库是以程序方式管理和维护各种决策常用的方法和算法的系统。这一时期，决策支持系统的知识库因为知识的获取较难，主要依赖于专家构建知识库系统，知识库规模有限，所以仅能对知识进行浅层的表示，支撑基于规则或简单推理的应用（洪亮和马费成，2022）。80年代后期，人工神经元网络及机器学习等技术的研究与应用为知识库知识的学习与获取开辟了新途径，决策支持中开始融入大数据，将以信息技术为手段的决策支持系统与专家系统相结合，利用定性分析与定量分析的优势，提升了决策问题方案支持决策的能力。该时期的决策支持系统日益复杂，大数据驱动建模，使得决策支持系统的研究对象逐渐全样本化。

进入20世纪90年代，复杂性理论以及面对复杂系统问题分析和处理的新系统方法论的兴起，提升了认识系统的新思维和划分系统的新维度，综合决策随之产生。综合决策是指一项决策具有多个决策目标，且各目标之间存在某种矛盾性，在决策行为中以愿景为导向，综合考虑并解决多个相互关联且存在矛盾问题的决策。此时的综合决策对应于复杂系统决策理论，又称为复杂性决策范式（complex decision paradigm，CDP），即把复杂性研究和系统方法论引入决策中，以系统的思维，分析决策复杂性机理，此时的决策更强调多方法论交互与规范性/描述性理论相结合（张彩江，2007）。

进入21世纪，"大知识"概念的出现以及互联网时代的到来，促使综合决策支持得到进一步发展。综合决策支持与计算机网络技术结合，不仅能够应对从复杂大数据中挖掘海量知识的挑战，还能为异地决策者共同参与进行群体决策提供便利，为多位决策者之间沟通信息，提供良好的协商与综合决策环境。同时，伴随场景理论在城市社会学、城市规划等领域的研究应用，以场景思维建立与用户连接的综合决策为实现多元化、多样化、个性化的需求提供了决策支持，逐渐受到社会各界的关注。随着深度学习、高性能计算、人工通用智能（AGI）等快速发展，大模型成为近年来的热点并进入快速发展期，与不同领域应用需求相契合的各类专业大模型不断涌现，为推动人工智能决策自动生成提供了可能。随着社会需求的变化以及技术的更新迭代，在当前的新问题、新挑战、新形势下，应对复杂性、系统性问题，综合决策发展到现在主要体现出四个方面的特征，即综合决策需要综合系统思维、复杂计算支持、大数据应用以及面向场景。

（1）综合系统思维

作为一种复杂综合的、科学的思维方式，系统思维是综合决策的依据（邢盘洲，2019）。一般来说，决策对象所处环境复杂，决策问题往往也是系统性问题，甚至是开放的复杂系统问题。现代系统方法论中，"系统"的内涵主要体现在对世界进行认知和思考的方式。所谓决策方法，就是在客观理解和认识现有系统的组成、结构、功能、环境等属性的基础上，重新明确系统分析、设计、协调、评价、实施等各个环节，使原有系统演化为新的目标系统（张彩江，2007），实现支持决策的目的。决策方法的系统性使决策方法与系统方法论紧密联系，需要系统思维的指导。

城市群综合决策的系统思维体现在两个方面：一是要用系统思维去理解和认识决策对象。城市群由一个个复杂系统的独立城市相互作用而成，其必然会比单个城市系统更加复杂，涉及的问题也是复杂问题。因此，对于城市群综合决策问题，因复杂环境中各系统之间、系统与子系统之间相互作用、高度关联，需要综合性的从层次结构到整体把握、从不同要素之间的关系等全面地思考、分析和认识问题。换句话说，决策问题本身就是个系统，需要运用系统思维去客观认知。二是要用系统思维进行决策，解决问题。决策因涉及众多考虑因素，包含错综复杂关系，决策的过程也是一项复杂的系统工程，这就要求用系统方法进行科学决策，换句话说，综合决策方法也是系统性的。

（2）复杂计算支持

随着决策问题系统性、复杂性的提高，综合决策对计算机的依赖也越来越高，通过人机交互方式组合调用各种信息资源和分析工具等复杂性的技术支持，成为综合决策的另一特点。复杂性的技术支持不仅仅是大数据等技术的应用，更需要足够的算力，以及模型算法的融合与集成的技术支持，包括现有模型的组合以及新模型的建立。

算力方面，超级计算机因其大规模的计算资源，具有超越传统计算机的处理能力，为城市群综合决策提供足够的算力支持。城市群协同发展综合决策的复杂计算任务，可以通过超级计算技术的集群系统，分解为若干个子任务，在多个计算节点上并行计算。算法和代码的优化使用，可以减少数据的传输和计算的复杂度，提高计算效率，解决各种复杂问题。算法方面，现有模型一般比较成熟，解决复杂问题性能有限，将多个模型集成，能够发挥各单一模型优越的性能，决策效果更佳，比如"自上而下"的宏观模型与"自下而上"的微观模型的结合，可以解决不同尺度的城市或城市群问题。当现有模型无法解决特定问题时，就需要以"问题为导向"开发建立新的模型，以快速地应对复杂的决策问题。大模型因具有更强的大数据处理能力、更强的复杂问题处理能力、更高的准确性和性能等优势，成为综合决策的重要应用和支撑。

（3）大数据应用

随着大数据在管理学、经济学、社会学等各学科领域，以及环境、生物医药、互联网经济、超级计算等行业领域的研究与应用，社会生活的方方面面以更细粒度的数据形式呈现在大众面前，形成了更加精准的社会"画像"，大数据将重塑整个人类社会看待世界的方式。构建大数据时代的数据思维，通过大数据驱动形成综合决策也将成为时代特点。综合决策的大数据思维要有大数据"参构"的意识，要有善用数据的关联性和激创性意识，也需要有强化前瞻性、预测性的决策智慧。

大数据思维下的综合决策在决策模式上具有以下转变：一是综合决策从传统流程核心向以数据为核心转变。大数据对数字资源的规模化整合、数据和数据模块之间的关系及运算操作系统化，构成了新的复杂性逻辑结构和价值倍增的信息集成，为全局刻画、多维交互、全要素参与、连续、实时且允许信息反馈的非线性决策提供了新的可能（刘在平，2017）；二是综合决策领域由内部环境向跨域环境转变。大数据将不同领域的信息、公众以及决策相关者的信息纳入度量，决策事项的测量变得更加综合全面、完善和可信，进而为跨领域的决策提供了基础支撑；三是综合决策主体由单一主体为核心向多元主体转变。单一主体决策模式下的决策受众，在大数据时代转化成为决策主体，科技的发展也促使智能系统越来越主动参与到决策中，形成了人、组织和人工智能的结合决策主体；四是决策过程和结果更加科学准确。大数据与模型算法的结合，降低了决策对理论假设的依赖，决策分析模型使决策结果更加科学准确（陈国青等，2020）。

（4）面向场景

场景一词源于戏剧领域，指戏剧、电影中的场面。新芝加哥学派的特里·尼科尔斯·克拉克（Terry Nichols Clark）教授及相关学者将场景应用于城市，从需求出发，关注在特定的时空下有机融合了人、物、信息等要素的动态场景，从而构建复杂稳健的城市群系统（西尔和克拉克，2019）。随着5G、人工智能、虚拟现实等新技术的赋能，场景一词已走进现实生活，成为互联网时代下的关键要素，人类社会也将从互联网2.0的人与人连接的时代，向互联网3.0的场景时代转变。

在场景时代下，互联网2.0强调的用户思维将以全新的逻辑重塑为"场景思维"，从解决"任何人在任何时间、任何地点与任何人实现资讯连接"的问题发展到解决"任何人在任何时间、任何地点、做任何事实现资源激活与整合"的问题，即一种更深刻的"以用户为中心、以人为本"的思维模式。场景思维不仅要关注用户需求，更要以用户个性化、具象化、定制化的场景为中心，以服务用户场景需求为目的，挖掘和预测用户在特定场景中的信息和服务需求，进行相应的信息与资源适配，实现基于用户的个性化、精细化信息服务（舒佳馨和林依静，2020）。

1.2.3　城市群协同发展综合决策范式的内涵与构成

1. 范式一词的来源与内涵

范式（paradigm）最早由英国哲学家路德维希·约瑟夫约翰·维特根斯坦（Ludwig Josef Johann Wittgenstein，1889—1951）提出，他主张以逻辑分析的手段来建构世界，澄清命题的意义。20世纪初，维特根斯坦在剑桥大学的演讲中频繁使用范式一词，对哲学界产生了深远的影响。在此基础上，美国科学哲学、科学史家托马斯·库恩（Thomas Kuhn，1922—1996）1962年出版了《科学革命的结构》，在批判归纳主义与证伪主义观点的基础上，对范式进行了规范性的研究和阐述（步一等，2022）。

范式是库恩科学哲学思想的核心，由此产生的科学共同体、不可通约性问题是库恩范式理论主要的研究问题。库恩在《科学革命的结构》中对范式有多种阐释，比如"范式是一个共同体成员所共享的信仰、价值、技术等的集合""范式指常规科学所赖以运作的理论基础和实践规范，是从事某一科学的研究者群体共同遵从的世界观和行为方式""范式就是一种公认的模型或模式"等。在库恩范式理论逐步得到认知的过程中，范式一词成为社会科学领域引用率最高的概念之一。

由于库恩在《科学革命的结构》中并没有明确定义范式的概念，因此，其后来自社会学、科学哲学等各个领域的学者对库恩的范式思想及其对后现代主义的影响展开了深入研究，对范式概念提出了诸多解读。玛格丽特·马斯特曼（Margaret Masterman，1910—1986）结合库恩在《科学革命的结构》中所提出的范式，在《范式的本质》中总结了库恩提出范式的21处用法，指出范式概念具有层次性，包含哲学层次上的范式、社会学层次上的范式和构造范式（即范例）（拉卡托斯和马斯格雷夫，1987）。持同样看法的还有约翰·W. N. 沃特金斯（John W. N. Watkins，1924—1999），他在《反对"常规科学"》一文中将范式概念归结为5个命题，包括："范式-垄断"命题、"无空位期"命题、"不相容性"命题、"格式塔转换"命题和前4个命题说明范式。

从以上不同学者对库恩范式的理解来看，范式概念具有模糊性，本身构成的层次性和多异性使得范式一词的使用比较随意。针对学者们对于范式概念及其内涵的争议，库恩在第二版《科学革命的结构》中补充说明了范式的两种意义：一是某一特定共同体的成员共有的信念、价值、技术等的整体；二是这一整体的其中一种元素对具体问题的解答（霍静，2021）。在后期的理论研究中，库恩引用"语言"工具重新给范式定义，用语言共同体取代科学共同体，用不可翻译性取代不可通约性，由此范式的概念和定义更为清晰易懂。

随着对范式概念解释与应用的归纳，大部分学者对范式基本形成了统一的认识。范式是在一定学术领域研究下进行的认识活动，是在过去承继下来的知识背景和学术传统的限制下进行的创造（张文显和于宁，2001），其成果被一个拥有共同基本理论、基本观点、基本方法的科学共同体所共识并运用，是该科学群体所共享的"大理论"、恪守的信念（霍静，2021）。范式的作用在于，为科学共同体提供共同的理论模型和解决问题的框架，形成一种共同的传统和学科发展的共同方向（马勇军等，2022）。可以说，范式是某一领域所共同遵守的科学成就、模型、范例、价值取向，公认的解题方法，各领域的研究者们都自觉或不自觉地运用范式定义和研究问题以及寻求答案。

2. 不同学科领域范式应用

从应用的角度来看，范式可用来表示规范、范例、模式、模型等，许多学科在发展过程中随着范式的分化、范式的同化和范式的消融，会出现不同的研究范式。

（1）产业组织理论研究领域。范式是对一定社会经济条件下产业组织特征或关系的表达，也常用来表示产业组织分析的框架。结构行为绩效（SCP）范式建立了结构（structure）—行为（conduct）—绩效（performance）模型，被视为一种系统性、逻辑性的产业分析框架，成为常用的产业组织范式（王忠宏，2003）。在具体的研究应用中，SCP 范式会结合不同产业门类特点，与博弈论、信息经济学等新分析方法组合使用。

（2）数理逻辑研究领域。根据《数学辞海》中的定义，范式指在命题演算和谓词演算中具有某种标准形式的公式，或可理解成某一种级别的关系模式的集合。数理逻辑里许多公式是等值的，但在表达形式方面可以很不相同，通过范式可以为千变万化的公式提供一个统一的表达形式。将各种不同的公式变换成范式后，就能够进行比较、分类和研究，从而获得新的认识。

（3）逻辑学研究领域。根据《逻辑学大辞典》中的定义，范式指能显示某种重要属性的表达式。将表达形式不同但数理逻辑相同的公式，通过范式提供一个能够进行比较、分类、研究的表达形式。范型、规范亦可称之为范式。范式有合取范式、析取范式和前束范式等。合取范式的作用在于显示重言式，析取范式的作用在于显示矛盾式。在命题演算中利用范式可以机械地判定公式的可证性。在谓词演算中，在判定公式的普遍有效性和可满足性时，前束范式可以提供重要的线索。

（4）管理决策领域。范式是领域中普遍认同且采用的，个人或组织开展管理决策时共享的理念和方法论，包含信息情景、决策主体、理念假设、方法流程等要素（陈国青等，2020）。传统的管理决策中，决策者依靠自身知识、智慧、能力和经验做出决策，也被称为经验决策。大数据的到来促使传统管理决策范式正在向大数据驱动范式转变,并与模型驱动范式进行补充拓展,形成数据与模型双驱动的融合范式。

(5)数据管理领域。范式是满足一定基本条件的关系模式或模式的集合。在关系数据库设计中,选用不同的关系模式集合作为数据库模式,其性能优劣大不相同。为区分数据库模式的优劣,数据库模式可分为各种不同等级的范式。范式即可理解成某一种级别的关系模式的集合,人们常称某一关系模式为第几范式,就表示该关系的某一种级别。

综上所述,范式本质上是一种理论方法的解释体系,范式概念的核心是共识,是一门学科内绝大部分学者的共识,可以为科学家提供一个研究纲领,为科学研究提供可供遵循的先例。

3. 综合决策范式的形成

决策范式是构成决策的逻辑准则,是对决策过程的一种抽象化的解释和说明。决策范式通过组合数据、模型、知识等决策资源形成决策问题的方案,以方案的形式辅助决策者实现决策。方案可根据需要进行修改,以满足不同决策者需求以及实现最终决策目标的决策需求。决策范式形成解决问题的方案一般包含基本诉求、问题诊断、决策技术流程、实施决策、反馈应用等。

决策范式随着社会需求的演变在不断改变和优化。传统的决策范式在方法论层面属于还原方法论。依据决策的过程,传统的决策范式有规范性决策范式和描述性决策范式两类(徐南荣和钟伟俊,1995)。规范性决策范式对应规范性决策理论,沿袭自然科学研究中的方法论思维,借由人的理性假设屏蔽不确定因素,简单地用效用值的大小衡量决策目标;描述性决策范式对应描述性决策理论,由人的理性假设得不充分,不满足于简单效用,转向人的认知和信息处理下的决策过程与决策情景认识。

如今,决策范式已延伸至城市科学中,旨在研究和探索如何建立一套方法来集成专业模型、建立计算机支持系统与生成规划方案。一方面可以进行规划方案的寻优,另一方面可以识别所建立的规划方案或决策的实施效果。目前,一些欧美国家在规划支持系统(planning support system,PSS)的研究和实践中走向深入,已经开发了一些用于实际操作的规划支持系统和先进的综合决策范式。国内的规划决策起步较晚,地理信息系统(geographic information system,GIS)成为辅助规划决策的重要工具,但在复杂的城市巨系统下,规划问题和目标的多样性和复杂性,使GIS技术以及以此为基础的分析方法越来越难以满足实际需求,决策逐渐走向综合决策,各种各样的数学方法以及模型在决策中被体现,综合决策范式应运而生。

纵观各类综合决策的过程发现,完成一个综合决策事项一般涉及以下问题:

一是综合决策事项涉及的参与者有哪些，即决策主体是谁；二是各参与者的利益诉求是什么，需要作什么决策，即决策主体的共同决策目标是什么；三是决策过程受哪些因素的影响，这些因素如何产生作用，即如何做决策分析；四是决策会形成什么样的结果，当不同决策主体存在不同意见时，如何达成决策共识，即决策结果如何实现；五是如何结合具体场景构建新的结构关系，即决策如何应用。

综合决策范式实际上是完成一个综合决策的流程模式，由决策主体、决策目标、决策分析、决策结果和决策应用五大要素组成。构建上述五大要素之间内在逻辑的基本关系，则为综合决策基础范式。

城市群协同发展综合决策范式以综合决策基础范式为核心，基于城市群协同发展的需求，决策主体由单一决策主体向多个决策主体转变；决策目标则是基于不同主体的利益诉求和目标需求，确立多主体的共同目标；决策分析不再是以经验判断为主，而是将人的经验判断与技术的定量分析相结合，更科学地支撑决策分析；所做出的决策结果不再是个人的决策结果，而是多个决策主体协商和博弈后，群体决策形成的共识。当决策主体对决策结果持不同意见时，须反馈至决策目标，通过调整决策目标再次进行决策，直至所有决策主体对决策结果达成共识（图1.1）。

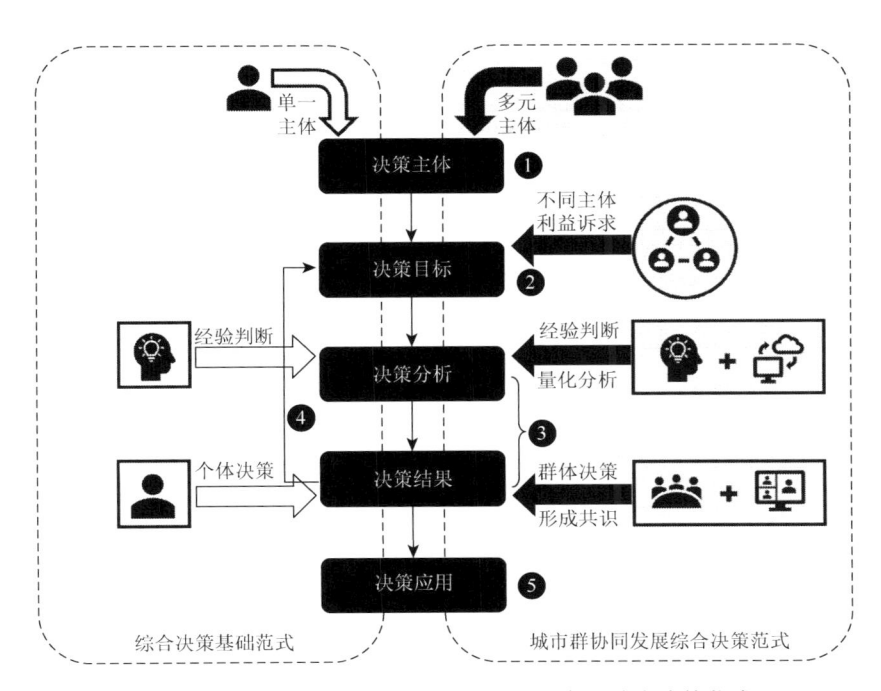

图1.1 综合决策基础范式与城市群协同发展综合决策范式

1.2.4　城市群协同发展综合决策范式的特征

1. 面向场景——着眼城市群发展需要

城市群是当前新型城镇化的主体形态。城市群协同发展为支撑我国经济增长、促进区域协调发展、参与国际竞争合作发挥着关键作用。目前，我国虽已形成不同等级和规模的城市群，但城市群的聚合发展效应、辐射带动效应不强，城市群协同发展有待加强。场景是围绕事件的关键问题和目标，通过一系列行动形成特定交互关系，它能够将资源、需求、技术、应用进行链接，满足不同主体的需求。因此，以场景为核心，推动形成共识，对加快推动城市群协同发展具有重要意义。

城市群协同发展领域众多，且因社会环境、历史发展、城镇化进程以及自然地理特征等因素的影响，各城市群在协同发展和合作重点上有所差异。城市群协同发展综合决策重点关注城市群发展的需要，因地制宜、深入了解其中各方利益主体的不同诉求，精准识别和聚焦特定城市群协同发展的综合决策事项，以明确的决策场景为核心开展综合决策分析，以更有针对性和目标性地促进城市群的协同发展。城市群协同发展综合决策场景的确定要洞察决策主体多元多样、多维度的需求，特别是决策主体尚未意识到的需求，精准识别决策主体在特定场景下的痛点、难点；要基于主体需求，提出可实施、可落地的解决方案，并通过场景连接决策主体、实现需求与资源的适配与连接；要与多决策主体共同构建多维场景，提升主体沉浸式体验。

2. 关注协同——侧重多要素耦合联动

系统论认为，协同不等于均衡，均衡的过程是帕累托改进（Pareto improvement）的过程，而协同是多系统和谐共进，实现目标的过程。协同发展是在协同上的进一步延伸，强调系统在演化过程中各子系统与要素共同协作、优势互补，从无序转化为有序，初级转为高级，分散的各部分转为有序合力，从而使整体功能与效益实现一加一大于二的效果。协同过程中的各个子系统并非相互独立，也并非简单量的叠加，而是子系统的相互作用、各方面综合的质的发展（吴俊江，2021）。协同发展的过程实际上是一个博弈、协同、突变、再博弈、再协同、再突变的非线性螺旋式上升过程，每一次的博弈—协同—突变都将城市群的协同发展推向更高级协同阶段（方创琳，2017）。

城市群作为一定范围内自然、生态、社会、经济等子系统耦合形成的复杂系统，其协同发展的内涵广，比如多主体的协同、不同对象之间的协同、空间功能的协同、体制机制的协同、城市治理的协同等。不同的城市群协同发展研究侧重点不同，但都强调在特定的城市群地域范围内，各个城市间基于不同的自然禀赋、发展定位、交通条件、产业发展等基础条件，在规划的牵引下，强调人口、土地、产业、交通、教育、医疗等各个要素的耦合作用，共同促进城市间协同共建，和谐发展。城市群协同发展综合决策关注城市群的协同，侧重打破行政壁垒研究城市之间各子系统多主体、多要素的内在关联、相互影响及耦合联动，通过构建城市之间良性互动的共同生长的耦合关系，促进要素合理有序流动和高效集约配置，实现城市群一体化发展。

3. 多元主体——促进多目标共识形成

从行为主体来说，城市群的协同发展实际上是政府、企业、社会公众等不同的行为主体，为解决共同问题或达到某个目标进行协调配合和一致行动的行为。其中，政府是城市群发展的管理主体，在城市群发展中承担着公共产品供给、自然资源和生态环境保护、应对社会重大公共事件以及重大影响等重要责任；企业作为生产经营的组织者，其经济行为有效推动了要素资源和经济活动的流动；社会公众是城市群基本细胞，常以个体或社会组织形式参与城市群的协同发展，个体利益或群体利益是否得到满足成为推动城市群协同发展的主要诉求。不同行为主体的利益诉求不同，能否通过有效的对话协商达成共识对城市群的发展至关重要。

城市群协同发展综合决策关注多元主体的不同诉求，旨在从技术层面构建多决策主体参与协商的良好对话环境，以促进目标共识的形成。不同的场景，涉及主体不同，以及不同主体之间的利益关系也不同。由于各城市经济水平、产业发展、行政级别的差异，城市的诉求存在较大差异，且在博弈过程中，一个城市的收益可能带来另一个城市的损失。因此，综合决策需立足各主体的利益诉求，通过协调实现利益平衡，达到共同决策的目的。

4. 方法综合——强化多模型综合应用

模型是对客观事物的特征和变化规律的一种科学抽象，是决策支持的重要手段和工具。目前，已有成千上万的成熟数学模型，如回归分析、聚类分析、主成分分析、压力-状态-响应模型、重力模型、耦合协调度模型、复杂网络模型、系统动力学模型等，这些模型是辅助决策的重要资源，被应用在管理学、运筹学等领域中，解决了大量的决策问题。

随着新技术的发展以及问题复杂性的增加，单一模型难以辅助解决复杂问题，需要用多模型的组合来形成决策方案实现辅助决策。多模型组合形成决策问题方案，相较于传统单一模型，综合多个不同模型的优点，促进模型之间达到最佳匹配，能扩大单一模型的决策支持能力，实现最佳的决策结果。

城市群协同发展综合决策面对复杂的研究对象——城市群，复杂的研究问题——协同发展，复杂的决策主体——多元主体，有必要强调模型的组合应用，并将多个模型组合起来，构建多种类型模型的模型库，扩充辅助决策的能力，以适应更广泛的决策问题。大模型因其数据规模大、并行计算能力强、模型复杂，具有解决复杂问题能力强的优势，将逐步成为支撑城市群协同发展的重要工具方法。

5. 数据集成——融合多数据应用管理

数据是对客观事物的记录，是信息的载体，一般用数字、文字、图形、图像、音频、视频等符号表示。随着数据时代的到来，决策不再是仅靠经验和直觉，而对数据的依赖越来越强。大数据因具有数量大、类型多、速度快的特征成为决策的重要依据。基于大数据的采集、管理和分析，可以挖掘事物的相互关系，发现事物间的规律和模式，比以前通过实验、模拟等发现规律和模式更高效。

城市群协同发展综合决策聚焦场景需求，在以往既有数据基础上，充分利用云计算、知识图谱、智能感知、图像识别等新技术，融合多源数据构建综合决策数据库，为决策者提供挖掘知识的基础，并利用知识辅助决策，同时也为决策者的即时决策提供强有力的支撑。数据库不仅融合了静态的基础数据、专题数据，也包含联通、移动等动态且即时的大数据，以及网络数据、流数据等。数据作为模型组合的基础，一个模型的输出数据是另一个模型的输入数据，或者一个模型输出的数据经过加工处理后成为另一个模型的输入数据，故决策中的分析数据、结果数据也使数据库越来越丰富。

1.3 城市群协同发展综合决策范式的技术支持

1.3.1 综合决策技术特征

城市群协同发展综合决策不仅要充分考虑城市内部的发展规律，还要权衡城市间或不同城市在区域内发展的适配性，综合考虑多元利益主体的需求，通过制定科学的决策程序和方案，对城市群整体的国土利用、人口发展、交通互联互通、产业协同发展、公共服务提升等做出更加合理的安排。城市群协同发展综合决策的过程具有以下特征：一是问题识别更加系统综合，综合决策从不同目标导向出发进行考量，破解城市发展不均衡的问题并便于统筹管理；二是综合决策过程更加高效，可以在全面掌握城市的特性下解决城市群范围内的差异和不均衡性；三是决策结果预测更加科学理性，运用综合决策对整体发展趋势有了更明确的把握，从而实现协同发展。基于城市群协同发展综合决策过程，城市群协同发展综合决策支持技术体系应具有以下特征：

（1）独立性与系统性

尽管城市群协同发展综合决策涉及的问题可以相对清晰地提取出来，但具体内容是多维度、多方面的。由于解决各个问题的目标和需求并不相同，需要根据解决方案的目标和处理的核心问题，选择合理的指标体系和模型方法建立解决具体问题的技术方法体系，以保证技术方法的正确性和合理性。此外，城市群协同发展综合决策是一个复杂系统的科学工程，其各子系统之间、不同的问题之间存在互相关联、互相约束、互相协同、互相促进、共同演变的复杂关系，任一子系统崩溃都将引起整个系统的崩塌。因此，城市群协同发展综合决策应更加注重整体统筹、稳定性以及可持续性，相应的综合决策支持技术体系也要重视系统内部各要素之间的内在关系和协调能力，注重全面性以及系统整体性。

（2）实用性与可操作性

科学理论应成为城市群协同发展综合决策支持技术体系的建设指南，不仅要从区域的社会经济和自然生态的现状出发，还要注重区域未来的发展走向，以技术方法的可运用性、目标的可达性以及相关数据的可获取性为基本导向。城市群协同发展综合决策在运用过程中，应了解不同模型方法的特点、保证不同模型方法之间能够进行顺利的耦合和衔接，尽可能地掌握不同因素对综合决策的影响。相关数据的可获取性和技术方法的可运用性是模型、指标以及技术选择的基础，各个模型方法应具备较好的平衡性、主导性及针对性，不断提升技术体系的准确性和实用性。

（3）动态性和相对稳定性

城市群协同发展综合决策目标是协调城市与城市之间的关系，构建相互协调统一的城市群空间格局和秩序。城市群区域内的社会经济系统和自然生态系统时时刻刻都在进行着变化，具备相对稳定性和路径依赖的特点，体现出未来发展态势和不确定性存在着较高的统一关系特征。因此，技术方法的建立要充分考虑城市群社会经济和自然资源的现状以及将来的发展变化的态势，从时刻变化发展的动态角度出发来看城市群协同发展综合决策。构建的技术体系要具备动态性和相对稳定性，既充分考虑现状特征，又充分把握发展趋势和考量社会经济发展中存在的不确定性，从而在很长的一段时间内能实现和谐共生以及协调发展，尽可能地不发生系统性风险，实现区域发展的可持续。

（4）特异性与普适性

城市群发展的关键是协同，难点也是协同。不同城市群协同发展具有一定的普遍性特征，但又因自身资源要素、自然禀赋以及环境条件的不同，以及内部城市所处发展阶段不同带来的问题和诉求存在的差异，以至于各个城市群协同发展综合决策的目标、理念、思路也存在一定差异。因此，综合决策技术在应对城市群共性特征的基础上，要针对不同城市群的差异化特点进行合适的模型选择和指标体系构建，既要有适应普适性特征的科学实用的技术体系，也要有满足不同城市群特定需求的技术支撑。

（5）定性与定量相结合

技术的进步和发展使数据得以高效利用，海量数据的价值得以逐步体现，并影响和改变着各行各业的发展。传统决策受技术限制，以经验定性为主。现如今，行业的进步和技术的发展倒逼着综合决策不得不强化定量分析，通过定性与定量结合以提高决策的科学性和准确性。城市群协同发展综合决策不仅要摸清全域全要素资源，以及城市群运行客观状态的底图底数，还要将城市群运行效率和产生的内外部效应具象化、定量化，以辅助决策者开展规划、制定与调整政策等。与此同时，城市群形成过程中表现出来的客观现象、传导的多源信息、反应的演变规律等，又无法完全通过定量化的方式进行记录和存储，很多信息只能以经验和知识等感官形式固化地"存储"于人脑之中，也就是只能通过具有优良综合素质的专家体系和组织给予经验判断，这些专家和组织构成了定性分析的主体。因此，对于复杂的城市群协同发展综合决策，有必要将专家经验、政府决策、数据和信息体系以及计算机模型方法有机地结合起来，构成一个高度智能化、定性与定量相统一的综合研究框架（杨建新，2019）。

1.3.2　综合决策技术流程

以城市群协同发展综合决策范式为支撑，结合实际场景需求，开展城市群协同发展综合决策范式应用，建立面向应用场景的综合决策技术流程（图1.2）。综合决策技术流程分为两个阶段：决策制定和决策实施。决策制定包含决策场景识别和决策方案制定，是识别问题、环境分析与预测、确定决策目标及影响因素、拟定决策方案的过程；决策实施则是指实施决策方案、输出决策结果并开展决策应用。详细步骤如下：

第一步：城市群协同发展综合决策场景识别。通过对城市群整体的现状本底、相关规划分析，识别城市群协同发展存在的主要问题，深入分析问题的根源、产生问题的原因并获取与决策相关的信息，明确涉及所有决策主体、解决问题的具体行为，根据不同决策主体的利益诉求，设定合理的决策目标。

第二步：基于场景的综合决策方案制定。根据识别的决策场景和设定的决策目标，明确完成决策所涉及的数据、模型之间的调用关系，形成多个综合决策方案，并对方案进行评价，选择最优决策方案。若决策结果无法在所有决策主体中形成共识，须重新设定决策目标，制定新的决策方案，或者保持决策目标不变，调整和优化决策方案，再一次进行共同决策。

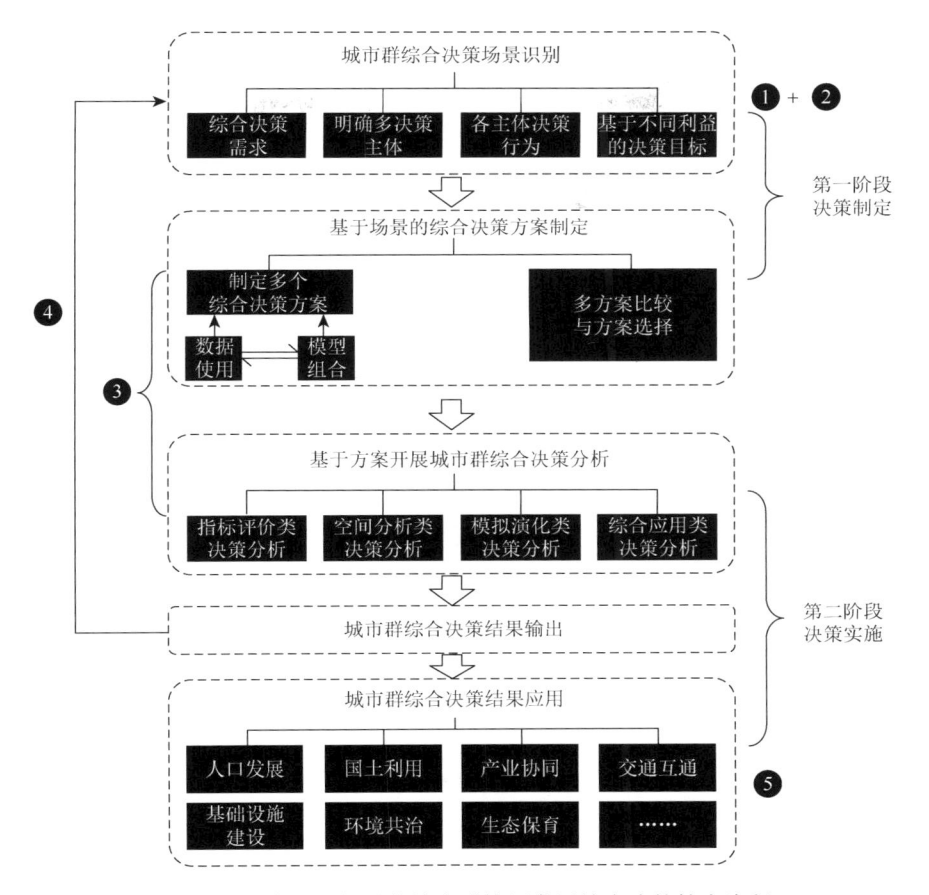

图 1.2　面向应用场景的城市群协同发展综合决策技术流程

第三步：基于方案开展城市群综合决策分析。根据形成的决策方案，在决策支持的数据库、模型库中匹配涉及的数据和模型，开展综合决策分析，实施决策方案。根据决策场景的不同性质，决策分析可以分为指标评价类决策分析、空间分析类决策分析、模拟演化类决策分析以及综合应用类决策分析。指标评价类分析是通过构建评价指标开展的分析；空间分析类倾向于地理空间数据的分析；模拟演化类分析侧重于不同条件下的结果的预判和验证，直观且便于理解；指标评价类分析、空间分析类分析、模拟演化类分析等组合应用则为综合应用类分析。

第四步：城市群综合决策结果输出。基于场景、数据和模型的分析，多主体共同决策并输出决策结果。若决策主体对结果未达成共识，需反馈至决策目标，重新进行决策分析，直至形成具有共识的决策结果。

第五步：城市群综合决策结果应用。将达成共识的决策结果进行拓展应用，结合不同应用领域，构建新的逻辑结构关系，用于支撑实际业务需求。

1.3.3 综合决策技术支持

综合决策过程中,模型对决策的支撑离不开数据,数据少了模型也无法运算,模型与数据密不可分,是综合决策不可或缺的重要组成部分,更是辅助实现综合决策的重要资源。随着互联网技术的发展,场景成为综合决策的重要组成,是决策事项的基础和前提。合理地组织场景、数据和模型,以及三者间的相互调用关系,构建完整的综合决策支持系统,是提高综合决策能力和效率的关键。

1. 综合决策支持系统

在传统数据库、模型库及其相应管理系统的基础上,增加面向应用的场景库及其管理系统,构建数据库、模型库、场景库的三库管理系统的城市群协同发展综合决策支持系统(图1.3)。该系统是决策支持的核心资源,是综合决策支持的底盘。其中,场景库管理系统是对决策场景的存储和运行管理,能够有效地根据实际业务需求进行场景的查询、选择和调用;数据库管理系统是对海量数据的存储和分类管理;模型库管理系统包括模型的存储管理、模型的运行管理以及建模技术,能够有效地对模型进行存储、修改、查询、调用。模型库管理系统可以对数据库管理系统中的数据进行调用,同时模型生成的数据结果可以反馈到数据库管理系统中储存,实现了模型和数据库之间相联相关。随着技术进步、协同发展决策的需要,场景库、数据库和模型库中的场景、数据、模型可进行内容的扩充、增减和更新迭代。

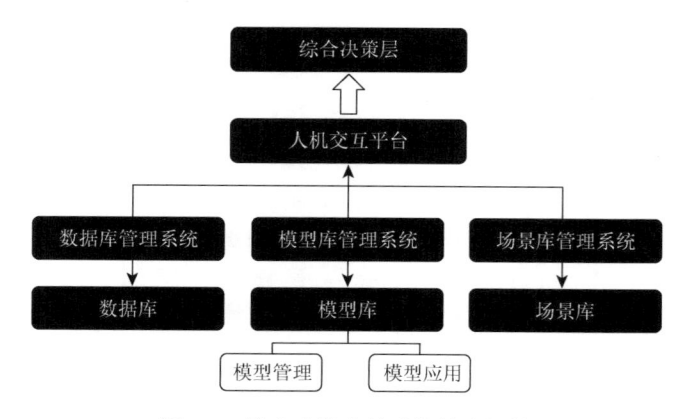

图1.3 综合决策支持系统基本架构

2. 场景库支持

根据城市群协同发展的重点领域，可以构建人口发展、国土利用、产业协同、交通互通、生态保育、环境共治、基础设施建设等多个领域的场景库（表 1.1）。每个领域场景库可进一步细分为子场景库。随着业务部门场景需求的变化，子场景库可以不断动态变化。

表 1.1 城市群协同发展综合决策场景库支持

场景领域	子场景
人口发展	人口发展合理布局、城市间人口有序流动、人口与资源环境平衡等
国土利用	国土空间双评价/适宜性评价、国土空间利用情景模拟、基于生态修复的景观演变模式识别、国土空间价值评估等
产业协同	产业发展水平评价、产业集聚与产业集群、产业关联度与产业链协同、产业梯度转移、产业空间合理布局等
交通互通	综合交通与区域空间功能协同、综合交通基础设施协同、综合交通服务协同、综合交通规划管理协同等
生态保育	生态系统功能协同提升、生态安全格局、绿色低碳转型发展、生境质量评价、生态系统完整性评价等
环境共治	水环境协同保护与治理、大气污染联防联控、废物协同处理、土壤污染协同治理等
基础设施建设	水资源系统协同、能源系统协同、基础设施系统协同、邻避设施选址、避难场所选址、公路交通设施选址、铁路交通设施选址、水运交通选址、机场规划选址、大型水利设施选址、重要电力设施选址等

3. 数据库支持

为便于数据的组织、储存、管理、调用，同时与四大基础数据库[①]衔接，构建城市群人口数据库、经济数据库、空间数据库、网络数据库、法规政策库、规范标准库等数据库（图 1.4）。

人口数据库涵盖城市群常住人口、流动人口、从业人口的数量，人口结构、受教育程度，人口出生率、死亡率，人口流动数据等。数据来源为统计局、民政部等官方统计、发布部门。

经济数据库涵盖城市群宏观经济、产业经济、区域经济、进口贸易等多个领域数据。数据来源为统计局、发展和改革委员会、科学技术部等官方统计、发布部门。

---

① 四大基础数据库：人口数据库、法人数据库、宏观经济数据库、自然资源与空间地理数据库。

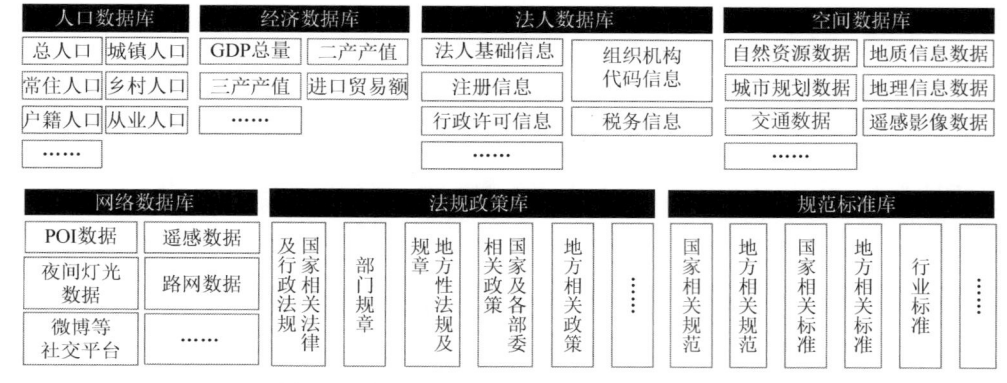

图 1.4 城市群协同发展综合决策数据库支持

法人数据库涵盖城市群法人基础信息、组织机构代码信息、注册或登记信息、法人类型、税务信息、行政许可信息等。数据来源为市场监督管理局、科学技术部、税务局等官方统计、发布部门。

空间数据库即城市群范围内自然资源与空间地理数据库，主要是以电子地图为基础，整合道路、行政区划、地籍、建筑物、地下管线、植被、土地利用、地质等基础数据，城市规划、生态环境、交通等专题数据，以及医疗、教育、文化、体育等公共服务数据。数据来源为自然资源部、住房和城乡建设部、生态环境部、交通运输部、教育部、卫生健康委员会等官方统计、发布部门。

网络数据库是利用互联网技术等收集的 POI 数据、遥感数据、夜间灯光、手机信令数据以及微博、微信数据等。数据来源为移动、联通、百度等平台以及微博等社交平台。

法规政策库涵盖城市群协同发展各个领域的相关法律及行政法规、部门规章、地方性法规及规章、地方相关政策等。数据来源为政府及相关发布部门。

规范标准库涵盖相关规范、相关标准、各行业标准等。数据来源为公开出版的规范、标准。

随着大数据的广泛应用，法规政策库以及规范标准库是综合决策技术逻辑的基础，这些数据对综合决策支持起到非常重要的支撑作用，需高度重视。此外，不同地方标准规范或数据存在一定差异，需要进行统一规范化处理。比如粤港澳大湾区，数据和标准规范不统一、数据接口不一致，在开展综合决策分析时需要进行统一数据标准、统一数据接口、数据分类标准转化等规范化处理。

4. 模型库支持

模型库是按一定组织结构形式存储多个模型的模型集合体。有效的模型库组织架构设计有利于模型的高效管理、存储和使用，模型库的建立也能够提高多模型的组合能力，使之发挥出多个模型组合辅助决策的作用，提高辅助决策的效果。基于管理和应用两个角度，模型库管理系统可以分为模型分类管理和模型应用管理两部分。

模型分类管理用于存储全部模型的基本信息和分类属性特征，并基于模型的属性特征进行多维度、多层级、多视角分类，增加模型的可应用程度，便于决策者加深对模型功能和特征的理解，有利于决策者面对具体问题时，能够在模型集内选择更为适宜的模型进行应用。模型应用管理以解决城市群发展过程中的问题为导向，以面向场景应用构建模型集或模型包，更有针对性地服务综合决策。基于城市群协同发展的主要场景领域，可以构建相应的模型应用库（表 1.2）。结合每个子场景库，构建子模型应用库。

模型库具有对大量模型进行分类、维护和管理的基本特征之外，还具有以下特征：一是模型库并非所有模型大集成的实体，是可分布式的、可自由组合的。根据实际应用需要，整理模型入库。二是模型库支持外部应用程序灵活调用模型，具有开放性。模型库为模型提供了合适的接口，支持外部应用程序的随时随地调用，如支持 GIS 等调用模型辅助空间分析和决策。三是随着技术的进步和场景需求的变化，模型库可动态扩充和更新迭代，具有可生长性。每个子模型应用库下的模型也会随着技术的进步不断更新迭代。四是模型库中的模型表现形式是多样化的，可以是软件、计算公式、算法、工具包、知识库，也可以是各种形式的组合。

表 1.2 城市群协同发展综合决策模型应用库

模型应用领域		模型算法
人口发展	人口布局	BP 神经网络模型、GM（1,1）模型、莱斯利（Leslie）模型、人口综合发展水平测算模型、耦合协调度模型、空间自相关模型等
	人口流动	逻辑斯谛模型、重力模型、空间自相关模型、辐射模型、空间计量模型等
	人口与资源环境平衡	可能-满意度模型、承载力综合决策模型、多要素调控控制方法等
国土利用	国土空间评价	承载力模型、适宜性模型、国土空间价值评估模型、障碍因素模型
	国土空间土地利用动态演变与预测	开发强度指数、开发程度指数、开发动态度指数、空间协调度模型、协调度耦合模型、元胞自动机模型、土地变化模型（LCM）、马尔可夫链（Markov chain）模型、多智能体模型（ABM）、ABM-CA 模型、CA-MARKOV 模型、CLUE-S 模型、系统动力学模型（SD）、LCM 模型、Dinamica EGO 模型、加权回归分析、面板协整、向量修正误差模型、KSIM 模型、面板 VAR 模型、空间误差模型和空间滞后模型、一体化交通与土地利用软件包（ITLUP）模型等
	国土空间开发边界划定	VSD（vulnerability scoping diagram）模型、模糊量化模型、物种分布模型、最小阻力模型、InVEST 模型、多智能体模型、综合指数法、有序加权平均数（OWA）方法、模糊隶属函数法、快慢变量方法、元胞自动机、土地利用变化模型、城市化影响模型、城市驱动模型、CA-ABM 等

续表

模型应用领域		模型算法
国土利用	国土空间布局	资源环境 CGE 模型、Probit 模型、多元统计模型、逻辑斯谛回归统计模型、OLS 模型、线性加权和法、聚类分析、主成分分析、耦合矩阵分析、空间布局紧凑度模型、空间布局协调度模型、协调度耦合模型、城市增长模拟模型（SUSM）、核密度估计（KDE）、空间相互作用模型、潜力模型、市场域模型、Wilson 最大熵模型族、阿隆索（Alonso）模型、口粒子扩散模型、神经空间相互作用模型、城市空间演化过程模型（UASEM）、吉布拉定律、Zipfian 分布、机器学习、随机森林算法、准实验研究（quasi-experimental study）、社交网络分析模型、QAP 相关分析、局部均衡分析、洛伦兹曲线、KSIM 模型、综合指数法等
产业协同	产业发展水平	产业结构偏离度、全要素生产率、区位熵分析法、偏离-份额分析法、耦合协调度模型、超效率 SBM 模型、动态因子分析法、数据包络分析法、聚类分析、主成分分析模型、熵值法模型、专家打分法等
	产业关联	投入产出分析模型等
	产业结构	产业关联理论、霍夫曼比例、区位熵、赫芬达尔-赫希曼指数（HHI）、DO 指数、EG 指数、增长会计法、结构关联经济技术矩阵特征值、结构超前值、耦合协调度模型等
	产业集群	复杂网络分析、规则网络、随机网络、小世界网络、自相似网络、无标度网络等
	产业溢出效应	科布-道格拉斯生产函数、一般均衡（CGE）模型、风险值评估（VaR）模型、市场潜力模型、引力模型、修正引力模型、耦合协调度模型、空间杜宾模型、复合系统协调度模型等
交通互通	交通需求	回归预测法、弹性系数法、时间序列模型、灰色模型预测法、神经网络模型、四阶段预测模型、重力模型、介入机会模型、Rotterdam 需求模型、近似不相关回归（seemingly unrelated regression，SUR）方法、增量分配、结合随机选择的增量分配、用户均衡（UE）、随机用户均衡（SUE）、MNL 模型、SMNP 模型、基于逻辑斯谛的 SUE 模型、基于 probit 的 SUE 模型和 AON、系统动力学模型等
	综合交通规划	复杂网络方法、经验分析法、聚类识别法、多目标规划模型、双层规划模型、节点重要度法、聚类分析法、公平效率模型、国土系数模型、节点连通度模型、节点系数法、因素分析法、出行费用分析、时间可靠性模型、换乘便捷度、分层优化模型、蚁群算法、应急交通疏散模型、随机规划模型等
	客货运服务资源配置	BNL 模型、MNL 模型、RP 调查方法、单目标模型、多目标规划模型、双层规划模型、效用函数、综合运输优化模型、动态路径搜索算法、时空路径搜索算法等
	交通可达性	可达性模型、重力模型、变异系数法、空间阻隔模型、累积机会模型、空间相互作用模型、效用模型、时空约束模型等
生态保育	生态系统结构和布局	叠置分析、距离分析、缓冲区分析、网络分析、栅格计算、统计分析、密度分析、空间自相关分析、聚类分析、度量地理分布、空间关系建模、插值分析、模拟分析、可视化分析、元胞自动机模型、CLUE-S 模型、模糊算法及自适应模型、完整性指数、能源网络系统方法等
	生境质量	压力-状态-响应模型、脆弱性域图（VSD）模型、模糊综合评价模型、InVEST 模型、有序加权平均（OWA）算子、BP 神经网络方法、GRA-TOPSIS、灰色-TOPSIS、主成分分析法、熵权法、模糊综合评价法、耦合协调度模型等
	生态环境演变	生态位模型、最小阻力模型、慢变量方法、快变量方法、生境质量模型、生境风险评估模型、粒度反推法、电路理论、最大熵、近平衡系统和远平衡系统、耗散结构、系统动力学模型、地理加权回归（GWR）模型
	生态效率	投入产出模型、数据包络分析（DEA）方法、超效率 SBM 模型、空间杜宾（Durbin）模型、Moran's I 指数

续表

模型应用领域		模型算法
环境共治	水环境保护与治理	DPSIR 模型、可拓物元模型、平衡积分卡（BSC 模型）、PSR 模型、RS 和 GIS 综合方法、熵权灰色关联模型、属性识别模型、湖库生态安全综合评估模型、水环境容量计算模型、模糊层次分析法等
	大气污染防治	模糊物元综合评价法、双重差分法、主成分分析法（PCA）、广义最小二乘法（GLS）修正多元回归模型、PSR 模型、熵权法、层次分析模型、LMDI 分解模型等
	废弃物处理	生命周期评价、投入产出模型（MUIO）、一般均衡模型（CGE）、不确定性分析、污染损失理论、DEA-SBM 模型等
	土壤污染治理	地质累积指数法、潜在生态危害指数法、内梅罗综合污染指数法、土壤-有机污染物变化及迁移暴露模型、农药径流对地表水的污染模型、迁移和暴露模型等
基础设施建设	线状基础设施选址	Kruskal 算法、层次分析、模糊分析、双层规划模型、聚类分析、重力模型、变异系数法、空间阻隔模型、累积机会模型、空间相互作用模型、效用模型、时空约束模型、Arcgis 空间分析模型等
	面状基础设施选址	启发式算法、模拟退火算法（SA）、遗传算法（GA）、列表搜索算法（ST）、进化规划（EP）、进化策略（ES）、蚁群算法（ACA）、人工神经网络（ANN）、粒子群优化算法、P-中位模型、P-中心模型、位置集合覆盖模型、MCLP 模型、局部搜索算法、变异操作、随机搜索、单点交叉、最优化模型、整数规划等
	基础设施脆弱性	变异系数法、综合指数法、聚类算法、层次分析法、DEA 方法、模糊综合评价、熵权-TOPSIS 法、BP 神经网络、偏差分析、网格分析法等

第 2 章　城市群协同发展综合决策的在地化实践

　　我国对于城市密集分布等经济地理现象的研究从改革开放后兴起，相继提出了城镇密集区、城市群、都市圈等概念。其中，关于城市群和都市圈的讨论时常交织在一起，但二者作为不同的概念，本质上存在差异。都市圈以中心城市为核心，与周边城市在日常通勤和功能组织上存在密切联系（马向明等，2020；刘云中和刘嘉杰，2023；韩文超等，2023），周边城市可以直接承接中心城市的功能辐射，对中心城市有明显的依赖性和附属性。作为高度同城化的空间单元，都市圈可以与周边都市圈进行联系和互动，共同推动城市群的整体发展。城市群是都市圈发展到高级阶段的产物（姚士谋等，2017；方创琳，2020），一般由一定的都市圈组成，其内部都市圈及都市圈内部的城市在推动各自自我发展的基础上，借助发达的综合运输网，形成了人力、技术、物资等要素的紧密流动、彼此相互关联形成协同发展区域。

　　受地理条件、资源禀赋、经济水平、体制机制等多方面的影响，不同国家、不同地区城市群发展存在一定的差异，协同发展的目标、重点、举措、成效等均有所区别。本书选取国内外典型的城市群，从其自身发展条件、协同发展目标、重点实践领域等方面开展深入研究，旨在基于现实需求和实践视角，探索城市群协同发展综合决策的发力点。

2.1　国内实践：区域协同目标牵引下的融合发展

　　2018 年，中共中央、国务院印发《关于建立更加有效的区域协调发展新机制的意见》，明确提出以"一带一路"建设、京津冀协同发展、长江经济带发展、粤港澳大湾区建设等重大战略为引领，以西部、东北、中部、东部四大板块为基础，促进区域间相互融通补充；建立以中心城市引领城市群发展、城市群带动区域发展新模式，推动区域板块之间融合互动发展。2021 年，《中华人民共和国国民经济和社会发展第十四个五年规划和 2035 年远景目标纲要》进一步提出，推动城市群一体化发展以促进城市群发展为抓手，全面形成"两横三纵"城镇化战略格局。优化提升京津冀、长三角、珠三角、成渝、长江中游等城市群，发展壮大山东半岛、粤闽浙沿海、中原、关中平原、北部湾等城市群，培育发展哈长、辽中南、山西中部、黔中、滇中、呼包鄂榆、兰州—西宁、宁夏沿黄、天山北坡等城市群。

本书重点选取京津冀、长三角、粤港澳大湾区、成渝和长江中游五个城市群研究协同发展的在地化实践。

2.1.1 京津冀城市群

京津冀城市群是体现我国经济增长力和国家竞争力的重要区域，也是我国北方经济规模最大、最具活力的区域，主要包括河北省的张家口、承德、沧州、廊坊、衡水、石家庄、唐山、秦皇岛、邯郸、邢台、保定等 11 个地级市和北京、天津 2 个直辖市。根据《河北省统计年鉴 2021》，2020 年京津冀城市群总面积约 21.7 万千米^2，生产总值为 8.64 万亿，占国内生产总值的 8.5%，经济密度为 3981 万元/千米^2，常住人口 1.1 亿人，占全国总人口的 7.6%，人口密度为 515 人/千米^2。

进入 21 世纪以来的前 10 年，北京作为首都城市功能覆盖宽，城市人口快速膨胀，出现交通拥堵、社会安全隐患增加等问题，"大城市病"日益凸显。河北省因多年以来处于北京和天津（京津）两大城市的"虹吸效应"之中，经济较为落后，且缺乏清晰的产业布局和产业链，亟须接受京津的辐射，从而实现经济社会的快速发展，减少与京津的差距。针对京津两地与河北省的资源配置差距较大的现状，京津冀三地通过构建城市群道路交通体系等一体化建设，形成地方政府之间的行政联动，通过减少市场分割，促进生产要素自由流转。在此基础上，北京为破解人口产业集聚的局面，开始探索将部分产业向河北转移，深化河北产业集聚能力和区域内产业分工。同时把部分制造业转移到天津，依托其较为完善的产业链和便捷的综合交通设施，力图把天津建设成为环渤海地区制造业中心。自此，京津冀协同发展呈现出清晰的图景。

京津冀城市群的发展基础具有以下特征：一是区域经济发展不均衡，城市之间产生较大的经济断带，北京和天津的生产效率呈现较好的增长态势，河北省虽然是地理面积最大、资源最富饶的区域，但难以有效接受京津两个中心城市发展辐射，发展动力不足；二是人才分布不均衡，区域内近五年人口总量占全国比重稳步增大，但京津劳动力和高学历人才丰富，而河北省相对不足且发展能级支撑较弱；三是公共服务资源和服务共享机制不健全，医疗、教育等基本公共服务配套水平差异较大。

1. 协同目标

2015 年《京津冀协同发展规划纲要》正式发布，明确提出疏解北京非首都功能、解决北京大城市病问题，是京津冀协同发展的重要目标或任务，调整优化空间布局和经济结构，走内涵集约发展，推动京津冀交通一体化、生态环境保护和产业升级转移，努力形成京津冀目标同向、措施一体、优势互补、互利共赢的协同发展新格局,将京津冀建成为以首都为核心的世界级城市群。以此为遵循,《"十三五"时期京津冀国民经济和社会发展规划》于2016年印发实施,强调京津冀协同发展要努力推动三地"一张图"规划、"一盘棋"建设、"一体化"发展,在交通一体化、生态环境、产业对接三个重点领域率先突破。2021年,《中华人民共和国国民经济和社会发展第十四个五年规划和2035年远景目标纲要》发布,明确提出加快推动京津冀协同发展的七大重点领域,即:紧抓疏解北京非首都功能"牛鼻子",构建功能疏解政策体系,实施一批标志性疏解项目。高标准高质量建设雄安新区,加快启动区和起步区建设,推动管理体制创新。高质量建设北京城市副中心,促进与河北省三河、香河、大厂三县市一体化发展。推动天津滨海新区高质量发展,支持张家口首都水源涵养功能区和生态环境支撑区建设。提高北京科技创新中心基础研究和原始创新能力,发挥中关村国家自主创新示范区先行先试作用,推动京津冀产业链与创新链深度融合。基本建成轨道上的京津冀,提高机场群港口群协同水平。深化大气污染联防联控联治,强化华北地下水超采及地面沉降综合治理。

在"多规合一"基础上,京津冀三地的国土空间规划对京津冀城市群的协同发展提出了具体方向。2016年5月,《京津冀协同发展土地利用总体规划(2015—2020年)》印发,明确在严格保护优质耕地和生态环境的前提下,以空间格局优化统领京津冀协同发展各项土地利用任务,着重推动北京非首都功能疏解,重点保障交通一体化、生态环境保护和产业升级转移3个重点领域率先突破的用地需求。2017年9月,《北京城市总体规划(2016年—2035年)》获批,提出建设以首都为核心的世界级城市群,通过重点培育河北雄安新区及天津滨海新区、石家庄、保定等高新技术产业集群和创新型产业集群、支持京津冀高等教育共建共享、促进区域公共卫生均等化、推动京津雄(保)率先联动发展、构建"4+N"产业合作格局、精准开展对口帮扶、加强交界地区统一规划等措施,深入推进京津冀协同发展。2023年12月,《河北省国土空间规划(2021—2035年)》获批,指出要构建支撑新发展格局的国土空间体系,发挥环京津的地缘优势,深入推进京津冀协同发展,共建世界一流城市群,高标准高质量建设雄安新区,推动京津冀地区成为中国式现代化建设的先行区、示范区。

与此同时,京津冀各相关部门针对协同发展出台了一系列政策,为京津冀协同发展的实施提供政策支撑,相关政策及主要内容见下表(表2.1)。

表2.1 京津冀城市群协同发展相关政策及主要内容

时间	发布主体及政策名称	具体内容
2014年7月	北京市和河北省签署《共同打造曹妃甸协同发展示范区框架协议》	确定在河北省唐山市曹妃甸区共建现代产业试验区、宜业宜居的现代化新城、中关村高新技术产业基地等。

续表

时间	发布主体及政策名称	具体内容
2015年3月	京津冀三地共同研究出台《关于加强京津冀人大协同立法的若干意见》	提出基础设施一体化建设以及水、大气污染联防联控率先突破，工作重点是产业结构优化升级和实现创新驱动发展，立法工作协同的重点是联动。
2015年6月	财政部和税务总局制定了《京津冀协同发展产业转移对接企业税收收入分享办法》	确定纳入地区间分享范围的税种、分享的企业范围、分享方式以及分享保障措施。
2015年12月	京津冀三地生态环境部签署《京津冀区域环保率先突破合作框架协议》	明确以大气、水、土壤污染防治为重点，以联合立法、统一规划、统一标准、统一监测、协同治污等十个方面为突破口，三地联防联控，共同改善区域生态环境质量。
2016年6月	工业和信息化部会同京津冀三地政府共同制定《京津冀产业转移指南》	构建"一个中心、五区五带五链、若干特色基地"的产业发展格局。
2016年11月	京津冀三地与国铁集团（原中国铁路总公司）编制《京津冀城际铁路网规划（2015—2030年）》	以"京津、京保石、京唐秦"三大通道为主轴，到2030年基本形成以"四纵四横一环"为骨架的城际铁路网络，打造"轨道上的京津冀"。
2017年3月	京津冀及周边地区大气污染防治协作小组制定《京津冀及周边地区2017—2018年秋冬季大气污染防治工作方案》	以改善区域环境空气质量为核心，以减少重污染天气为重点，多措并举强化冬季大气污染防治，全面降低区域污染排放负荷。
2017年11月	国家发展改革委、民航局发布《推进京津冀民航协同发展实施意见》	全面推进京津冀民航协同发展，做好优化航路航线网络结构、打造通用航空服务网络、统筹区域机场运行管理、建设以枢纽机场为核心的综合交通枢纽、推动空铁联程联运等十项任务。
2019年12月	国家发展改革委、交通运输部联合印发《京津冀协同发展交通一体化规划（2019—2035年）》	明确推动跨区域重大轨道交通等基础设施建设，加快建设相邻城市间互联互通快速通道和京津冀地区城际铁路网。
2020年4月	河北港口集团与天津港集团签署《世界一流津冀港口全面战略合作框架协议》	共同推动区域合作升级、港口经营模式升级、全程物流供应链网络升级和津冀港航协同升级；共同探讨智慧绿色港口建设，加强信息技术与航运港口生产经营深度融合。
2020年5月	京津冀三地共同发布《机动车和非道路移动机械排放污染防治条例》	按照统一规划、统一标准、统一监测、统一防治措施的要求开展机动车和非道路移动机械的联防联治。
2022年1月	国家林业和草原局、国家发展改革委、自然资源部、水利部联合印发《北方防沙带生态保护和修复重大工程建设规划（2021—2035年）》	确定开展国土绿化、联通水系和恢复注淀湖沼湿地、开展退化林修复和退化草原修复、加强水源地保护和风沙源治理、开展水土流失综合治理等主要任务，以及张承坝上地区生态综合治理、燕山山地生态综合治理、太行山（河北）生态综合治理、雄安新区森林城市建设及白洋淀生态综合治理四大重点项目。
2022年9月	京津冀三地签署《京津冀营商环境一体化发展合作框架协议》	推进企业开办、变更、注销政策流程协同一致，全面清理对企业跨区域经营、迁移设置的不合理条件和妨碍统一市场和公平竞争的政策；推动监管执法领域系统、数据、信息互通，完善线索移送机制、执法协助机制、执法联动机制。
2023年11月	京津冀三地人民代表大会常务委员会研究制定《关于推进京津冀协同创新共同体建设的决定》	健全区域创新体系，以科技创新引领京津冀区域高质量发展；支持北京"新双翼"建设；聚焦重点领域，推动创新要素自由流动；强化区域协同创新和产业协作，协同优化营商环境。
2023年12月	《河北省国土空间规划（2021—2035年）》	深入推进京津冀协同发展，共建世界一流城市群，高标准高质量建设雄安新区，推动京津冀成为中国式现代化建设的先行区、示范区。

2. 协同实践

（1）雾霾治理

2013年前后，河北省的大多数城市面临着极为严重的大气污染，全国排名前十的污染城市有七个在河北，$PM_{2.5}$污染已成为当地人民群众的"心肺之患"，是京津冀地区首要污染物。随后几年，在京津冀地区内地方政府、企业和公众共同努力治污下，该地区的雾霾治理取得了显著成效，采取的主要措施包括：

1）协同优化京津冀能源结构。贯彻落实《京津冀协同发展规划纲要》和《京津冀能源协同发展规划（2016—2025年）》中的能源协同发展重要内容，京津冀三地制定了《京津冀能源协同发展行动计划（2017—2020年）》。围绕该计划提出的"强化能源战略协同"任务，京津冀三地结合各自能源消费特征和能源协同的需求重点，采取系统治理"大城市病"，一体化布局电力、油气等能源设施，挖掘可再生能源，以及推出工程减煤、提效节煤、清洁代煤等系列措施，共同推进清洁能源替代与煤炭为主的能源结构逐步向多元化、清洁化方向转变，污染治理取得明显成效。

2）建立京津冀环境执法联动工作机制。2015年11月，京津冀环境执法联动工作机制启动，建立定期会商、联动执法、联合检查、重点案件联合后督察、信息共享等工作制度。确定重点从排查与处置跨行政区域、流域重污染企业及环境污染问题、环境违法案件或突发环境污染事件，排查与处置位于区域饮用水源保护地、自然保护区等重要生态功能区内的排污企业，在国家重大活动保障、空气重污染、秸秆禁烧等特殊时期，联动排查与整治大气污染源，以及调查处理上级交办的重点案件等四个方面推进联合执法，逐步实现三地环保一体化。京津冀三地生态环境部每年轮值召开联动执法工作会议，交流通报监察年度工作重点、阶段性工作重点以及部署下一阶段环境监察执法联动工作重点。

3）成立机动车排放控制工作协调小组。2014年12月，由京、津、冀、晋、鲁、内蒙古六省区市组成的机动车排放控制工作协调小组成立，旨在通过建立全国跨区域机动车排放污染监管协调机制，搭建京津冀晋鲁内蒙古机动车排放污染监管平台等，实现跨区域机动车排放超标处罚、机动车排放监管数据共享、新车环保一致性区域联合抽查等目标，推动京津冀及周边地区大气污染防治协作机制工作进一步深化。

4）重点督察大气污染传输通道城市。根据《京津冀及周边地区2017—2018年秋冬季大气污染防治工作方案》，北京市，天津市，河北省石家庄、唐山、保定等8市，山西省太原、晋城等4市，山东省济南、淄博等7市，以及河南省郑州、开封等7市，共28个城市被确定为京津冀大气污染传输通道城市。通过产业结构调整、推进冬季清洁取暖、工业大气污染综合治理、工业企业采暖季错峰生产、严控机动车排放等举措，强化冬季大气污染防治，共同改善区域环境控制质量。

（2）医疗协同

医疗卫生既是京津冀协同发展的一个重要组成部分，同时也是京津冀协同发展的重要保障和支撑。自"十二五"时期以来，京津冀三地的卫生健康委员会等部门签订一系列的相关文件和建立协同联盟，进一步完善了京津冀医疗协同发展机制，取得了较为明显的工作成效，具体内容包括以下几方面：

1）推动医疗资源和服务水平均衡发展。通过严控北京五环内的新增医疗资源，将北京核心区优质医疗资源向其他区域转移以及设立分院等手段，扎实推进京津冀地区医疗资源的均衡发展。建立京津冀医学专科联盟，深化专科领域的研究和协同救治，如天津市胸科医院牵头与天津、河北130多家医疗机构签订合作协议，形成胸痛专科联盟，天津市肿瘤医院牵头联合53所医院组成全国首个肿瘤专科联盟等（张贵和李慧祥，2022）。通过医疗卫生领域的对口帮扶，如建立合作关系、专家定期坐诊、技术帮扶、人才培养、远程会诊等形式，促进欠发达地区医疗服务质量的提升。

2）建立京津冀三地卫生应急合作机制。2014年6月，京津冀三地国家卫生健康委员会签署《京津冀突发事件卫生应急合作协议》，共同构建了突发事件卫生应急合作机制，拉开了京津冀卫生应急协同发展的序幕。2015年6月，京津冀三地国家卫生健康委员会再次签署《京津冀毗邻县（市、区）卫生应急合作协议》，推动在京津冀三地相邻区域内建立突发事件信息通报制度、协调联动处置机制和卫生应急队伍相互支援机制。涉及范围覆盖京津冀三地相邻的全部区域，推动实现了三地卫生应急联动无缝衔接和卫生应急一体化进程。

3）推进医疗资源和信息共享。京津冀三地率先与国家异地就医结算平台的连接，实现异地跨省就医花费及时结算。截至2017年底，京津冀三地已有1093家医疗机构实现跨省异地就医住院医疗费用直接结算。2018年，京津冀三地推出京津冀医用耗材联合采购平台，通过联合采购方式降低成本，进而降低患者看病就医费用。经测算，每年通过联合采购平台能够为京津冀三地的公立医院节省采购费用超8亿元，降幅明显可达15%。2019年6月，京津冀三地签署《京津冀医疗保障协同发展合作协议》，围绕异地就医直接结算、医药联合采购、医院结果互认等进一步开展深度合作。

4）协同培养医疗卫生人才。2019年，京津冀6所医学高等院校在北京发起成立北京卓越医学人才培养高校联盟，并签署《北京卓越医学人才培养高校联盟会员单位资源共享协议书》，通过联合培养医学生，提升各高校的学生教育培养质量、办学水平与社会声誉，实现联盟成员的可持续发展。推动实现医师资格互认，推动京津冀三地医师在职称晋升、岗位聘用、人才引进、培养选拔、服务保障等领域实现资格互认，促进医疗卫生人才的自由流动。

（3）教育协同

教育一体化发展不仅是贯彻落实区域一体化发展战略的组成部分，也是教育高质量发展的内生诉求。京津冀城市群具有优质的教育资源，在教育一体化方面具有投入有力、资源集中、类型多样等优势，有着坚实的发展与合作基础，为区域建设进程中的教育融合发展提供了现实可能性。京津冀三地教育协同主要在以下几个方面展开：

1）统筹教育资源配置。通过建立和完善高校迁移、建立分校、异地共同办学、疏解新校区政策保障等机制，加强京津冀三地疏解和承接的教育合作，如新校区的位置和建设用地、新校区的建设和运行资金等。合理化高标准配置北京副中心的教育资源，鼓励北京的教育资源在河北省廊坊市北三县建设高品质学校。鼓励京津冀三地中小学采用学校联盟、开设分校、对口帮扶等多种形式进行跨区域共同办学。京津两市重点对河北张家口、承德、保定三市及21个贫困县进行对口帮扶，加快河北省教育的发展，补齐教育短板，使京津冀三地实现区域教育资源共享、整体谋划、协同发展的共赢格局。

2）促进教育资源共享。利用优质校内资源建立京津冀高校联盟，推动学分互认、课程互选、教师互聘以及学科共建和大型科学仪器设备库共建共享。加快开展数字校园优质资源共建共享项目，对京津冀三地的师生优质的数字教育资源实现共享。共同建设京津冀三地的校外教育资源，如中小学生的示范性综合实践和社会实践基地、中小学校外活动中心、青少年宫等校外教育基地等。组建职业教育联盟，构建京津冀地区职业教育学习成果互联互认机制，建设职业教育协同合作平台，促进职业教育资源共建共享。

3）联合培养教育人才。在河北省共同建立教师重点培养培训基地，集聚培训京津冀三地师范院校的人才。通过互派校长、教师、管理干部等进行交流互动，推动京津两地选派的优秀教师到河北省进行支教送教活动，针对到河北省受帮扶地区的职业院校的教师和人员进行培训，推动河北省"教师校长百千万工程"建设。

2.1.2 长三角城市群

长三角城市群是我国经济发展最活跃、城镇集聚程度最高的城市群，在国家现代化建设大局和全方位开放格局中具有举足轻重的战略地位。长三角城市群拥有上海都市圈、南京都市圈、苏锡常都市圈、杭州都市圈、合肥都市圈和宁波都市圈在内的六个都市圈，包含上海、江苏省的南京、无锡、常州、苏州、南通、盐城、扬州、镇江、泰州、徐州、淮安、连云港、宿迁，浙江省的杭州、宁波、嘉兴、湖州、绍兴、金华、舟山、台州、衢州、丽水，安徽省的合肥、芜湖、马鞍山、铜陵、安庆、滁州、池州、宣城、阜阳、蚌埠、宿州、六安、亳州、淮南、淮北、池州、黄山共 41 市。根据《长三角年鉴 2021—2022 年（第十六卷）》，长三角城市群总面积约为 21.07 万千米^2，2020 年生产总值为 24.47 万亿元，占国内生产总值的 24.09%，经济密度为 11614 万元/千米^2，常住人口为 2.35 亿人，占全国总人口的 16.28%，人口密度为 656 人/千米^2。

长三角城市群发展基础具有以下特征：一是拥有强大的人口支撑力。2018 年各地统计公报的数据显示，长三角城市群内，9 个城市常住人口城镇化率已经达到 70%以上，7 个城市人口净流入超过 100 万；二是综合经济实力强，国际化程度高，产业集群优势明显且产业体系完备，是我国最具经济活力的资源配置中心、经济社会发展的重要引擎以及具有全球影响力的科技创新高地；三是拥有相对均衡的交通关联网络，公铁交通干线密度全国领先，江海港口群和机场群现代化特征明显，但部分城市间的关联程度相对较弱，城市群交通网络具有层级和非均衡特征；四是城镇体系完备且联系密切，大中小城市齐全，各省市比较优势明显，其中，上海着力发展国际经济、金融、贸易、航运和科技创新建设，浙江数字经济领先，江苏制造业发达，安徽创新活跃强劲；五是自然资源禀赋优良，以平原为主，土地开发难度小，可利用的水资源充沛，城镇建设受自然条件限制和约束小，是我国不可多得的工业化、信息化、城镇化和农业现代化协同并进的区域。

1. 协同目标

2016 年，《长江三角洲城市群发展规划》正式发布，要求上海市、江苏省、浙江省、安徽省政府及相关部门联手打造"具有全球影响力的世界级城市群"，明确提出"一核五圈四带"的网络化空间格局，为长三角城市群多中心协同发展在空间格局上提供了遵循。2018 年，《长三角地区一体化发展三年行动计划（2018—2020 年）》对新时代长三角地区一体化发展的新内涵新要求进行全面的解析，提出到 2020 年建成枢纽型、功能性、网络化的基础设施体系，形成创新引领的区域产业体系和协同创新体系，绿色美丽长三角建设取得重大进展，区域公共服务供给便利化程度明显提升，力争将长三角地区建设成为全国贯彻新发展理念的引领示范区，全球资源配置的亚太门户以及具有全球竞争力的世界级城市群。工作任务聚焦交通互联互通、能源互济互保、产业协同创新、信息网络高速泛在、环境整治联防联控、公共服务普惠便利、市场开放有序等 7 个重点领域。2019 年，《长江三角洲区域一体化发展规划纲要》印发，要求发挥上海龙头带动作用，苏浙皖各扬所长，加强跨区域协调互动，提升城市群一体化水平，构建区域联动协作、城乡融合发展、优势充分发挥的协调发展新格局。该规划纲要进一步明确了城市群内协调联动的重点发展任务，即跨界区域、城市乡村等区域板块一体化发展达到较高水平，在科创产业、基础设施、生态环境、公共服务等领域基本实现一体化发展，全面建立一体化发展的体制机制。

在国土空间治理方面，2017年12月，《上海市城市总体规划（2017—2035）》获批，提出加强上海与长三角城市群、长江流域城市的协同发展。从区域生态环境共保共治、交通设施的互联互通、市政基础设施的共建共享、文化的共融共通等方面推动上海与近沪浙地区功能网络一体化。针对上海与周边省市具有区域价值的战略性地区，加强在生态保护、设施共享、城镇布局、产业发展、港口资源、河口海洋空间利用等方面的空间统筹力度。2023年7月，《江苏省国土空间规划（2021—2035年）》获批，提出加强城市间的优势资源统筹、区域设施共享、相关产业协作、与上海、浙江、安徽共建长三角世界一流城市群，以及积极推动长三角区域一体化高质量发展、融入上海大都市圈共建卓越的全球城市区域、与浙江共建宁杭生态经济带、与安徽跨界协同共建跨省都市圈等举措，推动合作共赢的省际协调发展。2023年12月，《安徽省国土空间规划（2021—2035年）》获批，提出深度融入长三角一体化发展、长江经济带发展、中部崛起等国家重大战略，建设具有重要影响力的科技创新策源地、新兴产业聚集地和绿色发展样板区，加快打造内陆开放新高地，在构建新发展格局中实现更大作为。同月，《浙江省国土空间规划（2021—2035年）》获批，提出深度融入长江经济带发展、长三角一体化发展战略，共同将长三角打造成为率先基本实现现代化引领区和改革开放新高地。

与此同时，长三角各相关部门出台了一系列促进长三角一体化发展的政策，相关政策及主要内容见下表（表2.2）。

表2.2 长三角城市群协同发展相关政策及主要内容

时间	发布主体及政策名称	主要内容
2017年7月	环境保护部、国家发展改革委、水利部联合印发《长江经济带生态环境保护规划》	推进重点领域节水，2019年底前实现地级及以上缺水城市全部达到国家节水型城市标准；2016年底前建成污水集中处理设施，安装在线监控装置并与环保部（现生态环境部）在线监控平台联网。
2018年6月	长三角三省一市交通运输部联合签订《长三角地区打通省际断头路合作框架协议》	长三角三省一市分批制定省际断头路项目计划，滚动推进建设，实现省际断头路全面对接。
2018年9月	长三角三省一市交通运输部共同签署《长三角地区治理货物运输车辆超限超载合作协议》	在公路治超区域联合执法、信息传递、协助调查、非现场执法、信用采信、跨省大件运输联合审批等领域开展深入合作。
2018年11月	长三角三省一市人大常委会《关于支持和保障长三角地区更高质量一体化发展的决定》	上海进一步发挥龙头带动作用，苏浙皖各扬其长，共同组建长三角区域合作办公室，合作与发展联席会议等推进机制，共同做好相关领域规划编制，探索跨区域融合发展。
2018年12月	交通运输部长三角三省一市人民政府联合发布《关于协同推进长三角港航一体化发展六大行动方案》	通过内河航道网络化、区域港口一体化、运输船舶标准化、绿色发展协同化、信息资源共享化、航运中心建设联动化六大行动，协同推进港航一体化发展、绿色发展以及率先发展。

续表

时间	发布主体及政策名称	主要内容
2019年11月	国家发展改革委发布《长三角生态绿色一体化发展示范区总体方案》	到2035年，全面建设成为示范引领长三角更高质量一体化发展的标杆。
2020年1月	长三角三省一市工业和信息化部签署《共同推进长三角工业互联网一体化发展示范区建设战略合作协议》	到2020年，初步建立长三角工业互联网一体化发展示范区建设体系和运行机制，形成长三角工业互联网一体化发展格局；到2022年，形成一批可复制、可推广的经验，打造辐射全国的工业互联网创新发展引领能力。
2020年4月	国家发展改革委及交通运输部发布《长江三角洲地区交通运输更高质量一体化发展规划》	以互联互通为目标，以打造"轨道上的长三角"为重点，加快推进长三角地区对外交通、城际交通、都市圈交通高效衔接和有机融合，构建安全、便捷、高效、绿色、经济的现代化综合交通运输体系，形成与国土空间开发、产业布局优化、人口要素流动、生态环境保护良性互动的发展格局。
2020年6月	长三角三省一市交通运输部签署《长三角地区省际交通互联互通建设合作协议》	将建成一批铁路、公路、水运省际通道项目，实现长三角主要城市高铁"1小时"交通圈。
2020年6月	长三角三省一市工业和信息化部共同签署《共同推进长三角数字经济一体化发展战略合作协议》	聚焦推进数字经济重大创新平台，超前部署"新基建"，深化"长三角工业互联网一体化发展示范区"建设、推动数据开放共享和场景应用、开展车联网集成创新和合作、搭建具有国际影响力的合作交流平台等方面开展深入合作，共同打造长三角数字经济创新发展高地。
2020年11月	长三角三省一市工业和信息化部签订《共同推进长三角新型显示产业一体化高质量发展战略合作协议》	构建长三角一体化新型显示产业高质量发展体系，促进长三角域新型显示产业融合创新和迭代升级，立足长三角、辐射全国、走向世界，努力把长三角域打造成具有全球影响力和竞争力的新型显示产业高质量发展的示范区。
2020年12月	科技部印发《长三角科技创新共同体建设发展规划》	从协同提升自主创新能力、构建开放融合的创新生态环境、聚力打造高质量发展先行区、共同推进开放创新提出具体措施，推进长三角科技创新共同体建设。
2021年1月	推进长三角一体化发展领导小组办公室印发《长江三角洲区域生态环境共同保护规划》	聚焦长三角三省一市面临的突出生态环境问题，加强生态空间共保，推动环境协同治理，夯实长三角地区绿色发展基础，共同建设绿色美丽长三角，着重建设成为美丽中国的先行示范区。
2021年4月	科技部、国家发展改革委、工业和信息化部、中国人民银行等六部门联合发布《长三角G60科创走廊建设方案》	着重建设成为科技创新策源地、世界级产业集群和产城融合示范区并营造一流的营商环境，打造协同创新共同体，实现资金共投、技术共同转化、利益共享，打造先行先试走廊，实现科技和制度创新的双轮驱动、产业和城市一体化发展。
2021年5月	《长三角生态绿色一体化发展示范区重大建设项目三年行动计划（2021—2023年）》	包括"一厅三片"集中示范和生态环保、设施互通、产业创新、民生服务四个方面分类示范，共5大板块、18项主要行动。
2021年6月	推动长三角一体化发展领导小组办公室印发《长江三角洲地区民航协同发展战略规划》	到2025年，基本形成跨界融合、层次清晰、区域一体的民航高质量发展体系；到2035年，全面建成共建共享共赢的民航协同发展格局，长三角世界级机场群运营规模、运营效率、服务质量和竞争力国际一流。
2021年7月	国家发展改革委印发《长江三角洲地区多层次轨道交通规划》	到2025年基本建成轨道上的长三角，2035年建成高质量现代化轨道上的长三角，推动长三角地区成为轨道交通网络化、一体化、智能化、绿色化发展的样板区。
2021年10月	《长三角生态绿色一体化发展示范区先行启动区规划建设导则》	聚焦生态环境、城市设计、综合交通三大重点领域。

续表

时间	发布主体及政策名称	主要内容
2021年12月	国家发展改革委印发《沪苏浙城市结对合作帮扶皖北城市实施方案》	助力淮北、亳州等皖北8市加强与上海闵行、江苏南京、浙江杭州等地合作,共建省际产业合作园区,推进产业转移与承接。
2022年1月	长三角三省一市交通运输部共同签署《长三角跨省市交通基础设施快联快通建设实施合作协议(2022—2025)》	确定未来4年将实施的20项省际铁路、16项省际高速公路、21项省际普通公路、9项省际航道项目清单,着力打造一体化、多层次的区域综合交通网络,全面提升长三角地区交通运输快联快通水平。
2022年2月	长三角三省一市科学技术部发布《关于推进长三角科技创新共同体协同开放创新的实施意见》	明确从共同组建区域国际创新合作联合体、共同建设国际科技合作开放站、共同构筑国际创新人才蓄水池、共同打造国际科创活动会客厅四项重点工作发力,在更高水平、更广领域共同开展开放创新,加快建成具有全球影响力的长三角科技创新共同体。
2022年3月	长三角三省一市工业和信息化部《长三角地区5G先试先用引领数字经济发展战略合作框架协议》	从推进新一代数字基础设施、工业互联网一体化、数字产业、数字技术创新及举办重大项目和重要活动等五个方面,共同制定了长三角地区一体化发展信息化20项工作计划。
2022年3月	长三角三省一市签署《长三角集成电路产业协同发展合作备忘录》	共同推动长三角集成电路产业合作创新发展,通过构建合作交流平台促进产业创新融合发展,推动资源的共享和共用,并共同努力保证集成电路产业链的竞争力和稳定性,完善常态化工作联络机制,打造长三角一体化集成电路产业高质量发展体系,使其成为世界级产业集群。
2022年3月	国家发展改革委《关于推动长江三角洲地区区域公共资源交易一体化发展的意见》	推动制度标准规范统一,强化交易信息互联共享,推进市场主体信息共享互认与专家资源共享共用,推广远程异地评标,推行跨地区、跨层级自主选择交易平台等。
2022年9月	长三角三省一市印发《关于进一步支持长三角生态绿色一体化发展示范区高质量发展的若干政策措施》	围绕改革赋权、财政金融支持、用地保障、新基建建设、公共服务共建共享、要素流动、管理和服务创新、组织保障8个方面,提出支持一体化示范区高质量发展的相关政策措施。
2023年2月	国务院批复《长三角生态绿色一体化发展示范区国土空间总体规划(2021—2035年)》	紧扣一体化和高质量,严守资源安全底线,促进绿色低碳发展,依托国土空间规划"一张图",推进区域一体化空间协同治理。
2023年10月	市场监管总局印发《关于全面深化长三角计量一体化发展的意见》	从建立计量一体化发展统筹机制、提升长三角计量服务保障能力、加强计量基础和应用研究、加强计量监督管理,四个方面部署重点任务,提出组织实施的有关保障措施。
2023年11月	沪苏浙两省一市农业农村部、长三角生态绿色一体化发展示范区执行委员会联合印发《长三角生态绿色一体化发展示范区农业碳汇交易试点工作方案》	建立碳汇定期沟通机制,开展碳汇方法学研究、碳汇项目试点,搭建碳汇综合服务平台。
2023年12月	交通运输部海事局印发《创新海事服务支持长三角一体化高质量发展工作方案(2023—2025年)》	协同畅通长三角水上交通运输"大动脉",打造长三角水上交通安全"示范区",共同构建长三角绿色航运"生态廊",构筑长三角高效便民"服务圈",推动长三角海事治理数字化。
2023年12月	沪苏浙两省一市生态环境部、长三角生态绿色一体化发展示范区执委会发布《关于进一步深化长三角生态绿色一体化发展示范区环评制度改革的指导意见》	强化规划环评与项目环评联动,实施项目环评管理"正面清单"制度,做好环评制度与相关生态环境制度的统筹衔接,加强事中事后环境监管。

2. 协同实践

（1）绿色一体化

近年来，沪苏浙皖三省一市把保护和修复生态环境摆在重要位置。2019年10月，《长三角生态绿色一体化发展示范区总体方案》获批，指出长三角一体化发展战略的关键是构建长三角生态绿色一体化发展示范区。同年11月，长三角生态绿色一体化发展示范区揭牌，示范区总面积约为2300千米^2（其中水域面积约为350千米^2），主要由上海市的青浦区、江苏苏州市的吴江区、浙江嘉兴市的嘉善县组成。示范区作为一体化制度创新的"试验田"，聚焦跨区域一体化的共性问题进行系统创新。

一张蓝图管全域示范区。针对省际跨界区域规划底板不一致，规划标准不同等问题，构建了"1+1+N"规划体系，即"示范区全域国土空间规划+先行启动区国土空间规划+综合交通、生态环境、水利、供排水、产业发展等专项规划"。示范区的国土空间规划是我国第一个跨省域联合编制、具备法定效力的规划，真正使"一张蓝图管全域"成为现实。

一个标准管准入。针对跨省域投资项目管理体制不统一、产业准入标准不一致等问题，制订示范区政府核准的投资项目目录，明确示范区产业发展目录和先行启动区产业准入标准。针对跨省域人才资质认定标准各异，出台外国高端人才工作许可互认实施方案，修订上海市海外人才居住证管理办法，最大限度破除限制人才流动的门槛。

标准、监测、执法"三统一"。示范区着重处理跨区域生态环境各省市分而治之的问题，积极探索区域联动、分工协作、协同推进的一体化生态保护新路径，充分调动上下游、左右岸协同治理积极性，建立起重点跨界水体河（湖）长协作制度等6项机制。空间开发利用注重存量挖潜，不搞集中成片、大规模、高强度开发建设，促进生态保护、人文历史、产业发展有机融合。

建立跨区域治理机制。示范区探索建立新型跨区域治理模式，创建"理事会-执委会"管理推进体制，组建业界共治、双向赋能的开发者联盟，为探索区域一体化发展奠定坚实体制保障。

（2）医疗协同

《长江三角洲区域一体化发展规划纲要》提出要打造健康长三角的目标。推动长三角医疗服务协同发展，有助于优化中心城市综合承载能力、化解超大城市病和区域发展不均衡的难题，也有利于健全区域基本公共服务制度体系。多年来，长三角在医疗协同领域作出了诸多努力。

医疗服务。通过跨区域医联体、专科联盟和远程医疗协作的模式，建立"基层首诊，双向转诊"的分级诊疗服务体系，优化医疗资源配置。基层医疗卫生机构主要提供预防保健、健康教育、疾病管理、常见病和多发病诊疗，接收上级医院下转的康复护理患者，向上级医院转诊超出自身服务能力的患者等基本医疗卫生服务；二三级医院主要提供疾病诊治，特别是急危重症和疑难病症的诊疗、突发事件医疗处置和救援以及对基层医疗卫生机构的业务指导等。此外，通过合作办院、设立分院、组建医联体等形式，统筹布局高端优质医疗卫生资源，扩大优质医疗资源覆盖范围。

公共卫生。通过加强重大传染病疫情信息通报和卫生应急联动，建立严重精神障碍重点患者信息交换机制，完善跨省市食品安全事故流行病学调查协作机制，建立统一的急救医疗网络体系等，深化公共卫生联防联控机制。2019年10月，长三角医院组建急救联盟，以急救转运信息平台为基础，探索建立高效迅速的应急联动机制和急救信息实时共享联通机制，以此应对长三角区域重特大突发公共事件。统一的医疗网络体系不仅能够提升医院急救资源的运行效率，还能够互联互通、实时共享、方便快捷。通过发展"空中之路"、加强"水上之路"，建立"海陆空"多维一体的救援方式，提高长三角区域城市医疗安全的运行和保障能力。

中医药合作。2021年国家卫生健康委、国家中医药管理局的指导下，沪苏浙皖卫生健康行政部门和中医药管理部门制定了《协同推进长三角中医药一体化高质量发展行动方案》，明确中医药一体化高质量发展的重点任务，主要包括建立长三角中医质控一体化管理协调机制、共建中医重点专科合作平台、搭建中医药人才培养共享平台等，以助力长三角中医药高质量发展。

互联网医院管理。长三角区域建立医疗一卡通实现异地结算，是全国第一个门诊和住院费用跨省直接结算的试点地区。伴随"新基建"的部署以及5G、人工智能、大数据等新业态、新模式发展，长三角区域医疗协同探索了智能医学影像、微信医保支付、电子健康卡、电子病历、远程医疗等"互联网+医疗"新服务。目前，上海已有超过20家医院成立了"互联网医院"，可实现在线复诊、在线咨询、健康档案、处方医嘱、远程会诊等服务，除上海患者，来自长三角其他地区的患者亦成为最大受益人群。

（3）区域养老合作

人口老龄化是长三角社会民生领域面临的一个重要挑战。长三角各级政府在养老领域积极合作，积极探索并培育出异地养老的多种新模式。2021年，长三角城市群进入"养老深化合作年"。上海市养老服务行业协会、上海长三角区域养老服务促进中心在沪联合公布长三角区域第一批异地养老机构名单，涵盖长三角区域20个城市的57家养老机构。这标志着苏浙沪皖三省一市老年人的跨区域养老生活在长三角区域有了更多选择。此外，制定了《长三角示范区区域养老合作备忘录》。根据合作备忘录，三省一市将建立养老服务统计制度，加强养老机构的统一管理，建设区域养老信息平台，统筹规划养老产业布局，促进区域养老资源共享，激发养老服务市场活力，共同推进长三角养老一体化发展。

2.1.3 粤港澳大湾区城市群

伴随社会发展和不同时期区域战略的调整，珠江三角洲地区经历了从 20 世纪 80 年代的"小三角"到 90 年代的"大三角"和 21 世纪之初的泛珠三角，再到新时代的粤港澳大湾区的历史演变。1985 年国务院确立的"珠江三角洲经济开放区"，包括佛山市及所辖的中山市、南海县（现南海区）、顺德县（现顺德区）、高明县（现高明区）；江门市及所辖的开平县（现开平市）、新会县（现新会区）、台山县（现台山市）、鹤山县（现鹤山市）、恩平县（现恩平市）；广州市的番禺县（现番禺区）、增城县（现增城区）；深圳的宝安县（现宝安区）；珠海市的斗门县（现斗门区）以及惠阳地区的东莞县（现东莞市）。1994 年，广东省提出建设"珠江三角洲经济区"的设想，"珠江三角洲经济区"概念被提出，范围包括广州、深圳、珠海、东莞、中山、江门、佛山 7 市以及惠州市的惠城、惠阳、惠东、博罗 4 县（区）和肇庆市的端州、鼎湖、高要、四会 4 县（区）。2003 年，广东省倡导促进大区域合作并得到东部、中部、西部省（区）和香港、澳门特别行政区积极响应，形成了包括福建、广东、广西、贵州、海南、湖南、江西、四川、云南 9 个省份以及香港和澳门 2 个特别行政区"泛珠三角"地区。2015 年，《推动共建丝绸之路经济带和 21 世纪海上丝绸之路的愿景与行动》第一次在国家层面提出了"粤港澳深化合作，打造粤港澳大湾区"的构想，粤港澳大湾区的概念被正式提出。此后，粤港澳大湾区概念便在相关政策文件、政府工作报告中不断被提及。2019 年，《粤港澳大湾区发展规划纲要》的发布标志着粤港澳大湾区正式成为重大国家战略，并进入全面建设实施阶段。

建设粤港澳大湾区既是粤港澳区域经济社会文化自身发展的内在需要，也是国家区域发展战略的重要构成与动力支撑。粤港澳大湾区承载着辐射带动泛珠三角区域合作发展的战略功能，是成功实践"一国两制"和长远繁荣稳定的重要区域。粤港澳大湾区由珠三角城市群（广东省的广州、深圳、佛山、东莞、惠州、肇庆、珠海、中山、江门 9 个地级市）和香港、澳门 2 个特别行政区组成，根据粤港澳大湾区各城市统计年鉴数据，2020 年，粤港澳大湾区总面积约 5.6 万千米^2，生产总值为 11.5 万亿，占国内生产总值的 11.32%，经济密度为 20536 万元/千米^2，常住人口为 0.86 亿人，占全国总人口数的 5.96%，人口密度为 1545 人/千米^2。

粤港澳大湾区发展基础具有以下特征：一是城镇化发育程度较高，区域优势明显，以泛珠三角区域为广阔的发展腹地，拥有海陆空立体交通网络和较为完善的基础配套设施，交通便捷且物流成本较低；二是粤港澳三地的差异性使得城市群的区域治理更为复杂；三是经济基础雄厚，高端制造业基础扎实，集群优势明显，经济互补性强，香港澳门服务业高度发达，珠三角 9 市已经初步形成以战略性新兴产业为先导、先进制造业和现代服务业为主体的产业结构；四是粤港澳三地科技研发、转化能力突出，拥有一批在全国乃至全球具有重要影响力的高校、科研院所、高新技术企业和国家大科学工程，创新要素吸引力强，具备建设国际科技创新中心的良好基础；五是合作基础良好，香港、澳门与珠三角 9 市文化同源、人缘相亲、民俗相近、优势互补。近年来，粤港澳大湾区已经形成了多层次、全方位的合作格局。

1. 协同目标

2019 年 2 月，《粤港澳大湾区发展规划纲要》印发，明确粤港澳大湾区建设充满活力的世界级城市群、具有全球影响力的国际科技创新中心、"一带一路"建设的重要支撑、内地与港澳深度合作示范区和宜居宜业宜游的优质生活圈的战略定位，以及到 2035 年，全面建成宜居宜业宜游的国际一流湾区的目标。

2021 年，《中华人民共和国国民经济和社会发展第十四个五年规划和 2035 年远景目标纲要》明确粤港澳大湾区的协同目标：加强粤港澳产学研协同发展，完善广深港、广珠澳科技创新走廊和深港河套、粤澳横琴科技创新极点"两廊两点"架构体系，推进综合性国家科学中心建设，便利创新要素跨境流动；加快城际铁路建设，统筹港口和机场功能布局，优化航运和航空资源配置；深化通关模式改革，促进人员、货物、车辆便捷高效流动；扩大内地与港澳专业资格互认范围，深入推进重点领域规则衔接、机制对接；便利港澳青年到大湾区内地城市就学就业创业，打造粤港澳青少年交流精品品牌。

为推动粤港澳三地的协同融合发展，各地在空间规划策略中不断深化细化要求。2021 年 10 月，《香港 2030＋：跨越 2030 年的规划远景与策略》和《北部都会区发展策略》提出，将北部都会区建设成为宜居宜业宜游、以科创为经济引擎的都会区，并借都会区的发展加强香港与深圳合作。2022 年 2 月，《澳门特别行政区城市总体规划（2020—2040）》公布，提出巩固澳门为粤港澳大湾区中心城市及粤港澳大湾区建设的三极之一；作为粤港澳大湾区科技创新走廊的重要支撑点的发展定位，以及配合粤港澳大湾区规划，加强其国际和区域地位，并深化其空间功能，同时推进《横琴粤澳深度合作区建设总体方案》，为澳门特别行政区长远发展开辟空间等策略。2023 年 8 月，《广东省国土空间规划（2021—2035 年）》获批，提出携手港澳推进基础设施互联互通、产业协同互补互促、公共服务共建共享、生态环境共保共治，协同构建结构科学、集约高效的大湾区空间发展格局，共建国际一流湾区和世界一流城市群。

与此同时，粤港澳大湾区各相关部门针对协同发展出台了系列政策，为粤港澳大湾区协同发展提供政策支撑，相关政策及主要内容见下表（表 2.3）。

表 2.3　粤港澳大湾区协同发展的相关政策及主要内容

发布时间	发布主体及政策名称	主要内容
2017 年 7 月	国家发展改革委、广东省人民政府、香港特别行政区政府、澳门特别行政区政府联合签署《深化粤港澳合作推进大湾区建设框架协议》	确定推进基础设施互联互通、进一步提升市场一体化水平、打造国际科技创新中心、构建协同发展现代化产业体系、共建宜居宜业宜游的优质生活圈、培育国际合作新优势、支持重大合作平台建设等合作重点领域。
2018 年 11 月	中共中央、国务院印发《关于建立更加有效的区域协调发展新机制的意见》	明确以香港、澳门、广州、深圳为中心，引领粤港澳大湾区建设。
2019 年 7 月	广东省推进粤港澳大湾区建设领导小组印发《广东省推进粤港澳大湾区建设三年行动计划（2018—2020 年）》	确定重点任务，包括优化提升空间发展格局、建设国际科技创新中心、构建现代化基础设施体系、协同构建具有国际竞争力的现代产业体系、推进生态文明建设、建设宜居宜业宜游的优质生活圈、加快形成全面开放新格局、共建粤港澳合作发展平台等。
2020 年 5 月	中国人民银行、金融监管总局（原银保监会）、中国证监会、国家外汇局发布《关于金融支持粤港澳大湾区建设的意见》	促进资金跨境流动和金融市场互联互通、扩大金融业对外开放、提升金融服务创新水平等。
2020 年 5 月	《广东省人民政府关于培育发展战略性支柱产业集群和战略性新兴产业集群的意见》	重点发展十大战略性支柱产业集群和十大战略性新兴产业集群，并培育若干有全球竞争力的产业集群，打造产业高质量发展典范。
2020 年 6 月	交通运输部发布《关于推进海事服务粤港澳大湾区发展的意见》	从深化粤港澳大湾区海事协同合作机制、加强水上交通安全保障能力建设、促进粤港澳大湾区航运绿色发展、提升水上应急搜救能力、优化粤港澳大湾区航运发展环境等方面，促进粤港澳大湾区水上交通安全治理协同发展。
2021 年 9 月	中共中央、国务院印发《全面深化前海深港现代服务业合作区改革开放方案》	扩大前海合作区范围，明确了推动前海合作区全面深化改革开放的目标。
2021 年 9 月	中共中央、国务院印发《横琴粤澳深度合作区建设总体方案》	确定了"粤澳深度合作区"的实施范围、战略定位与发展目标。战略定位是促进澳门经济适度多元发展的新平台，便利澳门居民生活就业的新空间，丰富"一国两制"实践的新示范，推动粤港澳大湾区建设的新高地。
2021 年 10 月	惠州与深圳、东莞联合印发《深莞惠三市生态环境联合交叉执法三年行动方案（2021—2023 年）》	三市每季度组织开展一次联合交叉执法行动，三市相邻县（区）、镇（街）每月组织开展一次联合交叉执法行动，保持严厉打击环境违法行为的高压态势，促使跨区域"散乱污"企业（场所）得到彻底整治，工业污染源保持稳定达标排放，深莞惠区域的跨界河流水质和区域空气质量持续改善。

续表

发布时间	发布主体及政策名称	主要内容
2021年12月	广东省人民政府办公厅印发《广东省海洋经济发展"十四五"规划》	构筑陆海一体的"一核、两极、三带、四区"的海洋经济空间布局;支持深圳建设"蛇口-前海-海洋新城-光明"西部海洋科技创新走廊和"盐田-大鹏-深汕"东部向海发展走廊,吸引更多国际组织和机构落户,打造全球海洋中心城市。
2022年2月	广东省推进粤港澳大湾区建设领导小组印发《佛山顺德粤港澳协同发展合作区建设方案》	要将合作区打造成为大湾区宜居宜业宜游优质生活圈典范,主要任务包括建设产业创新协同发展平台、打造现代服务业协同发展高地、拓展青年协同发展新空间以及构建人文协同发展优质生活圈等。
2022年6月	国务院印发《广州南沙深化面向世界的粤港澳全面合作总体方案》	主要任务包括建设科技创新产业合作基地,创建青年创业就业合作平台,共建高水平对外开放门户,打造规则衔接机制对接高地,建立高质量城市发展标杆等。
2022年7月	横琴粤澳深度合作区执行委员会印发《横琴粤澳深度合作区贯彻落实国务院〈扎实稳住经济的一揽子政策措施〉实施方案》	加大金融服务实体经济发展力度,谋划推动一批重点项目建设,精准施策积极培育发展新产业,优化审批程序提升服务效能,加大纾困力度降低市场主体经营成本。
2023年2月	横琴粤澳深度合作区执行委员会印发《横琴粤澳深度合作区关于支持澳资企业发展的扶持办法》	在合作区实质性运营的澳资企业以及在合作区从事科技研发和高端制造产业、中医药等澳门品牌工业、文旅会展商贸产业等的澳资企业,给予租金补贴、装修补贴、品牌落地奖励、经营奖励、研发费补贴、会展补贴、法律咨询服务等方面的支持扶助。
2023年4月	交通运输部《关于创新海事服务支持全面深化前海深港现代服务业合作改革开放的意见》	坚持安全发展,为服务国家战略提供完善可靠的支持保障;坚持绿色发展,为促进现代航运业低碳环保转型提供示范引领;坚持创新驱动,为提升航运国际竞争力提供动力支持;坚持智慧引领,为服务前海合作区开发开放提供基础支撑。
2023年9月	《中国人民银行 银保监会证监会外汇局 广东省人民政府关于贯彻落实金融支持横琴粤澳深度合作区建设意见的实施方案》	打造便利澳门居民生活就业的金融环境,促进合作区与澳门金融市场基础设施互联互通,发展助力澳门经济适度多元发展的现代金融产业,促进跨境贸易和投融资便利化,加强金融监管等合作。
2023年12月	国家发展改革委《前海深港现代服务业合作区总体发展规划》	联动港澳打造优质高效的现代服务业新体系,先行示范营造市场化法治化国际化营商环境,对标一流创建宜居韧性智慧枢纽城市,面向国际建设高品质生活圈,创新探索区域治理新模式。
2023年12月	国家发展改革委《横琴粤澳深度合作区总体发展规划》	发展促进澳门经济适度多元新产业,共建便利澳门居民生活就业新家园,建设琴澳智慧低碳共生新城市,构建与澳门一体化高水平开放新体系,打造国际一流的营商环境新高地。
2023年12月	国家发展改革委、商务部《关于支持横琴粤澳深度合作区放宽市场准入特别措施的意见》	优化现代金融领域市场准入、放宽文化旅游领域市场、放宽科技创新准入、创新医药健康领域市场准入方式、放宽专业服务领域市场准入及放宽其他领域市场准入。
2023年12月	国家发展改革委《粤港澳大湾区国际一流营商环境建设三年行动计划》	全面推进市场化改革,营造统一高效、竞争有序的市场环境;强化数字赋能,营造规范便捷、公开透明的政务环境;对接港澳规则,加快提升粤港澳大湾区市场一体化水平。

2. 协同实践

（1）海域保护

海岸线是海洋经济发展的重要载体，是不可多得的自然生态空间资源。然而，伴随城市的快速发展，海域生态系统也遭到一定程度的破坏，粤港澳大湾区海岸线的自然生态系统正在经历不同程度的退化，包括生态安全危险、生态系统衰减以及生态功能退化（娄晓帆等，2021）。为了加强海域生态系统保护与修复，粤港澳大湾区在海岸线生态保护、红树林保护等方面进行了协同与合作。

海岸线生态保护。2017 年，广东省政府出台《广东省海洋生态红线》，确定海洋生态安全的基本保障和底线，避免海岸线被过度开发。同年，广东省政府和国家海洋局联合印发《广东省海岸带综合保护与利用总体规划》，提出建立自然岸线占补平衡制度，占用自然岸线的按 1 米补 1.5 米的比例进行修复整治，恢复岸线的自然和生态功能，探索建立先补后占机制。2019 年，广东省自然资源厅印发《关于推进广东省海岸带保护与利用综合示范区建设的指导意见》，提出到 2022 年，形成柘林湾区、汕头湾区、粤港澳大湾区等 8 个各具特色的海岸带保护与利用综合示范区。2020 年，广东省自然资源厅再次印发《广东省国土空间生态修复规划（2020—2035 年）编制工作方案》，提出要开展《粤港澳大湾区国家战略背景下"一核一带一区"生态修复策略研究》（以下简称《生态修复策略研究》）、《海洋生态系统修复规律与修复策略研究》等九大特色专题研究，提高规划的科学性、专业性、特色性。其中，《生态修复策略研究》从粤港澳大湾区生态系统整体性和系统性入手，识别粤港澳大湾区突出的跨区域的共性生态环境问题，以全面协调为导向，构建"一国两制"框架下的跨区域生态保护和修复协同联动机制。2021 年，广东省自然资源厅印发《海岸线占补实施办法（试行）》，为海岸线的保护和利用以及海岸线整治修复工作提供了落地实施的依据。

红树林湿地保护。在政策支持方面，《全国重要生态系统保护和修复重大工程总体规划（2021—2035 年）》和《红树林保护修复专项行动计划（2020—2025 年）》都将粤港澳大湾区纳入行动计划范围，提出推进红树林自然保护建设，恢复红树林生态修复功能，强化珍稀濒临危物种栖息地保护。广东省委、省政府高度重视红树林保护工作，提出要坐实"一本账"，即摸清家底，做好红树林资源专题普查工作；绘好"一张图"，即印发《广东省红树林保护修复专项行动计划实施方案》，提出实施红树林整体保护 6 项举措，并将红树林修复任务细化分解至各县市；构建"一套制度"，出台了《广东省加强滨海湿地保护严格管控围填海实施方案》，实施最严格的围填海管控。修订《广东省湿地保护条例》，设立红树林湿地保护专章，为红树林保护提供了法律依据；实施"一批重大工程"，即利用各级资金，开展红树林的营造项目。在市场交易方面，广东省积极探索红树林碳汇交易机制，广东湛江红树林是我国首个蓝碳交易项目。在红树林的营造和修复上,积极落实国务院办公厅印发的《关于鼓励和支持社会资本参与生态保修修复意见》,探索多元化、市场化的投资机制,拓宽融资通道。

(2)海洋经济

2011年,国家批复广东省建立海洋综合经济试验区,提出以"珠三角海洋经济优先发展"支撑"粤港澳海洋经济合作圈"。2019年,中共中央、国务院公布《粤港澳大湾区发展规划纲要》,明确指出把海洋作为大湾区发展的战略要地,大力发展海洋经济。此后,广东省出台《粤港澳大湾区海洋经济发展专项规划》,进一步促进了粤港澳海洋经济的协同发展。2021年,《广东省海洋经济及发展"十四五"规划》提出,要在涉海基础设施、海洋科技、海洋产业、海洋生态保护等方面密切合作,积极促进粤港澳海洋经济深度合作。随着《横琴粤澳深度合作区建设总体方案》《全面深化前海深港现代服务业合作区改革开放方案》《广州南沙深化面向世界的粤港澳全面合作总体方案》陆续出台,以广州南沙、深圳前海、珠海横琴为载体,合力共同建设高端现代海洋产业基地正在积极展开。

进入大湾区时代,粤港澳基础交通设施的建设(港珠澳大桥、深中通道、狮子洋通道)加速海洋生产要素流动。据统计,2020年广东沿海经济带贡献了82.3%的经济总量,占广东省进出口总额的90.7%,海洋经济已经成为粤港澳大湾区发展的重要增长极(张拴虎和杨娟,2021)。大湾区的海洋产业已形成"广—深—港—澳"为核心引领,珠江西岸集聚海洋工程装备制造业、海洋生物医药产业,东岸则集聚海洋电子信息产业、涉海金融服务业等,滨海旅游全域发展的特色海洋产业格局(杨黎静等,2021)。

海洋科技创新。广东省聚焦海洋科技引领创新,着力搭建高层次海洋科技创新平台,营造良好的科研创新生态,基本形成"实验室+科普基地+协同创新中心+企业联盟"四位一体的海洋科技协同创新体系,在种苗繁育、海上风电、油气开采、无人船艇和药物研制等领域取得新突破。为建设全球海洋中心城市,深圳利用自身的科技优势,联合港澳共同建设海洋生物医药产学研平台、共建国家南海开发战略基地等,提出组建海洋大学、建设国家深海科考中心、建立国际海洋开发银行、成立海洋科学研究院、打造全球海洋高端智库、设立深圳海事法院、规划建设海洋博物馆和海洋科技馆等"十二个一"工程的重要举措。广州也提出要建设南方海洋科技创新中心、国际海洋牧场装备制造中心、推动海丝申遗、深入实施海洋生态修复工程等系列举措,努力打造海洋科技创新制高点。

(3)产业协同

合作共建产业园区。粤港澳大湾区各级政府大力推进对外交流合作型产业园建设,打造创新驱动型产业集聚高地,推动产业园区高质量协同发展。现已合作建设中新广州知识城、庆盛科技创新产业基地、港深创新及科技园、粤澳合作中医药科技产业园等多家产业园区。

构建产学研一体化平台。粤港澳大湾区内高校、科研院所和企业紧密协作，成立了粤港澳大湾区协同研究院。研究院的管理部门在广州，其他分中心在港澳广深，实行"1+4"的发展模式，同时在先进材料、智能机器人、现代制药和微纳电子技术等方面设立6个协同创新中心，持续推动创新资源的深度融合，实现科研成果向现实生产力转化，提升区域协同发展水平。

协同出台产业政策体系。粤港澳大湾区成立至今，区内各大城市大力推动产业结构性调整和升级，整个区域内的产业布局也在不断完善。其中广东省发布了《关于广州市推动"四个出新出彩"行动方案》，将广州界定为大湾区各城市的协调者，提升广州在城市功能、城市文化、服务业和营商环境等方面的创新水平。该方案鼓励广州和深圳在产业链方面加强联动发展，支持各城市产业协同建设，推动广州南沙和深圳前海之间的产业协作，加快南沙粤港深度合作园建设进度。

（4）生态协同治理

粤港澳大湾区城市化和填海造陆导致区域整体生态系统功能下降。相对于中国其他区域的生态建设，该区域在生态协同治理方面不仅需要考虑跨粤、港、澳三地的法律等制度层面差异，还需要考虑三地本身存在的地域差异。粤港澳大湾区生态协同涉及粤港澳三地，具有跨部门、跨层级、跨区域、跨制度的特点。2005年，泛珠江三角区域合作的省市和地区签署了《泛珠三角区域环保合作协议》，明确在生态环境保护、污染防治、环境治理、环境科技与环保产业等领域进行全方位合作，每年召开联席会议商讨区域生态协同治理对策，标志着跨区域环保合作平台的建立以及区域生态协同建设从双边合作转向更有利于区域生态发展的多边合作。

2014年9月，粤港澳三地签署了《粤港澳区域大气污染联防联治合作协议书》，并在协议实施之后取得了良好的成效。广东省发改委公布的数据显示，2016年，粤港澳大湾区$PM_{2.5}$平均浓度为32微克/米^3，明显优于同期京津冀、长三角等地区。二氧化硫、二氧化氮、可吸入颗粒物年均值比2006年分别下降了74%、24%和38%。2017年，广东省和香港签订《2017—2020年粤澳环保合作协议》。

为了实现区域生态可持续发展，粤港澳大湾区广东省环境科学研究院、香港科技大学、澳门大学等相关研究机构和高校共同成立粤港澳大湾区环境实验室，深化粤港澳三地生态环境保护的合作机制。此外，粤港澳大湾区建立了大气污染联防联控等领域的合作机制，并在2021年成为全球除北美和欧盟以外第三个大气污染联防联控技术示范区。

2.1.4 成渝城市群

成渝城市群位于长江上游，是我国西部地区发展水平最高、发展潜力较大的城镇化区域，是西部大开发的重要支撑点，也是实施长江经济带和"一带一路"倡议的重要组成部分。成渝城市群包括重庆市的 27 个区（县）和开县、云阳县的部分地区以及四川省的 15 个市，总面积 18.5 万千米^2。其中，重庆市的 27 个区（县）指渝中、万州、黔江、涪陵、大渡口、江北、沙坪坝、九龙坡、南岸、北碚、綦江、大足、渝北、巴南、长寿、江津、合川、永川、南川、潼南、铜梁、荣昌、璧山、梁平、丰都、垫江、忠县等；四川省的 15 个市指成都、自贡、泸州、德阳、绵阳（除北川县、平武县）、遂宁、内江、乐山、南充、眉山、宜宾、广安、达州（除万源市）、雅安（除天全县、宝兴县）、资阳等 15 个市。2020 年，成渝城市群生产总值为 6.3 万亿元，占全国生产总值的 6.15%，经济密度为 3405 万元/千米^2；常住人口约为 1 亿，占全国总人口的 5.8%，人口密度为 541 人/千米^2。

成渝城市群发展基础具有以下特征：一是城市群发展不均衡且经济集聚能力不强，重庆、成都两个中心城市处于集聚发展阶段，自身具有很强的要素吸引力，地级城市自身发育不够，城市间协作水平不高、城市发展差异显著；二是由于特殊的自然地理条件，轨道交通互联互通程度不高，城际高速轨道交通网络尚未形成，综合交通枢纽能级需进一步提高；三是人口较为密集，资源环境约束日趋加剧，部分地区开发强度过大，城市建设用地扩张与耕地保护矛盾突出，水土能矿资源利用效率较低。

成渝城市群地处我国中深远内陆，是联通中部地区的纽带，西南地区的中枢，拥有良好的地理区位优势。此外，成渝城市群是我国西部陆海新通道的起点，处于"一带一路"和长江经济带的相交处，具有沟通东亚与东南亚、南亚的独特地理优势。三线建设时期，响应国家战略部署的成渝地区开展了大规模的现代工业和国防工业以及基础设施建设，拥有了一套齐全的现代工业体系，成为我国最重要的战略后方基地。

改革开放尤其自实施西部战略以来，成渝区域的发展取得显著成效，成为西部地区综合实力最强的区域之一。尤其是成都和重庆两个超大城市具有很强的发展势头，其核心引领作用不断增强，对于周边的 6 个百万城市和 20 余个中小城市具有很大的辐射带动作用。同时，成渝区域是我国少有的工业门类基本完备的区域，拥有工业行业全部 41 个大类，且电子信息、装备制造、现代金融等领域走在全国前列。但这些工业门类一般都是资本密集型产业，很难在一个市里完备所有的供应链，需要每个地区根据当地的比较优势参与供应链当中的一部分，势必对跨地区合作提出了更高要求（何雄浪和朱旭光，2010）。

1. 协同目标

2016年，《成渝城市群发展规划》获批，提出以建设具有国际竞争力的国家级城市群为目标，发挥其沟通西南西北、连接国内国外的独特优势，推动"一带一路"和长江经济带战略契合互动，打造全国经济增长新空间；确定成渝城市群的战略定位为全国重要的现代产业基地、西部创新驱动先导区、内陆开放型经济战略高地、统筹城乡发展示范区和美丽中国的先行区。具体内容包括促进川渝毗邻地区合作发展，基础设施、产业布局、商贸市场、文化旅游和生态环保一体化发展，推进信息资源共享，推进公共服务和社会管理合作，基础设施一体化建设，积极探索跨省跨区合作新模式，共建川渝合作高新技术产业园，共同构建绿色生态产业体系和立体交通网络，加强水域生态修复等等。2021年10月，《成渝地区双城经济圈建设规划纲要》印发，强调要突出重庆、成都两个中心城市的协同带动，注重体现区域优势和特色，使成渝区域成为具有全国影响力的重要经济中心、科技创新中心、改革开放新高地、高品质生活宜居地，打造带动全国高质量发展的重要增长极和新的动力源。相关政策及主要内容如下表（表2.4）。

表2.4 成渝城市群协同发展相关政策及主要内容

发布时间	发布主体及政策名称	主要内容
2018年6月	重庆和四川签署《深化川渝合作深入推动长江经济带发展行动计划（2018—2022年）》和12个专项合作协议	推动生态环境联防联控联治、基础设施互联互通、开放通道和平台建设、区域创新能力提升、产业协作共兴、市场有机融合、公共服务对接共享、合作平台优化提升、构建高效务实合作机制、共筑长江上游生态屏障等方面深化合作。
2018年6月	重庆和四川生态环境部签订《共同推进长江上游生态环境保护合作协议》	确定在水污染联防联治、大气污染联防联控、危险废物跨省转移、环境执法、应急等方面建立8项合作机制。
2018年6月	重庆市文旅委与四川省旅发委签订《关于联合打造国际文化旅游目的地的行动方案（2018—2020年）》	围绕"支持重庆、成都共建巴蜀文化旅游走廊"工作任务，在规划编制、品牌打造、公共服务、艺术交流、非遗工作、文物保护、文旅产业发展、市场环境营造共8个方面持续发力，将巴蜀文化旅游走廊打造成为成渝地区双城经济圈亮点和世界知名旅游品牌。
2018年11月	重庆和四川共同签署《成渝轴线区（市）县协同发展联盟战略合作协议》	在产业发展、基础设施、环境保护、公共服务等领域达成多项合作意向，形成29个合作项目。
2018年11月	四川省省委、省政府印发《关于实施"一干多支"发展战略推动全省区域协同发展的指导意见》	发挥成都"主干"引领辐射带动作用和各区域板块"多支"联动作用，推动区域基础设施互联互通、产业统筹布局、公共服务共建共享、生态环境共建共治，加快构建"一干多支、五区协同"区域发展新格局，实现产业结构优化、创新活力旺盛、区域布局协调、城乡发展融合、生态环境优美、人民生活幸福。

续表

发布时间	发布主体及政策名称	主要内容
2019年7月	重庆和四川签署"2+16"合作协议，即《深化川渝合作推进成渝城市群一体化发展重点工作方案》《关于合作共建中新（重庆）战略性互联互通示范项目"国际陆海贸易新通道"的框架协议》和16个专项合作协议	"一体化发展重点方案"明确以规划编制、生态环境、基础设施、产业合作、开放平台等领域为重点；"共建陆海新通道框架协议"提出要注重"四向拓展"，强化多式联运，促进互联互通，完善对外开放大通道，共同推动"国际陆海贸易新通道"建设，推进开放平台共享，提升区域整体开放功能和水平；"16"重点推动深化重点行业和领域合作、支持川渝毗邻地区融合发展、发挥重点地区示范带动作用、推动成渝相向发展等四方面合作。
2020年10月	中共中央、国务院印发《成渝地区双城经济圈建设规划纲要》	突出重庆、成都两个中心城市的协同带动，注重体现区域优势和特色，使成渝地区成为具有全国影响力的重要经济中心、科技创新中心、改革开放新高地、高品质生活宜居地，打造带动全国高质量发展的重要增长极和新的动力源。
2021年7月	成渝轴线区（市）县协同发展联盟签署《成渝轴线区（市）县汽摩产业协同发展战略合作协议》	在配套合作、科创协作、产业互补、示范项目、政策支持等五个方面深化合作。
2021年12月	四川省人民政府印发《成都都市圈发展规划》	发挥成都辐射带动作用和德阳、眉山、资阳区位优势，推动一体化、同城化发展，全面推进基础设施互联互通、现代产业协作共兴、对外开放协同共进、公共服务便利共享、生态环境共保共治，打造有机融合的经济共同体，加快建设具有全国影响力的现代化都市圈，为成渝地区双城经济圈打造带动全国高质量发展的重要增长极和新的动力源提供有力支撑。
2021年12月	中国人民银行、国家发展改革委、财政部、金融监管总局（原银保监会）、中国证监会、国家外汇局、重庆市人民政府、四川省人民政府联合印发《成渝共建西部金融中心规划》	着力于金融机构的组织体系、市场体系、服务体系、创新体系、开放体系、生态体系建设以及金融基础设施互联互通七大领域，通过组织协调、政策支持、人才队伍建设和监督管理等措施，保障二十八项规划任务完成。
2021年12月	重庆市政府办公厅、四川省政府办公厅联合印发《成渝现代高效特色农业带建设规划》	立足于建设全国现代农业高质量发展示范区、全国城乡产业协同发展先行区、全国农业农村改革开放先行区、西部农业科技创新示范区的发展定位，确定推动农业高质量发展、强化农业科技支撑、大力拓展农产品市场、推动城乡产业协同发展、推进长江上游农村生态文明建设、提升资源要素保障水平等7个方面任务。
2022年1月	四川省人民政府办公厅、重庆市人民政府办公厅联合印发《成渝地区双城经济圈优化营商环境方案》	从激发市场主体活力、提升政务服务质效、健全法治保障体系等方面进一步优化成渝地区双城经济圈营商环境。
2022年2月	四川省联合重庆市印发《共建成渝地区工业互联网一体化发展示范区实施方案》	从网络、平台、安全、产业、应用、生态6大方面明确推进网络升级改造、构建标识解析体系、共建公共服务平台等19项重点任务。
2022年2月	四川省人民政府办公厅、重庆市人民政府办公厅联合印发《成渝地区双城经济圈碳达峰碳中和联合行动方案》	提出区域能源绿色低碳转型行动、区域产业绿色低碳转型行动、区域交通运输绿色低碳行动、区域空间布局绿色低碳行动、区域绿色低碳财税金融一体化行动、区域绿色低碳标准体系保障行动、区域绿色低碳科技创新行动、区域绿色市场共建行动、区域绿色低碳生活行动、区域绿色低碳试点示范行动等10项行动，推动成渝地区"统筹共建、协同联动"推进碳达峰、碳中和工作。

续表

发布时间	发布主体及政策名称	主要内容
2022年7月	四川省人民政府办公厅、重庆市人民政府办公厅印发《支持成渝地区双城经济圈市场主体健康发展的若干政策措施》	从加大财税支持力度、强化金融服务支撑、提升政务服务效能、大力优化市场监管、营造良好法治环境等5个方面提出35项具体措施。
2022年8月	四川省人民政府办公厅、重庆市人民政府办公厅印发《建设富有巴蜀特色的国际消费目的地实施方案》	从构建巴蜀消费全域联动体系、提质巴蜀消费核心平台、推动巴蜀消费品质提档、做强巴蜀消费特色品牌、推进巴蜀消费创新升级、培育巴蜀消费知名企业、发展巴蜀消费特色产业、促进巴蜀文旅消费融合发展、优化巴蜀消费国际环境等方面提出22项具体任务,打造富有巴蜀特色的国际消费目的地,促进川渝实现经济循环流转和产业关联畅通。
2022年8月	四川省人民政府办公厅、重庆市人民政府办公厅印发《推动川渝能源绿色低碳高质量发展协同行动方案》	从建设优质清洁能源基地、推动川渝电网一体化建设、提高能源安全储备能力、推动能源消费清洁转型、提高能源现代化治理能力、提高能源供应安全保障能力、提高能源产业竞争能力七个方面提出22项具体任务,推动形成"协同共进、安全共保、绿色共建、创新共赢、民生共享"的川渝能源绿色低碳高质量发展格局,为成渝地区双城经济圈高质量发展提供能源保障。
2022年8月	四川省人民政府、重庆市人民政府印发《重庆都市圈发展规划》	加快推进基础设施互联互通、产业专业化分工协作、公共服务共建共享、生态环境共保共治、统一市场建设、城乡融合发展,建设经济发达、生活富裕、环境优美、社会和谐的现代化重庆都市圈,为成渝地区双城经济圈建设提供支撑。
2022年12月	四川省人民政府办公厅、重庆市人民政府办公厅印发《成渝共建西部金融中心规划联合实施细则》	从金融机构组织体系、金融市场体系、现代金融服务体系、金融创新体系、内陆金融开放体系、金融生态体系、金融基础设施、规划实施保障等领域提出58项具体任务,加快建设立足西部、面向东亚和东南亚、南亚,服务共建"一带一路"国家和地区的西部金融中心。
2023年1月	四川省人民政府办公厅、重庆市人民政府办公厅印发《推动成渝地区双城经济圈市场一体化建设行动方案》	在完善市场基础设施、优化要素资源流通环境、健全市场制度规则、强化区域市场监管等方面深化合作,推动成渝地区双城经济圈市场一体化建设,合力打造区域协作高水平样板。
2023年3月	四川省人民政府、重庆市人民政府印发《推动川渝万达开地区统筹发展总体方案》	立足于生态优先绿色发展样板、统筹发展制度创新先行区、全国综合交通物流枢纽、川渝东北地区重要增长极的发展定位,力争在生态环保、产业发展、公共服务等领域引领渝东北川东北一体化发展,跨界区域、城市乡村等区域板块一体化发展形成一批可总结、可复制、可推广的省际交界地区统筹发展的经验做法,建成山清水秀美丽之地。
2023年7月	四川省人民政府办公厅、重庆市人民政府办公厅印发《川渝自贸试验区协同开放示范区深化改革创新行动方案(2023—2025年)》	从贸易投资、物流枢纽、产业发展、开放平台、营商环境5大领域协同联动,深化川渝自贸试验区协同改革、协同开放、协同创新,推进川渝自贸试验区协同开放示范区。
2023年11月	四川省人民政府办公厅、重庆市人民政府办公厅印发《成渝地区双城经济圈"六江"生态廊道建设规划(2022—2035年)》	以保障长江流域水环境质量、筑牢长江上游重要生态屏障、助力成渝地区双城经济圈建设为总体目标,统筹流域整体保护、系统修复、综合治理,将"六江"生态廊道建设成为长江上游重要生态屏障重点保护带、长江上游生态优先绿色发展示范带、巴山蜀水生态人文魅力展示带。

2. 协同实践

（1）双城经济圈建设

2020年1月，中央财经委员会第六次会议提出，推动成渝双城经济圈建设。这标志着成渝区域由"城市群发展阶段"进入了"双城经济圈发展阶段"（陈道平等，2022）。在成渝双城经济圈建设背景下，四川省、重庆市在规划体系和协同机制方面提出了创新性的举措。

创新性提出"1+N"规划体系，推动成渝双城经济圈发展。"1+N"指的是在顶层设计《成渝地区双城经济圈建设规划纲要》的引领下，推动"N"项与规划纲要中重点共建任务所对应的具体规划，包括多层次轨道交通体系、综合交通运输发展、西部金融中心建设、科技创新中心建设、巴蜀文化旅游走廊等规划。为进一步落实双城经济圈的建设，四川省发展和改革委员会推动成渝地区双城经济圈建设联合办公室于2022年2月印发《共建成渝地区双城经济圈2022年重大项目名单》，该名单紧紧围绕建设现代基础设施网络、协同建设现代产业体系、共建科技创新中心、共建巴蜀文化旅游走廊、生态共建共保、公共服务共建共享等6大重点共建任务，确定标志性重大项目160个，总投资超过2万亿元。根据推动成渝地区双城经济圈建设项目推进处统计，截至2022年10月底，已累计开工建设项目157个，完成投资5201.7亿元，2022年完成投资1889.5亿元、年度投资完成率103%。

协同合作机制。由于成渝双城经济圈位于两个不同的行政区域，适合于双方的合作沟通机制建设至关重要。目前，两省市共同建立了决策层、协调层、执行层三级上下贯通的高效合作机制。为保障重点项目的层层落实，建立了以下举措：一是建立川渝两省市领导联系重点项目工作机制，推动成渝中线高铁、成达万高铁、川渝千亿方天然气产能基地等重大基础设施加快落实；二是实行跨省联合调度，定期汇报项目进展和数据交换共享，确保项目顺利推进；三是常态开展督导考核，用考核制度规范各部门有序推进项目建设。四是协同保障建设要素，建立"综合金融服务团队"，保障重点项目的融资渠道通畅。

（2）公共服务一体化

成渝地区双城经济圈在公共服务一体化建设上，成渝两地通过建立协同发展机制，促进两地在教育、医疗卫生、交通、政务等多方面的发展，提高了两地公共服务资源共建共享的能力。

教育协同。两省市签订《推动成渝地区双城经济圈建设教育协同发展框架协议》，建立联席会议制度，设立联合办公室，组织召开推进成渝双城经济圈建设教育协同发展联席会议3次，印发《成渝地区双城经济圈教育协同发展行动计划》《成渝地区双城经济圈建设教育协同发展重点任务工作方案》，合力推进教育协同发展。

同时，把教育协同双双纳入两省市教育"十四五"规划重点内容，共同促进教育规划落地。建立教育联盟，在学前教育、基础教育、职业教育和高等教育等方面进行多层次多方位合作，两省市也将参与共建西部科学城和长江教育创新带。

医疗卫生协同。两省市签订《推动成渝地区双城经济圈建设成渝卫生健康一体化发展合作协议（2020—2025年）》，将重点实施医联体或专科联盟关系的公立综合医院检查检验结果互认、信息互通等项目，推动两地卫生健康资源共享、优势互补。以协同建设突发公共卫生事件应急防控指挥中心、演练培训基地、医疗物资资源储备中心等为基础，共同构建协同防控机制应对重大疫情和突发公共卫生事件，以及实时信息共享机制，对卫生应急和传染病疫情信息实现实时共享等，提高医疗卫生协同的能力。

交通协同。两省市签订《成渝地区双城经济圈运输服务一体化发展合作备忘录》，将在公路运输、水路运输、多式联运和行业管理等多方面综合统筹，实现协同共治。在公路运输方面，实现重庆主城与县区公交"一卡通"以及跨省城际公交线路，加强城乡客运联系；在水路运输方面，将共建长江上游航运中心、共同打造长江上游港口群，创新发展水上旅游圈，培育现代航运服务业。

政务协同。在税收方面，两地建立联席会议制度，推动川渝税务一体两翼跨越式发展。为推动市场要素流动建立资质互认制度，使两地能够实现纳税人在基本信息、税收资质、信用评价结果等方面互认。为推动住房公积金办理高效便捷，解决办事难、办事慢、来回跑等问题，两地协同建立跨区域转移接续和互认互贷机制，推动住房公积金能够在两地跨区域转移，真正实现"一地办"和"账随人走、钱随账走"。

2.1.5 长江中游城市群

长江中游城市群地处我国长江经济带中部，不仅是我国面积最大的城市群，我国拥有淡水湖泊数量最多的地区之一，也是我国全面深化改革开放、推动新型城镇化和实施中部崛起战略的核心地区。长江中游城市群由武汉城市圈、长株潭城市群、南昌都市圈、鄱阳湖生态经济区组建构成的特大型城市群，主要包括湖北省13个城市、江西省10市县和湖南省8个城市。其中，湖北省主要有武汉市、黄石市、鄂州市、黄冈市、孝感市、咸宁市、仙桃市、潜江市、天门市、襄阳市、宜昌市、荆州市、荆门市；江西省主要有南昌市、九江市、景德镇市、鹰潭市、新余市、宜春市、萍乡市、上饶市和抚州市以及吉安市的局部县（区）；湖南省主要有长沙市、株洲市、湘潭市、岳阳市、益阳市、常德市、衡阳市、娄底市。根据各地市统计年鉴数据，2020年，长江中游城市群总面积约32.6万千米^2。生产总值约11.09万亿元，约占全国生产总值的9.3%，经济密度为3417万元/千米^2，常住人口约 1.3 亿，占全国的 9.4%，人口密度为 400 人/千米^2。

长江中游城市群发展基础具有以下特征：一是区域内交通区位条件优越，基本上形成了密集的立体化综合交通网络，在全国交通中起到承上启下、承东启西的交通战略作用；二是生态环境良好，资源和环境承载能力较强，但目前水环境问题较为突出，生态建设压力大；三是工农业生产较为发达且基础较好，农业特色和优势突出，产业化水平较高，形成了一批特色优势农业和农产品生产基地；四是制造业基础雄厚，拥有众多老工业基地，但内部尚未形成合理的分工协作和互补关系，产业同构问题突出导致竞争激烈；五是科技教育力量雄厚，拥有武汉、南昌、长沙和株洲 4 个国家级高新区，是全国重要的科教和智力资源密集区。

1. 协同目标

长江中游城市群正式成为我国国家战略的标志是在 2015 年国务院发布的《长江中游城市群发展规划》，该规划是《国家新型城镇化规划（2014—2020 年）》出台后国家批复的首个跨区域城市群规划，涵盖区域城乡协调发展、区域基础设施互联互通、生态文明协同建设、公共服务资源共建共享、产业统筹发展以及深化开放合作等多个合作领域。2016 年 9 月印发的《长江经济带发展规划纲要》提出，长江中游城市群作为长江经济带三大核心增长极之一，应增强武汉、长沙、南昌中心城市功能，促进三大城市资源互补、产业协作、互动合作、生态保护等，提升城市群竞争力。2016 年 12 月印发的《促进中部地区崛起"十三五"规划》，提出应壮大长江中游城市群，打造支撑中部崛起的核心增长带，建设具有全球影响力的现代产业基地、全国重要创新基地、生态文明和绿色城镇化样板。2022 年发布的《长江中游城市群发展"十四五"实施方案》提出，到 2025 年，长江中游城市群协同发展取得实质性进展，经济总量占全国比重进一步提升，支撑长江经济带发展、中部地区崛起乃至全国高质量发展能力显著增强。长江中游城市群正向我国转型升级、创新驱动以及绿色发展的示范带迈进，为我国经济增长发展开拓了新的空间，是推进我国中部崛起战略和长江经济带战略实施的强支柱。

2023 年 9 月，《江西省国土空间规划（2021—2035 年）》印发，提出融入长江中游城市群高质量发展，具体举措包括：加快建设南昌核心增长极，以南昌都市圈为重点加强与武汉都市圈、长株潭都市圈的协作；推进湘赣边区域合作示范区建设，加强新宜萍与湖南省毗邻地区联动发展和设施布局统筹；强化九江区域性中心服务功能，促进九江与黄冈、黄石、鄂州、安庆等省际毗邻地区空间布局、公共服务加强协调；加强交通、能源和重大区域性市政基础设施的对接，构筑南昌—武汉—长沙 2 小时互达经济圈；共建"通平修"绿色发展先行区，建成长江中游城市群生态"绿心"；推动建立赣鄂湘三省国土空间规划实施协调推进机制等。

同年 12 月,《湖南省国土空间规划（2021—2035 年）》获批,提出要协同推进长江中游城市群建设,加强长株潭都市圈一体化布局,促进长株潭、洞庭湖、湘南、大湘西区域协调发展,着力打造国家重要先进制造业高地、具有核心竞争力的科技创新高地。

与此同时,城市群内各省市相关部门针对协同发展出台了系列政策,为长江中游城市群协同发展提供政策支撑,相关政策及主要内容见下表（表 2.5）。

表 2.5　长江中游城市群协同发展相关政策及主要内容

发布时间	发布主体和政策名称	主要内容
2015 年 4 月	鄂湘赣三省签署《长江中游城市群战略合作协议》	提出要深入加强三省在城乡、产业、基础设施、生态文明、公共服务等领域的对接合作。
2016 年 12 月	鄂湘赣三省签署《关于建立长江中游地区省际协商合作机制的协议》	将实行会商决策、协调推动、执行落实三级运作,在优化区域经济社会发展格局、加强基础设施互联互通、深化市场一体化体系建设、推动产业和科技创新协同发展、推进生态环境联防联控、强化公共服务共建共享 6 个方面深入区域合作。
2016 年 12 月	鄂湘赣三省共同签署《长江中游湖泊湿地保护与生态修复联合宣言》	制定总体规划、建立制度体系、推动工程实施,率先、务实、持久地实施湖泊保护与生态修复,将长江中游建成长江经济带生态文明先行区。
2017 年 4 月	武汉、长沙、合肥、南昌共同签署《长江中游城市群省会城市合作行动计划（2017 年—2020 年）》	就推动四省会城市更大范围、更宽领域、更高水平的交流合作提出在基础设施互联互通、市场一体化、产业协调发展、生态文明共建、公共服务共建共享、深化开放合作等领域开展深入合作。
2017 年 10 月	商务部办公厅印发《长江中游区域市场发展规划（2016—2020 年）》	提出优化商业功能布局、健全流通体系、完善市场体系、增强集聚辐射功能、发展智慧流通、推动商务供给侧结构性改革、建设法治化营商环境、推动统一市场开放水平 9 方面的主要任务,以及物流体系、市场体系、智慧流通工程三大体系 9 项重点工程,力争将长江中游地区打造成为流通发展的先行区和重要增长极。
2021 年 6 月	鄂湘赣三省科学技术部共同签署《长江中游鄂湘赣三省区域协同创新合作框架协议》	聚焦推进区域创新联动、加强技术协同攻关、共享科技创新资源、促进科技成果转化、强化科技创新创业、对接科技金融服务、携手国际与区域合作等七个方面开展合作,以实现科技资源共享、优势互补、协同创新、合作共赢,开创三省科技创新合作新局面。
2021 年 7 月	鄂湘赣三省共同签署《长江中游城市群科技服务联盟合作框架协议》	将围绕资讯互享、项目对接、学术论坛等多种形式开展服务,完善三省合作交流路径,促进三省产业优势融合互补,充分激活技术、人才和资本等科技创新要素的市场活力,为中部地区高质量发展作出积极贡献。
2021 年 9 月	鄂湘赣三省签署《长江中游三省文化旅游深化合作方案》	共同成立长江中游三省旅游合作发展联盟。发挥三省文化和旅游资源优势,在资源整合、品牌塑造、产品打造、客源互送、市场营销、人才培训等方面开展密切合作。
2021 年 9 月	湘鄂赣三省共同签署《长江中游三省协同推动高质量发展行动计划》	从协同区域发展、产业创新升级、区域基础设施、生态环保建设、文化旅游建设、公共服务和民生保障、人才交流、社会治理、完善省际协商工作机制等方面制订行动计划,推动长江中游三省协同发展。

续表

发布时间	发布主体和政策名称	主要内容
2021年9月	鄂湘赣三省签订《长江中游三省"通平修"绿色发展先行区建设框架协议》	提出共建"通平修"绿色发展先行区，重点实施生态环保、基础设施、产业发展、城乡协调、公共服务五个一体化工程，将"通平修"打造成长江中游生态绿心、区域交通枢纽、文旅一体核心区、产业协同示范区和湘鄂赣革命老区振兴发展示范区。
2021年9月	湘鄂赣三省共同签署《深化协同发展加快绿色崛起——长江中游三省战略合作总体构想》	围绕全国高质量发展重要增长极、"双循环"重要空间枢纽、全国城市群协同发展样板区、全球有影响力的科技创新策源地、全国生态文明建设先行区和全国统筹发展与安全示范区6大目标定位，在共抓生态保护、共推红色文旅、共享科教资源、共锻产业链条、提升城镇能级、共筑开放高地、统筹发展与安全、加强民生对接、完善治理体系等9大领域开展合作。
2021年9月	江西九江市、湖北黄石市、鄂州市、黄冈市签署的《关于深化跨江合作推进区域融合发展的框架协议》	打破行政区划界限，深入开展跨江合作和区域协作，共同加快沿江地区经济社会高质量发展，构建跨江一体化发展格局，打造中部内陆开放新高地、重大生产力布局新平台、扩大内需新市场和长江中游城市群重要板块。确定推动区域战略规划和政策衔接互动、推动基础设施互联互通、推动产业协同互联发展、推动区域共同市场建设、推动生态共保联治、推动公共服务便民共享等6大领域的合作事项。
2022年5月	湖北省人民政府办公厅《长江中游城市群发展"十四五"实施方案湖北省主要目标和任务分工方案》	确定强化都市圈带动作用，优化城市群空间格局；健全基础设施网络，共同提高内联外送能力；增强科技创新能力，共同促进产业转型升级；深化改革全面开放，共同建设高标准市场体系；推动绿色低碳转型，共同筑牢生态安全屏障；提升公共服务质量，共同增进民生福祉等6方面27项主要任务，以及交通基础设施、能源和水利、先进制造业集群、科技创新、文化旅游合作、公共安全提升6方面23项重点工程。
2022年5月	江西省人民政府办公厅《长江中游城市群发展"十四五"实施方案江西省分工方案》	确定强化都市圈带动作用，优化城市群空间格局；健全基础设施网络，共同提高内联外送力；增强科技创新能力，共同促进产业转型升级；深化改革全面开放，共同建设高标准市场体系；推动绿色低碳转型，共同筑牢生态安全屏障；提升公共服务质量，共同增进民生福祉等6方面的123项主要任务、30个合作事项。
2023年2月	武汉、长沙、合肥、南昌四个省会城市与黄石、岳阳、安庆、九江、黄冈、株洲、铜陵、抚州、咸宁、湘潭、六安、宜春共同签署《长江中游城市群省会城市合作行动计划（2023—2025年）》和《长江中游城市群2023年重点合作事项》	促进在基础设施、科技创新、资源配置、公共服务等领域协同发展，以培育发展现代都市圈为引领，加快建设重要先进制造业基地、具有核心竞争力的科技创新高地、内陆地区改革开放高地、绿色发展先行区和高品质生活宜居地。确定2023年重点合作的28项跨省合作事项，以及12项都市圈合作事项。
2023年2月	武汉、长沙、合肥、南昌四省会城市共同签署《长江中游城市群省会城市"一码通域"合作框架协议》	合作推动居民数字身份认证体系打通，做好城市"一码通"等基础服务平台建设，推进"一码通域"工程，为场景建设、推广提供指导和政策支持。
2023年2月	武汉、长沙、合肥、南昌四省会城市共同签署《长江中游城市群省会城市法律服务异地协作合作框架协议》	就开展律师培训合作、律师人才交流、重要案协调处置、公证服务异地核查、法律援助异地指引及申请转交等方面开展合作。

续表

发布时间	发布主体和政策名称	主要内容
2023年9月	武汉、长沙、合肥、南昌四地民政部出台《长江中游四省省会城市养老合作一体化发展工作方案》	建立起四市养老服务政策清单，共享四市规模以上养老服务企业及三级以上养老机构信息；探索区域内老人入住养老机构享受本地同等养老服务政策；支持四市养老服务培训学校（机构）在学科教学和人才培训方面开展合作等。
2023年11月	鄂湘赣三省市场监管局共同签署《长江中游三省市场监管协同发展合作备忘录》	建立跨区域市场监管合作机制，重点探索营商环境共建、质量品牌提升共促、数据信息共享、市场秩序共治、执法办案协同、应急处置协作等六大合作机制。

2. 协同实践

（1）生态价值产品开发

长江中游城市群具有丰富优质的生态产品价值，将一部分的生态产品蕴含的经济价值转化为经济效益成为一条新的绿色发展机遇。《长江中游城市群发展"十四五"实施方案》（以下简称《实施方案》）中着重指出，要多方位、多视角、多路径挖掘生态产品价值，加快建设生态产品价值实现机制和建立完善的长江流域横向生态保护补偿机制等。为落实《实施方案》要求，长江中游湘鄂赣三省积极推进建立健全生态产品价值实现机制工作，全面摸清生态产品家底，推动建立特色的生态产品价值实施路径。探索长江流域横向生态补偿机制和鄱阳湖、洞庭湖补偿机制，落实完善所涉流域生态补偿标准。

生态产品价值协作。建立"通平修"绿色发展先行区，积极探索跨省界生态产品价值实现机制。2022年7月，湘鄂赣三省举办长江中游"通平修"绿色发展先行区协同推进生态产品价值实现平江专场活动，提出协同推进"通平修"生态产品价值实现机制共建共享、建立生态系统产品核算制度体系建设等一系列措施。湘鄂赣三地签订《2022—2023年度绿色发展协同推进实施要点备忘录》，提出聚焦交通基础设施互联互通、产业互助互兴、生态共保共治、公共服务设施共建共享等方面的27项重点任务，奠定"通平修"绿色发展先行区协同合作发展基础。

长江流域横向生态补偿机制。"建立健全长江流域横向生态保护补偿机制，完善流域生态保护补偿标准"是《长江中游城市群发展"十四五"实施方案》中的工作重点之一。2021年，财政部、生态环境部、水利部、国家林业和草原局四部门联合印发《支持长江全流域建立横向生态保护补偿机制的实施方案》，明确中央财政从水污染防治资金中安排一部分资金作为引导和奖励，加大长江流域生态系统保护修复。权责上以地方为主体建立横向生态保护补偿机制，有效平衡上下游生态保护者和受益者之间的义务和权利。

鄱阳湖、洞庭湖补偿机制。2021年，国家发展和改革委员会发布《关于加快推进洞庭湖、鄱阳湖生态保护补偿机制建设指导意见》，要求建立健全湿地生态保护补偿制度、健全地方合作机制，推动生态环境共治。2022年2月，江西省印发《深入推进鄱阳湖生态保护补偿机制建设实施方案》，以推进加快实现鄱阳湖流域高水平保护和高质量发展。

（2）科技创新和产业协同

长江中游城市群科技创新合作得到多层面的大力支持，吸引了湘鄂赣三省众多高校、科研机构、创新型企业的参与。省级层面建立省际会商机制，于2012年签署《长江中游城市集群科技合作框架协议》，提出八个方面的深入合作计划。省会城市建立年度会商机制，先后签署《武汉共识》《长沙宣言》《合肥纲要》《南昌行动》《长江中游城市群省会城市合作行动计划（2017—2020）》等政策文件，并于2013—2019年连续七年召开"长江中游城市群省会城市科技合作联席会议"（李琳等，2021）。产业协同方面，2015年湖北省设立总规模为2000亿元的省级产业基金助推长江中游城市群发展。经济互惠效果初显，2014—2016年武汉对长沙、合肥等地注册投资企业1300家，接受南昌等地企业投资1253家。为加强旅游合作，2014年成立中三角旅行社联合体大联盟，2017年岳阳、九江、咸宁、宜春和黄石5市20县成立天岳幕阜山全域旅游示范新区，2018年签订新区合作框架协议、形成旅游扶贫联盟共识（刘陶和陈丽媛，2021）。

2.2 国外实践：多元主体合作下的统筹协调

目前，国外主要的城市群有日本以东京为核心的太平洋沿岸城市群、英国以伦敦为核心的中南部城市群、北美以芝加哥为核心的五大湖城市群、欧洲以巴黎为核心的西北部城市群。以上城市群大部分已经历几十年的发展逐渐成熟，在整个国家甚至全球经济发展中都具有重要的影响。

2.2.1 日本太平洋沿岸城市群

日本太平洋沿岸城市群也称东海道城市群（Tokaido megalopolis），是日本名副其实的政治经济文化中心，也是全球经济发展最集中的区域。城市群由东京都市圈、阪神都市圈、名古屋都市圈以及都市圈外的日本太平洋沿岸其他城市，包含茨城县、埼玉县、千叶县、东京都、神奈川县、静冈县、爱知县、岐阜县、三重县、大阪府、兵库县、和歌山县、冈山县、广岛县、山口县、福冈县、大分县等共17个都道府县。其中，东京都市圈的核心是东京和横滨，阪神都市圈的核心是大阪和神户，名古屋都市圈的核心是名古屋。该城市群是一个多核的城市群，密集地分布着东京、大阪、名古屋等8个人口超过百万的大型城市和众多中小城市，拥有大、中、小城市总数达 310 个，区域总面积约 9.5 万千米^2。根据日本政府官方网站信息统计，2019 年，日本太平洋沿岸城市群生产总值为 4.02 万亿美元，占日本国内生产总值的 69.3%，2020 年，城市群人口规模为 8227 万人，占全国总人口的 65.2%。

日本太平洋沿岸城市群具有以下特征：一是国土狭窄，地形复杂，平原面积少，呈现出的高密度特征明显，城市群具有浓厚的人文氛围；二是产业和人口集聚明显，该城市群集中了全日本 80%以上的金融、教育、出版、信息和研究开发机构，以及日本 2/3 的工业企业和工业就业人数；三是城市群内各城市在不断增强自身特色的同时，注重发挥自身优势，施展各自在城市群中职能，加强地区不同职能之间的分工和合作；四是具备全世界运输流量最大、最繁杂和最集聚的铁路运输系统以及通勤车站群，四通八达的交通网络覆盖着全部城镇。

1. 协同目标

日本太平洋沿岸城市群是在政府主导下实行城市规划发展战略，有计划、分步骤推动下逐步形成了都市圈结构的城市群。政府通过健全法制、制定和实施国家城市化战略和公共政策，开发建设区域基础设施、改善城市环境、提供公共服务设施、推进区域结构调整。在这个过程中，针对各个特定阶段出现的问题及时调整政府政策，通过法律、行政和经济等手段引导城市群健康发展。为了解决区域发展不平衡问题，日本先后制定和实施五次全国综合开发规划；针对城市群内布局太密的问题，东京、阪神以及名古屋三大都市圈分别制定首都圈建设规划、近畿圈建设规划和中部圈开发建设规划；针对各地区的问题，编制以地方法为依据的地方性规划。

东京都市圈自 1958 年开始先后制定了第二次世界大战后首都圈整备计划、五次首都圈基本规划以及首都圈大都市地区构想四次规划。历次规划的出台都经过充分的酝酿，全面考虑城市群中各城市经济发展水平、文化习惯、地域范围以及人口规模等诸多因素，高效合理配置城市资源，保障各城市获得平等的发展机会（李荣欣，2018），使城市群呈现平衡和谐的发展态势。历次规划明确了大城市的主导产业和大城市间的产业分工，推动东京职能与产业向周边地区分散和转移，也为区域的土地规划、各城市职能定位以及发展目标提供了参考和依据（胡俊凯，2019）。

日本太平洋沿岸城市群以新型快速交通为纽带，通过提高资源循环化、防灾系统化、城市信息化和便捷化的能力，发挥和增强自身在世界城市竞争中的优势，实现内部三大都市圈的高度融合和优势互补。工作重点主要聚焦在以下几方面：一是在庞大复杂的轨道交通网络基础上，探索与其他公共交通的连接与合作，同时在可持续发展理念下更注重对于绿色出行方面的规划（徐成永和佟鑫，2022）；二是依据日本国土交通省发布的《2050 国土构想》，加强城市群和都市圈甚至更小范围内城市的连接，构筑更加均衡的城市区域发展格局，打造紧凑、多层次、网络化的国土空间；三是总结灾害教训并形成灾害预警系统，完善防灾规划的灾前预警、灾时应对、灾后保障和恢复等全流程管理设计；四是在信息化社会建设背景下，发展尖端技术创新和智能产业导向，并形成产学研一体化建设（樊明捷，2019）。具体合作事项及主要思路见下表（表2.6）。

表2.6　日本太平洋沿岸城市群开展的合作事项及主要思路

合作事项	主要思路
综合交通	合理安排方便快捷的轨道交通分布 构建轨道交通与其他公共交通方式共同合作的立体交通系统 加强新干线广域地区的联合，以安全绿色的高速道路建立城市与区域内外的联系 轨道交通用地优化 确定港口相应分工联动 实时交通系统构建 绿色行人指路系统构建
国土整治	构筑紧凑型基地网络 社区重建 推进以重点高校为核心的"知识型创新基地"建设
防灾减灾	对海岸带建成区进行特殊规划和布局 完善灾害预警体系 确定避难路径和避难场所 进行防灾避难教育
产业信息化	加快信息化建设 发展网络安全技术、物联网系统构建技术、大数据分析技术、人工智能技术、器件工艺学、边缘计算技术 支持在城市周边60—120分钟车行区域内培育产业集群
环境保护	形成"末端控制"与"源头治理"并重的环保机制 资源循环利用与避免废弃物产生相结合 建立完备的环保法律体系 整治各种综合能耗排放，从源头控制产业污染、水和大气污染排放等 实施水质总量控制；强化污水处理能力与管网建设以及防灾与危机管理

2. 协同实践

（1）应急防灾

日本的地震历史表明，不仅大东京都市圈，整个群岛的城市群都处于极大的危险之中。因此，日本政府长期将地震预测放在应用研究和预防战略的优先地位，灾难预防在日本首都具有高度优先性。

在脆弱性评价方面，日本太平洋沿岸城市群主要考虑建筑脆弱性和基础设施脆弱性。一方面，高度混合的土地用途以及密集的木制房屋增加了城市群的建筑脆弱性风险；另一方面，城市群内人口的集聚，密集的通勤、拥挤的公共交通、易燃材料储存设施（例如燃气和油罐）以及压力和火情敏感的基础设施（例如地上电线）等增加了基础设施脆弱性风险。因此，城市群的防灾方案研究在同时考虑建筑物稳定性和防火性的基础上，提出了两种防灾政策：一种是刚性的，如结构保护，即建设抗震、防火建筑，重建建成区等；另一种是软措施，如土地利用管理、建立救济制度、采用地震保险等。

（2）综合交通建设

日本太平洋沿岸城市群拥有目前全世界最密集的轨道交通网，同时形成了贯通东京、名古屋、阪神地区与日本南部的全国高速公路网体系。1889年，东海道铁路干线的开通促进了区域经济、社会交流和人员的往来，推动了城市群一体化的发展。1964年东海道新干线开通，1969年东海道高速公路全线通车，使东海道城市群成为了内部联系紧密的交通统一体。如今，日本太平洋沿岸城市群的轨道交通已经建设形成以东京站、新桥和秋叶原为中心、环形放射线形的城市群公共交通格局，交通线长接近上万千米，郊区轨道交通长达2000多千米。此外，日本太平洋沿岸城市群拥有日本最大的港口群体，有大小港口40个，且主要集中在东京湾，东京湾也因此成为世界最为繁忙和高效的城市群港口之一。城市群各港口之间分工明确，各自优势互相补充，成为一个优势共享和良性有序竞争的整体。

（3）多元参与的协同机制

日本太平洋沿岸城市群在区域性协调机制上主要采用混合协同模式，即以中央政府为主导，企业、非政府组织、公民等多元主体共同参与的模式。中央政府以实现统筹城市群行政协调为目标，在完善区域规划体系、保障项目资金安全、出台配套政策文件以及自上而下的宏观调控等方面制定一系列措施。区域内各地自治体与中央集权主导建立一些相配套的区域协作机制，提高解决区域问题的能力和效率，并且规定各地政府可以建立协作机制专门处理区域性问题，如建立跨区域协议会、事务组织、区域联合组织以及设立共同机构等。跨区域协议会的类型很多，有专业性协议会，如专门处理交通问题的"东京都市圈交通规划协议会"，也有各地自治体自发建设组织的联席会议，如"九都县市首脑会议"是东京都市圈地方政府以协同发展为目的自发组建的协商治理机制，会议每年召开2次，由九都县轮流主办，在灾害治理、环境治理、基础设施建设等领域发挥了重要作用。由不同背景、不同投资渠道、不同专业领域的社会合作载体组成联席推进协议会、开发构想研究所等各类智库，成为解决区域问题的一种有效方式。由于国土、交通和产业等有关部门从自身领域出发编制地方规划，难免会出现众多规划在"区域"层面上相互"打架"的问题，此时依靠智库进行统筹协调，对不同层面和领域的规划进行调整和衔接，提高了城市群区域规划与各层级规划的统一性，也解决了因政府部门的变动而改变规划的问题。

（4）社会资本运作

为了破解东京都市圈乃至社会内部制度僵化，解决人口老龄化、区域经济下行、公共服务供给不均等问题，日本政府积极引入西方社会资本理论，通过培育和引导社会资本，提升社会网络的韧性，逐步自下而上实现区域一体化，对城市群协同发展发挥了巨大的作用。

社会资本是以单一或者复合事务为依托，形成来自社会各界构成的多元主体，如都市圈产业振兴协会、东京湾区各类行业协会等。在城市群协同发展中，社会资本扮演了三大重要角色：一是组织宣传作用。社会资本组织相关活动，宣传相关政策价值意义，建立共治共享的价值共识，推动城市群协同过程中多元社会主体的形成；二是整合推动作用。社会资本针对城市群实际运行状况，在具体的协同事务上，通过整合多地、多元社会网络资源，推动城市间的深度交流与协作。东京都市圈创新集群培育模式（科技联络员点对点-区域集群-自主发展）就是依靠社会资本培育推动科技创新体系形成；三是引导良性竞争作用。在地方财政自立的背景下，政府有序引导社会资本投入社会网络，能有效控制差异化发展，鼓励地方发挥个性和创造力，营造地区间良性竞争、激发经济活力。例如，东京都市圈通过建立人才引进机制，重构乡村共同体，实现都市圈内乡村振兴。

（5）协同测度评价

为了缓解因国家与地方的垂直关系难以顾及不同地方间的横向差异而造成一刀切以及效率、公平、实施质量等难保证的问题，东京都市圈通过地方自治体的合并，以及在不变更既有行政区划下通过创新协商与合作机制，来努力打破"行政壁垒"进行地区自治，实现跨区域治理，且形成了中央政府管控与地方协同自治并存的协同决策机制。在这一制度下，为了更好地测度规划实施效果以及横向判定地方的短板与长处，更好地指导差异化发挥各自的"特色"，以及确定协同发展的具体事项，东京都市圈在三个维度上构建了指标评价体系：

一是在《首都圈整备年度报告》中确定宏观评价体系框架。《首都圈整备法》（1956年）规定需制定首都圈整备规划以及对规划实施情况进行评价和评估。历年的《首都圈整备年度报告》通常由两部分组成，包括当年首都圈整备实施工作中遇到的难点和当前城市群协同发展中的热点，以及围绕《首都圈广域地方规划》和《首都圈整备规划》所指定的10项目标和都市圈构造分类中所处的位置整合制定出评价体系，即定量评价与定性描述。

二是在《都市构造评价手册》中建立都市构造偏差值评价系统。《都市构造评价手册》是国土交通省为使"都市构造"中的评价手法更为完备，评估指标更为精准，各指标值的尺度和意义更为明确，在政策制定和形成过程中更容易使用等所设置的工具。都市构造偏差值评价系统基于全国面临的问题，制定评价领域、明确各评价领域的指标、预测指标、使用场景,将各项指标汇总整合绘制出的都市构造偏差值雷达图,可以清晰地出各城市群协同发展水平的差异性和独特性,为协同合作事项奠定基础。

三是跨域、跨行业协会自组织构建的协同事项量化指标。各类"协议会"和行业协会,如都县市首脑会议、东京湾再生官民联协论坛、东京都市圈交通规划协议会、首都圈港湾联协推进协议会等,参与城市群发展建设,对城市群协同决策过程中遇到的难点及痛点如数家珍。这些组织针对城市群协同决策问题,特别是由于跨区域城市要素内在连续性所产生的跨边界的碎片化治理问题(如防灾、环境治理等问题)、区域城市要素流动(人、物、财、信息)所带来的共同发展问题等,提出具体的量化评价指标。

2.2.2 英国中南部城市群

英国中南部城市群又称大伦敦都市圈(Greater London Built-up Area),其发展伴随着工业革命迅速崛起,是英国产业密集带和经济核心区,也是世界级城市群中发展最早的城市群。城市群包括拥有曼彻斯特、利兹、伯明翰、谢菲尔德和利物浦等超过 100 万人口的城市,以及周边众多小城镇,其核心是伦敦都市圈,主要发展轴线为伦敦—利物浦,区域总面积为 4.5 千米^2。根据相关数据显示,2020 年,英国中南部城市群人口数量超过 4000 万,生产总值占英国生产总值的 85.2%左右。

英国中南部城市群发展历史悠久、底蕴深厚,主要具有以下特征:一是伦敦作为综合经济实力最强的中心城市,集中了大量资本和人才,周边城市受其辐射但自身发展动力不足;二是周边城市具有悠久的工业历史,伴随着经济发展产业面临着转型升级,各大城市根据需求探索具有特色的功能定位,从而辐射带动周围的小城镇;三是拥有发达且便捷的轨道交通系统,部分地铁线路和轻轨线路存在共轨运行,换乘方便快捷且票务组织多样化;四是持续对废旧工业区、港口和部分社区进行重新规划和更新,旨在实现均衡发展。

1. 协同目标

英国中南部城市群的跨域协同合作目标主要聚焦在以下几个方面:一是提供和保障建造如港口、物流等交通设施、公共空间、学校和卫生以及其他服务基础设施的资源供给(邢琰和成子怡,2018);二是结合城市发展定位持续进行城市内部的老旧工业区和港口更新,承接伦敦人口和资源疏散,同时更关注于绿带建设;三是既重视满足能源和住房以及可持续性目标,又重视空间在发展过程中的可持续性和平衡性（The Greater London Authority，2021），通过制定互联互通的相关流程和政策，尽可能地为邻近大伦敦地区提供一个公平竞争的环境。具体合作事项及主要思路见下表（表 2.7）。

表 2.7　英国中南部城市群开展的合作事项及主要思路

合作事项	主要思路
城市更新	废旧港口和工业区更新 建设强大和包容的社区 提供经济适用房
交通规划	完善铁路系统形成郊区之间的横向联系通道 引入"智慧城市"规划来缓解交通拥堵，设立了城市数据中心，大力发展数据市场，开创无人车计划以及智慧基础设施建设 确保不同交通方式和类型的连接 打造慢行出行系统
生态环境	合理规划绿带 治理大气污染 泰晤士河流污染治理
基础设施服务	完善物流服务供应 优化基础设施布局 毗邻地方政府定期对信息进行共商共享 住房、能源、就业技能培训 社会治安维持 火灾和紧急事务处理 文化体育和公众健康
产业创新	科技创新与发展 跨区域整合科技创新资源 跨校跨领域联合建设多个重点产业的一流科技创新基地 建设科技园区、孵化器、技术创新中心等加速科技成果转化

2. 协同实践

（1）公共交通系统发展

伦敦公共交通系统发展进入正轨始于 2000 年。2001 年第一部《市长交通战略》（Mayor's Transport Stategy）出台，要求着重发展公共交通、控制小汽车交通需求，优化整合各种交通方式衔接。2005 年《2025 长远交通规划》（Transport 2025：Transport Vision for a Growing World City）出台，推动轨道交通和地面交通接驳和扩容，以及系统性地发展绿色交通系统。2012 年，为保障奥运会的交通，伦敦提出新的"市长交通战略"，以提高市民生活质量、完善交通服务和保障奥运会等为目标，整个城市的交通体系进入了功能优化阶段（钱喆等，2015）。然而，大伦敦规模庞大、设施完备的公共交通系统分担了大量的地面交通流量，郊区通往城区的主要客流通过市郊铁路输送，导致客流分流集中在市中心火车站（凌小静，2018）。为了缓解市中心火车站的换乘压力，大伦敦建设贯穿市中心的横贯铁路（Crossrail）系统，大幅度缓解地铁网络的拥挤情况，提高轨道交通网络10%的运能（赖艺欢等，2022）。

（2）大伦敦空间发展

大伦敦都市圈发展的巨大成功离不开伦敦政府根据城市不同阶段的特点、问题、需求制定相应规划。1944年编制的《大伦敦规划》划定了"四个同心圈"，1946年的《新城法》离伦敦中心50千米的半径内构建"反磁力吸引"体系疏解人口，但由于伦敦的巨大吸引力，卫星城最终沦为"睡城"。1960年末，《大伦敦发展规划》提出建设三条主要快速交通干线向外拓展，在交通终端建设三座具有"反磁力吸引中心"作用的城市（南安普敦和朴次茅斯），吸引了伦敦中心城区的工业和人口的集聚。2016年，《大伦敦地区空间发展战略规划》确定了大伦敦城市空间组合发展战略规划，对社会、经济、环境、交通等重大问题进行了战略分析和有效应对。

（3）生活功能圈

随着伦敦都市圈规模的扩张，出现了特大城市社会问题，例如空间生活品质分化、人口过度集聚引发环境品质低下等。针对这些问题，大伦敦都市圈采取了对应措施以改善居民生活环境品质，具体措施有以下几个方面：一是针对生活空间品质问题，大伦敦都市圈鼓励学校、俱乐部等结合绿色空间植入标准运动场地，为周边居民提供社会交往场所，鼓励全民运动；二是针对食品安全供给问题，大伦敦2006年实施"伦敦市场食品策略"，以提升食品供给的安全性、充足性为目标，培育一批都市圈内专业食品供应商，增强本地供给，保障本地食品加工产业抵抗经济和供应端风险的能力；三是针对汽车尾气污染环境问题，大伦敦积极推动低碳交通的发展，实现多种公共交通的接驳，特别是郊区地铁站，完善了停车换乘的功能，增强公共交通的吸引力。2016年伦敦规划推出自行车高速路、自行车安静骑行道、市中心自行车优先道的自行车道系统，扩大自行车系统到都市圈范围（李沛霖，2021）。

（4）协同合作工作机制

大伦敦都市圈是在政府主导下进行的协同合作。从管理体制视角出发，城市群协同发展过程中，政府起到了带头作用，通过顶层设计以及组织行政协调中心，突破一定行政区划的约束，实现自上而下的对各地行政中心的指挥和协调，推动城市群整体统筹和协调。从机制制定的视角出发，这种协同治理的模式对各方主体的平衡和竞争进行了仔细考量，大伦敦市长同邻近空间的郡或者区等进行充分的商讨后，将制定的整体发展战略提交给大伦敦议会、相关政府部门、国务大臣、城市群范围内和邻近地区的政府以及一些必要的组织和个人。伦敦市政府和地方议会具有对大伦敦市市长监督的职责。为了满足各地的利益诉求，大伦敦市政权机构人员配备和决策流程被纳入到新的体制中进行了许多的变更，如保证各自治区（市）在各职能机构中均有代表、强调各自治区（市）在重大问题的决策过程中具有相互尊重的同等地位并提供交流和协商的机会。大伦敦城市群在协同治理中十分重视法律机制的建设，有关管理机构的成立以及运作必须受到法律的制约且要依法而立，如1994年的《大伦敦市政府法案》对政权机构的组织、职能分配以及运作方式等都进行了详细的规定，为大伦敦协同治理有关机构提供了合法性和权威性的保障。

2.2.3 北美五大湖城市群

北美五大湖城市群（Great Lakes megalopolis）位于北美五大湖地区和圣劳伦斯河沿岸，以密尔沃基（Milwaukee）—芝加哥（Chicago）走廊和底特律（South Bend）—多伦多（Toronto）走廊为核心，从美国中西部向北穿过安大略省南部，进入到加拿大的魁北克西南部。它与美国东北部大城市群共同构成北美发达的制造业带，是北美工业化和城市化水平最高的区域。该城市群城市数量为35个，围绕五大湖呈现半月形的空间分布格局，城市群主要以美国的芝加哥、克利夫兰、底特律、匹兹堡以及加拿大的多伦多、蒙特利尔为主，总面积约24.5万千米^2。根据美国官方发布的规划及相关报告显示：2020年，北美五大湖城市群国内生产总值达4万亿美元，聚集了约60家世界500强企业总部，城市群人口约8501万人。

北美五大湖城市群具有以下特征：一是水域辽阔，运河与天然水道丰富，航运能力强且便利，价格低廉，每年有数亿吨货物在五大湖之间来回运输；二是美加两国重要的农业基地和渔业基地，适宜的气候造就了发达的畜牧业，将保护继承传统特色产业和现代化产业转型有机结合，产业结构不断优化；三是沿岸煤、铁等矿产资源富集，制造业聚集明显且单一性较高，形成了芝加哥、克利夫兰、底特律、德卢斯、托利多五大钢铁工业中心；四是工业化发展给原有生态环境系统带来巨大冲击，废水大量排放、森林砍伐殆尽、土壤侵蚀、湖区生态环境恶化等造成了严重的不良后果，加上海洋贸易容易将入侵物种引入五大湖流域，对当地的物种造成严重威胁。

1. 协同目标

北美五大湖城市群的协同目标主要在于湖区生态系统的协同治理和环境保护。20世纪80年代开始，在意识到环境污染带来的严重后果之后，五大湖城市群各个中心城市就着力推动经济转型、产业升级和环境重建，积极开展城市群环境合作，通过技术创新，逐步淘汰污染严重的产业和企业，并大力发展服务业（李媛媛等，2018），以减少对环境的污染。美加两国共同针对上游湖区污染进行治理并制订五大湖区研究计划，从扩大监督对象入手，由单一的水污染监督转向整个湖区生态系统的监督，以期保护五大湖区的生物安全。

围绕环境保护开展的工作聚焦水资源保护，集中在生态保护和修复、阻止外来入侵物种、清洁能源和气候、海上贸易、水质和生态系统健康，以及生境和沿海管理等，具体做法是通过政策引导和专项研究促成不同利益主体达成共识进而实现区域协调。具体合作事项及主要思路见下表（表 2.8）。

表 2.8　北美五大湖城市群开展的合作事项及具体做法

合作事项	主要思路及具体做法
保护与修复	五大湖区州长制定了九个优先事项清单，包括淡水地表水资源的可持续利用、减少生态系统引入持久性有毒物质、阻止非本地水生入侵物种的引入和传播、恢复和保护沿海湿地、鱼类和野生动物栖息地等 《五大湖圣劳伦斯河流域可持续水资源协议》明确各州和各省管理和保护流域的具体措施框架
阻止水生入侵物种	对高风险的水生入侵物种采取积极行动，促进跨境区域合作 促进水生入侵物种专家、渔业专家和执法官员之间的合作 采取 50 多项单独行动来限制高风险物种
海上贸易	致力于改善海上运输系统，缩小地区交通网络的环境足迹，支持建设区域的工业核心 发起区域邮轮营销计划，与美国联邦政府和其他合作伙伴合作制定旅客通关策略 开发创新的智能船舶行动计划 在密歇根理工大学建立全球首个淡水智能船舶试验台，发起了智能船舶联盟
产业结构	加强去工业化和创新产业集聚 制定专项产业规划和投入扶持政策 五大湖区委员会和美国的 8 个州及加拿大安大略省合作构建了水陆并举的区域旅游交通网络"五大湖区旅游环线" 将保护继承传统特色产业和现代化产业转型有机结合

2. 协同实践

（1）水环境治理

为了保护五大湖区的水环境、治理水污染问题，美国和加拿大政府积极推动合作协议的制定和签署，从顶层的行动纲领到指导具体实施的行动计划，为各个城市开展水环境保护工作提供指导，使得五大湖生态环境得到显著改善。整个治理分为三个阶段。

第一阶段：通过制定协议统一区域水质目标并首次提出综合治理概念。1978 年，美加对《大湖水质协议》进行修订，首次提出"五大湖流域生态系统"的概念，强调要系统考虑空气、水、土地、生态系统与人类之间的相互作用关系，并提出统一水质的发展目标,具体措施包括限定磷排放总量、完全禁止永久性有毒物质排放、加强水质检测、严格禁止向五大湖排放难降解的有毒物质。1985年,美加两国经过谈判和协商签署了第一个关于湖区环境治理的非正式协定《五大湖宪章》(Great Lakes Charter),规定两国在五大湖周边的州、省共同管理五大湖水资源,各州、省确保本地区内保持一定的水位和流量。

第二阶段:通过修订协议进一步控制污染排放,实施控制和治污补救行动计划。1986年,美国湖区8个州签署了五大湖有毒物质排放监控协议和五大湖有毒物质控制协定,随后加拿大也签署加入。1987年,美加两国对《大湖水质协议》再次进行修订,着重强调对面源污染和地下水污染的治理,首次提出污染排放总量控制的管理措施,并制定湖区污染控制目标和指标体系,推动了五大湖区实施一体化的生态系统管理。该协议在原有基础上增加一个附件,即确立共同关心区域或者该流域污染最严重的地区,通过实施五大湖区域的"补救行动计划"(Remedial Action Plans)进行清理工作,提出实施控制关键污染物的"全湖行动计划"(Lakewide Management Plans)。该协议也在多次修改完善后更具有针对性和可操作性。

第三阶段:通过签订宪章形成共识,全面推动区域生态系统的合作。2001年,五大湖周边的所有州、省签署了《五大湖宪章》的补充条例,对五大湖区水资源管理进行详细规定,涉及水资源保护、水质恢复、水量储存利用以及相关生态系统保护等。2002年,在由美国联邦政府、湖区州政府和当地部落高级代表组成的研讨会上,通过了名为"五大湖地区发展战略"的区域发展计划。该计划提出要制定一套共同行动纲领,使整体的合作行动与美国政策委员会的目标保持一致。2004年12月,美国相关代表签署了《五大湖宣言》,承诺要齐心协力保护、恢复和改善五大湖生态系统。此外还成立一个公共论坛,以便于信息的交流和集体决议(国际联合委员会,2011)。2006年,加拿大安大略省、魁北克省与美国8个州的代表签署《五大湖区—圣罗伦斯河盆地可持续水资源协议》,规定禁止美国南部的干旱州大规模地调用五大湖区—圣罗伦斯河盆地的水资源。

经历了美加两国共同治理的五大湖生态环境得到了改善,政府同时也积极引导和激励湖区越来越多的农民参与改善下游水质。比如在五大湖恢复行动计划中,政府通过引导农民种植遮盖作物、作物轮作、种植草带、恢复湿地等行动来保持水质洁净,帮助当地社区创造就业机会,促进经济增长。而水质的改善也为区域旅游业的发展提供了良好条件,美加两国也针对当前和潜在乘客的优化和独特品牌来促进该地区巡航,推动加速区域巡航的发展。

在共同治理水污染、保护五大湖的过程中,美加两国政府形成了一套基于环境协议、成立协调组织、促进产业转型、多元主体参与的跨域环境治理机制(王玉明，2016）。政府发挥主导作用，与流域管理机构、科研机构、用水户和地方团队、非营利组织等共同构成治理主体。非营利组织是治理过程中重要的主体之一，依靠其高度的公信力，非营利组织积极协调、凝聚合力，与政府、企业、社会公众共同推动跨域水污染治理和环境保护，并取得显著成效，成为北美保护自然资源和生态环境的成功范例。国际航道委员会、国际联合委员会、大湖渔业委员会、五大湖州长委员会、"五湖联盟"等协调监督机构为推动五大湖流域的跨界水质保护行动提供了强有力的组织保障。

此外，在水环境治理过程中，美加政府逐渐认识到城市群环境污染并非单纯水污染问题，而是一种结构性污染。于是，从20世纪80年代初至今，城市群内各个城市着力推动经济转型、产业升级和环境重建，通过技术创新，逐步淘汰污染严重的产业和企业，从源头上减少了废弃物对生态环境的破坏。

2.2.4 欧洲西北部城市群

欧洲西北部城市群（Northwest European metropolitan regions）是由法国大巴黎地区城市群、德国莱茵—鲁尔城市群、荷兰—比利时城市群逐渐演化而成的超级城市群，是全球重要的旅游、航运、重工业制造中心之一。该城市群包含10万人以上的城市40个，有巴黎、阿姆斯特丹、鹿特丹、海牙、安特卫普、布鲁塞尔、科隆等。城市群以巴黎、布鲁塞尔、阿姆斯特丹、波恩等大城市为中心组成了"人字形"发展轴，呈现有序的多点分布网络模式，总面积约145万千米^2。

欧洲西北部城市群具有以下特征：一是内部城市人口规模适中，数量控制在合理范围，没有典型城市化过程中逆城市化阶段，长期处于城市化阶段；二是城市之间相互分散且具有独立性，大、中、小城市职能互补，形成既有联系、又有区别的空间组织形式（Dieleman and Faludi，1998）；三是法国、德国、荷兰和比利时历史悠久且环境优美，旧城区和文化遗产保护较好，具有独特的人文特色和自然风光。

1. 协同目标

由于欧洲西北部城市群范围包括大巴黎地区、荷兰—比利时、莱茵—鲁尔三个城市群，各个城市群又所属不同的国家划分，合作主要基于欧盟整体发展目标而采取行动（李娣，2015），涉及经济、文化、旅游、交通等不同领域，分散且没有代表性。欧洲西北部城市群更多在内部三大城市群层面上进行合作协同，主要集中在低碳出行、交通布局、区域规划、历史遗产和风貌保护等方面。具体合作事项及主要思路见下表（表2.9）。

表 2.9　欧洲西北部城市群开展的合作事项及具体做法

合作事项	主要思路
低碳交通规划	自行车出行方式设计① 公路交通引起的噪声污染治理 打造适宜步行的岛状住房群 促进多种运输方式联用 设定公共汽车专用道 实施低排放交通区计划② 提升清洁电动或混合动力的高普及率 实施客流量差异化 延长地铁线路覆盖范围 加强火车和巴黎全区快速铁路网（RER）的放射式连接 实施导向的公共治理③ 货运交通继续鼓励通过水路和铁路交通替代汽车运输，同时预留物流的战略发展用地 在公路与铁路网络交汇处建立交通枢纽④
历史遗产保护	文物风貌修缮和保护 文化功能分区 文化配套设施完善

注：① 2016 年大巴黎区交通组织颁布《大巴黎区城市出行方案》。
② 2018 年大巴黎都市区启动《大巴黎都市区气候、空气及能源计划》。
③ 《大巴黎地区交通出行规划》PDUIF2020。
④ 2019 年大巴黎都市论坛（Forum métropolitain du Grand Paris）发表《大巴黎的未来之路》咨询报告。

2．协同实践

（1）铁路网络系统

欧洲西北部城市群依靠快速发达的铁路网络建立联系，欧洲各国默契地修建大规模的铁路网络连接国际、国内城市，各国之间四通八达的铁路网络系统不仅满足城市群内客货运需求，还间接性带动城市群的经济增长。欧洲的铁路依据欧洲铁路规范标准统一实施建造，以取得整个铁路系统之间的协同（胡昊等，2006）。在建设管理方面，各个国家在设计、建设、运营过程中只需对各自国土内的高速铁路段负责；在运营管理方面，通过设置人性化通行联票，打造快捷、便捷、准时的高速铁路交通。大巴黎地区城市群内建成运营的铁路由横跨巴黎市区、服务于郊区与郊区之间的市域铁路快线（RER）、连接郊区和小巴黎的郊区铁路（Transilien）构成，并形成一个完整的市域（郊）铁路网络。莱茵—鲁尔城市群内建立了典型的多中心体系铁路交通网络，铁路交通网络层次完整且清晰，包括连接区域市域（郊）的区域轨道交通（regional rail transit）以及地方层面各中心城市伞状的城市轨道交通系统（local rail transit）（段婷和运迎霞，2019）。

（2）产业协同发展

欧洲西北部城市群主导产业突出且产业分工多样化，以各中心城市为核心，横向上形成了多样化的产业集群，纵向上突破行政限制，强化城市间合作，按照产业链和各城市自身优势，进行明确分工、合作互补，形成规模经济效益，带动整个城市群经济增长。其中，法国大巴黎地区城市群形成文化创意产业集群、德国莱茵—鲁尔城市群形成现代化工业及高端制造业集群、荷兰—比利时城市群形成高新技术产业集群。城市群内的核心城市虽然都发展高端性生产服务业，但又有所侧重，突出专业化领域。巴黎侧重于金融保险、咨询等综合性的金融服务，布鲁塞尔专注于金融交易处理、信息决策等专业化的金融业务，阿姆斯特丹则致力于网上银行业务以及具有传统优势的养老基金。其他规模较小的周边城市也都有各自优势的主导产业，如阿姆斯特丹周围的乌得勒支主要发展水上运输、国际贸易和工业展览等中端生产性服务业，鹿特丹则主要发展石化、造船等实体工业。在不同尺度的空间范围内，形成城市群的产业集群发展、城市的产业差异化发展，实现城市群的产业协同（燕中州等，2013；李娣，2015）。

第 3 章　城市群协同发展综合决策场景细分

随着人工智能、物联网、大数据等技术的飞速发展，场景概念频频出现在各地政府工作报告、相关规划以及政策文件里。将场景引入城市群建设，围绕协同发展的关键问题和目标，确定决策场景，将影响决策行为的因素（时间、地点、行为、主体等）进行分解，形成特定逻辑交互关系，进而通过新技术应用支撑，实现不同利益主体的诉求，对于促进城市群协同发展具有重要意义。

结合我国城市群相关规划、政策文件以及政府部门的重点工作等，可以了解人口发展、国土利用、产业协同、交通互通、生态保育、环境共治、基础设施建设等决策诉求，识别城市群综合决策的具体场景以及决策需要的数据、模型算法等技术支撑。

3.1　人　口　发　展

人口发展是城市群发展的基本指标，也是开展国土利用、产业发展、交通建设、公共服务配套规划的基础。城市群作为劳动力、土地、资本等生产要素高度聚集的空间载体，人口规模布局、流向等特征反映了劳动力要素的发展水平。随着城市群社会经济水平的不断提升，需要劳动力要素与生产力发展水平相适应。因此，保障人口合理有序发展是城市群协同发展综合决策的重要内容。

人口集聚流动与城市群协同发展之间具有双向反馈关系。一方面，人口集聚流动为城市群提供劳动力供给，促进产业创新发展与文化繁荣，增强城市群整体竞争力；另一方面，人口规模扩大会推动城市群范围内住房、交通、教育等基础设施和公共服务设施以及各类社会公共事业的快速发展，进而影响城市群经济社会发展。此外，日益增长的人口对基础设施、公共服务设施、环境承载力等也提出了更高的要求，需要城市群整体统筹区域资源，合理引导人口的合理布局与有序流动。

3.1.1　决策需求

人口的增长与集聚是城市群发展的重要特征，能够反映城市群社会经济动态变化水平。城市群发展起步阶段，中心城市人口集聚现象最为显著，经济增长极所带来的虹吸效应促使大量人口向中心城市转移。随着城市群范围内"规模经济"

与"范围经济"的逐步实现，不同规模等级的城市逐步形成协同效应。在此过程中，城市群整体品质持续提升，分工协作与功能结构日趋合理，人口分布也逐步趋于均衡有序，实现与公共服务、资源环境等要素的协同发展。近年来，国家在多项政策文件中对我国不同类型的城市群人口长远发展提出了综合调控的顶层设计和指导方略，包括《全国主体功能区规划》《中华人民共和国国民经济和社会发展第十四个五年规划和2035年远景目标纲要》《国家新型城镇化规划（2021—2035年）》等。然而，我国城市群人口发展不均衡、人口承载能力不足等问题仍然存在。如何提升城市群区域内部一体化资源优化配置，保障人口、产业、公共服务合理高效组织，是城市群协同发展综合决策的重要方向。

城市群人口发展协同的核心目标是在人口流动、集聚过程中，实现人口规模、结构、功能与城市群空间结构、功能结构、服务配置等要素之间的协调匹配。首先，作为空间生产要素高度聚集的载体，生产要素与经济活动在规模集聚效应作用下不断向中心城市流动，促使人口在空间上呈现非均衡分布的"向心化"特征，进而改变区域人口分布格局；其次，区域发展能够促进人口有序流动，同时人口流动也对城市群长期保持经济发展活力带来积极作用，科学、高效的流动人口治理决策已成为城市群完善社会治理体系的重要举措；此外，城市群人口规模与空间布局应当与自然空间属性相匹配，人口发展需要保持与土地、水、大气等资源环境要素的和谐关系，才能实现区域可持续发展。因此，城市群人口发展需要开展人口发展空间布局、城市间人口有序流动、人口与资源环境平衡等场景分析，为城市群人口协调发展提供决策支撑。城市群人口发展具体场景下对应不同决策事项、决策主体及其决策目的（表3.1）。

表 3.1 城市群人口发展综合决策具体场景与决策需求

决策场景	决策事项	决策主体	决策目的
人口合理布局	人口规模结构预测	发展和改革部门、教育部门、工业和信息化部门、民政部门	推动公共资源按常住人口规模配置，缩小城乡公共资源配置标准差距 拟定工业、通信业和信息化发展战略、规划，以及相关政策，推动产业结构调整
	人口与基础设施配套协调	发展和改革部门、民政部门、自然资源部门、住房和城乡建设部门	统筹建设科学合理的城市公共服务设施布局 提供基本社会服务，保障区域民政事业发展
人口有序流动	人口流动特征识别	发展和改革部门、人力资源和社会保障部门、自然资源部门	在各项规划编制和修订时，考虑进城落户人口数量和流向，科学测算和合理安排城镇新增建设用地规模 拟订人力资源市场发展规划和人力资源流动政策，建立统一规范的人力资源市场，促进人力资源合理流动、有效配置
人口与资源环境平衡	基于综合承载力的人口规模协调	发展和改革部门、自然资源部门	实现人地关系协调发展、国土空间优化布局

实现分工协作、功能完善的城镇化空间格局是确保城市群一体化发展的重要目标，该目标的实现需要对人口发展进行优化协调，从整体视角引导人口布局与城市群区域分工相匹配。在城市群人口发展领域，发展和改革部门、教育部门、工业和信息化部门、民政部门、人力资源和社会保障部门、自然资源部门、住房和城乡建设部门等均涉及相关决策制定与实施。其中，发展和改革部门主要负责监控及评估人口变动情况及趋势影响，开展重大决策人口影响评估，拟定人口发展战略与规划、人口政策，研究提出人口与经济、社会、环境协调可持续发展，以及统筹促进人口长期均衡发展的政策建议等；教育部门组织拟订教育规划与各级各类学校布局调整，充分考虑教育资源与人口增长之间的关系；工业和信息化部门拟定工业、通信业和信息化发展战略、规划，以及相关产业政策，推进产业结构调整等，要充分考虑与社会经济发展相适应的人口产业分布、人口素质等人口产业结构；民政部门基于人口老龄化、特殊群体需求等社会保障方面，提供基本社会服务，促进民生资源公平分配；人力资源和社会保障部门主要负责拟定人力资源流动政策，建立统一规范的人力资源市场，促进人力资源合理流动、有效配置；自然资源部门负责与国民经济和社会发展规划的统筹衔接，同时确保自然资源、耕地资源等资源资产的合理开发利用与保护；住房和城乡建设部门主要负责根据人口需求制定住房发展规划，拟订各类住房年度实施计划并监督实施等。各部门从自身职能出发，根据一致的人口目标共同落实城市群协同发展的任务要求。

3.1.2 场景1：人口合理布局

人口是城市群发展和形成过程中最基本的要素，分析研究人口规模、空间分布形态及发展态势，对形成合理的区域发展格局具有重要现实意义。当前，我国各城市群之间以及城市群内部的人口规模与分布格局均存在较大的空间差异（童玉芬等，2022）。推进城市群人口均衡发展，需要针对城市群内部各城市的人口规模及发展趋势是否合理进行判断，用于指导城市群人口管理与相关政策制定。通过对城市群人口发展的宏观把握，由人口治理相关决策主体从总体战略视角进行分类、分级、分区管理与建设，针对城市群具体特征分类施策，对人口发展存在短板的城市进行重点扶持。通过提供产业政策支持、加大重大基础设施投入、改善区域基础条件、补齐基本公共服务短板等多种措施引导城市群人口趋于均衡，进而促进城市群长远发展。

分析及预测城市群人口规模需要考虑内部各城市的人口结构，包括人口的自然、社会和经济等方面结构。人口自然结构指人口性别、年龄、生育和死亡等方面的状况，是人口再生产的客观结果；人口社会结构反映人与人之间的社会关系，主要包括户籍结构、地域结构、城乡结构、职业结构、文化结构等。城市群人口规模分析在对城市群内各城市的各项人口结构指标进行统计分析的基础上，可以运用城市首位度指数、位序-规模分布模型、分形模型、R/S 分析法等方法分析城市群人口分布现状的合理性以及未来的发展趋势，进而对城市群未来城镇化布局战略提出可行建议。

城市群人口预测方法主要基于城市人口现状数据判断其内在规律性，根据预测目的的不同设定差异化的控制要求与参数条件，推导得出未来人口数据。方法可分为数学模型法、因素法、社会经济法等方面。当前，人口预测常用模型具体包括 BP 神经网络模型、GM（1,1）模型、莱斯利（Leslie）模型等，主要根据概率统计及数学原理建立预测模型，具备所需数据少、方法简便、应用性广等优势。因素法主要关注区域人口迁入、迁出和死亡及人口的空间机械增长，通过对时段内相同特征人口的变化率预测未来变化趋势，能够预测区域人口结构。社会经济法引入系统工程或系统动力学方法综合考虑人口变量及社会经济变量，基于系统要素之间关系预测区域人口，能够较为全面地反映人口及其影响变量之间的作用机理（丁成日等，2018）。

随着城市群发展过程中城市化进度加快、基础设施投资持续增加，人口资源不断向中心城市集中，易引发中心城市交通拥堵、住房紧张、人口膨胀等社会问题。为防止"城市病"恶化，需要基于人口规模的合理控制规划基础设施规模。基础设施是承载城市综合服务功能的重要载体，基础设施的重复建设易造成利用效率低下、空间配置不合理等问题。基础设施建设应当充分适应人口发展的需要，不断加强优化二者的耦合关系（罗福周和王婷，2021）。城市群一体化发展对区域内城市基础设施承载力的系统性和协调性提出了更高要求，需要在一定的社会经济发展水平和城市综合资源的约束下，研判城市基础设施对城市群内各城市各类活动正常运转时供给需求的平衡能力和程度。在基础设施布局决策过程中，应当充分考虑人口规模，确保基础设施建设与人口发展状态之间的供需均衡、合理配置，可构建人口与基础设施协调发展模型，运用耦合协调度模型、空间自相关模型等方法，为科学规划基础设施建设、实现未来人口与基础设施资源协调发展提供决策依据（向鹏成和曹园园，2016；曹琳剑等，2019）。

3.1.3 场景 2：人口有序流动

人口集聚与流动不但可以促进劳动生产率的提升，同时也可以推动城市的经济增长和空间扩张。城市群是推进城镇化发展的主体空间，对人口的吸纳能力相较于一般区域更强，人口流动与经济发展、空间组织之间的作用关系更加复杂。作为城市生产要素的主要载体，劳动力要素的有序流动是推进新型城镇化及其相关改革的起点。劳动力在较为密集的竞争环境中会产生筛选效应，同时劳动力也会根据差异化的市场环境、预期收益动态流动，因此，区域内不同城市社会经济发展水平、就业水平、公共服务水平等因素的差异是人口流动的根本原因（盛亦男和杨旭宇，2021）。充分识别城市间人口流动特征，有助于深刻认识城市群人口流动规律及动力机制。基于此，推进城市群内人口协同发展，既要提高城市群中心城市的人口承载力，实现人口要素同其他要素之间的良性互动，又要通过城市合作、完善政策制度体系、优化资源配置等方式，引导人口由中心城市向城市群内其他城市流动，发挥中心城市的带动辐射作用，实现城市群整体互促协同发展。

城市群人口流动分析的重点主要在于分析城市群内部不同城市之间的人口流动特征，主要采用逻辑斯谛模型、重力模型、空间自相关模型、辐射模型及空间计量模型等数学模型分析流动人口空间分布、流动规律、驱动机制等内容（贺艳华等，2017）。以上数学模型方法主要利用人口普查、抽样调查、统计数据等进行分析，在空间准确性、数据实时性等方面存在一定限制。随着数字化、信息化水平不断提升，科学技术手段逐步被运用于人口流动研究领域。用户迁徙、社交网络、移动终端定位、公共交通等地理行为大数据成为分析监测人口流动频率、方式、方向等特征的重要数据来源（陈少杰和沈丽珍，2019）。与静态统计数据相比，大数据所采集的信息能够更加直观、动态地反映城市之间的人口流动状态，有助于形成对城市群人口流动状态的全面认知，进而为城市群综合发展战略提供决策依据。

3.1.4 场景3：人口与资源环境平衡

人口与资源环境的匹配关系，即人口承载力，是实现人地关系协调发展、国土空间优化布局的基础。城市群作为一个区域的复合经济体，人口、环境、经济之间的关联相较于单个城市更为复杂，劳动要素市场化改革推动区域人口发展思路由过去的限制超大城市人口准入口径，逐步调整为加强中心城市和城市群等优势区域的人口承载能力，因而对中心城市及城市群的人口同其他要素协同发展提出更高要求。具有较高承载力的地区能为人口提供更高的潜在收益，从而吸引人口在区域间的流动与在特定空间中集聚。因此，区域土地综合承载水平的差异反映了城市群内人口流动的规模与方向，人口流动带来的区域人口规模、人口结构等要素的改变也会对土地综合承载系统中资源、环境以及社会经济子系统产生影响（李焕等，2017）。面对人口过度膨胀对资源环境的压力以及所引发的城市交通、社会治安、土地资源短缺等"城市病"现象，如何通过政策引导人口调控（李国平和罗心然，2021），协同不同要素之间的耦合关系、促进城市群协同发展是当前面临的重要议题。

城市群内人口集聚不仅提高了对城市各类配套设施的需求，也对资源环境保护提出了更加严峻的挑战。当前人口承载力分析主要集中于耕地资源、水资源、生态足迹等领域，研究方法主要有简单直接推算法、模糊综合评判法、多目标分析法以及系统动力学方法等，具体运用可能-满意度模型、承载力综合决策模型、多要素调控控制方法等，通过具体数据分析自然资源、经济等限制条件下的最优人口规模，为人口科学发展及调控提供决策支持（汪自书等，2016；师翠英等，2016）。

3.1.5 决策支持底盘

1. 多源数据

近年来，地理信息大数据因其规模大、类型多、数量增加速度快、时间跨度长、获取成本低等特点，在人口科学研究中应用日益广泛，极大推动了人口发展相关决策。含有地理位置的网络信息，能够反映出人的流动态势，这种流动态势与现实空间的实际人口流动具有较大的动态关联。因此，利用带有地理位置网络信息的大数据技术，基于人口需求动态挖掘和引导人口流动，已成为当前城市群协同发展研究的热点和趋势之一。

结合以上场景需求分析，参考人口协同发展相关研究，构建由人口发展系统、经济发展系统、环境系统、基础设施系统、公共服务设施系统组成的城市群人口发展数据库（表3.2）。相关数据来源于国家统计局数据库、《中国统计年鉴》和《中国城市统计年鉴》、各省市统计年鉴、人口普查分县区资料、各地国民经济和社会发展统计公报；交通及相关数据来源于国家统计局数据库、《中国统计年鉴》、交通运输业经济统计专项调查、民航业统计公报；资源环境及相关数据来源于《中国城市建设年鉴》、水资源公报、《中国城市统计年鉴》、各省市统计年鉴、中国环境统计公报、各省市环境统计年报等；土地利用数据来源于自然资源部。

表3.2 城市群人口发展综合决策相关数据

数据名称	数据来源	关键信息	决策事项
土地利用数据	自然资源部	用地性质、行政边界、道路网络等	人口空间分布特征分析
人口普查数据	国家统计局	常住人口数、分性别年龄人口数、分性别年龄人口死亡率等	人口规模结构预测
手机信令数据	运营商	出行OD、客流廊道识别、职住分布特征等	人口流动特征识别
互联网定位数据	互联网	POI数据、迁徙数据、GPS数据等	人口流动特征识别
基础设施建设数据	国家统计局、交通运输部等	能源、交通、给排水、环境保护等设施的基础数据	人口与基础设施配套协调

2. 模型应用

城市群人口发展协同决策旨在评估城市群人口布局、流动特征以及资源环境平衡等具体场景的发展现状及未来趋势，以此明晰城市群人口发展长期战略。当前，许多研究将城市群视作一个地理单元，忽视了城市群实际上是由诸多规模大小、发展条件不同的城市组成的复合区域，需要研判不同等级城市人口分布的合理性，实现城市群全局视角下的综合决策。城市群人口发展研究需要将内部各城市人口结构、土地利用、基础设施建设等数据进行统筹分析，相关模型侧重区域人口规模预测、协调人口与基础设施配套、城市间人口流动以及人口与经济、环境等要素之间的协同等研究方向（表3.3）。

表3.3 城市群人口发展综合决策相关模型算法

决策场景	决策事项	相关模型算法
人口合理布局	人口规模结构预测	BP神经网络模型、GM（1,1）模型、莱斯利（Leslie）模型、人口综合发展水平测算模型等
	人口与基础设施配套协调	耦合协调度模型、空间自相关模型等
人口有序流动	人口流动特征识别	逻辑斯谛模型、重力模型、空间自相关模型、辐射模型、空间计量模型等
人口与资源环境平衡	基于综合承载力的人口规模协调	可能-满意度模型、承载力综合决策模型、多要素调控控制方法等

3.2 国土利用

优化国土空间开发保护格局，合理利用国土空间资源，是推动实现可持续发展、提高人民生活水平的重大战略性任务。经过40年的快速发展，我国经济社会发展面临的形势发生了较大变化，国土空间开发保护的基础支撑条件也发生了重大改变。未来十年，随着人口规模、城镇化水平以及经济规模再上新台阶，国土空间也将面临承载规模更大、经济活动强度更高的严峻挑战。因此，加强国土空间开发保护与优化配置理论与技术研究，对优化国土空间开发保护格局、提高资源利用效率、减少环境污染，实现经济社会的可持续发展具有重要意义。

城市群作为国家参与全球竞争与国际分工的重要地域单元，既是国土空间开发保护的基础单元，也是国民经济发展的主要载体，在国土空间开发保护中起着举足轻重的作用。目前，城市群作为我国国土空间集约利用与质量提升的具有全局性价值的区域，依然面临着空间利用粗放、集约利用效率低下、生态—生产—

生活空间失衡等问题,需要对城市群国土空间优化进行深入研究,以提升其协调性和可持续性,确保城市群能够健康、有序地发展。

3.2.1 决策需求

自进入新型城镇化发展阶段以来,国家区域发展格局发生了深刻的变化。《国家新型城镇化规划(2014—2020 年)》强调优化提升东部地区城市群、培育发展中西部地区城市群、建立城市群发展协调机制以及促进各类城市的协调发展的重要性。这使得城市群在国家战略空间中的地位更加突出。

在当前国土空间规划体系建立和完善的关键阶段,区域尺度国土空间规划作为规划体系中的重要构成,其重要性不言而喻。根据中共中央、国务院 2018 年发布的《关于统一规划体系更好发挥国家发展规划战略导向作用的意见》和 2019 年中共中央、国务院发布的《关于建立国土空间规划体系并监督实施的若干意见》,国土空间规划体系的构成和各类规划之间的定位与分工已明确,并突出国土空间规划的基础性地位。目前,从全国到省、市(区)、县、镇、村级的国土空间规划传导体系已明晰,但涉及跨省、市等区域尺度国土空间规划的理念、目标、价值等有待明确。如何定位城市群这一类区域尺度国土空间规划在国土空间规划体系中的地位、如何把握其技术路线和工作重点,以及如何落实规划的实施步骤,这些问题的答案将决定区域尺度国土空间现代化治理的成效。

《中共中央、国务院关于建立国土空间规划体系并监督实施的若干意见》提出要坚持生态优先、绿色发展,坚持节约优先、保护优先、自然恢复为主的方针。在资源环境承载能力和国土空间开发适宜性评价的基础上,科学有序统筹布局生态、农业、城镇等功能空间,划定生态保护红线、永久基本农田、城镇开发边界等空间管控边界。这些底线的设定能够为可持续发展预留空间,并起到强力的约束作用。因此,城市群国土空间规划必须以资源环境承载力和国土空间开发适应性评价为前提,统筹考虑生态、农业、城镇空间,引导各市县总体规划三线的划定,以确保城市群的发展与资源环境的承载能力相协调,实现可持续发展的目标。

在国土空间规划体系中,城市群这一类区域尺度的国土空间规划作为一类特殊的中间层次规划,其覆盖范围往往跨越省、市行政边界,不仅承载着上传下达的衔接功能,还需应对复杂的地方和部门协调问题。对于跨行政区的区域尺度国土空间规划,关键在于立足协调视角,发挥资源整合优势,协同落实国家战略。为解决城市间的冲突,一方面要集中精力对空间资源进行统筹规划,识别并聚焦那些能达成"一致性"共识的重点项目和政策,通过共同争取的方式推动战略目标的实现;另一方面,当面临区域内的具体空间矛盾时,应充分利用规划编制过程中建立的沟通机制和协商平台,运用布局优化、管控优化等规划工具来化解矛盾和冲突。对于那些在短时间内难以突破体制机制约束而无法协调的内容，可考虑提出关于推动规划协调的体制机制改革建议，或对规划协调的计划程序进行合理安排（表3.4）。

表3.4 城市群国土利用综合决策具体场景与决策需求

决策场景	决策事项	决策主体	决策目的
国土空间开发保护	三区三线划定	自然资源部门	确定区域开发的制约因素，统筹农业、生态、城镇三类空间用地，划定底线
	国土用途管制和优化配置		根据城镇建设、发展和资源管理的需要，提供最佳的土地利用方式和合理的规划方案
	水资源管理	水利部门	水域范围管控，保障水资源可持续利用
	生态环境保护	生态环境部门	加强自然生态本底约束，自然保护地、水源保护地、林地的保护，确定生态修复区域
	农业生产保障	农业农村部门	耕地、农用地后备资源盘整，充分保障粮食、农产品供应安全
	主体功能划分	发展和改革部门	确定区域发展的主体功能区
	资源环境承载能力评价		基于区域现状对区域的生态承载力进行研判，确定资源承载力开发强度和发展密度，对未来产业人口发展政策进行优化决策

城市群这一类区域尺度的国土空间规划作为连接省级国土空间总体规划和各市县国土空间总体规划的媒介，其作用至关重要。其聚焦于空间安全、治理、效率和品质等关键问题，并特别关注跨城市空间的保护、管控和通道预留，核心在于落实重大区域战略，强调空间资源的长期性、基础性、底线性安排。这一类规划不仅要与各类专项规划进行有机衔接，还要为主导其他专项规划的空间布局提供坚实基础。在实施过程中，需将城市群的城镇发展、基础设施、资源能源开发及生态环境保护等国土空间开发活动统一纳入战略性的空间蓝图中进行统筹规划。

3.2.2 场景1：国土空间资源环境承载力及开发适宜性评价

城市群资源环境综合承载能力是其实现高质量发展的基石。为重点发展具有经济发展优势的区域，增强其经济和人口承载能力，以带动全国经济整体效率的提升，在编制区域尺度国土空间规划时需要对城市群、都市圈的综合承载力进行全面评估，识别出影响其高质量发展的制约因素。

2020年1月，自然资源部印发《资源环境承载能力和国土空间开发保护适宜性评价技术指南（试行）》（以下简称《指南》）。《指南》明确了国土空间资源环境承载能力和国土空间开发保护适宜性评价（以下简称"双评价"）的基本概念、评价目标和原则，重点阐述了"双评价"的技术流程、单项评价及指标算法、集成评价与综合方法等技术核心内容。在"双评价"过程中，重点聚焦土地资源、水资源、气候、生态、环境和灾害等自然本底条件，以及人口集聚、城镇建设、经济发展、交通优势等经济社会基础条件，运用判别矩阵叠置分析方法等，确定生态、农业、城镇三类功能的适宜性分布，并在遵循生态保护优先、主体功能定位以及预留未来发展空间的基本理念下，进行功能遴选形成三类功能适宜区，即三类空间结果。这一系列工作的开展旨在提高国土空间规划的科学性和有效性，促进经济社会的可持续发展。

具体来看，就是根据综合生态系统服务和生态敏感度等指标的评价结果来确定国土空间生态功能的适宜性；利用土地资源、水资源、光热条件等指标的评价结果来判断国土空间农业功能的适宜性；参考土地资源、水资源、灾害和区位条件的评价结果来评估国土空间城镇功能的适宜性。此外，还要利用资源环境承载能力评价的单项指标和集成结果对上述适宜性等级进行修正。对于承载力较差或差的区域，其适宜性等级相应降低。最终得到的各类功能适宜性综合等级，将有助于更准确地确定国土空间的功能分区和发展方向（表 3.5）。

表 3.5 国土空间"双评价"指标体系

功能指向	评价内容	评价指标	集成评价
城镇建设	土地资源	▲坡度、▲高程、地形起伏度	建立以土地资源和水资源评价结果为基础的判别矩阵，对城镇建设条件进行分级，参考气候、环境、灾害、区位评价结果对分级结果进行修正。划分为高、较高、一般、较低、低五个等级
	水资源	▲水资源总量模数/用水总量控制指标模数	
	气候	舒适度（温湿指数）	
	环境	大气环境容量、水环境容量	
	灾害	▲地质灾害危险性（地震、崩塌、滑坡、泥石流、地面沉降、地面塌陷）、风暴潮灾害危险性	
	区位	区位优势度	
农业生产	土地资源	▲坡度、▲土壤质地	建立以土地资源、水资源、光热条件评价结果为基础的判别矩阵，对农业生产条件进行分级，参考生态、环境、灾害评价结果对分级结果进行修正。划分为高、较高、一般、较低、低五个等级
	水资源	▲降水量/干旱指数/用水总量控制指标模数	
	气候	▲光热条件（≥0℃活动积温）	
	生态	盐渍化敏感性	
	环境	▲土壤环境容量	
	灾害	气象灾害危险性（干旱、雨涝、高温热害、低温冷害等）	

续表

功能指向	评价内容	评价指标	集成评价
生态保护	▲生态系统服务	生物多样性维护功能	取生态系统服务功能重要性和生态敏感性评价结果的较高等级，作为生态保护重要性等级的结果。划分为极重要、重要、一般重要三个等级
		水源涵养功能	
		水土保持功能	
		防风固沙功能	
		海岸防护功能	
	▲生态敏感性	水土流失敏感性	
		石漠化敏感性	
		沙漠化敏感性	
		海岸侵蚀敏感性	

注：1. ▲为基础指标，其他为修正指标。

2. 针对区域特征与问题确定相应指标，如平原地区不涉及地形起伏度等。

3. 各地可立足本地实际增加评价要素和指标，海洋开发利用、文化保护利用、矿产资源开发利用等特点突出的可补充相关指标进行评价。

资料来源：依据《资源环境承载能力和国土空间开发适宜性评价指南（试行）》整理。

国土空间资源环境承载能力评价是对某一地区自然资源和生态环境的综合评估，旨在了解该地区的基础条件。评价涉及土地资源、水资源、水环境、大气环境、土壤环境、生态系统服务功能重要性、气象和地质灾害等多个因素的单项评价以及集成评价。在进行评估时，关键是要考虑资源的最大开发阈值、环境容量和生态服务功能等基础条件。通过综合各单项评价的结果，可以描绘地区资源环境承载能力的空间分布格局。此外，利用"短板分析"的原理，可以识别对资源环境承载能力制约最为明显的因素，进而分析地区资源环境发展的压力来源和限制类型（表3.6）。

表3.6 国土空间资源环境承载能力和国土空间开发保护适宜性评价

功能区域	资源环境承载能力评价		开发适宜性评价
农业	最大规模（基于土地资源）	土地资源评价结果高至较低四级、高程<5000米、土壤环境容量高和中两级区域三者重叠区域	将集成评价结果等级为高、较高的定为适宜；等级为一般、较低定为一般适宜；等级为低划为不适宜
	可承载规模（基于水资源）	不同情景下，根据灌溉可用水量和农田综合灌溉定额确定的可承载的灌溉面积与雨养适地地块面积之和	
城镇	最大规模（基于土地资源）	城镇建设土地资源等级高至较低四级区域	将集成评价结果等级为高、较高的划为适宜；等级为一般、较低的划为一般适宜；等级为低的划为不适宜
	可承载规模（基于水资源）	不同情景下，城镇可用水量除以城镇人均需水量，再乘以人均城镇建设用地	

国土空间资源环境承载力及开发适宜性评价作为区域尺度国土空间规划的基本动作，是合理布局空间功能的重要依据。目前，以特定综合地域空间为主体、跨行政区域的国土空间"双评价"工作实践案例较少。例如，《北京市浅山区保护规划》的规划区域是北京高程系 100—300 米的浅山本体，规模尺度约为 4800 千米^2。《长三角生态绿色一体化发展示范区国土空间总体规划》则涵盖了上海市青浦区、江苏省吴江区、浙江省嘉兴市嘉善县全域，规划范围约为 2413 千米^2。《吉林省辽河流域国土空间规划（2018—2035 年）》包括四平、辽源（除东丰县）两市所辖的九个县/区的行政范围，规模尺度约 1.7 万千米^2。为避免行政区划对区域自然生态系统造成地理分割，这些规划均按照省级双评价工作要求组织评价。考虑到目前双评价往往基于区域现状，属于静态评估，后续急需建立区域动态监测与评估机制，加强跨区域的数据共享和整合，动态完善不同区域之间的相互作用和影响，确保双评价工作的持续性和有效性。

3.2.3 场景 2：国土空间结构优化配置

如何在地理空间进行土地利用活动组织是一个典型的优化决策问题。国土空间结构优化配置，其根本任务就在于寻求提升国土空间开发效率，增强空间合理利用，促使国土资源在国民经济各地区、各产业、各部门的合理分配和集约利用，达到经济效益、社会效益、生态效益的最大化。优化配置国土空间结构是一个涉及多个学科领域的复杂问题，包括自然科学、社会学、经济学、管理学和信息科学等，有必要采用多种具体的研究方法。其中，较为理想的方法主要包括系统工程技术法、技术经济评价法、系统综合分析法、系统调控优化法和土地利用平衡法。这些方法不仅是单一的模型，更是一种模型的集成，成为实现资源配置最优化的重要手段。在众多模型和方法中，线性规划方法、系统动力学法、多目标规划方法、动态规划法、多级参数平衡法和灰色控制模型法等方法，可以从宏观决策者和微观土地使用者的角度来考虑土地利用配置问题，能够提供全面、科学的解决方案，为决策者提供更多的选择和参考，常常被应用于国土空间结构优化配置的场景。

线性规划方法是土地资源优化配置建模中常用的手段之一，其优势在于能够解决多种类型的问题，不仅限于线性问题。与对数法等其他方法结合，线性规划能够处理非线性问题。在土地资源的优化配置中，线性规划方法既适用于地块尺度，也适用于区域尺度。例如，LUAM 模型（reading land use allocation model，LUAM）便是基于线性规划方法构建的模型。该模型中，农业用地的配置不仅考虑了政策、市场和经济等外部因素，还充分考虑了这些因素对农业用地布局和结构的影响。通过这种方式，LUAM 模型能够调整农业用地布局，从而实现农业利润的最大化目标。然而，线性规划方法也有其局限性，它无法全面考虑所有的优化目标和限制条件，也无法处理一些难以量化的因子。因此，计算出的最优方案可能与实际情况存在一定差异。尽管如此，线性规划在土地资源优化配置建模中仍具有重要地位，尤其在处理复杂问题时表现出强大的能力。在可持续发展的背景下，多目标规划方法在土地资源优化配置中起到了关键作用。多目标规划方法运用多目标决策理论，对用地系统进行优化，具有多目标性和多种方案的特点。决策者可以根据不同的标准，选择更满意的优化配置方案，从而提高了土地资源优化配置和决策的科学性。多目标规划方法最大的优势在于能够充分反映决策者的期望和愿望，为决策者提供一个最佳的期望目标。土地资源的利用受多种因素的影响，包括自然因素、社会因素和经济因素等，是一个复杂的系统。为了实现土地的可持续利用，需要综合考虑土地利用的社会效益、生态效益和经济效益。因此，多目标规划模型能够综合考虑各种因素，为决策者提供更全面、科学的土地利用方案，促进土地资源的可持续利用和发展。该方法更符合实际情况，在土地资源利用中发挥着重要作用，并得以广泛应用。

系统动力学（system dynamics，SD）模型可有效反映土地利用变化与多种驱动力之间复杂的相互影响关系及因果循环反馈机制，适用于建立大规模、多变量、非线性的各类复杂系统，在土地利用模拟方面具有良好的适用性。目前，系统动力学已广泛应用于大、中景观尺度上的国土空间结构优化配置中。它可以用于定量地研究复杂的社会经济系统，也可以耦合多种社会经济发展的因素用于企业、城市、地区、国家甚至全球规模的战略制定与决策分析。系统动力学（SD）模型通过使用存量、流量、内部反馈回路和时间滞后来模拟复杂系统的非线性行为。它可以用于通过不同元素之间的反馈和交互来理解和预测复杂系统的演化。当前，研究者运用系统动力学模型模拟土地利用变化的趋势取得了良好的效果，比如利用 SD-MOP 整合模型对土地利用结构进行优化（李秀霞等，2013），同步提升经济和生态效益。整合不同类型土地利用与经济、人口等城镇化要素的关系（曹祺文等，2021），建立基于土地利用多情景模拟（图3.1）。

3.2.4　场景3：土地覆被/利用变化模拟

在土地覆被/利用变化模拟研究中，微分方程建模方法首先得到广泛的应用。例如全球变化评估模型（IMAGE、GCAM）等陆面过程模式，以及基于这些模式的土地覆被/利用/覆盖变化模块（Dong et al.，2018）。这些微分方程模型实现了对地球系统各种因子间相互作用与时空变化的模拟，促进了地学研究从状态与格局研究发展到过程模拟与系统预测研究（周成虎等，2009）。然而，土地覆被/利用变化模拟包括自然、人文要素的复杂相互作用，涉及的参数非常多，这使得研究者在考虑这些复杂因素时常常无法建立到合适的微分方程式，即使成功建立了微分方程式，也会因为公式本身极其复杂而难以求解，这个问题使得地理学家无法从传统的物理规律推导出未来土地覆被/利用变化的演变模式（周成虎等，2009；张媛媛等，2014）。因此，研究者尝试使用时间、空间和状态都离散的元胞自动机（cellular automata, CA）模型用于描述、认识和模拟复杂城市系统的行为。作为一种空间显式离散模型，元胞自动机模型的研究和应用提供了一种将自然与人文统一的新途径，用于从地理系统的局部微观角度出发进行国土空间土地覆被/利用变化模拟（柯新利和边馥苓，2009）。

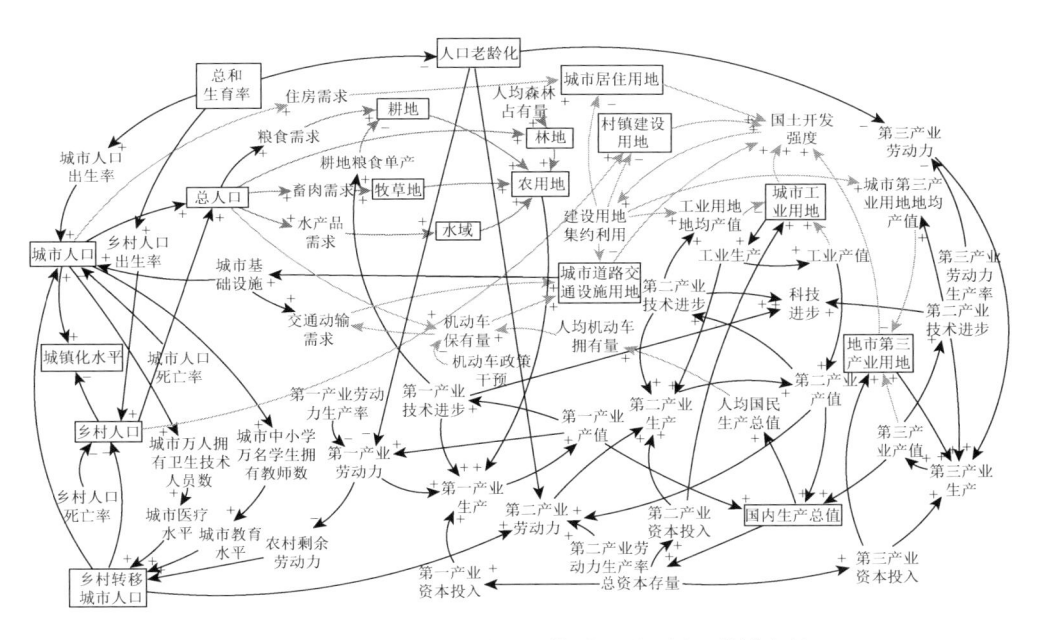

图 3.1 基于土地利用的中国城镇化 SD 模型因果环图（曹祺文等，2021）

元胞自动机模型是土地覆被/利用变化模拟的有效工具。20 世纪 40 年代末，约翰·冯·诺依曼和斯塔尼斯拉夫·乌拉姆等人提出了最初的元胞自动机模型（Liu et al., 2008）。元胞自动机的理论基础由斯蒂芬·沃尔弗拉姆建立，他还证明了元胞自动机模型能够模拟复杂的自然现象（Li et al., 2012）。元胞自动机能通过局部的元胞之间的简单规则演变出空间与时间上的复杂的全局系统变化，这个特性被应用于许多研究领域。包括：交通流模拟（薛郁等，2001），森林火灾模拟（孟晓静等，2008），土地覆被/利用变化（Verburg et al., 2008）、城市发展预测（Pijanowski et al., 2014）等方面。在模拟土地覆被/利用空间分布变化时，元胞自动机模型可以根据土地分布的初始状态与周围邻域效应，通过转换规则来估计未来元胞的状态。元胞自动机模型可以通过简单的局部规则映射复杂的全局模式，这使得元胞自动机模型可以有效地模拟土地覆被/利用变化过程中空间随机的、非线性的复杂变化特征（Li et al.，2006）。

元胞自动机模型具有开放性、离散性、并行性、空间性、高维性、灵活性和局部性等特征。基于元胞自动机模型的土地覆被/利用变化模拟模型具有较好的时空动态性，可以模拟土地覆被/利用变化的突变、进化等特征（柯新利和边馥苓，2009）。近几十年来，很多地理学家利用元胞自动机模型对复杂土地覆被/利用变化进行了模拟研究，并基于原有元胞自动机模型理论框架进行创新，包括 Forrester 模型（Garn et al.，1972）；SLEUTH 模型（Clarke et al.，1998）；GEOMOD2 模型（Pontius et al.，2001）；LTM 模型（Pijanowski et al.，2005）；ANN-CA 模型（Li et al.，2002）；ACO-CA 模型（Liu et al.，2008）；Dyna-CLUE 模型（Verburg et al.，2009）；Patch-CA 模型（Chen et al.，2014）等，为辅助城市规划和辅助决策提供重要参考和依据。有学者将元胞自动机模型与统计学方法和人工智能方法结合，使得土地覆被/利用变化模拟更加精确、智能（Huang et al.，2014；Kamusoko et al.，2015）。近年来，许多研究将元胞自动机模型与区域国土空间结构优化配置模型结合，实现了耦合宏观区域条件（自顶向下）和土地覆被/利用局部变化（自底向上）的土地覆被/利用变化模拟（Lagarias et al.，2012）。

从国土空间开发与保护角度来讲，划定国土空间开发保护底线也是按照国土空间开发保护与区域资源环境承载力相匹配的原则，划定生态保护范围、农田保护范围以及城镇开发边界，形成规模适度、布局合理的城镇、农业及生态空间布局。在区域尺度上，城镇开发边界与农田保护范围更多从城市行政区内部管理角度进行划定，生态保护范围则要从生态系统完整性角度出发，需要打破行政边界，从区域角度进行划定。划定方法可概括为正向、反向及正反结合三类，正向是通过优化元胞自动机模型、矢量支撑机、智能体模型等预测城镇建设发展规模从而划定弹性边界，反向则通过底线思维倒逼城市刚性边界。正反结合是从区域发展内生发展动力出发，优化元胞自动机模型预测建设用地增长弹性边界，同时用建设用地适宜性评价方法划定刚性边界。将区域国土空间视为复杂系统，通过多因子综合分析得到用地适宜性，并根据其结果划分城镇建设用地或生态用地的方式，从而划定开发保护范围底线。

虽然元胞自动机模型是目前土地覆被/利用变化模拟的基本方式，但其对地理环境驱动力的描述单一固定，易受历史规律惯性驱动影响，且缺乏描述空间演变参与主体的主观性。针对这些不足，智能体因为其关注参与主体的控制行为，目前在旅行商问题（traveling salesman problem，TSP）求解、分配问题、数据聚类、组合优化等方面取得了较好成果，但其在空间布局优化和规则挖掘方面的研究还刚刚起步。比如通过智能体建模划定生态保护区域，可以利用群智能体特殊的离散迁移机制，基于研究区的生境质量评价结果模拟、预测、优化及显示生物智能体在空间移动聚集过程，综合生境质量和紧凑型管理目标，引入了效益目标函数，使其适用于求解区域最优化问题，最终划定形成研究区的生态自然保护区范围（图3.2）。

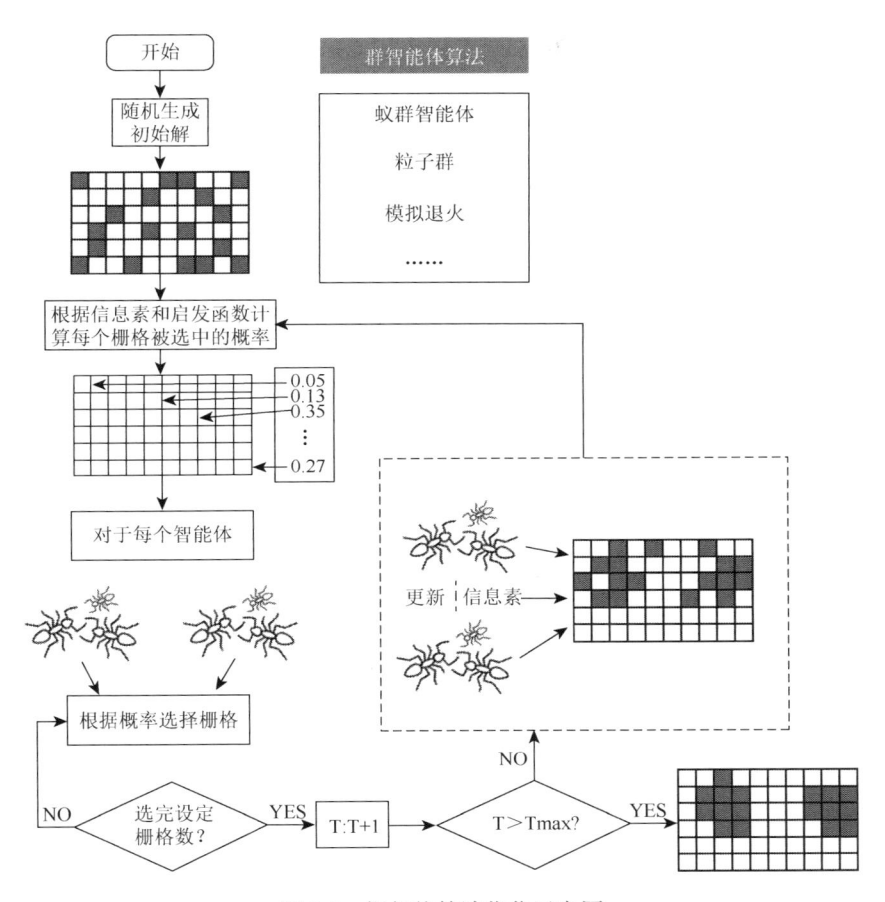

图 3.2　智能体算法优化示意图

3.2.5　决策支持底盘

1. 多源数据

在建立区域尺度国土空间数据库的过程中，需面向全域、全要素、全空间监管，建立完整的地理空间大数据集，以满足国土空间规划、开发保护、动态监管的需要。但海量、多源、异构的地理空间大数据为决策支持提供了丰富的数据基础的同时，也给数据分析和挖掘带来了巨大挑战。

面对全域、全要素、全空间的国土空间管理，为满足不同应用对象的用户需求，基于区域国土开发保护决策的地理空间数据库要充分集成各个部门和行业的多源数据，覆盖规划编制、实施、监测、评价和预警等全过程。因此，需对国土空间利用过程中数据量较小、更新周期长的小数据和数据量大、实时采集和更新的大数据进行集成。小数据能够精准表达法定规划管控要素，反映一定时段内的国土空间保护和利用总体状况，主要包括：基础地理数据、经济社会数据、互联网定位数据、国土调查数据、地面测量数据、基础设施数据、规划成果数据、地质环境数据等。大数据提供国土空间要素的实时动态感知信息，主要包括遥感影像数据、台站观测数据、物联网数据、智能交通数据、车辆轨迹数据、船舶自动识别系统数据、个体行为数据、社交网络数据（表 3.7）。

表 3.7　城市群国土利用综合决策相关数据

数据名称	数据来源	关键信息
基础地理数据	自然资源部门	行政边界、河流水系等
经济社会数据	统计部门	人口密度、人口分布、人均 GDP、工业产值、土地价值等
互联网定位数据	互联网	POI 数据、迁徙数据
国土调查数据	自然资源部门	国土变更调查、土壤调查、耕地调查、工业用地调查、森林资源、湿地资源、矿产资源
地面测量数据	互联网	遥感影像数据、数字高程模型、三维数字模型、手机信令、社交媒体、台站观测、网络媒体、志愿地理信息
基础设施数据	住房和城乡建设部门、水利部门、交通运输部门	主干线、铁路等、交通设施、水利设施
规划成果数据	自然资源部门	国土空间规划文本、交通规划、饮用水水源地、市级总体规划、区县总体/分区规划、乡镇规划、历史文化保护规划、林地保护利用规划、交通设施规划、市政设施规划等
地质环境数据	生态环境部门	土壤污染调查、重点排污单位、地质灾害、空气质量、城市热环境

2. 模型应用

国土空间土地利用模型已经相对成熟，当前在建或已建成统一的国土空间利用数据平台，为城市群国土利用综合决策的开展奠定了数据基础。但是，由于数据敏感、涉密等原因，这些数据并不能方便地共享，以至于在决策的制定过程中往往不能及时获取需要的数据来支持相关工作。因此，需要通过建设模型库，将国土空间规划所需的模型部署在国土空间利用数据平台之上，数据需求单位直接在国土空间利用数据平台上进行模型运算，完成数据分析。该方式既解决了数据需求单位的数据分析需求,同时也能够保障原始数据的安全。

基于城市群国土空间开发保护利用场景下的场景需求,构建国土空间利用的决策模型库。不同决策主体在模型库基础上,可以根据自身需求对现有模型进行组合,形成新的国土分析模型。应对不同数据需求单位对数据计算的需求,也可以通过模型库实现模型自定义功能。数据需求单位可根据自身需求对现有模型进行组合,形成新的数据分析模型(表3.8)。

表3.8 城市群国土利用综合决策相关模型算法

决策场景	决策事项	相关模型算法
国土空间"双评价"/适宜性评价	国土空间开发保护适宜性评价、资源环境承载力能力评价	综合指数法、层次分析法、有序加权平均(OWA)法、模糊隶属度函数法
国土空间结构优化配置	景观演变模式分析、土地利用动态评价、用地退化—修复模式识别	时间序列模型、灰色模型预测法、神经网络模型、系统动力学模型、空间布局紧凑度模型、空间协调度模型、协调度耦合模型、开发强度指数、开发程度指数、开发动态度指数
土地覆被/利用变化模拟	情景演变分析与动态模拟、开发保护底线划定(生态空间、自然保护地、基本农田)、开发边界划定	脆弱性域图(VSD)模型、模糊量化模型、物种分布模型、最小阻力模型、InVEST模型、多智能体模型、重力模型、元胞自动机

3.3 产业协同

产业是社会分工和生产力不断发展的产物,指由利益相互联系的、具有不同分工的、由各个相关行业组成的业态总称。产业协同是指区域内两个或两个以上的经济主体从追求各自独立的产业发展系统逐步演化为追求各经济主体间产业的相互促进、共同发展,达到双赢互惠的过程(孙虎和乔标,2015;崔书会等,2019)。

产业协同发展是推动区域经济和宏观经济发展的重要路径。城市群产业协同发展重点有两个内涵:一是静态视角下强调产业发展水平,促进产业发展水平的不断提升;二是动态视角下强调产业间要素的公平高效流动,区域内各种产业发展要素相互补给、高效整合和优化配置,有助于产业发展过程中要素耦合效应、技术波及效应、产业关联效应和共生经济效应的发挥。

综合来看,正视产业发展过程中的空间差异性、行业异质性,以及产业协同集聚效应的空间边界问题,有利于制定合理的产业指导政策、空间结构调整决策,从而为实现区域经济协调发展提供经验支持,有利于加快推动区域产业的协调发展(陈建军等,2016)。

3.3.1 决策需求

区域经济活动的集聚和拥挤效应导致要素在不同地区之间流动，本地产业为了促进自身发展通常有两个主要选择，即技术进步或将产业转移到邻近地区。各个产业在区域内的集聚形成了空间上的功能分工，从而促进了城市功能体系的优化和整体区域经济的发展。城市群产业协同发展的核心在于不同区域的产业经济竞争中，通过产业要素的流动来实现资源的最佳分配，以最大化区域产业经济的运行质量和效率。综合来看，城市群产业协同发展具有多样性和差异性的特征。

一方面，区域产业发展主要是不同类别的产业在不同地域范围内专业化分工的结果，而区域产业经济活动受到区域的资源和要素禀赋的影响，通常发展区域内最有竞争力、最具优势的产业经济领域；此外，由于空间差异性的存在，产业在特定区域聚集发展，并形成了多样化的产业体系，这也是城市群尺度下产业经济发展多样化的重要原因之一。

另一方面，区域间产业发展本质是竞争的，而城市群产业协同的核心理念在于实现差异化发展。若忽视了区域资源禀赋的多样性，单一追求某几个高技术产业的发展，可能导致各城市的产业出现同质化趋势，引发对相同资源的激烈竞争。此外，如果这些同类产业未能提升技术水平和整体竞争力，将导致不合理的产业结构，城市群内的同类产业将难以与其他城市群竞争，从而导致城市群内各城市失去部分经济优势，最终引发区域发展不平衡的问题。

目前，城市群视角下的产业协同主要被认为是研究产业之间的良性互动关系，产业协同决策需求主要包括产业发展水平评价、产业集聚与产业集群、产业关联度与产业链协同、产业梯度转移和产业空间合理布局等。其中，产业发展水平评价是对产业现状做出衡量，以便进行比较，是产业协同的基础（张丹宁和陈阳，2014；沈颂东和亢秀秋，2018）。产业集聚和产业集群主要分析同类或上下游类别的产业的集聚水平、发展状况和集聚机制（魏守华等，2002；王缉慈，2004）。产业关联度与产业链协同主要是指通过合理配置产业链，打通上下游间各个环节，在产业链的不同环节间通过流程、价格、信息等一系列要素的设置，实现产业链的高效运转（岳中刚，2014）。产业梯度转移主要是指在区域异质化发展的前提下，产业发达地区的产业和要素向较发达地区和欠发达地区转移，以带动整个区域的产业发展（俞国琴，2007）。产业空间合理布局是指产业在区域范围内的空间分布和组合的现象，以及由此形成的产业各部门、各要素、各链环在空间上的分布态势和地域上的组合。动态上，产业布局则表现为各种资源、各生产要素甚至各产业和各企业为选择最佳区位而形成的在空间地域上的流动、转移或重新组合的配置与再配置过程，其布局合理与否将影响到区域产业经济的发展速度（贺传皎等，2012）。

城市群内的产业协同研究涉及不同的决策主体，包括发展和改革部门、工业和信息化部门、自然资源部门、科学技术部门等，这些部门负责不同领域的决策，可以细分为各种具体的决策场景，以满足不同决策主体的需求，并建立完整的决策场景。其中，发展和改革部门主要通过深入分析产业经济数据，全面了解片区内各产业门类的结构和关联，为区域产业发展提供战略性支持。工业和信息化部门和自然资源部门则更专注于某些产业领域，例如工业和信息化部门强调高新技术产业的发展和制造业的升级，而自然资源部门侧重于产业的空间布局和形态。科学技术部门则主要关注战略性新兴产业和高新技术产业的发展情况以及招商引资。这些部门在城市群产业协同中各司其职，协同合作以推动区域经济的多维发展（表3.9）。

表 3.9 城市群产业协同综合决策具体场景与决策需求

决策场景	决策事项	决策主体	决策目的
产业发展水平评价	产业体检	发展和改革部门	全方位厘清片区的产业结构、优势产业等产业发展现状，以便开展宏观尺度和中观尺度的产业发展规划
	产业园区发展评估	工业和信息化部门、产业园区管委会	全方位厘清片区的产业结构、优势产业等产业发展现状，以便开展小尺度的产业发展规划和进行招商引资布局
产业集聚与产业集群	产业发展规划、国民经济"十四五"规划	发展和改革部门	基于产业发展现状合理布局产业发展集群，发展和改革委员主要从重点产业视角切入，明确应当重点发展的产业
	重点产业（制造业）行动计划	工业和信息化部门	根据相应重点工业的特征合理布局工业产业，提升产业集聚水平，合力打造产业集群
	重点产业（创新型产业）规划、行动计划	科学技术部门	根据创新型产业的特征合理布局创新型产业，提升产业集聚水平，合力打造产业集群
	合理打造片区产业集群特色化建设	发展和改革部门、市场监督管理部门	通过详细调研梳理区域的主导产业聚集情况和发展情况
产业关联度与产业链协同	宏观区域产业关联度分析	发展和改革部门、统计部门、生态环境部门	分析产业发展问题，确定中宏观区域主导产业、重点产业发展目标
	产业园区招商引资分析	产业园区管委会	基于行业调研，明晰产业上下游的关联，完善研究区域的产业链，推动区域产业协调发展
产业梯度转移	城市群内部城市产业对口帮扶	发展和改革部门	基于城市的产业资源本底、区域特色、城市联系完善对口帮扶
	产业转移园、产业共建园建设	工业和信息化部门	产业资源在共建产业园内高效配置，带动产业欠发达地区经济稳定发展
产业空间合理布局	产业空间规划	自然资源部门、工业和信息化部门	基于产业发展现状合理布局产业发展集群，自然资源部主要从重点空间视角切入，确定应当重点发展的产业

3.3.2 场景1：产业发展水平评价

城市群视角下的产业发展水平评估具有相对的灵活性，可适用于广泛的区域尺度，包括省级单元、地级市、区、县等较大范围的产业发展水平评估，同时也可用于研究相对较小的区域，如产业园区等，以进行具体评估。评估内容主要关注区域内产业发展状况，特别是对那些推动区域创新的高技术产业的发展潜力进行准确预测和评估。

目前，产业发展水平评价的研究主要借鉴演化经济学的相关理论，一是从片区发展的整体视角，关注产业发展趋势，洞察产业演化路径，规避产业没落，或是回归产业发展规律，立足自身优势，寻找外部机遇，提升城市能级，强调"产业与区域"的发展协同，构建产业生态系，推动可持续发展；二是从产业本身的视角入手，通过产业发展水平评价分析产业的进入和退出，筛选出产业门类，并进一步细化产业类别，锁定关键产业发展环节，并对细分产业进行排序，实现差异化发展。

产业发展水平评价的相关模型以定性模型为主。如发展和改革部门一般开展产业发展水平评价使用的分析方法是根据产业结构分析产业的基础特征（姜峥，2018），如产业结构偏离度；或是通过选取和产业要素相关的指标构建产业发展指标体系，以产业体检等为手段，完成区域产业发展水平综合研判（黄京鸿等，2001），具体应用模型包括区域产业演化模型、产业创新生态系统模型、产业吸引力模型等。

3.3.3 场景2：产业集聚与产业集群

城市群视角下的产业集聚与产业集群水平同样相对灵活，可适用于宏中微观三级尺度。产业集群（industry cluster）也称为"产业簇群""竞争性集群""波特集群"，是指与某一类产业（主要是高新技术产业）或与之相互关联的上下游合作企业、供应商、相关产业厂商和相关机构（如大学、科研机构、制定标准的机构、产业公会等）聚集在某特定地域的现象。这种集聚是一种重要的空间经济组织形式，有助于相互竞争的企业提高竞争力，对特定产业的发展具有促进作用。

产业集群的相关研究基于空间研究和产业研究，最终形成一定空间范围内多个相互关联的产业相互融合的共生体（王缉慈，2004）。产业集群的研究源于20世纪90年代迈克尔·波特的著作《国家竞争优势》，他认为产业集群是连接不同尺度的国家和地区的重要空间组织形式。经过近30年的发展和更新，这一领域汇集了外部经济、集聚经济、增长极、新经济地理学理论和新竞争优势理论，已经成为分析区域产业发展的重要工具和方法。

目前，对于产业集群的定量化研究模型仍相对不够丰富，常见的场景是通过空间密度分析来识别某一或多类产业的空间集聚特征，然后通过实地调查、访谈等定性方法来阐明这些产业集群的形成原因、主要特点、组织模式、已有的发展历程，以及对未来发展需求等问题进行深入研究（陈剑锋和唐振鹏，2002）。具体从不同决策部门来看，国家发展和改革部门关注宏观尺度，主要在产业发展规划、国民经济"十四五"规划中，基于产业发展现状合理布局产业发展集群，提出产业发展战略；工业和信息化部门主要关注重点产业（制造业）行动计划，根据相应重点工业的特征合理布局产业集聚空间，合力打造重点产业（制造业）的产业集群；科学技术部门主要从重点产业（创新型产业）规划或行动计划入手，根据创新型产业的特征合理布局产业集聚空间，合力打造产业集群；国家市场监督管理部门关注的尺度相对微观，重点在合理打造片区产业集群特色化建设，通过详细调研对区域的主导产业聚集情况和发展情况进行梳理。

3.3.4　场景3：产业关联度与产业链协同

城市群视角下，产业关联度和产业链协同的研究主要偏向宏观尺度，这主要源于数据限制导致的定量分析方法的局限性。产业关联度的分析往往以实地调研和定性分析为主，而相对定量的分析方法如投入产出法在数据可获得的范围内主要局限于国家和省级等较大尺度，因此宏观尺度成为研究的主要侧重点。产业关联和产业链协同指的是各产业之间通过合作建立广泛、复杂、密切的技术经济联系，从而推动区域产业综合发展的和谐稳定。产业关联方式是指产业部门间发生联系的依托或基础，以及产业间相互依存的不同类型。不同产业之间通过资金、信息、劳动力等要素流动而形成相互关联、相互组合的复杂产业经济系统。产业链协同是指在城市群或更大尺度的复杂巨系统中，如何在产业链的不同环节间通过流程、价格、信息等一系列要素的设置，实现产业链的高效运转（赵慧娟等，2006；王淑营，2008；江曼琦和席强敏，2014）。总的来说，产业关联度与产业链协同是在复杂的产业经济体系中，通过评估产业之间的相互关联程度来确定主导产业，并借助政策手段来管理和调整区域内的产业要素流动。

产业关联分析起源于20世纪30年代，源自美国经济学家瓦西里·列昂季耶夫提出的投入产出运算方法，这是一种数量化系统研究不同经济部门之间相互关系的方法。这一方法的应用范围涵盖了从国家乃至全球范围的复杂经济实体，一直到省、市或企业部门等较小范围。投入产出法广泛用于经济实体的经济预测，同时也是研究经济政策实施对社会经济产生影响的重要工具。目前，已有100多个国家采用投入产出理论编制和发布投入产出表，联合国社会经济部门建议各成员国将投入产出分析方法纳入区域国民经济核算体系的组成部分（周松兰和刘栋，2005）。

我国关注产业关联和产业链分析的主要是发展和改革部门，最常见的分析方式是采用列昂季耶夫的投入产出法，分析大中区域内部的产业关联和产业价值流动，以此塑造区域的产业链协同。

3.3.5 场景4：产业梯度转移

城市群尺度下的产业梯度转移研究主要从两个角度入手：一是以地级市等宏观尺度的产业对口帮扶视角为基础，二是以产业共建园、产业转移园等微观尺度的视角为出发点。产业梯度转移，也被称为"区域产业转移"，其核心概念在于，由于大区域内各小区域的产业要素分布存在差异，受市场和政策因素的影响，资本、劳动力、资源等产业要素从产业经济水平相对较高的区域向产业经济水平相对较低的区域转移，进而使得产业经济水平相对较低的区域向发展水平更低的区域继续传递，形成一个动态的转移过程（郑燕伟，2000；李小建等，2004）。典型的梯度产业转移表现为发达地区的产业结构升级后，一些劳动密集型、资源消耗量大、生产效率较低的产业转移到欠发达区域。常见的场景如城市群内部各城市之间的对口帮扶，各类产业转移园、产业共建园的筹建等。

目前，产业梯度转移的研究重点在于产业发达地区和产业欠发达地区之间的政策博弈，即发达地区想转移出来的产业对于欠发达地区是否完全适配。在科学划分梯度的基础上各地区要基于区域本身的特征明晰发展差距，正视发展差距，通过政策手段合理应对极化效应和涓滴效应，通过产业梯度转移完善区域间产业共建，促进区域间产业协同发展（魏后凯，2003；陈刚和刘珊珊，2006；刘红光等，2014）。产业梯度转移过去主要以定性分析为主，但随着大数据的兴起和新技术的发展，根据研究尺度和场景选取合适的大数据模型进行分析成为新趋势和新方法。

不同决策部门产业梯度转移在决策需求和目标方面存在差异。在宏观尺度上，发展和改革部门基于城市的产业资源基础、区域特色和城市间的联系，旨在完善城市群内不同城市产业的对口帮扶。而在微观尺度上，工业和信息化部门则通过建设产业转移园和产业共建园，以实现产业资源在这些共建园内的高效配置，从而推动产业欠发达地区的经济稳步发展。

3.3.6 场景5：产业空间合理布局

城市群视角下产业空间合理布局的相关研究包含微观、中观、宏观三个尺度。

现阶段我国城市建设已普遍进入存量发展阶段，产业发展则向着谋划新科技、引领新需求、创造新动力的方向发展。产业空间合理布局的核心概念在于通过产业和规划技术手段，实现空间的高效、合理和环保布局，以充分释放低效的产业用地，确保产业实体在区域内的高效分布和合理组合（贺传皎等，2012）。

产业空间布局作为产业经济学、区域经济学、城市经济学和经济地理学研究的重要领域，具有悠久的历史渊源。其根源可以追溯到约翰·冯·杜能的农业区位论、艾尔弗雷德韦伯的工业区位论以及大卫·李嘉图的比较优势理论，已成为从区位、比较优势、创新等多角度、多要素角度论证产业经济布局的有效工具和支撑。近年来，国内外的实践证明，在一定地域内，基础设施和生产力水平与产业经济的集聚程度和生态环境承载力之间存在负相关关系。因此，深入研究产业布局优化机制的建立和运行障碍，探讨实现区域产业布局优化的基本对策，可以为产业空间布局提供理论指导。目前，产业空间布局研究主要从评价单元的发展程度入手，建立产业经济发展评价指标体系进行系统评估。常用的模型包括熵值法、层次分析法等评价方法和技术手段。

3.3.7 决策支持底盘

1. 多源数据

基于上述决策场景，梳理产业协同数据清单（表3.10）。数据来源包括但不限于：土地利用数据、经济人口数据、投入产出数据、企业背景数据、经营风险数据、产业创新数据、企业发展数据、经营状况数据、司法风险数据、用地出让数据和土地详细数据等。实际应用可根据可获取的数据及资源情况，整合形成产业协同的数据库，也可根据具体需求，合理扩充数据要素及其相关类型。

表 3.10 城市群产业协同综合决策相关数据

数据名称	数据来源	关键信息	决策事项
土地利用数据	自然资源部门	用地性质、行政边界、道路网络等	产业空间合理布局
经济人口数据	统计部门	人口密度、人口分布、人均GDP等	产业发展水平评价
投入产出数据	统计部门、工业和信息化部门	国民经济行业分类、价值流动等	产业关联度和产业链协同
企业背景数据	互联网、工业和信息化部门	变更记录、对外投资、分支机构、工商信息、公司公示、股东信息、建筑资质、企业年报、主要人员等	产业发展水平评价、产业集群
经营风险数据	互联网、工业和信息化部门	动产抵押、公示催告、股权出质、经营异常、税收违法、土地抵押、行政处罚等	产业发展水平评价、产业集群
产业创新数据	科学技术部门	企业发明授权专利申请、商标申请、软件著作权申请等	产业发展水平评价、产业集群

续表

数据名称	数据来源	关键信息	决策事项
企业发展数据	互联网、工业和信息化部门	核心团队、竞品信息、企业业务、融资历程、私募基金、投资机构和投资事件等	产业发展水平评价、产业集群、产业关联度和产业链协同
经营状况数据	互联网、工业和信息化部门	产品信息、抽查检查、地块公示、电信许可、公告研报、供应商等	产业发展水平评价、产业集群、产业发展合理布局
司法风险数据	司法部门	法律诉讼、法院公告、开庭公告、立案信息、破产重整等	产业发展水平评价、产业集群
用地出让数据	自然资源部门	省份、城市、行政区、电子监管号、项目位置、项目名称等	产业发展水平评价、产业集群、产业发展合理布局、产业梯度转移
土地详细数据	自然资源部门	土地权属、面积、土地用途、供地方式、土地使用年限、行业分类、土地级别、土地使用权、容积率上下限、约定和实际交地、开工、竣工时间	产业发展水平评价、产业集群、产业发展合理布局、产业梯度转移

2. 模型应用

目前，产业协同相关研究采取定性研究与定量模型相结合的方法。产业发展水平评价方可采用产业结构偏离度、偏离份额分析、全要素生产率等方法；产业集群研究可采用定性分析模型，如波特"钻石"模型、调研分析模型等；产业关联度分析可采用投入产出分析等模型；产业梯度转移可结合具体的场景通过大数据运算等相关模型进行计算；产业空间合理布局中，确定产业评价指标体系权重可采用超效率 SBM 模型、动态因子分析法、数据包络分析法、聚类分析模型、主成分分析模型、熵值法模型、专家打分法模型等方法，具体的产业发展评估可采用区位熵分析法、偏离-份额分析法、耦合协调度等模型（表 3.11）。

表 3.11 城市群产业协同综合决策相关模型算法

决策场景	决策事项	相关模型算法
产业发展水平评价	产业结构分析	产业结构偏离度、偏离份额分析、全要素生产率等
	产业体检	区域产业演化模型、产业创新生态系统模型、产业吸引力模型
产业集聚与产业集群	产业集群	波特"钻石"模型、调研分析模型
产业关联度与产业链协同	产业关联分析	投入产出模型
产业梯度转移	产业转移	大数据分析算法
产业空间合理布局	产业空间发展评估	区位熵分析法、偏离-份额分析法、耦合协调度模型
	产业评价指标体系	超效率 SBM 模型、动态因子分析法、数据包络分析法、聚类分析模型、主成分分析模型、熵值法模型、专家打分法模型

3.4 交通互通

城市群是区域资源一体化配置、生产活动一体化融合、生产要素持续整合的空间组织形式，其核心是建立互联互通的综合交通系统，以实现密切的经济联系和频繁的人员往来。综合交通系统通过合理配置航空、水运、轨道交通、公路等多种运输方式，实现功能互补、资源共享，提供立体化、高效率的区域交通服务。城市群内不同城市之间及城市内部各类交通方式需要实现无缝衔接，以促进人员、物资、资金等要素流动。

根据服务范围，城市群综合交通系统包括对外交通、城际交通、城市内部交通三个层次，其中城际交通是实现区域交通互联互通的工作重点。对外交通服务于城市群对外客货运输，通过全国范围的干线通道进行长距离运输。城际交通则支持城市群内各城市间的客货运输，对城市群产业结构、区域空间布局、经济联系强度、职住关系等具有关键的支撑引导作用。城市间的经济互动发展带动形成高度集聚的区域交通走廊，中心城市影响范围逐步扩大，形成高度活跃的城际交通网络。城市内部交通主要服务于各城市内部的客货运输需求，其发展程度受城市经济水平、产业结构与城市空间布局等多重因素影响。

区分交通类型，城市群综合交通系统主要涵盖航空、水运、轨道交通、公路四种运输供给方式。其中，航空交通是城市群融入全球产业分工以及实现对外交流合作的重要渠道，城市群的发展需要协同运行、差异化发展的机场群进行支撑。水运具备运力大、能耗低等优势，实现水运与公路、铁路、航空等运输方式的高效衔接，发挥多种运输方式的比较优势和组合效益，有助于优化城市群交通运输结构，降低物流成本。同时，港口是城市群对外开放的主要门户，为沿江沿海产业布局和临港经济发展等提供重要支撑。轨道交通分为干线铁路（高速铁路、普通铁路）、城际铁路、市域（郊）铁路和城市轨道交通四个层级，具有集约高效、安全可靠、节能环保的特征，是实现城市群内人流和物流互联互通的重要交通基础设施。公路包括高速公路、国省干线公路以及城市快速路等多个层级，以快速、灵活的方式缩短城市间的时空距离，提升城市群的整体可达性，但受运力水平限制，难以独自承载城市群交通流量，需要与轨道交通进行综合衔接才能实现更大效能。

总体而言，综合交通系统的互联互通对于城市群可持续发展至关重要。为实现这一目标，城市群综合交通互联互通需要推进以下几个方面的有机协同：一是与区域空间功能的协同，确保交通规划与城市群空间结构需求相适应；二是交通基础设施协同，实现航空、水运、轨道、公路等设施布局的统筹和无缝衔接；三是交通运输服务的协同，确保不同运输方式和环节的衔接配合；四是交通规划管理协同，促进城市间交通治理优化。城市群综合交通互联互通能够大幅提升区域内部的要素流动效率、经济联系密度、互动频次，降低交易成本，有力促进产业合理布局和区域协调发展。

3.4.1　决策需求

城市群交通互联互通主要关注不同城市之间交通方面的需求，兼顾对外交通与城市内部交通，特别强调城际交通与各层次交通的衔接融合。城市群内的交通需求主要来自于城际产业链上下游物流运输及人口流动，这要求城市内外建立完善的运输通道，形成快捷的城际货运系统和高效的客运系统。在城际交通供给方面，轨道交通以干线铁路（高速铁路、普通铁路）、城际铁路、市域（郊）铁路和城市轨道交通共同构成全方位服务城市间点到点客货运输的交通网络，进而衔接航空、水运、公路等多种交通方式，共同形成综合交通系统。基于对时间、经济等成本的综合考虑，当前城市群短距离客运以公路为主、城际铁路为辅，货运以公路运输为主；中长距离客运以干线铁路、城际铁路为主，货运以铁路、水运为主。综上所述，城市群作为人口与产业高度集聚的区域，交通互联互通的核心决策需求是为城市群内的城际交通提供强力支撑，持续提升面向区域的通达能力与服务功能，同时加强城市群综合交通网络与国家运输通道的紧密衔接，引导城市群交通实现开放、多中心的空间格局（图 3.3）。

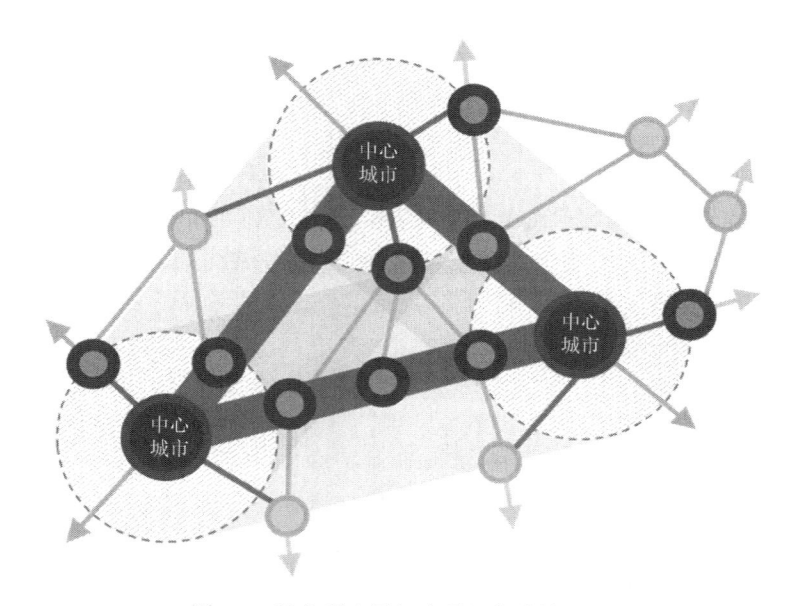

图 3.3　城市群多层级交通网络结构示意

城市群交通具备大运量、集约化、快速化、多元化、一体化的特征（表 3.12），需要在相关决策中进行统筹考虑。第一，城市群交通呈现大运量特征，由于城市群内人口分布集中，城市间人员、资金、技术、信息等要素联系紧密，经济产业关联度及分工协作密切，城际交通出行需求总量较大，保持相对较高的增长趋势；第二，城市群地区人口、产业较为集中，土地资源较为紧缺，需要优先发展大容量轨道交通、快速公交为主的集约发展道路，城市群交通需求主要以中距离的城际出行为主，需要依托国家综合运输通道构建多层次的轨道交通网络，充分发挥城际铁路的客货运功能；第三，随着城市群区域经济一体化的深入发展，城市间的合作效率要求更高，交通呈现更加快速化的特征；第四，城市群对交通服务质量要求更高，需要更加舒适、安全、快捷、经济的客货运输条件，为居民和企业提供多元化的交通选择；第五，城市群交通系统强调一体化发展，在客运方面建立无缝衔接的换乘系统，货运方面构建多式联运的运输体系，一体化范畴涵盖基础设施建设、运输组织布局以及信息服务等各个方面，以实现城市群交通系统的高效运转和服务优化。

表 3.12 城市群交通出行结构特征

空间层次	城市群对外交通	城市群城际交通	城市内部交通
服务范围	面向国际、国内的对外客货运输	城市群内各城市间的客货运输	各城市内部的客货运输
出行目的	商务	商务、通勤	通勤、生活
交通供给方式	轨道交通、公路、航空、水运	轨道交通、公路、水运	轨道交通、公路

城市群交通决策是对城市群公共资源进行配置的具体手段，综合交通系统对城市群的形成与发展具有支撑和引导作用，是促进城市群实现资源合理分配、经济运行质量与效率全面提升的重要基础。在城市群不同发展阶段，其空间形态和产业结构演变对区域交通决策优化不断提出新的需求。城市群发展初期，能级较高的城市不断吸引周边地区劳动力、资金及各类资源集聚，形成区域增长点（朱彦东等，2001）。在此过程中，区域交通主要支撑大运量货物流动及周期性客运，需要形成快速高效的城际通道。当城市群经济增长到一定水平后，城市群交通往往已经形成良好的连通关系，需要在此基础上持续优化客货运输组织方式，满足日益频繁多元城市群出行需求。此外，这一时期一些产业为了节约成本选择从城市群核心地区迁移到周边交通条件较为便利的非中心地区，促使这些地区逐步形成新的经济中心（杨家文等，2011）。随着城市群进入高级发展阶段，各城市之间的产业分工进一步强化，城际通道负荷压力加重，对交通系统结构、运输效率等方面提出更高要求，需要通过升级和扩展交通基础设施，提高交通容量和效率（吴

文化等，2010）。因此，必须从战略高度统筹城市群交通决策，进行区域层面的顶层设计。加强交通决策部门之间的沟通协调，建立动态监测机制，及时把握城市群发展阶段性特征和交通需求变化，从而灵活调整区域交通基础设施建设方向和发展重点。

按照部门属性进行城市群交通决策主体分类，交通运输部门最主要是负责交通决策，负责交通战略规划政策拟定、综合交通规划实施、组织协调、工程建设管理、交通信息化建设、运营服务保障等工作；发展和改革部门负责区域协调发展决策，包含制定综合交通运输发展战略及政策、重大交通基础设施的综合协调布局、重大交通建设项目审批立项、省市发展规划与交通运输规划的衔接平衡等；自然资源部门负责组织编制国土规划、土地利用总体规划、土地利用年度计划、城镇体系规划、交通专项规划等规划文件，主要为交通基础设施提供土地供应，同时组织重大项目的具体选址及论证；住房和城乡建设部门主要负责交通基础设施工程建设、建设资金统筹管理及监督使用等。基于以上部门职责，对城市群交通互通具体场景下的不同决策事项确定决策主体及目的（表3.13）。

表3.13　城市群交通互通综合决策的具体场景与决策需求

决策场景	决策事项	决策主体	决策目的
综合交通发展与区域空间布局协同	交通需求分析与预测	发展和改革部门、自然资源部门、住房和城乡建设部门、交通运输部门	构建科学合理的城市群空间布局，实现城市空间形态结构与交通系统框架结构及城市形态的协调
综合交通基础设施协同	综合交通网络规划	交通运输部门、自然资源部门	根据交通需求合理确定综合交通运输网络分工，促使各类交通运输方式之间充分协作
综合交通基础设施协同	综合交通枢纽规划	交通运输部门、自然资源部门、住房和城乡建设部门	综合考虑社会经济发展、综合交通需求预测、区域交通网络规划建设状况等，对交通枢纽类型、层级、规模、选址、衔接关系等内容进行具体决策
综合交通服务协同	客运服务资源配置	发展和改革部门、交通运输部门	通过分析旅客出行方式选择、列车开行方案及中转换乘方案研究等方式确保客运服务资源有效配置，提升城市群出行效率
综合交通服务协同	货运服务资源配置	发展和改革部门、交通运输部门	针对开行模式、服务水平、组织模式等内容合理配置货运服务资源，构建高效快捷的城市群货运服务系统
综合交通规划运营管理协同	综合交通规划方案优化	自然资源部门、交通运输部门	在有效满足城市群客货运输需求的基础上充分发挥既有设施能力，优化交通组织方式合理安排
综合交通规划运营管理协同	综合交通管理机制建设	交通运输部门、住房和城乡建设部门	实现城市群交通管理体制机制一体化，构建能力充分、组织协调、运行高效的城市群综合交通系统

实现城市群交通互通，首先，应确保城市综合交通网络与空间布局相协调，

以确保交通容量能够充分满足区域客货运输需求；其次，必须实现综合交通基础设施协同，统筹协调区域重大交通基础设施规划建设，确保各种交通方式能够高效衔接；再次，应注重综合交通服务协同，推进多种交通方式和多样化交通需求的资源整合与共享，为跨区域出行提供更加便利的条件；最后，应始终从城市群整体利益出发，在规划方案、制度建设、政策制定等方面确保综合交通系统的全过程一体化。

3.4.2 场景1：综合交通与区域空间功能协同

城市群空间布局功能直接影响区域内交通需求特征、运输对象、出行距离与出行空间分布等要素，对综合交通规划决策起决定性作用。同时，交通效率与区域内经济活动集聚、扩散效应密切相关。因此，基于城市群空间布局统筹协调交通系统规划，能够促进区域社会经济均衡发展，合理配置城市群产业分工，进而提升城市群整体竞争力。另一方面，城市群内部各层级活动特征异质性较高，与单一城市交通需求特征存在显著差异（陶志祥，2016），城市群空间格局演进是产业、人口结构及其内在功能联系不断发展的结果，在专业化分工发展不同阶段交通发展需求也有所差异。城市群综合交通规划建设的时空复杂性以及交通需求的不确定性易造成城乡用地矛盾、城市群交通走廊局部拥堵、设施建设盲目重复等问题，需要因地制宜对城市群空间发展现状、未来发展趋势、交通需求特征进行科学分析，从而避免资金投入浪费，确保各类运输方式之间充分协作，实现综合交通系统科学分工、协调发展。

综合交通与区域空间功能协同是城市群交通协同决策全链条的重要基础。将城市群作为整体进行研究，确定综合交通系统需求规模、运输结构、网络布局等内容，重点分析预测城市群对外和城际客货运输年份规模、合理运输结构以及不同运输方式的交通量。其中，交通需求分析不仅要预测轨道交通、公路、航空、水运等各类供给方式运输需求，同时要统筹考虑城际交流、产业物流、能源运输、旅游交通、内外贸易等因素所产生的各类专项运输需求，为城市群综合交通系统规划提供更全面科学的需求预测（陈必壮等，2010）。

城市群交通需求预测主要分为运量预测和运输需求预测两个方面。运量预测以预测科学理论为基础，针对综合交通系统展开，基于历年交通流量、经济、土地利用等大量历史数据推算研究区域内未来运量变化趋势，具体方法有定性及定量两类：定性方法包含专家意见法、用户调查法等；定量方法包含回归预测法、弹性系数法、增长率法、趋势外推法、时间序列法、灰色模型法、神经网络法等。运输需求预测主要采用四阶段模型，分为出行生成、出行分布、方式选择、出行分配四个阶段（肖建平，2006；李美玲等，2017）。

3.4.3　场景 2：综合交通基础设施协同

城市群综合交通规划主要包含轨道交通、公路、航空、水运各类交通基础设施网络及区域综合交通枢纽规划，根据城市间、通道中的交通需求合理确定不同交通运输网络分工与协调关系，进而合理确定交通供给总量和供给结构。同时，必须在充分衔接国家与区域多层次规划的基础上与各城市发展规划相协调，以确保规划方案在促进城市群整体互联互通的同时保障各地实现公平发展。

为实现城市群交通资源科学配置，应当结合区域交通供给能力与交通需求特征，统筹考虑交通资源对于城市群整体发展的效用。一方面，城市群综合交通基础设施协同的目标之一是平衡整体交通网络供需关系，确保交通基础设施供给满足出行需求，同时促进交通需求增长；另一方面，根据帕累托最优理论，社会资源统筹配置能够保障资源分配效率最大化。对于城市群综合交通基础设施配置，应当确保各类运输方式资源合理分配，以实现投入成本与回收边际效益平衡，在促进交通资源最大化利用的同时最小化土地资源占用。

城市群综合交通网络构建方面，需要利用连通度法、平均负荷强度法、类比模型法等线网规模匡算方法掌握交通网络合理规模，然后根据国土空间开发布局、产业人口空间分布等内容，通过节点重要度聚类分析、要素层次分析、功能层次法、逐线扩充法等方法得出城市群交通网络构架。在交通空间布局方案确定的前提下，应当重点研究城市群城际通道建设时序，在固定的投资预算条件下确定通道建设次序及分期建设方案，保障交通项目的社会、经济、交通等多方面效益（吴其刚等，2009；刘金成和谭健妹，2014）。建设时序主要由国家政策导向、城际客流需求、城市经济发展水平、工程技术条件、投融资可能性等因素决定，通常采用 TOPSIS 模型等多目标分析方法建立建设时序决策模型，对影响建设时序的关键影响因素进行量化分析，随后采取层次分析法、Delphi 法等主观赋权法和变异系数法、熵权法等客观赋权法确定质保权重，利用接近理想解的排序法和加权灰色关联度等方法进行综合排序，最终得到建设时序的最佳方案（郭延永等，2013；戢小辉等，2015）。

城市群综合交通枢纽规划主要受城市发展水平、区域交通网络特征、自然地理条件等因素影响，在进行规划决策时需要综合考虑社会经济发展、综合交通需求预测、区域交通网络规划建设状况等。为了做出具体决策，需要应用交通规划理论方法，确定交通枢纽类型、层级、规模、选址、衔接关系等内容，所用模型算法主要有重心法、微分法、成本分析法、双层规划模型、节点重要度法、聚类分析法等（邵春福等，2022）。城市群综合交通枢纽具有交通供给方式多样、交通流量大、交通动线复杂等特征，在决策过程中应确保各级城市的综合交通枢纽之间衔接协调、各交通方式之间换乘协调、枢纽规模与周边环境协调,实现运输生产组织、枢纽站场作业、中转换乘、通信服务等多种功能的良好运转。

3.4.4 场景3:综合交通服务协同

城市群城际出行需要完善的综合交通系统进行支撑,但城际交通供给结构与客流分布不均衡现象限制了综合交通系统运输潜能。同时,随着作为城市群公共交通主要供给方式的城际轨道交通网络日益复杂,出行方式与路线选择亦成为客运出行的一大负担。各类公共交通方式衔接不畅、换乘等待时间较长不仅造成出行者时间浪费,也导致交通基础设施运行效率降低。因此,需要在城市群综合交通服务协同决策中确保客运服务资源的有效配置。

城市群综合交通服务协同场景主要集中于分析旅客出行方式选择、列车开行方案及中转换乘方案研究三个方面。第一,旅客出行选择研究主要从出行全过程角度分析出行链各阶段中出行方式的选择并判断其潜在偏好,为城际客运结构决策提供数据支持。旅客出行方式选择方法主要有基于传统逻辑斯谛模型得出的BNL、MNL等出行方式选择模型,基于时间、费用等客观变量的SP、RP调查方法,结合快速性、舒适性等出行方式服务特征调查数据建立的非集计模型等(YAO et al.,2005;Román et al.,2007;叶玉玲等,2018);第二,列车开行方案决策主要以客运量为基础,科学安排列车运行区段、列车性质、经由线路、开行数量、编组内容、服务频率等内容,充分利用轨道交通基础设施,提升客运服务质量水平,主要建立单目标模型、多目标模型、双层规划模型等优化模型(闫海峰等,2008);第三,中转换乘方案研究主要通过合理配置铁路客运换乘网络构造,充分拓展铁路客运市场,提升铁路客运服务效率,决策方法有基于铁路网络、列车开行方案、运行时刻表等信息构建多种换乘网络(史峰和邓连波,2004),利用客运铁路出行时间及费用构造效用函数,分析换乘临界距离、换乘时间与旅客单位时间价值的关系,确定换乘方案选择(李琼和黄鹏,2009),构建高速铁路网络化客流输送模式优化模型,计算不同输送模式下客流损失率并明确高速铁路网络节点间换乘方案(景云等,2022)。

客运服务对象是人,运输方式以人的空间移动为主,而货运交通服务除了交通方式、货物种类的差异之外,还包含装卸、仓储、配送等环节。货运交通服务资源配置相较于客运更为复杂,针对开行模式、服务水平、组织模式等内容,不能简单使用传统的客运研究方法,而要根据货运交通特征建立适宜的方法模型。其中,开行模式可选取货运需求、运输费用、运营效益等指标建立多目标规划模型,从目标函数和约束条件等方面建立列车类别、开行数量、停站方案的数学模型,最终确定开行方案。

城市群货运网络服务水平主要包含物理运输网络决定的物理服务水平和针对运输企业的组织服务水平，现有研究构建了货运网络资源配置相关模型，并通过遗传算法进行求解（王保华和何世伟，2017）。组织模式方面，单一运输方式已无法满足当前城市群货运高效流通的需求，综合多种运输方式的多式联运成为当前货运资源配置决策的重要领域之一。多式联运主要通过一体化的运输服务组织提供"门到门"的运输服务，实现多种运输方式高效联通，在提升运输效率及经济效率的同时促进城市群运输组织变革，从而形成系统化产业组织优势，提升城市群整体竞争力（樊一江等，2017）。伴随物流技术持续变革，多式联运相关决策部署研究不断深入，主要用到最优分配模型、顺序算法、遗传算法、最短时间路径-运输费用模型、蚁群算法等（佟璐等，2010）。

3.4.5 场景4：综合交通规划管理协同

城市群综合交通规划管理协同优化是保障城市群可持续发展的基础。当前我国城市群交通规划一体化仍处于起步时期，交通基础设施规划决策往往停留在市级层面。城市群对外交通、城际交通、城市内部交通之间的协同优化作用较为薄弱，交通集散能力与城市群日益增长的生产生活往来需求不匹配，成为城市群经济发展的瓶颈（李荣等，2021）。城市群公路网络面临的压力不断增加，产生交通拥堵、空气污染、安全事故等负面影响（傅志寰和陆化普，2016）。同时，城市群在公共安全、自然灾害等突发事件中的交通系统故障问题易突破地域界限，带来区域性危机。因此，应当在城市群发展进程中引导形成以集约化公共交通为主的交通供给结构，推动以轨道交通为核心的城际交通体系建设（黄海军等，2018）。实现城市群综合交通系统效能优化，需要持续调校区域层面交通规划，在有效满足城市群不同发展阶段客货运输需求的基础上，充分发挥既有设施能力，优化交通组织方式，实现跨城市交通应急管理机制协作，逐步引导形成可持续的城际交通网络。

城市群综合交通规划方案优化决策模型应用主要包括空间影响优化、交通需求管理优化、交通运行方案优化和交通应急管理优化四个方向：第一，城市群空间影响优化主要通过研究现有及规划交通基础设施对区域的社会经济影响，得出有利于城市群整体均衡发展的交通布局方案。当前主要通过加权平均出行时间、日常可达性指数、经济潜力指数、可达性系数等可达性相关指标分析不同发展阶段城市群的交通发展水平，同时利用引力模型、变异系数等方法得出城市经济联系强度和交通公平性变化趋势（赵丹和张京祥，2012；宗会明和黄言，2019；贾文通等，2021）。第二，交通需求管理优化通过技术手段及适当的管理政策限制交通生成、调整交通供给结构、改变交通出行时空分布等方式促进城市群交通供需趋于平衡（傅惠等，2016）。相较于早期规划阶段的交通需求预测，方案优化阶段的需求预测侧重于分析需求量增长的总体趋势，而不是具体各时间点的交通需求量，主要通过国土系数模型、节点连通度模型、节点系数法等预测公路及铁路网络规模，并采用因素分析法验证现状交通供给与需求的平衡状态。第三，交通运行方案优化主要通过交通控制、交通诱导等手段动态调控交通流系统，使其最大限度发挥交通供给能力。鉴于城市群交通多模式特征，需要研究优化多模式交通方式转换的效率、换乘时间、票价协调、交通信息共享等内容，运用可达性分析、出行费用分析、时间可靠性模型、换乘便捷度、分层优化模型、蚁群算法等模型方法。第四，交通应急管理优化主要通过建立应急交通疏散模型、随机规划模型等方式辅助决策，同时借助 OREMS、CORSIM、Vissim 等交通仿真软件，构建城市群交通应急疏散动态模型进行规划方案研究及评价。

城市群交通互联互通不仅需要交通基础设施建设支撑，还需要确保城市间交通体系规则的无缝衔接。当前交通基础设施规划建设主体往往局限于传统的行政区域内，导致城市群交通管理一体化程度不足。城市群轨道交通体系中干线铁路、城际铁路、市域铁路及城市轨道交通管理均涉及不同部门，缺乏统一标准规定；属地化的投资管理运营模式使机场、港口、综合客运枢纽等大型交通基础设施建设以所在城市为主要考虑因素，难以从区域层面考虑服务范围、规划组织等问题，导致设施间恶性竞争以及重复建设。因此，需要通过规划制度完善、信息化管理建设等方式实现城市群交通管理体制机制一体化，构建能力充分、组织协调、运行高效的城市群综合交通系统。例如，在区域交通基础设施安全方面，通过跨城市的区域交通安全监测与预警建设统一的道路应急管理平台、跨区域交通基础设施智能决策养护管理系统、铁路地震预警系统；在智能出行服务方面，建立城市群交通大数据中心，整合管理区域交通管控、车路协同、出行服务等内容。从城市群整体利益出发，健全城市群交通发展机制，实现城市群交通管理体系、制度的互联互通，实现跨区域、跨部门、多交通方式系统信息的整合与共享，实现多途径、多方式的综合信息整合、分析及信息服务，提供更加便利的跨区域出行体验。

3.4.6 决策支持底盘

1. 多源数据融合

构建城市群综合交通体系需要物理空间网络、服务管理网络、信息数据网络的多方面协同。通过建立城市群交通互通数据库，实现信息互联和数据共享，以数据为支撑进行科学规划决策，提升城市群交通运输协同水平。为实现该目标，需要整合城市群交通数据，形成多维度、多要素的综合交通数据库。统筹协调城市群内跨区域的自然资源部、国家统计局、交通运输部、公安部以及运营商等多源交通数据，在确保数据质量良好、精度准确、更新及时的基础上进行统一管理。数据库具体包括土地利用数据、经济、人口等传统静态数据，以及手机信令数据、互联网定位数据、出行调查数据、公共交通经营数据、交通管理数据等动态数据。随着交通信息采集手段及来源的不断丰富，多源数据融合分析技术不断进步，城市群时空大数据弥补了传统数据在出行分布、人口流动、实时交通等方面的短板，为城市群交通出行提供更为精细、全面的数据来源（表3.14）。

表 3.14　城市群交通互通综合决策相关数据

数据名称	数据来源	关键信息	决策事项
土地利用数据	自然资源部门	用地性质、行政边界、道路网络等	交通决策全过程
经济人口数据	统计部门	人口密度、人口分布、人均GDP等	交通决策全过程
手机信令数据	运营商	出行OD、客流廊道识别、职住分布特征等	交通需求分析与预测、综合交通规划方案优化
互联网定位数据	互联网	POI数据、迁徙数据、GPS数据等	综合交通规划方案优化
出行调查数据	交通运输部门	出行距离、出行方式、出行时耗等	交通需求分析与预测
公共交通经营数据	交通运输部门、轨道集团、公交集团	轨道交通线路、站点信息、公交网络、IC刷卡数据等	综合交通网络规划、客运服务资源配置、综合交通规划方案优化
交通运营数据	交通运输部门	区段客货流密度、开行车次、设计速度、行车对数等	城市群综合交通枢纽规划、客货运服务资源配置、交通管理机制建设
交通管理数据	公安部门	卡口数据、监控数据、车牌识别数据等	交通管理机制建设

2. 模型应用

城市群交通互通综合决策以当前综合交通模型方法为基础，根据城市群不同场景需求进行具体调整，实现城市群交通规划决策的全链条协同。就交通规划的一般程序而言，主要分为调研分析、需求预测、方案制定、交通评估论证、方案优化、建设安排等环节。在城市群层面，除了运用常规交通模型进行分析之外，在这些环节中应当更加注重不同交通方式、不同交通层级之间的有机衔接，构建城市群城际交通需求模型、城市群交通廊道与城市交通衔接模式选择模型、综合交通枢纽换乘分担率模型等。根据城市群发展需求特征选择适宜的模型方法，对于城市群交通可持续发展具有重要意义（表3.15）。

表 3.15 城市群交通互通综合决策相关模型算法

决策场景	决策事项	相关模型算法
综合交通发展与区域空间布局协同	交通需求分析与预测	回归预测法、弹性系数法、时间序列模型、灰色模型预测法、神经网络模型、四阶段预测模型、重力模型、介入机会模型等
	综合交通布局规划	复杂网络方法、经验分析法、聚类识别法等
综合交通基础设施协同	综合交通网络规划	多目标规划模型（建设时序优化决策）
	综合交通枢纽规划	双层规划模型、节点重要度法、聚类分析法等
综合交通服务协同	客运服务资源配置	BNL 模型、MNL 模型、RP 调查方法、单目标模型、多目标规划模型、双层规划模型、效用函数等
	货运服务资源配置	多目标规划模型、综合运输优化模型、动态路径搜索算法、时空路径搜索算法等
综合交通规划运营管理协同	综合交通规划方案优化	可达性模型（空间影响优化决策）、公平效率模型（交通公平优化决策）、国土系数模型、节点连通度模型、节点系数法、因素分析法（交通需求管理优化决策）、可达性分析、出行费用分析、时间可靠性模型、换乘便捷度、分层优化模型、蚁群算法（交通运行方案优化决策）、应急交通疏散模型、随机规划模型（交通应急管理优化决策）等
	综合交通管理机制建设	动态交通流分类模型、饱和交通流控制模型、仿真模拟模型、条件覆盖模型、备份覆盖模型等

3.5 生态保育

生态环境是人类生存与发展的关键自然资源（包括水资源、土地资源、生物资源、气候资源等）的综合体，对社会和经济的持续发展至关重要。人类在利用和改造自然的过程中，会产生一系列生态环境问题及负反馈效应，危及人类自身的生存和可持续发展。城市群作为人口与社会经济活动的高度集聚地，更需要协同保护和治理生态环境。然而，由于生态环境的不可分割性和关联要素的多元性本质，生态环境治理必须坚持采取系统思维，以协同治理的方式应对这些挑战（廖小明，2020）。此外，由于生态环境基础、经济发展水平和治理理念的差异，生态环境治理能力在空间上呈现出非均衡性，因此需要通过协同治理实现自然资源优化配置。

城市群生态保育协同建设本质是城市群内部各城市之间，在生态治理与保护方面，通过有效规划、管理和合作，实现城市群内各城市之间以及城市群与周边自然环境之间的协同发展，从而保护和改善生态环境，确保区域可持续发展。当前国内外对区域生态环境协同治理的研究较为深入，主要集中在生态环境协同治理能力建设、精细化城市协调建设发展路径的顶层设计及差异化设计、构建一体化区域协作体系、建立健全法律法规、协调机制及生态补偿机制等（刘举科等，

2019）。从具体研究内容来看，城市群生态环境协同发展涉及的场景众多，包括大气污染协同治理、自然岸线协同保护、跨界水环境污染综合整治、生态安全格局构建等（冯舒等，2022）。

3.5.1 决策需求

由于我国城市群内不同城市之间各类资源的配置、能力供给以及社会治理水平存在差异，导致城市之间的区域协同与行政分治矛盾普遍存在。因此，需要依赖新技术、新场景，实现城市之间各类生态资源的协同，协调城市之间生态保护和自然资源利用的发展目标、空间结构、功能定位及发展体制机制等，以实现区域可持续发展的目标。生态协同发展作为城市群协同治理重要内容之一，依托具体场景及多种技术、资源支撑，通过系统演进将新技术融入实际应用中，实现城市群生态保育协同发展。

根据不同决策内容和尺度，区域生态协同治理的需求分析需要基于发展现状，明确各场景决策主体、关键问题及具体目标。具体可以从生态环境的保护、治理、优化及修复等四个方面进行分析：①区域生态环境保护的主要目标是维持生态系统的完整性、稳定性和多样性，保障人类的生存和发展需要。决策主体通常包括政府部门、非政府组织和社区。关键问题涉及到合理规划和有效管理生态保护区、制定和实施生态保护政策、评估和监测生态环境保护效果等。②区域生态环境治理的目标是建立和完善生态环境的治理体系、机制和方法，提高生态环境治理能力和效率。决策主体除了政府部门、非政府组织和社区外，还包括科研机构和商业公司。关键问题包括生态环境监测、风险评估、污染源控制、生态效益补偿等。③区域生态环境优化的目标是提高生态环境的质量，提升生态系统的服务功能，促进经济社会和生态环境的协调发展。决策主体包括政府部门、商业公司、科研机构等。关键问题包括生态资源配置、生态系统功能优化、生态效益提升、生态风险防控等。④区域生态环境修复方面，区域生态协同治理的目标是恢复受损生态系统的结构和功能，使其重新获得生态多样性和稳定性。决策主体可以包括政府部门、非政府组织、科研机构以及陆地所有者等。关键问题包括生态损害评估、生态修复策略和技术、生态修复效果评估等。上述四个方面在区域生态协同治理中是紧密关联的，需要全面、系统地进行研究和探讨。在不同决策内容和尺度下，对这些问题的重视程度和处理方式可能会有所不同。

基于决策需求，城市群生态环境协同发展包括四个主要场景：协同提升城市群生态系统功能、共筑城市群生态安全格局、推动城市群绿色低碳发展和完善城市群生态环境协同机制（表3.16）。

表 3.16 城市群生态保育综合决策具体场景与决策需求

决策场景	决策主体	决策目的
提升城市群生态系统功能	发展和改革部门、生态环境部门、住房和城乡建设部门、自然资源部门	提高区域生态系统内生物有机体功能、提升区域生态系统服务水平及生态系统服务价值；构建生态功能保障基线、识别生态保护修复区域，并且分级分类推进以自然恢复为主的重大生态修复工程；统筹推进山水林田湖草生态保护与修复
构建城市群生态安全格局	发展和改革部门、生态环境部门、住房和城乡建设部门、自然资源部门	提升生态斑块连通性，优化区域生态空间格局，维护生物多样性，减少自然灾害的风险；提升生态环境品质，有助于发展生态游憩活动；为研究城市群生态廊道协同规划和管理提供科学的决策辅助支持
推动城市群绿色低碳发展	发展和改革部门、生态环境部门、能源部门、自然资源部门、产业发展机构	进一步推动生态价值转化、建设城市群生态价值转换路径；提高资源利用率，推广可再生能源；推进宏观层面碳汇及微观层面碳代谢的空间规划落地，推进有条件的地方率先碳达峰
完善城市群生态环境协同机制	发展和改革部门、生态环境部门、自然资源部门	通过中央政府、地方政府、企业和社会组织多方参与，共同形成城市群生态环境协同治理理念、协同行动准则、利益分配机制及协同激励机制，建立数据共享平台，实现推动生态环境区域协同机制健全、建立治理共同体的愿景

3.5.2 场景1：提升城市群生态系统功能

生态系统是由各种生物及其周围环境构成的自然综合体，其中生物与环境之间相互影响、相互制约，并且在一定时期内处于相对稳定的动态平衡状态。生态系统功能强调反映生态系统的自然属性，即使没有人类需求，生态系统功能仍然存在，其多样性对于持续地提供产品和服务至关重要（冯剑丰等，2009）。能量流动、物质循环以及信息传递是生态系统的三大功能。然而，随着人类活动日益频繁，生态系统整体平衡、自我调节和功能稳定性在一定程度上受到扰乱，主要表现为生态系统遭到破坏、资源过度利用、人类活动产生的废物排放增加等。因此，针对城市群生态系统功能退化，需要制定适合区域协同的生态保护和修复目标，以提升整体生态系统功能和稳定性。

协同提升城市群生态系统功能，具体措施包括：从生态系统功能完整性和多样性角度，全面保护森林、草原、湿地、海洋等生态资源，实施重要生态系统保育重大工程；重点推进基于自然解决方案的重要生态要素及自然保护地生态修复工程，全面提升区域生态系统功能；建立一套基于区域协同联动与生态系统功能保障的决策支持系统，提高决策的科学性和及时性。

早期生态保护类规划中，未落实系统性保护的要求，忽视了生态要素在生态系统中流动和相互作用的重要性，导致重要生态空间之间缺少流通和连接的通道，不利于生态系统的整体性保护。在生态文明背景下，当前对"山水林田湖草"生命共同体的保护与修复提出了更高的要求。目前，我国以生态保护红线为基础划定重要生态保护和修复区，通过地理信息数据、统计数据、遥感数据、调查数据、规划数据等为数据基础，运用评估模型与 GIS 空间分析技术实现跨区域生态评估、识别生态重要区、生态敏感区、保护地等，分类实施生态修复工程并进行成效评估（詹龙圣等，2021），该方法可以有效保护重要生态核心区以及识别核心区以外的关键生态空间，为有效构建区域生态安全格局及生态安全防护屏障提供依据。

3.5.3 场景 2：构建城市群生态安全格局

生态安全是一个区域性的复杂问题，涵盖自然、生态、社会、经济、人口、城镇化等多个方面，需要不同空间尺度之间的协同联动。

协同构建城市群生态安全防护屏障，涉及以下具体任务：推进海域及陆域生态廊道的协同建设，促进生态完整性和区域一体化协同发展，以实现适宜该区域可持续发展的生态安全格局；加强区域生物多样性保护网络的构建，推动退化生物栖息地和受损生态空间的恢复与重建，通过生态网络一体化建设完善区域生态安全格局；协调各生态系统服务的关系，提升不同生态系统服务水平，以构建区域内生态安全格局；开展生态系统评估与实时监控，发展基于生态功能网格的生态监管技术和风险预测技术，构建精细网格化的监管与风险预测预警平台。

目前，研究者围绕在生态安全的理论和内涵、评价内容、风险预测、区域生态安全格局构建、生态系统保护及修复、生态廊道及生物多样性网络构建等方面展开（陈利顶等，2016）。这些研究涉及生态系统服务时空演变及驱动因素分析、生态安全评价、生态环境系统与社会发展的影响和耦合研究等。在生态系统服务时空演变及驱动因素分析中，地理加权回归（GWR）模型和相关统计分析模型被广泛应用。城市群生态安全评价可采用多种方法，如 PSR 模型、模糊综合评价法、灰色-TOPSIS 模型、主成分分析法、熵权法等。生态环境系统和其他相关因素的耦合研究，主要涉及制造业集聚与生态环境耦合、土地要素的社会经济效益与生态环境耦合，以及城镇化与生态环境耦合等。在这类研究中，研究者普遍采用 DPSIR-EES 模型、组合赋权法及耦合协调度模型，以定量分析社会经济发展因素与生态环境耦合的时序变化特征，为城市群可持续发展与规划提供参考（董越和徐琳瑜，2019；余茹和成金华，2019）。

3.5.4 场景 3：推动城市群绿色低碳发展

为了实现绿色低碳发展，具体决策主要包括：积极推动绿色产业体系的建设，如产业转型、碳排放影响评估、能耗精细化管理和节能减排方案优化，以及数字化碳排放权交易；开展区域绿色低碳发展评估，如城市群 GEP 核算、构建城市尺度的碳排放估算方法，以及全生命周期的绿色低碳发展管理与评价；鼓励低碳出行，如城市群新能源汽车充电网络布局及优化等。

实现绿色低碳模式的发展，需要采取以下具体路径：充分利用生态区位优势，塑造生物多样性特色的城市群绿色低碳形态；构筑蓝绿交织的生态网，促进绿色低碳空间形态优化；逐步推进城市群"双碳"建设，建立绿色低碳国土空间规划体系；创新生态场景营造，完善绿色低碳空间形态相关政策。

目前，国内绿色低碳领域的研究主要集中在京津冀、长三角、珠三角等经济发达地区，涉及区域经济协调（刘敏和王海平，2014；吴志军，2015）、绿色发展内涵、评价指标体系及绿色效率评价（胡鞍钢和周绍杰，2014；曾贤刚和毕瑞亨，2014）、城市群经济-环境协调发展的路径和方式等（秦尊文和张宁，2016；刘登娟和吕一清，2017）。在区域经济与环境协同评价方面已经形成了一定研究基础，研究方法主要包括系统动力学模型、熵权-TOPSIS法、耦合度模型、DEA模型、协调度模型等。

3.5.5 场景4：完善城市群生态环境协同机制

生态环境具有跨区域特性，城市群生态环境协同发展受到各行政主体经济发展水平及对生态环境保护认知的偏差影响。此外，生态环境保护需要大量财政支撑，财政收入紧张的县市可能减少生态环保投入。当前，我国城市群的生态环境协同建设已初具雏形，相关理论研究逐步深化，各城市积极推动，政府间合作日益紧密，共抓保护的理念广泛得到认可（刘举科等，2019）。但是，目前仍存在法律法规及协调机制不健全、协同层次和内容不足、协同缺乏内生动力等问题。因此，在生态环境协同发展方面，要不断创新生态环境区域治理模式，通过协调各方行政主体利益，建立生态环境协同发展的体制机制。

强化和健全城市群生态环境协同发展机制，实现区域经济发展与生态环境保护的良性互动，可从以下几个方面入手：培养多元主体协同治理意识，包括提升政府与企业的系统参与意识、强化企业与社会的协同参与意识、加强政府与社会的协同参与意识；构建多元主体协同治理法规体系，进一步完善《中华人民共和国环境保护法》、强化高污染企业的行政处罚力度、健全社会组织的法律责任及诉讼制度；优化多元主体利益协调分配机制，通过建立生态治理绩效评估体系来协调中央与地方利益冲突，规范政府部门职权分工，鼓励社会组织参与生态环境治理并提供财政支持，促进企业发展绿色产业并建立生态补偿机制；完善多元主体协同激励机制，地方政府可将生态和社会效益纳入考核指标，根据生态现状采用差异化绩效考核评价方法，政府和社会组织可共同推动各方互补，制定规范的排污治理法规并接受大众监督。

具体行动路径包括提高公众对生态环境保护的认知，创新生态环境区域治理模式，以及健全生态环境区域治理的信息公开制度。提高公众生态环境保护意识的关键在于加强公众对生态环境区域治理的认知,通过公民教育强化对生态环境区域治理的认知。创新生态环境区域治理模式需要重点关注生态环境要素污染的流动性,强化多污染区域的协同治理,完善参与机制和评价机制。健全区域治理信息公开制度则需要推进治理能力现代化,充分利用大数据优势,动态监控污染物排放情况和气候变化等信息。

综上,城市群生态环境协同发展决策从协同提升城市群生态系统功能、共筑城市群生态安全格局、推动城市群绿色低碳发展以及完善城市群生态环境协同机制四个方面实现城市群生态保育协同发展。模型和方法结合不同决策场景进行选择。

3.5.6 决策支持底盘

1. 多源数据

城市群生态保育面向全域、全要素、全空间管控,需要集成不同部门和行业的多源数据,充分利用地球科学信息技术获取地理空间数据、遥感数据和社会经济大数据(表3.17)。其中,地理空间数据获取来源包括国土调查数据、基础地理数据、自然资源管理数据等;遥感数据是快速、精确获取生态环境及国土空间信息的最重要手段;社会经济大数据则可以清晰描绘人对生态环境的需求与相应的行为特征。

表3.17 城市群生态保育综合决策相关数据

数据名称	数据来源	关键信息	决策事项
土地利用数据	自然资源部门、互联网开源数据	土地利用现状、用地性质、用地变化、行政边界、道路网络等	生态环境保护及治理、生态系统服务功能提升、保障生态安全、生态环境协同治理、风险预警
资源利用和能源数据	统计部门、生态环境部门、能源供应企业及研究机构	能源消耗、能源来源、资源开采和使用、废弃物处理和回收等	资源优化利用及共享、碳排放控制、资源回收和废弃物管理
社会经济大数据	统计部门、互联网开源数据	普查数据、人口密度、人口分布、人均GDP等	生态环境保护及治理、生态系统服务功能提升、保障生态安全、生态环境协同治理、风险预警
地理空间数据	自然资源部门、互联网开源数据	地图、遥感图像、文本资料、统计资料、实测数据、多媒体数据	生态环境保护及治理、生态系统服务功能提升、保障生态安全、生态环境协同治理、风险预警
卫星遥感数据	地理空间数据云(https://www.gscloud.cn/phonehome)	数字高程模型、全球地表覆盖数据、全国基础地理矢量数据	生态环境保护及治理、生态系统服务功能提升、保障生态安全、生态环境协同治理、风险预警

续表

数据名称	数据来源	关键信息	决策事项
自然资源管理数据	自然资源部网站	中国地图、省市和专题地图	生态环境保护及治理、生态系统服务功能提升、保障生态安全、生态环境协同治理、风险预警
生态环境数据	中国生态系统评估与生态安全格局数据库、生物多样性与生态安全大数据平台	生态评估数据、陆地生态系统数据、生态功能区划、国家保护地数据、物种分布、生态承载力	生态格局分析、生态系统评估、生态保护规划、生物多样性保护、生态补偿协同决策
地质、土壤、水文、气象、林草、自然灾害数据	全国地质资料馆、地质云、土壤科学数据中心、中国气象数据网、国家林业和草原局科学数据中心	基础地质和各类地质数据、矿产图、水文地质、土壤分类、土壤资源环境类库、气象观测数据（全球高空探测、地面、海洋）、森林、草地、湿地等自然保护资源、地震、风暴潮等自然灾害	生态环境评价、土地资源评价、水资源评价、气候评价、生态安全网络构建、生态安全风险监测

2. 模型应用

城市群生态保育综合决策需要在统一标准化共享数据库基础上，建立多要素、多尺度、多情景、多模块、多智能体集成的时空耦合技术框架及方法。

目前，生态保育综合决策主要运用空间数据分析、PSR 评价指标体系、耦合度模型等识别区域生态环境胁迫因子及刻画其时空特征；聚类分析、主成分分析等模型辨识城市群环境和社会关键主控要素；通过模糊算法、自适应模型等揭示城镇化及生态环境交互胁迫机理及规律；利用人工智能算法等，通过训练数据、模拟情景、实现人机交互预测的目的（表 3.18）。

表 3.18 城市群生态保育综合决策相关模型算法

决策场景	决策事项	相关模型算法
提升城市生态系统功能	土地利用变化分析、生态保护重要性评价、双评价等	叠置分析、距离分析、缓冲区分析、网络分析、栅格计算、统计分析、密度分析；空间自相关分析、聚类分析、度量地理分布、空间关系建模；插值分析、模拟分析；水源涵养、空气净化、食物供应等服务评估模型；大数据分析、可视化分析、CA 模型、CLUE-S 模型、模糊算法及自适应模型等
构建城市群生态安全格局	生态风险评价、生态安全格局构建	空间自相关分析、聚类分析、度量地理分布、空间关系建模；插值分析、模拟分析；自然灾害风险、污染风险、气候变化风险等风险评估模型；大数据分析、可视化分析、CA 模型、CLUE-S 模型、模糊算法及自适应模型

续表

决策场景	决策事项	相关模型算法
推动城市群绿色低碳发展	GEP核算、温室气体排放清单、绿色生态区域碳排放评估、生态服务价值核算	空间自相关分析、聚类分析、度量地理分布、空间关系建模；区域碳排放评估模型及指标体系、生态服务价值核算体系、大数据分析、城市信息模型、建筑信息模型
完善城市群生态环境协同机制	规划实施评估、灾害风险评估、信息化平台构建	叠置分析、距离分析、缓冲区分析、网络分析、栅格计算、统计分析、密度分析；空间自相关分析、聚类分析、度量地理分布、空间关系建模；大数据分析、城市信息模型、WebGIS、建筑信息模型、模糊算法及自适应模型

3.6 环境共治

城市群社会经济活动的集中性带来了一系列资源和环境挑战。同质化的资源利用、远距离的污染物和二次污染物的再扩散，进一步加剧了资源供需矛盾和环境污染等问题，城市群发展与环境保护间的矛盾日渐凸显。一些环境污染方面的重大事件，比如，2016年京津冀地区的严重雾霾、2007年太湖流域的蓝藻暴发以及珠三角2002年至2003年期间的重金属污染，这些事件对经济社会发展和公众健康造成了巨大的负面影响。此外，我国城市群普遍面临多重环境问题，其中包括水环境污染，尤其是由于城市化和产业聚集导致的流域污染叠加海域污染、土壤污染、大气污染、噪声污染以及固体废弃物产生量大而综合利用和处置率低等问题。当前，城市群环境共治具体研究内容和场景涵盖多个领域，包括水环境协同保护与治理、大气污染联防联控、废弃物协同处理以及土壤污染协同治理等。

3.6.1 决策需求

城市环境污染问题不受地域限制，而是随着物质循环和能量流动而传播和叠加。因此，超越地域范畴的环境合作成为必然的发展趋势。环境合作是在环境保护领域进行的跨越国家或者地区边界的合作。环境合作不仅为了单纯解决污染问题，更是为了实现更大区域范围内的社会可持续发展。面对社会问题的日益复杂化，环境污染"协同治理"的治理模式日益得到关注。国内学者的研究视角主要侧重城市群内的不同城市共同防治环境污染所能带来的经济效益，鼓励通过区域内城市之间的合作减少环境污染对经济造成的负外部性损害，促进经济一体化上。国外学者主要从多个维度探讨环境污染同防共治对政治、经济、生态和社会等方面的积极作用。但不论国内外，研究者都指出通过协调合作，城市群环境协同治理能够产生规模效应，降低环境污染的外溢，减少环境治理成本，提高整体效率，实现互惠共赢，为区域环境安全和整体可持续发展提供重要支撑。

环境协同治理已成为城市群发展的关键议题。然而，城市群之间的协同治理不能仅仅依赖于单一的联结方式，而需要建立复杂的网络结构，包括多个合作主体、不同层级和各种领域的参与（Andrew，2009）。因此，为了促进城市群环境治理的有效开展，建立多元主体参与、合作互助、共同发展以及互利共赢的网络治理模式至关重要。

城市群环境协同共治网络结构中的主体可以分为三类：首先是政府主体，包括中央政府、地方政府及其相关部门。城市群环境协同治理网络的核心是政府，它涵盖了横向合作关系以及纵向合作关系，形成了一种多元合作、多层交织的网络结构（王玉明，2019）。这类主体拥有环境治理的关键资源，通过制定相关法规政策、实施治理与监管，推动环境治理的开展；其次是市场主体，包括各类企业。这类主体通过执行环境保护法规、合作研发清洁技术等方式来共同推动城市环境的治理；最后是社会主体，包括公众、各类协会和民间组织等。这类主体的环境保护意识以及对政府部门治理工作的支持，是城市群环境治理的关键环节。城市群环境协同共治的关键在于多元主体共同追求的目标、相互之间的信任以及协调各方的利益。

为了实现城市群高效目标，城市群环境共治需要开展水环境协同保护与治理、大气污染联防联控、废物协同处理以及土壤污染协同治理等场景分析，以更有针对性地支撑决策者制定治理策略和措施（表 3.19）。

表 3.19　城市群环境共治综合决策的具体场景与决策需求

决策场景	决策主体	决策目的
城市群水环境协同保护与治理	生态环境部门、住房和城乡建设部门、自然资源部门、水利部门	优化水环境治理，解决外部污染和低效问题，提升治理效率和成果，促进水环境的良好治理，阻止跨地区水污染扩散。治理黑臭水体，维护公众福祉，促进水环境的可持续发展，保护生态系统。构建绿色生态水网，促进城市群湿地保护、水网疏通和水体治理。严格控制入海污染物，保护海洋水域的健康
城市群大气污染联防联控	生态环境部门、自然资源部门、交通运输部门、气象部门、卫生健康部门	改善城市群空气质量，降低健康风险，降低对生态环境的损害，统一排放标准，阻止大气污染跨区域扩散。降低二氧化碳排放，减缓温室效应，减少气象灾害，从而提升应急响应能力，促进大气环境的可持续发展
城市群废物协同处理	生态环境部门、住房和城乡建设部门、自然资源部门、水利部门	有效管理和处理城市群内产生的废弃物，以降低对环境的负面影响、减少资源浪费，并推动可持续发展。打破区域垃圾处理壁垒，消除合作障碍。妥善处理危险废物，保障公众健康，减少环境污染风险。提高废物处理效率及利用率，促进生态系统保护，并且增加经济效益

续表

决策场景	决策主体	决策目的
城市群土壤污染协同治理	生态环境部门、农业农村部门、住房和城乡建设部门、自然资源部门、水利部门、林业部门	改善城市群整体土壤环境质量，确保高质量农产品生产和宜居环境建设。减少城市群土壤的流域污染扩散，管控污染源，降低土壤中重金属等有害物质的含量。实施分类管理农用地污染问题，科学方式保护农用地，提高治理效率和效果，实现农用地可持续利用。提高粮食产量，保障农业良好健康发展，维护国家粮食安全

3.6.2 场景1：城市群水环境协同保护与治理

由于地方政府在环境政策上的分散性，使得一些跨行政区域成为了"污染避风港"，跨界水污染问题逐渐上升（Duvivier，2013）。传统的属地原则治理方式已经无法有效解决水环境治理中出现的外部污染和效率低下等难题。因此，建立跨地域和跨流域的有效机制，将治理方式从属地治理转变为协同治理，成为实现水环境良好治理和防止跨地区水环境污染扩散的现实选择（王俊敏和沈菊琴，2016）。协同治理城市群水环境的具体措施包括：综合整治区域内的黑臭水体、构建绿色生态水网以及控制入海污染物的排放等。

在区域黑臭水体整治方面，面对大量污水污染以及河道内垃圾倾倒等问题，许多城市河道的生态环境遭到严重破坏，由于水体自净能力有限，无法承载大量污染，导致水质急剧恶化，甚至出现恶臭水体。这种黑臭水体的形成是多方面原因导致的，主要包括外源污染、内源污染以及其他污染来源。由于黑臭水体问题的复杂性，使得继续采用传统的单一治理思路与技术手段已经无法根本解决这一问题。整治工作需要根据黑臭水体的具体成因，并遵循"适用性、全面性、经济性、长效性和安全性"等原则，综合运用合适的技术措施，以确保黑臭水体的治理效果能够持久稳定（胡洪营等，2015）。2015年国务院发布了《水污染防治行动计划》，提出科学的综合整治思路，即"强化源头控制，水陆统筹、分区分阶段治理，兼顾治理与管理"。这一新思路指导了城市黑臭水体的整治，形成了"政府统领、企业施治、市场驱动、公众参与"的全新治理机制。目前，黑臭水体治理主要采用五大类技术措施，包括外源减排、内源控制、水质净化、补水活水和生态修复。

在区域绿色生态水网建设方面，大多数城市群面临复杂的河网水系和多样化的地形地貌。然而，由于人口密集与经济活动的集中，这些地区的水生态环境变得较为脆弱，水土流失问题频繁发生。此外，由于区域水生态功能融合不足，城市群内常常存在水体流动不畅、生态流量不足以及水质下降等问题（汪文超等，

2022）。因此，加快构建区域内的绿色生态水网成为改善城市群水环境的重要举措。绿色生态水网建设涉及多项重要工程，包括水污染治理、湿地公园和森林公园建设、生态防护林带和景观林带的营造、碧道建设、乡村绿化美化以及河岸绿化景观等项目。目前，我国珠三角地区采取了积极的措施，通过保护当地湿地系统、加强水污染治理、疏通水网、种植大面积的红树林景观带等，以加速构建区域内的绿色生态水网，从而全面提升水生态系统的服务功能。国际上，德国、美国等国家在治理河道方面采取了创新举措，将硬质材料铺设在河床上，改为使用可以生长灌草的土质边坡，同时通过河岸绿化措施来恢复河道的自然状态。

在入海污染物排放管控方面，长期以来人类直接向海洋排放废弃物，导致我国沿海地区海域水质受到了严重威胁。尽管已经采取了一些污染物排放管控措施，但这些措施的成效不尽如人意，渤海湾、长江口等部分沿海水域的污染问题仍然突出。因此，迫切需要建立更为健全的入海污染物排放管控机制。这包括进一步完善相关法律制度、强化技术支持，以及增强多主体全方位的执行机制和监督评价体系建设（蒋小翼和吴迪，2021）。

3.6.3 场景 2：城市群大气污染联防联控

受到气象环流的影响，大气污染在区域间不断扩散，跨界污染日益严重，区域性大气污染已成为大气污染的治理难题。同时，在大气污染的传播与扩散背景下，大气治理从属地治理模式转向采用联合治理的方式，即大气污染联防联控，已经成为治理空气污染的必然趋势。为了系统治理城市群内的大气污染问题，需要采取具体的措施，包括建立区域大气污染联防联控机制以及协同减少温室气体与各种大气污染物的排放。

在区域大气污染联防联控机制方面，我国自 2013 年以来取得了重要进展，建立了京津冀及周边地区、长三角和珠三角等三大关键区域的大气污染联防联控机制。这些机制通过协商合作和综合治理，达成了一致的工作方向，对于推进我国区域性大气污染防治具有至关重要的意义。2015 年，《大气污染防治法》的新修订将"建立重点区域大气污染联防联控机制，统筹协调重点区域内大气污染防治工作"明确为新时期大气污染治理的核心任务，为大气污染联防联控机制提供了法律依据。在区域联防联控工作机制下，政府可以开展环境合作执法治理，统一规范空气污染的监测体系，制定一致的污染物排放标准，限制高污染企业的准入，并加强不同地区相互之间的环境信息联通以及应急联动响应等渠道，发挥区域大气污染联防联控治理的优势作用。然而，我国区域大气污染物联防联控仍面临一些挑战。比如管理主体不够明晰，职责分配不清晰，缺乏成熟的运行机制和执行机构，同时还没有统一独立的大气质量评价体系（张婧，2016）。因此，需要持续推动以下几个方面的改进，区域大气污染联防联控需建立明确的组织机构以确定责任主体，设立大气治理研究中心，建立全面的"监测—模型—评价—措施—保障"的运行机制。同时，还需要完善相关的大气污染治理法律法规和执法工作，加强各级政府之间的协同治理。

在应对温室气体和多污染物的减排问题上，我国已经采取了有力的调控策略。2020年，我国宣布将提高国家自主贡献力度，二氧化碳排放力争于2030年前达到峰值，努力争取2060年前实现碳中和。同时，由于我国目前大气多污染物的排放依然对空气质量构成严重威胁，在此背景下，大气污染协同共治的必要性日益凸显，特别是在温室气体与大气污染物协同减排方面。温室气体与多污染物协同减排涉及到众多领域和环节，其中一些问题需要特别关注。首先，需要建立规范的能源管控机制，推动低碳生产和运输机制，以鼓励低碳生活方式的提倡机制；另外，决策层面也需要制定监督措施、资金运转措施，以及加强国际合作等措施来确保协同减排的顺利实施。为了实现温室气体和多污染物的协同减排目标，还需加强法律支持与指南的制定，建立有效的评价方法体系，客观评估减排措施的效果，以更好地达到协同减排的目标（毛显强等，2021）。

3.6.4 场景3：城市群废弃物协同处理

随着我国经济和工业化的迅速崛起，固体废弃物污染问题日益加剧，引发了政府部门和人民群众的高度关注（钟景绍，2022）。固体废弃物包括生活垃圾、工业废物、危险废物、放射性废物等多种类型。其中，危险废物具有腐蚀性、毒性、易燃性、反应性和感染性等一种或一种以上危险特性，对人类健康和生态环境造成长期且不可逆的危害，因此受到特别关注。若不及时地彻底处理，不仅直接危害人体健康，而且还会对生态系统带来严重威胁。

为了促进危险废物的安全、妥善和及时处理，我国采取了一系列措施，其中包括鼓励不同区域间开展危险废物协同处理。国家颁布了《危险废物转移管理办法》，并建立了转移联动管理制度。允许由于区域危险废物产生量与处置能力不匹配、处置价格差异过大、环境风险控制等因素所导致的危险废物跨区域转移处置（李小璐等，2020）。这一举措有力推进了危险废物的区域协同处置。

危险废物区域协同处理的优势在于它能够充分利用各区域不同的危险废物处理能力，从而提高了废物处理的效率，并规范了处理价格，有助于保障区域间危险废物的妥善处置。然而，目前许多地方政府对于危险废物区域转移仍持谨慎态度，对其支持力度也相对有限。因此，想要进一步促进区域危险废物协同处理，还需要引导地方政府转变观念，打破跨区域合作的障碍，以确保区域协同合作的通道畅通，实现危险废物的安全高效处理。

通过打破区域壁垒、加强合作，以及采用先进的废弃物处理技术，可以降低环境负面影响，减少资源浪费，保护公众健康，促进经济增长，推动生态系统的保护，实现可持续发展的目标，这需要政府、企业、公众的共同努力和协作。

3.6.5 场景4：城市群土壤污染协同治理

土壤是人类赖以生存和发展的基础，因此，加强土壤污染防治不仅是实现农产品安全的重要保障，也是新时期国家发展的必然要求。然而，我国当前的土壤污染问题日益凸显，特别是在人口密集和工业化程度较高的城市群地区，土壤所承受的压力更大，污染问题也变得尤为明显。尤其是对于流域范围内江河沿岸的矿山开采、冶炼以及工业活动所排放的污水和尾矿渣的影响，受雨水冲刷和大气传输，导致重金属进入河流而扩散污染。这种长期的污水灌溉导致了江河沿岸农田土壤中重金属大量积累，呈现出流域性污染（骆永明和滕应，2018）。

在应对城市群土壤污染区域性问题上，强化土壤污染点源、面源的协同监管是治理土壤污染至关重要的环节。按照土壤污染程度和相关标准，可以将农用地划分三类，优先保护类、安全利用类和严格管控类。城市群需根据土壤污染的不同程度，协同开展并实施农用地土壤污染的分类管控。然而，当前存在一些挑战，包括缺乏专门的土壤协同防治法律框架，以及土壤监管领域的权责不清，执法未能长期落实，监管效果不佳。因此，需要在城市群层面完善相关法律法规，建立健全土壤污染风险分类防控体制，同时强化对污染源的管控，以促进土壤污染的协同治理。这一举措将有助于保护宝贵的土壤资源，确保城市群的土壤质量，为可持续发展创造更加健康和清洁的环境。

3.6.6 决策支持底盘

1. 多元数据

确保城市群环境污染科学防治的关键前提是全面准确地获取污染源信息和数据。城市群环境协同治理数据需要汇集来自自然资源部、生态环境部、国家统计局以及开放数据源的多种信息，包括土地利用、地理空间、卫星遥感、水质、水量、气象、空气质量、垃圾数量、地质、土壤、林草以及自然灾害数据等。在城市群环境污染防治过程中，充分利用大数据处理技术，获取实时的、动态的污染源数据。这有助于推进多层级、跨部门之间的数据整合及共享，为跨区域协同决策提供及时而精准的支持。通过这种信息的精确获取和共享，可以更有效地应对城市群环境污染问题，实现科学的防治目标（表3.20）。

表 3.20　城市群环境共治综合决策相关数据

数据名称	数据来源	关键信息	决策事项
土地利用数据	自然资源部门、互联网开源数据、统计部门	土地利用现状、用地分类、用地性质、用地变化、行政边界、道路网络等	跨界水污染防治、跨界大气污染防治、跨界土壤污染防治、固废联动处置
社会经济数据	统计部门、互联网开源数据、企业行业协会、金融机构、社交媒体及电子商务平台	普查数据、人口密度、人口分布、人均 GDP、废弃物产生量、产业结构、就业情况、资本流动、用户行为等	跨界水污染防治、跨界大气污染防治、跨界土壤污染防治、固废联动处置
地理空间数据	自然资源部门、互联网开源数据	地图及地理特征的空间数据、文本资料、统计资料、实测数据	跨界水污染防治、跨界大气污染防治、跨界土壤污染防治、固废联动处置
卫星遥感数据	地理空间数据云（https://www.gscloud.cn/phonehome）、国际卫星组织、商业卫星公司、科研机构	数字高程模型、全球地表覆盖数据、全国基础地理矢量数据、土地利用及环境污染监测数据	跨界水污染防治、跨界大气污染防治、跨界土壤污染防治、固废联动处置
水质、水量、气象、空气质量、垃圾数量、土壤、林草、自然灾害数据	水利部门、生态环境部门、统计年鉴、全国地质资料馆、地质云、土壤科学数据中心、中国气象数据网、国家林业和草原局科学数据中心	水文水质、流域流量、大气污染物指数、垃圾分类及焚烧情况、土壤重金属含量、土壤分类、土壤资源环境类库、森林、草地、湿地等自然保护资源、地震、风暴潮等自然灾害	环境风险评估、水环境质量评价、水资源评价、大气污染治理效果评估、垃圾分类成效、气候评价、土地资源评价、土壤肥力水平检测

2. 模型应用

城市群环境共治的核心在于全面掌握区域环境污染的特点及规律，利用环境评价相关模型深入剖析得出污染形成的根本原因，并预测其长期发展趋势，强调定量研究的重要性。具体而言，城市群水环境协同保护与治理主要聚焦跨区域水体质量，综合评估选取关键指标，为科学的水环境治理提供了坚实的理论依据。在这一研究领域，主要通过一系列模型实现，如 DPSIR 模型、物元可拓模型、平衡积分卡（BSC 模型）、PSR 模型等。城市群大气污染联防联控则主要通过多种数据统计方法，建立模型以定量研究以及评价空气质量的变化趋势。同样地，该研究领域采用了一系列模型包括：DPSIR 模型、模糊物元综合评价法、双重差分法、主成分分析法、广义最小二乘法等。对于城市群废弃物协同处理，必须对区域内各城市废弃物处理模式的环境影响进行深入评估，以科学计算出区域生态补偿标准。这要综合考虑城市群内废弃物来源地区的生态和经济效益，以及相应的补偿水平。该领域主要采用生命周期评价、投入产出模型（MUIO）、一般均衡模型（CGE）、不确定性分析等模型实现分析。城市群土壤污染协同治理的焦点是评估跨区域土地污染风险，分析城市群内目标污染物的迁移和转化规律，并且估算负面健康效应的潜在发生可能性，主要采用了模糊综合评价法、地质累积指数法、潜在生态危害指数法等一系列模型工具（表3.21）。

综上所述，城市群环境污染同防共治的关键在于深入科学研究和全面评估，借助多种模型和方法，以定量分析为主，为保护环境和促进可持续发展提供坚实的决策依据。

表 3.21　城市群环境共治综合决策相关模型算法

决策场景	决策事项	相关模型算法
城市群水环境协同保护与治理	区域黑臭水体综合整治、区域绿色生态水网构建、入海污染物排放管控	DPSIR 模型、可拓物元模型、平衡积分卡（BSC 模型）、PSR 模型、RS 和 GIS 综合方法、熵权灰色关联模型、属性识别模型、湖库生态安全综合评估模型、水环境容量计算模型、模糊层次分析法等
城市群大气污染联防联控	区域大气污染联防联控、温室气体与多污染物协同减排	DPSIR 模型、模糊物元综合评价法、双重差分法、主成分分析法（PCA）、广义最小二乘法（GLS）、PSR 模型、熵权法、层次分析模型、LMDI 分解模型、大气扩散模型等
城市群废弃物协同处理	多目标动态优化固废管理	生命周期评价、投入产出模型（MUIO）、一般均衡模型（CGE）、不确定性分析、污染损失理论、包络分析法（DEA-SBM 模型）、模糊综合评价法、多准则决策分析、风险评估模型等
城市群土壤污染协同治理	污染场地风险评价、风险管控	模糊综合评价法、地质累积指数法、潜在生态危害指数法、内梅罗综合污染指数法、土壤-有机污染物变化及迁移暴露模型、农药径流对地表水的污染模型、插值等地统计学模型、多准则决策分析、风险评估模型等

3.7　基础设施建设

基础设施是为社会生产和居民生活提供公共服务的物质工程设施，是用于保证国家或地区社会经济活动正常运行的公共服务系统。它是社会赖以生存发展的一般物质条件，是经济社会发展的重要支撑。

基础设施的内涵和构成随着社会经济发展在持续调整。对于基础设施，1985 年《城市规划基本术语标准》将城市基础设施分为 6 个子系统，分别是能源动力系统、水资源及供排水系统、交通运输系统、生态环境系统、安全防灾系统、邮电通信系统。住建部 2022 年发布的《"十四五"全国城市基础设施建设规划》，将现代化城市基础设施系统体系分为综合类、交通系统、水系统、能源系统、环卫系统、园林绿化系统、信息通信系统 7 大类。对于重大基础设施，国务院 2007 年发布的《关于开展重大基础设施安全隐患排查工作的通知》中提及的重大基础设施，主要包括公路交通设施、铁路交通设施、水运交通设施、民航交通设施、大型水利设施、大型煤矿、重要电力设施、石油天然气设施和城市基础设施。《城市规划原理（2011年版）》提及的重大基础设施包括高速公路、干线公路、铁路、港口、机场、区域性电厂和输电网、天然气门站、天然气主干管、区域性防洪、滞洪骨干工程、水利枢纽工程、区域饮水工程等区域性重大基础设施，以及取水口、污水排放口、垃圾处理厂等涉及相邻城市、地区的重大基础设施。总体来看，重大基础设施包括交通设施、能源设施、水利设施、环卫设施、信息设施、减灾防灾设施等，根据设施形态，可以分为点状设施、线性设施等。

跨区域重大基础设施规划建设是提升空间治理能力、优化国土空间开发的重要载体（张尚武和潘鑫，2021）。在加快推动城市群一体化发展新格局下，推动城市群重大基础设施建设是实现城市群协同发展的重要手段，对于区域资源整合，实现资源优化配置、节约高效、缓解"大城市病"等具有重要意义。城市群重大基础设施建设通过增强城市群整体承载力与竞争力使得城市基础设施整体水平实现跨越式提升，有力地支撑城市群经济社会发展，是促进区域一体化发展，提升城市群整体结构效能和综合实力的有效方式，也是克服城市群重大基础设施规划建设困难的必经之路。

3.7.1 决策需求

城市群重大基础设施建设主要涉及交通基础设施互联互通、跨区域水资源系统调配、能源系统高效配置、环境卫生设施规划建设等多个领域，通过搭建多系统、多层次、多维度的重大基础设施建设框架，进而实现城市群生产和生活的高效运转。其中，交通基础设施是区域发展的重要基础，涉及公路、铁路、港口、桥梁、机场等众多内容，本书将其单列进行详细阐述。

水资源的可持续利用，是城市群经济、社会、生态环境以及正常运行的重要保障。水资源系统是在一定区域内由可为人类利用的各种形态的水所构成的统一体，属于增强区域承载力的重大基础设施。作为统一体，水资源系统具有协同性和有序性特征，且与外部有着物质和能量的交换；统一体内部，各类水体又具有显著的整体功能、层次结构以及特定行为的特征，且不同水体之间可进行相互转化。城市群水资源系统的建设主要涉及取水口和污水排放口的布局、区域性防洪、泄洪骨干工程以及水利枢纽工程等。城市群水资源系统协同发展需要进行城市群水资源供需系统决策优化和水资源配置总体格局的优化和科学调整。

能源系统通常由勘探、开采、运输、加工、分配、转换、储存、输配、使用和环境保护等一系列工艺环节及其设备所组成，同属增强区域承载力的重大基础设施。城市群能源系统工程对能源系统进行规划、研究、设计、制造、试验和运用的整体实施组织管理与经营管理，包括区域性电厂和输电网、天然气门站、天然气主干管的建设。城市群能源系统协同具有整体性、科学性和实用性，是现代经济管理和能源事业发展的体现，协同的必要条件是提升城市群能源效率，优化城市群能源网络。

环境卫生基础设施建设是深入打好污染防治攻坚战、改善生态环境质量、增进民生福祉的基础保障，是助力实现碳达峰、碳中和的重要载体之一。环境基础设施建设在支撑城市正常运行的同时，也会产生如环境污染、不公平性等负面的邻避影响，成为社会矛盾的主要来源之一，部分地区还面临设施空间紧约束、规划选址和建设落地难等突出问题。城市群环卫基础设施主要涉及污水处理与资源化利用、生活垃圾处理、固体废弃物处置、危险废物、医疗废物处置等现代环境治理相关的基础设施。

目前，我国各类基础设施子系统间发展不均衡，城市内部基础设施与外部不协调，城市群基础设施水平和质量仍需进一步提高（宋贤萍，2016）。加快城市群重大基础设施建设，可以保障城市间各个功能正常运转，提升居民生活质量和生活水平，推动城镇化发展进程，通过直接或间接的方式带动区域经济和社会发展，推动资源能源的集约利用。城市群重大基础设施建设应满足基础性、整体性、公共性、超前性等基本特征和需求。

以上不同基础设施涉及不同决策主体。自然资源部门侧重于设施的规划选址以及土地供应。住房和城乡建设部门、交通运输部门、生态环境部门、水利部门等涉及基础设施的建设。城市管理和综合执法部门侧重于执法管理，比如市容环境卫生、无证违法建设处罚、道路交通秩序、供水管理、停车管理、园林绿化管理、环境保护管理等。能源部门对火电、水电、核电和地方办电等实行行业管理。工业和信息化部门是开发并维护社团联网站的部门。基于以上部门的属性，我国城市群重大基础设施建设具体场景下的不同决策事项、主体和目的见表3.22。

表 3.22 城市群重大基础设施具体场景需求与决策主体

决策场景	决策事项	决策主体	决策目的
跨区域水资源调配	城市群水资源供需系统决策优化	城市管理和综合执法部门、水利部门、自然资源部门等	统筹区域水资源规划、管理、水资源统一调配、水生态保护等，建立水资源调动联动协作机制，促进体制改革和政策协调，形成共同治理与保护机制
	城市群水资源配置总体格局优化和科学调整		
能源系统高效配置	城市群能源效率提升	城市管理和综合执法部门、能源部门等	全面系统研究城市群城市能源管理中存在的问题，提出相应的对策建议并改进；提高城市群能源安全性，全面统筹能源布局，将零散分布的能源进行优化整合
	城市群能源网络优化		
环卫设施共建共享	邻避设施规划选址	生态环境部门、自然资源部门、发展和改革部门等	鼓励和探索设施的共建共享，提高设施使用效率，推动形成绿色生产生活方式，推动生态环境根本好转，促进美丽中国建设
	静脉产业园选址		

3.7.2 场景1：跨区域水资源调配

我国水资源时空分布不均，且快速的人口集聚和城市扩张导致水资源需求量增加，水资源短缺成为制约城市群社会经济发展的重要因素。与此同时，城市群用水供需冲突及无序竞争加剧了水资源利用的不公平性。跨区域水资源调配不仅有助于解决供水不足的问题，更有助于最大程度地实现水资源的合理利用和环境保护。跨区域水资源调配侧重水资源的综合调控利用，通过协调不同城市用水目标，解决重点、难点和焦点问题，优先保障重点需求，兼顾一般需求，提高水资源综合效益。同时需要确保水资源调配的公平与公正，避免带来新的不平衡。此外，跨区域水资源调配需要城市群内不同城市以及各部门的配合，不仅要协调城市间的用水需求，协调不同用水类型的需求，也要协调外地水、本地水、常规水、非常规水等多水源之间的联合配置。城市群水资源系统调配主要包括以下具体场景。

1. 城市群水资源供需系统信息模拟

水资源供需间的平衡是相对的，不平衡现象始终存在，因此需不断研究水源供需关系，为制定水资源宏观决策及合理分配与调度奠定基础。水资源的供需受多方面因素影响，且各因素之间存在一定的相互制约、彼此消长的关系。从水资源的需求来看，不仅要统筹不同用水对象的生产、生活、生态用水，还要统筹协调节流与开源的关系。从水资源的供给来看，要平衡水资源利用与生态环境保护、经济社会发展之间的平衡关系。因此，城市群水资源配置要综合、系统考虑社会、经济、资源、环境等之间的关系，不仅要在流域大环境中进行深入分析，还要根据各城市的资源禀赋和社会经济发展情况，分区域探讨重点缺水地区和季节性缺水的问题。此外，需要借助技术手段，对相关指标和数据进行长期、系统的监测，对城市群水资源利用情况进行评估、模拟和优化，推动水资源由刚性配置向柔性配置优化，从静态配置向动态配置提升，从宏观水量配置向实时调度决策转变，提高水资源配置的科学性。

以城市群为研究对象，可以应用系统动力学的原理和方法，在充分考虑城市群社会经济发展、生态用水、农业农村用水需求的基础上，将水资源与社会、经济、人口、环境等作为一个整体，建立水资源供需系统仿真模拟模型，对城市群的水资源供需系统决策优化进行比选探讨（图3.4）。通过调整模型中变量的组合，可以建立不同方案的模拟结果进行比较选择，多方案比选有利于形成符合城市群科学的水资源规划、配置决策方案。系统动力学（SD）强化了分析的系统性，可以弥补静态分析中自然因素与社会因素相分离的缺陷，有助于描绘不同方案下水资源供需系统的变化趋势，也有助于获取通过数学分析难以获取的系统特性参数和政策调控的合理模式。

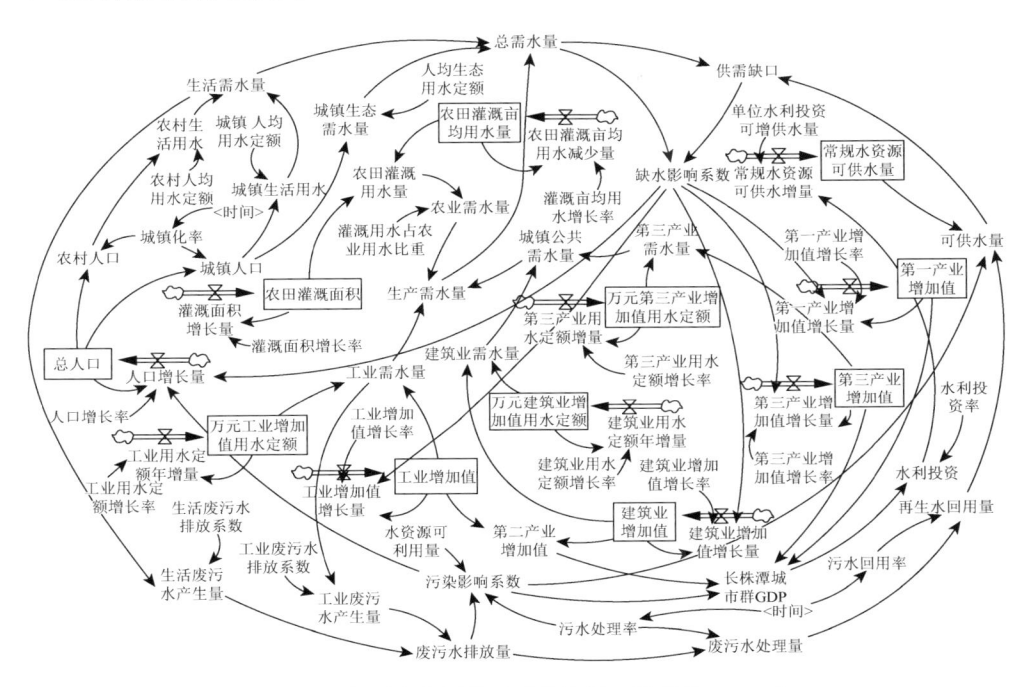

图 3.4　城市群水资源供需系统流图（熊鹰等，2018）

2. 城市群水资源多目标协同配置

城市群水资源系统的协同发展需要水资源配置总体格局优化，利用流域区域相协调的手段，提升水资源利用效率，推动水资源利用方式进一步由粗放向节约集约转变，统筹存量与增量，加强互联互通，推进国家水网重大工程建设。

以自然和人工水体的循环转化与调控平衡方程为核心，以水资源供用耗排平衡、水利工程调度供水平衡、水源利用等各类约束方程为约束条件，以水资源供给效益最大化、水耗损失最小为目标，构建数据规划模型，建立城市群水资源多维多目标协同配置模型。模型使用过程中，将城市群水资源优化配置多目标化分解，通过权重赋值形式，将单一目标问题转化为综合多目标函数。通过对不同方案的分析、计算求解，多方案比选确定推荐方案，实施水资源供需平衡的各项任务，为水资源配置决策提供依据（李丽琴等，2015）。

城市群水资源配置的目标可分解为社会目标、经济目标和生态目标。综合考虑水资源配置供给和需求，选取社会经济发展模式、节水方式、再生水利用情况、外调水规划情况等不同指标进行模型和方案的构建，并对各种组合方案进行分析计算，优选不同组合方案、不同水平年的水资源配置结果等，为城市群水资源系统调配提供决策支持。其中，社会目标函数不同供水权重取决于不同城市单元等级差异。根据每个城市单元采取多水源和水源地多分区的优化配置，针对单一水源供给多个对象的问题建立目标函数，确保城市群水资源的安全；经济目标函数选取缺水量作为社会经济效益评价标准，不同权重取决于行业缺水量的差异，满足各个城市的特色化发展和城市群的协同发展需求。生态目标函数主要考虑环境效益，由于城市群区域集聚性和水资源配置系统中水资源具有强可再生性，再生水供给量和工业和生活污水排放量中污染物入河量成反比，和水功能达标率成正比。

3.7.3 场景2：能源系统高效配置

能源系统是将自然界的能源资源转变为人类社会生产和生活所需要的特定能量服务形式的整个过程，可分为运输和固定两个分系统，每个系统内的供应、需求和分配设施都是高度相适配的，但相互之间却是独立的。城市群能源系统协同可以克服因不同区域的产业分布不同而导致的能源效率的区域差异，促进生产要素空间流动和合理配置。

经济快速发展的同时能源也被大量使用，伴随着人们对能源种类和数量的需求在不断提高，能源供需矛盾越来越激烈。而作为一种稀缺资源，能源生产较为困难，解决供需矛盾需要从提高能源利用效率入手，通过优化能源分配路径、减少运输和生产过程中的消耗、发展清洁能源等方式，实现能源可持续、经济高质量发展。城市群能源效率提升要以"十四五"规划为引导，优化城市群能源网络，促进地区间合理功能分工，更好地实现资源能源的合理配置，提高能源效率。各城市要倡导生产、生活、生态的协同发展，发挥各自优势，通过示范引领、产业合作等方式共同实现经济增长和节能减排，从而推动城市群能源格局的建立和经济的高质量发展（高达和李格，2022）。常用的能源配置效率测算模型有共同前沿能源效率模型、随机前沿分析（SFA）、数据包络分析（DEA）、量化要素扭曲求解均衡模型、空间计量模型等等（王茜娅，2022；彭泽亚，2022）。能源系统研究常用的分析方法有生态网络分析、投入产出分析、能量流分析等。

共同前沿（meta-frontier）理论的主要目的是反映区域、种类、规模和其他固有属性。强调不同决策单元（DMU）的生产技术差异是该理论的基本思想。将共同前沿理论和DEA线性规划方法相结合建立共同前沿能源效率模型，可以根据技术差异将所有的决策单元进行分组，每一个组都会有一个生产前沿面，即群组前沿。然后，将不同的群组的前沿面进行包络，就可以得到一个新的生产前沿面——共同前沿。进而计算群组前沿和共同前沿下的能源效率，对比分析不同投入产出下城市群的能源效率水平，指导制定节能措施、相关能源政策等。

生态网络分析是将所传输交换的物质、能量和信息等介质抽象化为网络中的节点，节点与节点之间的交流关系共同组成系统网络，在分析系统网络结构方面具有较大优势，成为生态系统、经济系统、能源系统、产业系统等复杂网络系统外部特征和内部机理等结构功能研究的重要工具。将生态网络分析与投入产出结合，采用 Finn 循环指数（F_{FCI}）、系统鲁棒性（S_{SR}）等构建能源网络分析模型，研究能源在网络中的循环利用率、系统效率与冗余的平衡关系，从而评估社会经济系统中能源的流转情况，以及能源网络的稳定性。

3.7.4 场景3：环卫设施共建共享

环卫基础设施共建共享可分为两类，一是传统的环境卫生设施的共建，包括生活垃圾处理设施、填埋设施、污水处理设施、建筑垃圾处理厂等；二是以构建资源节约型、环境友好型社会为目标的循环经济理念下的环境产业园建设。

生活垃圾处理设施是环境卫生基础设施的重要组成，是推动实现垃圾减量化、资源化、无害化处理的基础保障。目前，我国垃圾处理设施存在处理能力不足、区域发展不平衡、填埋设施环境风险隐患大、跨区域清运及处理协同机制不畅、土地资源要素配置与垃圾处理建设需求不匹配等许多问题，超前规划布局以及跨区域共建共享方式建设生活垃圾处理设施成为重要举措。

生活垃圾处理设施规划选址的主要方法有层析分析法、模糊综合评价、地理信息系统、博弈论等方法，重点是对方案进行适宜性评价。层次分析法是一种解决多目标复杂问题的定性与定量相结合的决策分析方法，用决策者的经验判断衡量同一层次各项指标的相对重要程度，适用于多目标多层次决策分析。层析分析法可将复杂的选址问题分为若干层次，构建清晰的层次结构，并通过对比各影响因子的重要性，进行方案的优先排序，进而确定最优方案。具体步骤分为：一是确定目标层、制约因素层及制约子因素层，建立层次结构模型；二是制约因素和制约子因素进行重要性比较，构成对比矩阵，进行权重计算并排序确定更优方案。模糊综合评价是将模糊的思想引入决策中，方法步骤包括：一是构建评价因素集；二是确定评价等级与权重分配，评价等级可分为"最佳""适宜""一般适宜""不适宜"四级标准，也可以是"很好""好""一般""差""很差"五级评价标准；三是建立各指标的隶属度函数，计算隶属度；四是构建模糊评判矩阵。将表示隶属度的模糊关系矩阵和权重进行运算合成可得到模糊评判矩阵，从而得到最终分析结果。地理信息系统是规划常用选址方法，主要是基于 GIS 系统数据库，如土地使用数据、路网数据等，在系统中进行叠加分析、缓冲分析，得到可行选址区域，并综合评估确定最终选址。上述三种方法是常用的选址及选址方案适应性评价方法。由于层析分析法、模糊综合评价只能对已有备选方案做适应性评价，不能确定备选选址方案，地理信息系统可以利用处理分析空间数据，能够确定备选选址方案，实现结果的直观可视化效果，在实际运用中，常将地理信息系统与层析分析法或模糊综合评价结合使用，以得到最适宜的选址方案。

静脉产业园是指建立以静脉产业为主导的生态工业园，通过对生活垃圾、建筑垃圾、医疗废物、危险废物等各类固体废弃物集中化、系统化的处理处置与再利用，最大限度地推动传统的线型经济模式转变为循环经济模式，有效缓解垃圾过剩及资源短缺的困境（虢英娜，2023）。2006年，国家环保总局实施《静脉产业类生态工业园区标准（试行）》，我国第一个静脉产业园——青岛新天地静脉产业园创建；2016年，住房和城乡建设部、国家发展和改革委员会等多部委联合印发《关于进一步加强城市生活垃圾焚烧处理工作的意见》，提出积极开展静脉产业园区、循环经济产业园区、静脉特色小镇等建设。自此，各地陆续着手规划建设静脉产业园。随着《"无废城市"建设试点工作方案》的印发以及双碳目标的提出，静脉产业园作为"无废城市"建设及落实"双碳"战略目标的重要抓手。与此同时，静脉产业园具有缓解邻避问题、便于集中管理、逐步实现垃圾零填埋等优势也越来越受到各地方政府的青睐。《重庆市"十四五"时期"无废城市"建设实施方案》提出，到2035年全市要打造建成24个静脉产业园，重点培育8个综合型静脉产业园；河南自2018年实施《河南省静脉产业园建设三年行动计划（2018—2020年）》以来，全省启动68个静脉产业园建设。未来，静脉产业园建设将成为环卫设施建设的重要方向。

目前，静脉产业园选址的研究方法主要有：层次分析法和多目标决策分析、GIS-灰色理论、GIS-MCDA选址辅助决策模型、线型规划选址方法等。其中，层次分析法和多目标决策方法、线型规划选址方法等的核心是构建相应指标体系作为静脉产业园选址的评估因子，进而对指标进行排序、比较分析，确定适于建设静脉产业园的区域。

3.7.5 决策支持底盘

1. 多源数据

重大基础设施决策数据涉及经济社会、水资源、能源、环卫等多领域，不同决策场景和决策事项所需的数据名称、来源、关键信息均不相同（表3.23）。

表3.23 城市群基础设施建设综合决策相关数据

数据名称	数据来源	关键信息	决策事项
经济社会数据	统计部门	城市群总人口、人口密度、人口分布、城市群GDP、人均GDP	水系统、能源系统、信息通信系统协同全过程

续表

数据名称	数据来源	关键信息	决策事项
水资源数据	水利部门、统计部门	总需水量、居民生活需水量、各产业生产需水量、万元GDP用水量、万元各产业增加值用水量、农田灌溉亩均用水量、可供水量、供需缺口、再生水回用量、废污水处理量、全年总用水量等	水系统协同全过程
能源数据	统计部门	城镇就业人数、地区能源消费量、资本存量、地区生产总值、工业SO_2排放量、全社会用电量等	能源系统协同全过程
环卫数据	生态环境部门、统计部门	禁止选址的区域、不宜选址区域等居民生活垃圾、公共场所垃圾、街道清扫垃圾等生活垃圾处理相关数据、城市生活污水集中收集率、生活垃圾无害化处理率、工业固体废弃物综合利用率等	环卫设施规划选址
土地利用数据	生态环境部门、统计部门、自然资源部门	行政区划、单位土地面积、土地利用栅格数据、道路交通数据、自然保护区边界数据、一级河流空间分布数据、分辨率数字高程数据	重大基础设施共建共享全过程

2．模型应用

城市群不同类型基础设施建设结合具体场景所用的模型方法主要有两类，一类模型方法是对水、能源等各种资源进行分析、评价，如系统动力学模型、多目标决策方法等，支撑区域资源系统的合理配置以及资源效率的提升。另一类模型方法是构建设施影响因子，并开展分析和评价，如层次分析法、博弈论分析等，支撑设施空间布局的优化和设施规划选址。根据不同设施决策场景需求，采用的相关模型算法见下表（表3.24）。

表3.24 城市群基础设施建设综合决策相关模型算法

决策场景	决策事项	相关模型算法
水系统资源协同	城市群水资源供需系统决策优化	水资源三维优化分配理论模型、水资源优化调度模型、城市供水和污水处理的联合模型等
	城市群水资源配置总体格局优化和科学调整	多维多目标配置模型、系统动力学模型、多目标决策TOPSIS方法、基于熵权的水资源配置和谐性模糊综合评价模型、果蝇算法（FOA）、多目标布谷鸟算法（IMOCS）等
能源系统协同	城市群能源效率提升	DEA模型、SBM模型、IRP综合资源规划方法、基于Promethe算法的鲁棒性分析、生命周期评价、能量枢纽的输入—输出端口模型、综合评价指数模型等
	城市群能源网络优化	基于图论的全能流模型、生态网络分析模型、投入产出分析、能量流分析等
环卫设施建设	邻避设施规划选址	博弈论、层次分析法、模糊综合分析等
	静脉产业园选址	层析分析和多目标决策分析、GIS-灰色理论、GIS-MCDA选址辅助决策模型、线型规划原理及最优子结构理论等

第 4 章　粤港澳大湾区协同发展综合决策的应用实践

建设粤港澳大湾区是重大国家战略。《粤港澳大湾区发展规划纲要》提出要深化粤港澳互利合作，建设富有活力和国际竞争力的一流湾区和世界级城市群。然而，粤港澳大湾区建设在产业、交通、基础设施、环境治理等方面协同发展的难点、堵点、痛点依然存在，亟需突破瓶颈、创新方式方法，不断增强粤港澳大湾区的竞争力和可持续性。城市群协同发展综合决策范式为粤港澳大湾区各领域协同发展提供了新思路新方法。本书将城市群协同发展综合决策范式应用于粤港澳大湾区，开展了基于多情景模拟的国土空间布局优化、关联视角下产业协同优化配置、基于公平-效率的城际轨道空间布局优化、国土空间多尺度生态修复综合评价、跨地市邻避设施规划选址以及"人口-产业-环境"多要素耦合协调动态综合评估等应用，为助推粤港澳大湾区高水平协同发展提供决策支持。

4.1　基于多情景模拟的国土空间布局优化

4.1.1　国土空间布局优化决策需求

自党的十八大以来，生态文明建设作为关系中华民族永续发展的根本大计，被摆在全局工作的突出位置。国土空间作为生态文明建设的基石，其开发和保护需要以尊重自然、顺应自然、保护自然的生态文明理念为指导。在空间开发格局和布局优化方面，各类功能空间的安排和实施是关键问题，由此引发了对空间开发格局和布局优化的迫切需求。

党的十九大提出要建设人与自然和谐共生的现代化，既要创造更多物质财富和精神财富以满足人民日益增长的美好生活需要，也要提供更多优质生态产品以满足人民日益增长的优美生态环境需要。党的二十大进一步明确要优化国土空间发展格局。这要求不能将生态环境保护和社会经济发展相割裂，而应以社会、经济和生态效益相统一、人口资源与环境相协调、功能与布局相匹配的新视角来合理安排各类空间开发活动。此外，还需坚持底线思维，将"绿水青山就是金山银山"的绿色发展理念付诸实践，将生态效益放在国土空间开发的优先位置。这不仅是实现可持续发展的必要条件，更是对美好生活追求的体现。

通过以生态文明理念为指导的国土空间开发和保护,可以更好地应对资源紧张、环境污染和生态系统退化的挑战。同时,这也体现了人民对可持续发展的追求和对美好生活的向往。

与国家级和省市级国土空间治理体系相比,城市群国土空间布局更需注重跨区域的协调。充分发挥资源整合优势,协同落实国家战略,解决区域间的冲突。首先,需要聚焦空间资源的统筹谋划,识别并确定能达成共识的重点项目和关键政策,共同争取政策支持以实现战略目标。这有助于加强城市群不同城市的合作与协调,推动资源的合理配置和高效利用。其次,需要关注城市之间特别是毗邻城市具体的空间利用矛盾,利用协同规划编制过程中的沟通机制和协商平台,采用空间布局引导、空间管控实施等规划工具化解矛盾冲突。这也有助于在规划过程中充分考虑城市群多元主体利益诉求,实现城市群均衡发展。

城市群国土空间布局优化区别于省市级国土空间规划体系,其内容不宜重复省市级国土空间治理体系中行政约束和管控内容,比如在区域层面再重复划定城镇空间、农业空间、生态空间(简称"三区")以及城镇开发边界、永久基本农田保护红线、生态保护红线三条控制线(简称"三线"),或执行建设用地指标或耕地保护指标的分配,否则不仅难以达成共识,更会对不同层级城市规划管控造成不必要的干扰。

粤港澳大湾区国土空间治理首先应严格遵守和落实国家战略规划提出的区域发展部署,统一发展理念,要求生态文明背景下国土空间开发必须坚持开发与保护协调,坚持生态优先、保护优先、合理开发,强化底线管控,要将其作为区域空间资源配置和优化的刚性前提。其次,要聚焦关键领域,集中贯彻落地重大区域战略、协调解决跨行政区重大问题和指导区域协调协同发展,将规划研究的重点聚焦在可以跨界合作的生态保护、设施共建、产业协同及服务共享等切实可行的领域上。

优化城市群国土空间布局是一个重要的议题,它要求决策者从战略高度、整体最优、效益最大、生态优先和合理利用的角度出发,以实现城市科学合理开发、协调空间秩序,并建立可持续性的国土空间开发格局。在实施重大区域战略的基础上,决策者应更加重视空间资源的保护、管控和长期规划。聚焦空间安全、治理、效率和品质等重大问题,强调对跨区域空间的保护和通道预留。此外,还需要与其他区域发展相关的专项规划进行衔接,并主动为其他专项规划提供空间保障和布局指导。在区域城镇发展、基础设施建设、资源能源开发、生态环境保护等方面,决策者需要将国土空间开发保护行为统筹在一张区域战略的空间蓝图上,通过这样的方式,才能更好地实现城市群国土空间的优化,促进区域的可持续发展。

针对粤港澳大湾区国土空间布局优化,关键在于加强区域协调、落实区域发展战略和确保空间有效统筹衔接。通过聚焦空间资源的统筹谋划、化解城际和区域间的矛盾、提出空间治理建议，落实国家战略规划，并关注生态保护、设施共建、产业协同等领域，可实现开发与保护的协调。同时，从战略高度出发，重视空间资源的保护、管控和长期规划，确保国土空间开发保护行为在一张区域战略的空间蓝图上统筹，以推动粤港澳大湾区的可持续发展。

4.1.2 国土空间布局优化决策技术优化

1. 借助情景模拟，凝聚战略共识

在优化区域国土空间布局的过程中，决策者需要具备战略眼光，超越局部短期利益，以更宏观、长远的视角审视区域未来。这需要认识到各方对区域发展目标和方向达成共识的重要性，而达成共识的基础是认识到区域共同面临的核心机遇和挑战。因此，借助情景模拟方法，凝聚战略共识，是推动区域合作的重要前提。优化区域国土空间布局意味着在制定发展目标后，从宏观和微观两个层面分析如何实现系统整体的最优化发展。为实现整体利益最大化，有时需要牺牲部分微观个体的利益，采用情景模拟进行空间布局规划是一种顺应形势的策略，有助于协调不同利益主体之间的矛盾与冲突。

在粤港澳大湾区国土空间布局优化过程中，利用情景模拟方法可以模拟未来不同情景下的地理格局和资源分布。在此基础上，以国土空间开发与保护总体方针和生态保护格局为前提，建立共识，识别内部开发与保护的局部冲突。针对各专项领域，提出优化配置和管控要求，实现粤港澳大湾区空间格局的一体化。通过情景模拟方法的应用，可以更好地理解不同发展路径下的国土空间布局优化问题，为决策者提供更加科学和全面的参考依据。同时，这也有助于促进不同城市决策部门对地区重要空间问题、整体空间格局、重点合作事项以及重大空间政策等逐步达成共识。

2. 基于发展趋势，聚焦重点地区

在城市群区域空间的演变过程中，平衡"极化与均衡"的关系是至关重要的。这一关系的平衡直接决定了区域空间资源分配的方向。从学术角度来看，城市群空间演化普遍经历了一个相对极化的阶段。在这个阶段，资源的集中确实推动了区域经济、人口规模和整体竞争力的快速提升。然而，这也导致了区域发展的不均衡，引发了一系列严重的环境和社会问题。因此，区域空间规划在考虑区域发展阶段性特征的同时，要尊重市场主导的资源配置规律。同时，确保空间资源的合理分配，保障各地区有相对均衡的发展机会。这样不仅能充分释放地方独特的资源潜力，还能推动其可持续发展。

目前，粤港澳大湾区正处于空间相对极化的成熟期，人口和产业主要集中在四大中心城市。但也能观察到制造业功能正在向外围城市溢出，从而导致了外围城市与中心城市之间的发展差距。为了实现更高水平的均衡发展，国土空间布局优化应以高质量的极化发展为引导，在保障中心城市和都市圈能级和带动作用的同时，根据空间发展趋势，识别并培育未来的潜力增长地区。通过因势利导的方式，逐步构建多中心、网络化的空间体系结构，实现区域均衡发展。

在此空间体系结构下，除了关注中心城市和都市圈，还需要关注都市圈以外的次级城市。这些城市过去属于发展洼地，但随着区域交通网络的完善和区域合作的推进，将迎来新的发展机遇，可能与周边城镇形成紧密关联的城镇组群，成为新的区域增长极。对于粤港澳大湾区外围的欠发达城市，空间布局应强调其生态保护的核心功能。同时，还需要重点识别其中具有独特资源条件和特色功能的区域，为其配套相应的空间资源，并赋予其特色职能，如区域魅力景观城市等。这样不仅可以带动周边欠发达地区的发展，还可以为这些地区提供新的发展机会。

3. 贯彻区域战略，推动共同合作

区域国土空间规划的实施，涉及的主体多样，包括各城市的政府决策者和不同的行政部门。不同主体在目标和实施方法上存在差异，甚至存在矛盾。为了提高规划的有效性，需要采取相应措施来协调各方行动。行动式规划是一个重要的途径，它能够凝聚各方共识，推动工作务实进展。共同行动需要找到一个既能引起各方共同关注、符合各方利益，又能打破行政壁垒的合作切入点。

在粤港澳大湾区，这样的措施包括建立跨行政区的协调机制、制定共同行动计划、促进信息共享、鼓励跨界合作项目以及加强监督与评估等。上述措施的实施，可以推动区域国土空间规划的实施，促进各城市之间的合作与共同发展。目前，深圳前海和河套、广州南沙、珠海横琴等重大合作平台已经成为粤港澳大湾区共同行动的重要载体，促进了各城市之间的合作，实现更广泛和深入的区域合作。

为将行动计划落到实处，国土空间布局不仅要统筹粤港澳三地现有空间规划，还要广泛协调各城市的未来发展规划和各部门的区域专项规划，建立项目共同报送制度和合作审批制度等动态管理机制，以确保项目的顺利实施。从规划项目的分布情况来看，交通、电力、能源、旅游线路等跨界线性基础设施项目在粤港澳大湾区中占有较高比例。此外，还有一些跨界的片区性项目和多点布局的系统性项目，例如生态保护和治理合作项目、旅游产业协作项目，以及应急救援、固废危废处理等重大市政基础设施共建共享项目。这些项目都需要通过协调落实项目空间布局，以形成跨省市合作编制项目的建设规划或方案。通过这种方式，进一步促进国土空间开发与保护的区域共同行动,加强区域间的合作与协调。此外,规划实施需注重对国土空间开发与保护的监测评估,及时发现问题并采取应对措施,确保规划目标的实现。

4.1.3 基于多情景模拟的国土空间布局优化范式建立

1. 引入决策情景

国土空间布局优化是一个涉及多方面任务的复杂过程,包括数量结构优化和空间布局模拟等。针对不同的问题,需要设定相应的目标和要求,并选择合适的方法和指标体系来构建技术方法体系。在选择模型方法和指标时,应确保其合理性和结果的准确性,以满足不同目标和要求。国土空间布局优化也是一个系统科学工程,不同问题之间、各个子系统之间相互联系、相互制约、相互协调、共同演化。因此,在优化国土空间布局时,需要充分考虑不同主体之间的联系和影响,加强协调与合作,以确保布局优化的全面性和有效性。同时,为了提高布局优化的效果,还需要充分考虑政府不同决策主体的实际参与。通过加强政府决策主体与相关利益方之间的沟通和合作,更好地协调各方利益,实现更加全面和有效的国土空间布局优化。

本书采用目前国际经典情景模拟框架——共享社会经济路径（shared socioeconomic pathways，SSPs）作为粤港澳大湾区未来经济社会系统 5 种不同的发展模式,为粤港澳大湾区土地利用规划与可持续发展提供参考。共享社会经济路径是由联合国政府间气候变化专门委员会综合考虑人口增长、经济发展、技术进步、环境条件、公平原则、政府管理、全球化等发展特点,在典型浓度路径（representative concentration pathways，RCPs）情景基础上发展而来的情景框架。SSPs 描绘了未来经济社会系统 5 种不同的发展模式,被广泛应用于人类社会发展与生态系统相互影响的研究中。将 SSPs 引入粤港澳大湾区国土空间情景模拟能够充分考虑人类社会经济活动与自然环境之间的相互影响,通过土地利用/覆被变化揭示生态环境、人类社会经济活动的变化及其相互作用的复杂关系。

SSPs 主要描述了五种不同的典型路径,包括可持续发展路径 SSP1、中度发展路径 SSP2、局部或不一致发展路径 SSP3、不均衡发展路径 SSP4 以及高能耗发展路径 SSP5。SSP1 是可持续发展的情景,走绿色道路;SSP3 是一条区域竞争之路,对外贸易减少,且经济发展缓慢;SSP2 是 SSP1 和 SSP3 之间的中度发展道路;SSP4 是一条分化之路,即发达地区能得到很好的开发和管理,而落后地区则相反;SSP5 是化石燃料驱动的高能耗发展道路,它带来了快速的经济增长,但也产生了更多的碳排放。

2. 确定不同情景下各类土地覆被/利用类型的用地需求

国土空间布局优化的核心目标是平衡国土保护与开发之间的关系，构建和谐、统一的国土空间布局和秩序。在这一过程中，必须意识到区域自然生态系统和社会经济系统是不断变化的，但这种变化并非完全无规律，而是具有一定的路径依赖特性和相对稳定性。也就是说，这些系统在变化中呈现出高度的一致性和规律性，同时也存在一定的不确定性。为了制定出更符合实际情况的决策，不同领域的决策者不仅需要考虑自身的需求和当前区域内的自然、社会经济状况，还要对未来的发展趋势有所预见。在优化国土空间布局时，需要以一种动态的视角来审视问题，既要把握住总体的发展趋势，也要考虑到社会经济发展的各种不确定性。

对粤港澳大湾区未来土地需求的预测，借鉴相关学者的研究基础，通过分析土地需求的历史数据，结合该区域的长期发展规划和政策导向，同时考虑人口增长、经济发展、城市建设等关键因素，对未来的土地需求进行较为准确的预测。在此基础上，进一步探讨如何优化国土空间布局，从而实现土地资源的合理配置和可持续利用。

3. 开展决策分析

将元胞自动机（CA）和全球共享社会经济路径（SSPs）情景相结合，通过耦合多种社会经济和自然环境影响，从宏观用地总量需求和微观土地供给相平衡的角度开展粤港澳大湾区国土空间情景模拟分析。分析使用的粤港澳大湾区土地覆被/利用空间数据集主要取自 2000 年、2005 年、2010 年、2015 年和 2020 年我国土地利用与土地覆被数据库（CNLUCC，https://www.resdc.cn）。粤港澳大湾区各城市行政区划数据来源于全国地理信息资源目录服务系统（http://www.webmap.cn）。河流、自然保护区矢量数据来源于国家地球系统科学数据中心（http://www.geodata.cn）。高程数据来源于美国地质调查局 30m 分辨率的 SRTM1v3.0DEM 数据（https://earthexplorer.usgs.gov/）。铁路、高速公路和城市交通道路等交通路网矢量数据来源于 OSM 开源项目（Open Street Map, https://download.geofabrik.de/），后期通过计算欧氏距离获取各级路网空间化距离变量，并进行栅格归一化处理。社会经济数据涵盖广东省 2000 年第五次、2010 年第六次、2020 年第七次人口普查数据，以及县域尺度的 GDP、人口总数、人口密度、城镇化率、第一、二、三产业占比等数据，主要来源于广东省统计年鉴、9 个地级行政单位统计年鉴、香港人口普查统计局以及澳门统计和普查局（表 4.1）。

表 4.1 粤港澳大湾区国土空间情景模拟分析数据来源

数据类型	数据名称	数据来源
自然资源数据	高程	美国地质调查局 30m 分辨率的 SRTM1v3.0DEM 数据（https://earthexplorer.usgs.gov/）
	坡度	高程计算
	河流	国家地球系统科学数据中心（http://www.geodata.cn）
	降水	中国科学院地理科学与资源研究所资源环境科学数据平台（http://www.resdc.cn）
	气温	TerraClimate 气象网格数据集（https://www.worldclim.org/data/index.html）
	土壤侵蚀强度	我国土地利用与土地覆被数据库 CNLUCC（http://www.resdc.cn）
	自然保护区范围	国家地球系统科学数据中心（http://www.geodata.cn）
人类活动数据	人口分布	WorldPop 项目(https://www.worldpop.org/)
	GDP 分布	国家统计局（https://www.stats.gov.cn/sj/）
	土地城镇化率	根据土地覆被/利用数据计算
	路网	OSM 开源项目（Open Street Map, https://download.geofabrik.de/）
	第一、二、三产业占比	国家统计局（https://www.stats.gov.cn/sj/）

步骤 1：土地变化分析

基于 2000 年和 2010 年的粤港澳大湾区土地利用栅格影像，对耕地、林地、草地、建设用地、未利用地和水体六种地类进行模拟。考虑到数据误差，面积小于 10 千米^2 的土地类型转换被忽略，因此只有 99%用地转换被用于下一步建模。

步骤 2：转移潜力模拟

通过设置元胞自动机（CA）模型中土地转移子模型的结构和模拟方法，用于计算转移潜力。首先，初始选择了 14 个与土地利用变化相关的独立驱动变量（图 4.1）。然后，基于衡量每个驱动因素和地类之间关联系数，确定了 12 个克拉默相关系数（Cramer's V）超过 0.2 的强关联变量以确定子模型结构。

土地转移子模型的模拟方法有三种选择，包括多层感知器神经网络（MLPNN）、基于相似度加权的实例机器学习 SimWeight 和逻辑斯谛回归。由于 SimWeight 和逻辑斯谛回归方法只能为每个子模型执行一次转换，而 MLPNN 可以为每个子模型运行多次转换（最多 9 次），并能稳健地模拟非线性关系（Shoyama et al.，2019），因此选择采用 MLPNN 方法来模拟研究区土地利用转换。

步骤 3：土地利用变化预测

通过马尔可夫链或转移概率矩阵，对每次转移的土地变化量进行建模，以生成合理的未来土地利用模拟结果。其中，基于历史惯性（business-as-usual，BaU）情景是使用默认转移概率矩阵生成的。元胞自动机（CA）模型可以生成两种模式

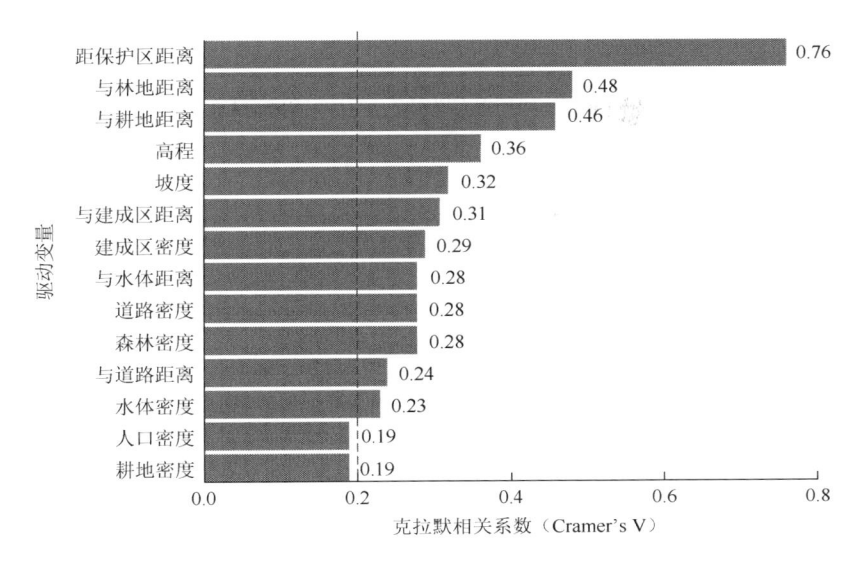

图 4.1 构建元胞自动机模型的驱动变量

的变化预测，即硬预测（hard projections）和软预测（soft projections）。硬预测是对特定场景的预测。软预测是 0—1 范围内变化程度的连续映射，高值表示对变化的高度敏感性。软预测主要表示一个区域具有足以发生变化的条件程度，但没有显示究竟会发生什么变化。因此，研究主要采用硬预测来评估 BaU 情景下的预测性能。

步骤 4：纳入规划限制和激励措施

将区域土地限制和激励机制通过栅格图层形式指定到土地转换中，以便能将变化分配整合到预测过程中，从而使模型更加稳健，并可以进一步塑造未来的土地利用格局。图层中的 0 值表明绝对限制，0—1 取值表明限制程度大小，等于 1 的值表明无限制，大于 1 的值表明激励程度大小。

本书中，两种类型的图层被认为是限制和激励措施：一是基于不同 SSPs 情景路径下的人口分布，在已有学者研究的基础上（Chen et al., 2020），通过将 2030 年的粤港澳大湾区未来人口预测分布与 2020 年实际人口分布的比值来创建限制和激励图层，根据 2020 年粤港澳大湾区总人口 6400 万人，预测 2030 年总人口 SSP1 为 9980 万人，SSP2 为 10 200 万人，SSP3 为 10 240 万人，SSP4 为 9886 万人，SSP5 为 10 000 万人；二是粤港澳大湾区的自然保护区被指定为限制因子并赋值为 0，表示该地区不允许开发。

4. 情景模拟输出应用

将 SSPs 情景与粤港澳大湾区土地规划政策相结合，生成基于历史惯性情景和

SSP1—SSP5 本地化的粤港澳大湾区国土空间未来情景预测。输出的模拟预测结果可应用于生态承载力、生态足迹的比较分析，以及估算与土地使用相关的碳排放量，为"双碳"目标下粤港澳大湾区碳减排提供参考依据。

4.1.4 粤港澳大湾区国土空间变化模拟预测

1. 多情景下国土空间变化

基于相关已有文献（Li et al.，2016；Liao et al.，2020；Li and Chen，2020）提取粤港澳大湾区未来的林地、建设用地、未利用地和水体的数量结构配置信息。在遵循耕地"占补平衡"政策要求下，结合不同 SSPs 下耕地平衡政策的未来影响，优化调整粤港澳大湾区的耕地需求，确定 2030 年粤港澳大湾区土地覆被/利用类型的未来用地需求（表4.2）。

表 4.2　2030 年粤港澳大湾区 SSPs 情景路径下的土地需求估算　（单位：千米^2）

SSPs 情景	耕地	林地	草地	建设用地	未利用地	水体
可持续发展路径 SSP1	19 907	20 678	2 246	10 334	65	3 352
中度发展路径 SSP2	17 978	20 156	3 568	9 527	205	3 352
局部或不一致发展路径 SSP3	18 178	22 468	4 976	8 645	110	3 352
不均衡发展路径 SSP4	20 565	19 559	2 214	9 046	178	3 352
高能耗发展路径 SSP5	20 384	20 236	2 004	9 578	198	3 352

基于历史惯性的粤港澳大湾区土地利用变化情景代表了其过去趋势的延续，该情景下的土地利用变化预测结果表明（图4.2），至 2030 年粤港澳大湾区主要的土地利用类型是耕地、林地和建设用地。建设用地的比例依旧持续大幅增加，耕地、草地面积大幅下降，而林地下降相对较小。2000—2030 年期间约 22%的耕地被转化为建设用地，耕地转化为建设用地是粤港澳大湾区未来惯性发展的一个显著趋势。

不同 SSPs 情景路径下，2030 年粤港澳大湾区土地利用模拟结果整体差异不大，城市建设发展仍以珠江三角洲为中心，耕地主要分布在粤港澳大湾区外围，林地主要位于其北部，耕地、林地和建设用地面积占比最高。在历史趋势情景中，假设继续保持历史趋势，建设用地面积和林地面积占比大于不同 SSPs 情景下占比，草地面积占比相对较低。不同 SSPs 情景路径中，SSP1 情景的耕地和建设

耕地　草地　林地　建设用地　水体　湿地　未利用地

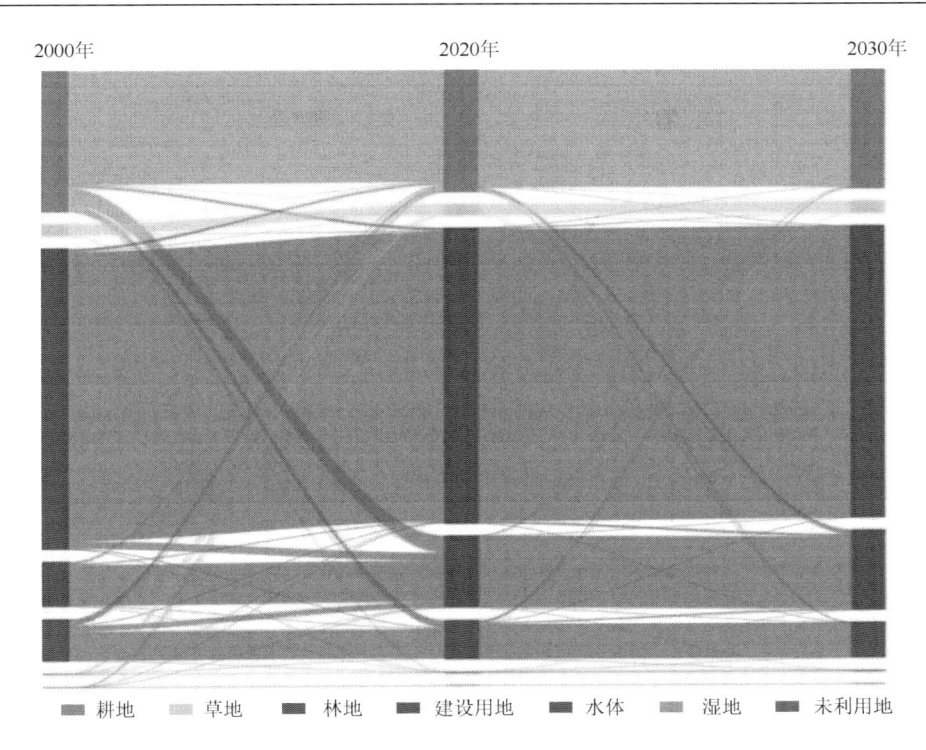

图 4.2　基于历史趋势情景的 2000—2030 年粤港澳大湾区土地利用变化桑基图（后附彩图）

用地面积最大，分别是基于历史惯性情景的 1.20 倍和 0.90 倍，其次是 SSP5、SSP4。在 SSP3 情景，建设用地面积、耕地最低。值得注意的是，只有 SSP3 的耕地面积小于历史惯性的面积。

2. 基于土地覆被/利用的碳排放量

土地覆被/利用作为一种典型的人类活动通过改变森林、草地和农田等自然碳源和碳汇来影响全球碳平衡。然而，随着工业化和城市化进程的加快，土地覆被/利用方式的变化导致碳排放量增加。因此，使用以下公式分析计算不同 SSPs 路径下的土地覆被/利用相关的碳排放趋势（Cao et al.，2019；Yang et al.，2020）。

$$E_s = \sum_i A_{si} \cdot \delta_i$$

其中 E_s（单位：吨碳/年）表示情景 s 下发生的碳排放；A_{si}（单位：公顷）表示情景 s 下第 i 类土地覆被/利用的面积；δ_i 表示给定土地覆被/利用类型 i 的碳排放/吸收系数［单位：吨碳/(公顷·年)］。不同土地覆被/利用的碳排放/吸收系数见表 4.3。

表 4.3 不同土地覆被/利用类型的碳排放/吸收系数

用地类型	耕地	林地	草地	建设用地	未利用地	水域
吨碳/(公顷·年)	0.422	−0.644	−0.024	40.73	−0.005	−0.283
参考文献	（杨国清等，2019）	（苏雅丽和张艳芳，2011）	（张俊峰等，2014）	（石洪昕等，2012）	（赖力，2011）	（段晓男等，2008）

结果表明（表 4.4），建设用地和耕地是粤港澳大湾区土地利用碳排放的主要贡献者，且建设用地面积对碳排放增加具有决定性影响。相反，林地、草地和水体有助于 CO_2 吸收。各情景下，2030 年粤港澳大湾区土地覆被/利用 CO_2 排放量约占 2020 年总排放量的 27.09%。SSP2 情景下的土地利用 CO_2 排放量最高，这是由于 SSP2 情景下的建设用地面积最大，其次是 SSP1、SSP5 和 SSP4。SSP5 情景耕地排放量最大，SSP3 耕地排放最小。林地是碳吸收最主要的贡献者，林地 CO_2 吸收量在 SSP2 情景最高，但其他情景相比差异不大。从粤港澳大湾区土地覆被/利用分布上来看，碳排放量高的地区主要集中在珠江口附近，特别是广州、深圳和香港等核心城市。相比之下，碳汇空间主要分布在周围的生态保护区域，其中森林是主要的固碳来源。

表 4.4 SSPs 情景下 2030 年粤港澳大湾区土地覆被/利用类型碳排放/吸收估算（单位：万吨碳/年）

SSPs 情景	合计	耕地	林地	草地	建设用地	未利用地	水体
可持续发展路径 SSP1	300 714.96	3 157.07	−4 817.90	−179.55	304 709.93	−37.41	−2 117.18
中度发展路径 SSP2	348 889.06	3 662.83	−5 589.72	−208.31	353 524.02	−43.40	−2 456.35
局部或不一致发展路径 SSP3	311 876.42	3 274.25	−4 996.73	−186.21	316 019.67	−38.79	−2 195.77
不均衡发展路径 SSP4	291 063.18	3 055.74	−4 663.27	−173.79	294 929.92	−36.21	−2 049.23
高能耗发展路径 SSP5	344 953.71	3 621.52	−5 526.67	−205.96	349 536.39	−42.91	−2 428.65

注：2020 年粤港澳大湾区 CO_2 总排放量（1 287 663.25 万吨碳/年）来自中国碳核算数据库（China Emission Accounts and Datasets，CEADs）。

4.1.5 范式应用的未来展望

在当前区域发展格局优化完善的关键时期，我国正逐步构建和完善以国家发展规划为统领，以空间规划为基础，以专项规划、区域规划为支撑的规划体系。城市群这一类区域尺度国土空间治理是我国推动区域发展和空间现代化治理的重要手段，其在国土空间规划体系中扮演着不可或缺的角色。这种治理方式不仅强调"空间治理"的技术内核，更突出了区域协调的战略引导作用，使规划从传统的蓝图型转变为更具行动力的模式。

在国土空间布局优化的多情景模拟研究范式中，参考已有研究，结合了SSPs与粤港澳大湾区规划政策，探索适合粤港澳大湾区的国土空间开发利用模式，以推动其实现可持续发展。这种范式为粤港澳大湾区开展合作空间治理提供了有效的理论支持，有助于促进不同城市决策部门对地区重要空间问题、整体空间格局、重点合作事项以及重大空间政策等达成共识。通过多情景模拟研究，可以更深入地理解在不同发展路径下如何优化国土空间布局的问题，为决策者提供更科学、全面的参考依据。在此基础上，模拟成果对粤港澳大湾区不同城市之间开展生态环境保护、基础设施布局、城际轨道交通、产业体系等方面的合作具有重要的指导意义。例如在生态合作方面，香港、深圳绿地面积较大，但人口密度高，依然面临生态安全不足的问题。由于香港、深圳、惠州在空间上毗邻，生态资源通过梧桐山—红花岭生态走廊相连，因此，香港、深圳和惠州在区域生态保护合作方面具有良好的生态背景。

在当前国土空间生态保护红线、永久基本农田保护红线和城镇开发边界划定的基础上，国土空间情景模拟范式需要结合"三线"管控要求，进一步聚焦生产、生活、生态三生空间协调困难的重点区域，从不同城市之间协同发展的角度出发，制订更细层次的决策目标以及实施路径。

4.2 关联视角下产业协同优化配置

4.2.1 产业协同发展需求

产业协同发展是现阶段产业研究的重要领域。目前，基于关联视角的区域产业发展动态研究尚处于起步阶段，且主要存在以下两个方面的问题：一是缺乏明晰的关联视角研究框架，产业研究的对象不同导致各类关联研究结果难以比较，兼顾地理空间单元时又难以兼顾产业门类，而以产业门类或企业载体开展研究时，又较难兼顾产业的空间特征，这一问题在产业集群的划定过程中尤其突出（朱晟君等，2020）；二是以企业微观大数据为研究载体定量分析其相互关联的研究还相对较少，传统企业关联定量研究以小尺度微量定性调研访谈为主（沈体雁等，2021），基于大尺度视角进行企业关联的研究较少，随着大数据应用逐步兴起，传统产业模型和研究方法越来越难以有效处理海量企业大数据，而数据治理体系的日益规范又使研究者获取各类高精度数据的渠道变窄。基于关联视角研究有利于了解区域产业之间的价值流动，判定各产业在区域产业发展中扮演的角色，为促进产业协同以及规划、产业部门的决策提供理论依据。

本书以广东省为研究对象，基于关联视角，从企业投资行为、产业价值流动和产业空间分布特征三个维度分别构建广东省企业关联、产业关联和区域关联网络，深入解析关联视角下广东省产业发展动态变化特征，以期为广东省产业协同发展提供优化策略和建议。

4.2.2 产业协同发展决策技术优化

1. 不同尺度"产业关联"视角下的技术优化

产业关联分析视角下，在进行国家和省级行政区等宏观尺度的产业协同优化配置过程中，可通过编制投入产出表和投入产出法来分析研究区域的产业关联情况和产业链，进行明晰促进区域产业关联的优势产业。重点加强产业关联视角在中小尺度的分析，以弥补市、区县、园区等研究单元在确立主导产业或产业升级时，选取的主导产业是否是大区域产业背景下真正所需要的优势产业等问题。通过精准把握现状区域的优势产业，比较区域内发展的产业在宏观产业链中的位置，可以根据宏观产业链与产业价值流动，明确与区域产业发展高度相关的产业类别。

2. 不同尺度"企业关联"视角下的技术优化

企业关联分析视角下，重点加强在国家和省级行政区等宏观尺度的企业关联分析，包括根据企业大数据，分析区域内企业间资金、技术专利、资源、产品的联动关系，解析区域内重点企业的行为和投资特征。在市、区县、园区等中小尺度单元上，对区域招商引资引进的重点企业和龙头企业进行详细解析，包括类型、类别、子母公司隶属情况、生产关系、投资关系和创新合作关系等。梳理与重点企业和龙头企业的关联企业的基本情况，解析其关联关系、发展机遇和应对风险。

3. 不同尺度"区域关联"视角下的技术优化

区域关联分析视角下，在国家和省、地级市等中宏观尺度的关联分析过程中，重点考虑各区域之间的关联特征，包括基于行政区划等地域单元，确定区域间的产业要素空间流动的特征。基于产业要素的流动特征判断片区产业发展的禀赋，基于产业各类要素的流动特征，判断区域产业发展的竞合关系。在区和园区等微观尺度的分析过程中，重点考虑研究区同周边区域产生关联的特征，产业发展的联动关系，分析片区之间产业要素（资金、技术、知识、劳动力等）的流动特征和区域合作方式。

4. 同一尺度产业、企业、区域关联的比较分析和协同优化配置

当研究尺度为国家和省级等宏观尺度时，综合决策范式多从产业关联视角，分析片区产业的不同发展情况和区域之间的要素联动关系。如根据投入产出法分析研究区域的产业关联情况和产业链来明晰区域产业关联的优势产业门类，或重点考虑各区域之间的关联特征，判断区域产业发展的竞合关系。宏观尺度的研究还可进一步根据企业大数据，分析区域内企业资金、技术专利、资源和产品的联动关系，解析区域内重点企业的行为和投资特征。

当研究尺度为园区和区等微观尺度时，现有研究主要集中在解析区域招商引资引进的重点企业和龙头企业的各类特征，包括类型、类别、子母公司的隶属情况、生产关系、投资关系和创新合作关系，梳理重点企业和龙头企业的关联企业的基本情况，或基于定性视角，重点考虑研究区同周边区域产生关联的特征、产业发展的联动关系。未来可根据宏观层面的投入产出研究，明晰现状区域的优势产业，比较区域内发展的产业在宏观产业链中的位置，根据宏观分析产业链与产业价值流动，明晰与区域产业发展高度相关的产业类别。

综合产业关联、企业关联和区域关联分析视角，最终形成产业协同发展优化配置的技术路径（图4.3）。

4.2.3 基于关联视角的区域产业协同发展决策范式建立

1. 明确产业协同两大决策主体需求

自然资源部或住房和城乡建设部立足区域分析视角，通过规划设计对产业项目的用地规模、权属进行空间管控，以此来分析区域的产业协同配置与优化。产业部门则以产业分析视角，确定区域发展的产业结构、资源禀赋、优势产业，明晰片区发展的主导产业及产业发展规模。通过基于关联视角研究，同时考虑产业部门、自然资源部和住房和城乡建设部的需求，有助于深入了解区域产业之间的价值流动情况，判定各产业在区域产业发展中扮演的角色，这将推动产业协同的目标实现，并为规划、产业决策部门提供理论依据。

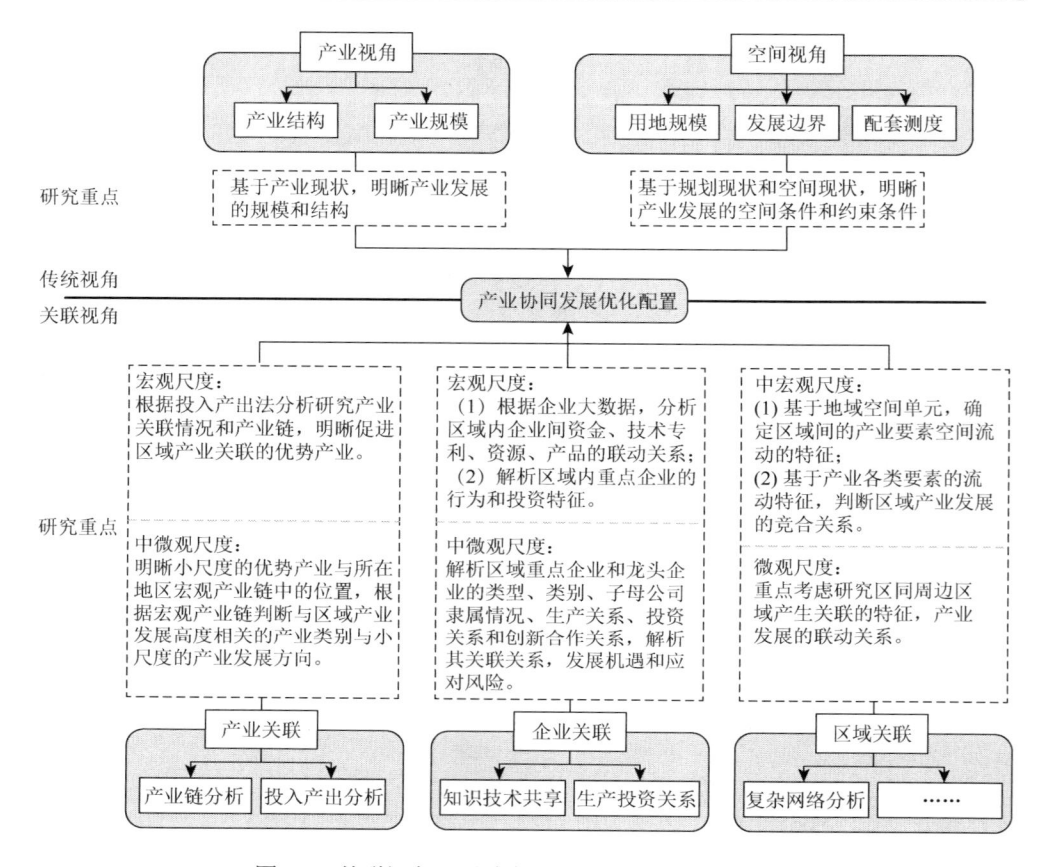

图 4.3 关联视角下区域产业协同发展优化配置框架

2. 确定产业协同的决策目标

关联视角下的产业协同发展优化配置从宏观到微观，共有三类研究对象：第一类以地理单元或空间单元的差异作为研究对象，企业、产业、资源、政策、贸易、移民、交通运输、人口劳动力和技术知识的流动等是区域间相互联系的表征载体，是空间单元相互联系的具体表现形式（潘峰华和方成，2019）。第二类研究产业门类或产品，即产业关联，指产业间生产技术、生产要素、资金价值、基础设施和管理机制的相互流动或相似程度（Hidalgo et al.，2007），包括产业和产品之间的价值流动、技术创新流动和制度流动等。第三类研究企业个体，即企业关联。由于企业是产业发展的微观组成载体，因此第二类和第三类研究的边界较为模糊，研究过程中更加注重产业差异而非空间差异。

从研究方法上看，关联视角下开展的产业协同研究主要借鉴复杂网络分析和社会网络分析（朱晟君等，2020）等研究方法加以完善，如产品空间理论及其计算方法（Hidalgo et al.，2007）、耦合协调度（侯兵和周晓倩，2015）等。产业关联常通过投入产出表及其联系在中宏观尺度反映（汪云林等，2007；王茂军和杨雪春，2011；康蕾和宋周莺，2020），随着信息技术的发展和大数据的普及，产业经济研究逐步开始关注微观尺度企业的关联（李小建，2002）。企业通过物质、信息、知识的交换，完成了企业集聚进而塑造相关片区的产业，以此开展了全球生产网络中跨国公司企业互动，企业创新理论的相关研究。研究尺度上，由于企业空间范围较小，通常围绕其开展微观载体研究。考虑到数据统计范围和尺度，产业关联及其相关研究侧重中、宏观研究，区域关联及其相关研究则以宏观尺度的研究为主（朱晟君等，2020）。

综上分析，产业协同从宏观到微观的决策目标分别为：空间层面，不同产业的空间分布合理，达到相对合理的空间协同配置，以保障产业要素在空间范围的高效联动；宏观产业层面，区域内不同产业产值合理占比，产业价值流动合理分配；微观企业层面，企业之间实现物质、价值高效联动。

3. 开展"关联视角"下产业协同决策分析

借鉴已有研究，围绕关联视角的研究对象、方法和尺度，构建关联视角下产业协同的"多主体-多方法-多尺度"分析框架（图4.4）。

在明确决策主体和决策目标后，需要选择决策区域和相应的数据和模型来完成自适应决策链，并进行决策分析。选取经济学常用的投入产出数据、国民经济行业分类数据、企业信息数据和地理信息数据，以社会网络分析和复杂网络分析的相关模型作为参照，分析片区的产业协同发展情况。具体决策分析分为五步：

步骤1：构造并计算区域的产业关联矩阵和产业协同评价

通过构造产业关联矩阵分析片区的产业价值流动情况和该片区产业门类之间的协同配置情况。产业关联的度量运用投入产出法，构造方法参考已有研究。加和直接消耗系数矩阵 A 和直接分配系数矩阵 B 后，将对称行列做归零化处理，计算该矩阵的非零元素均值，筛选均值以上的链接为产业间有效链接，均值以下的关联为非有效链接，得非对称的产业关联矩阵 D。基于投入产出分析表和相应指标，分析片区的产业价值流动情况和各产业门类之间的潜力情况。

步骤2：构造并计算区域的企业关联矩阵和企业协同评价

通过构造企业关联矩阵分析片区的企业之间的联动情况和该片区企业之间的协同配置情况。企业关联的度量基于各行业企业间相互投资强度。产业 i 和产业 j 的企业关联度 k_{ij} 计算如下：

$$k_{ij} = \text{sum}(k_{i \to j}) + \text{sum}(k_{j \to i})$$

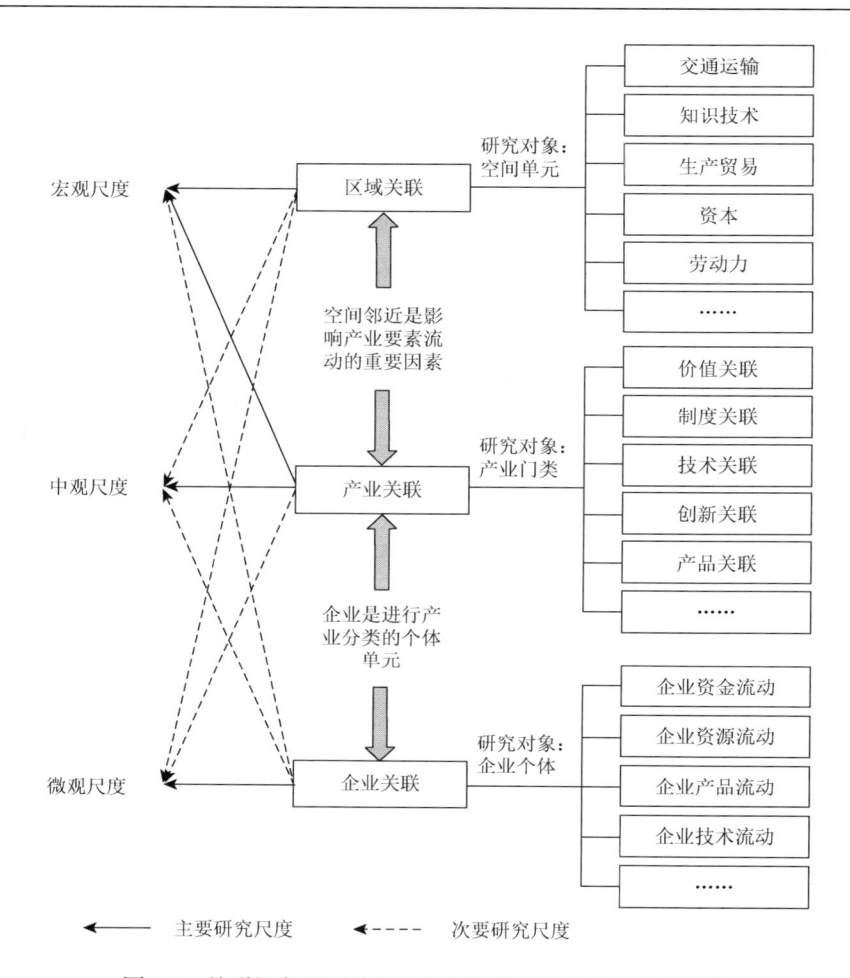

图 4.4 关联视角下区域产业协同发展研究主体、分析框架

其中，$\text{sum}(k_{i \to j})$ 是指 i 产业下所有企业对 j 产业下所有企业的投资融资次数 $[\text{sum}(k_{i \to i}) = 0]$。得矩阵后，重复产业关联矩阵的处理方法，对称行列做归零化，计算非零元素均值，筛选有效链接后，得对称的企业关联矩阵 **K**。

步骤3：构造并计算区域关联矩阵和区域协同评价

通过构造区域关联矩阵分析片区各产业的空间分布情况，通过各产业的空间中心间的距离，分析产业在空间距离上合作情况的难易程度。

区域关联以企业位置作为研究的载体，产业 i 和产业 j 的区域关联 c_{ij} 计算如下：首先计算各产业的空间重心。

对于产业 i，其平均重心 $\overline{x_i}$ 和 $\overline{y_i}$ 的计算公式为

$$\overline{x_i} = \sum_{m=1}^{k} \overline{x_{im}}$$

$$\overline{y_i} = \sum_{m=1}^{k} \overline{y_{im}}$$

式中，$\overline{x_{im}}$ 指 i 产业下第 m 个企业的经度坐标，$\overline{y_{im}}$ 指 i 产业下第 m 个企业的纬度坐标。k 为 i 产业分类下所有的企业个数。

产业间区域关联用产业空间重心间的欧氏距离 d_{ij} 来表示。d_{ij} 计算如下：

$$d_{ij} = \sqrt{(\overline{x_i} - \overline{x_j})^2 + (\overline{y_i} - \overline{y_j})^2}$$

由地理学第一定律，空间距离越近，要素关联程度越强，则 c_{ij} 计算如下：

$$c_{ij} = \begin{cases} \dfrac{1}{d_{ij}} & i \neq j \\ 0 & i = j \end{cases}$$

得到区域关联矩阵 **C**，**C** 是对称矩阵。

衡量产业关联、区域关联和企业关联通过社会网络分析（social network analysis，SNA）衡量。通过"关系（ties）"数据以定量视角研究各种"关系"所存在的结构特征，通过其中的平均度（average degree）、模块化指数（modularity index）、聚类系数（clustering coefficient）和二次指派测量（quadratic assignment procedure，QAP）相关方法分析论证要素关联的传导机制。平均度指每个节点连接边的平均数，模块化指数主要是衡量关联网络的是否形成了有效的固定模块，用于区分各节点的关联关系。聚类系数则是指整个关联结构的紧密性和可达性。

其中，由于各产业所属企业的重心、产业间企业相互投资对数的数据量巨大且其处理过程非常复杂，采用分布式系统基础架构（hadoop）和 Spark 大规模数据计算引擎，通过编写 python 脚本进行处理。

步骤 4：比较产业、企业、区域关联的差异，提出协同发展优化策略

在产业、企业、区域关联情况分析计算的基础上，进一步深入分析企业关联、区域关联和产业关联两两之间的相关性，分析产业动态发展过程中，产业、企业、区域之间的协同机制。

当企业关联、区域关联和产业关联关系两两之间均存在一致性时，区域的产业动态发展整体上处于相对良好的态势，这可以被视为达到了区域产业协同发展的最优状态。产业要素间的宏微观流动整体保持一致，且这种流动与现行产业要素的空间分布相适应，现行阶段产业要素的空间分布不会对产业要素的自由流动产生阻碍作用。为实现区域产业资源的优化配置，需进一步从三种关联的网络结构入手，分类总结促进产业关联、区域关联和企业关联的资源优化配置路径。

产业关联和企业关联存在一致性，但和区域关联之间不具有一致性时，说明

产业要素间的宏微观流动整体保持一致，但其与现行产业要素的空间分布的适应性较弱，现行阶段产业要素的空间分布对促进产业要素的自由流动产生了一定限制。优化配置路径的重点是通过优化和调控现有的产业集群空间组团的分布，使产业的空间分布和产业要素的自由流动相适应。

当产业关联和企业关联不具有一致性时，则需从选取的产业要素入手，重点分析产业要素的宏微观流动。以资金流动这一产业要素为例，当房地产等相关行业在宏观投入产出关联网络和企业间投资关联网络中地位差异过大时，则可从政策端出手，出台相应政策调控微观企业要素行为匹配宏观区域产业要素流动。

关联矩阵之间的相关性可通过社会网络分析当中的 QAP 相关方法分析论证。

步骤 5：输出产业协同决策结果和优化策略

结合产业关联情况分析、企业关联情况分析和区域关联情况，以及各关联矩阵两两之间的相关性，提出研究区域产业协同发展的优化路径配置。

4.2.4 广东省产业协同发展优化配置策略研究

1. 企业关联结构特征分析和企业优化配置

截止到 2017 年，广东省有效企业相互投资对数（清洗掉同行业企业间相互投资对数，后同）为 218 597 对，其中 2002 年及之前有效企业相互投资对数为 35 329 对（图 4.5）。

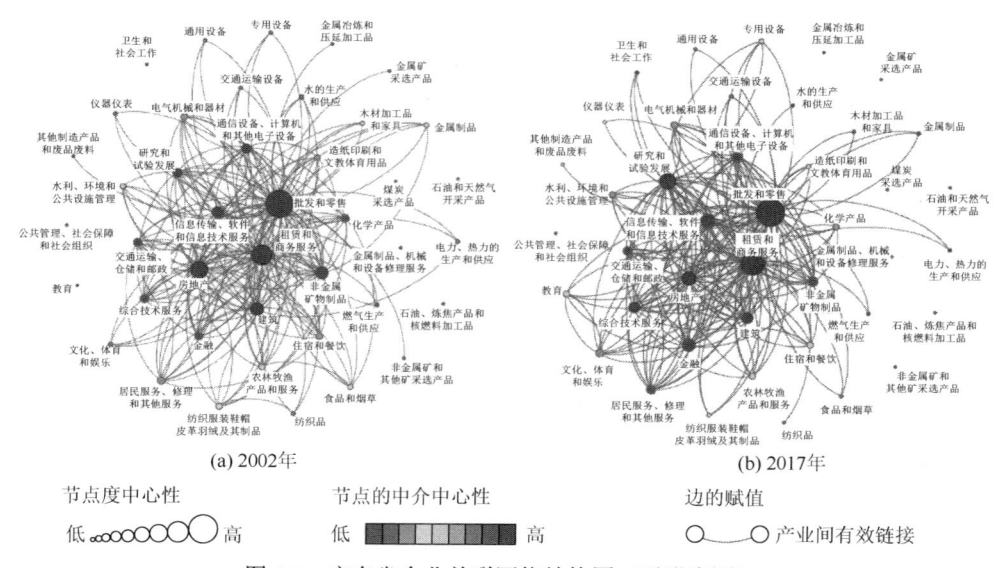

(a) 2002年　　　　　　　　　　(b) 2017年

图 4.5　广东省企业关联网络结构图（后附彩图）

2002年，与其他行业投资联系次数最多（投资次数与被投资次数之和）的产业按顺序排列，前几位分别为批发和零售（9506对），租赁和商务服务（7964对），房地产（3688对），建筑（1872对），信息传输、软件和信息技术服务（1404对），通信设备、计算机和其他电子设备（1404对）和非金属矿物制品（1063对）等（图4.5）；而2017年则主要是租赁和商务服务（56 991对），批发和零售（41 627对）、金融（15 877对），信息传输、软件和信息技术服务（15 693对）、房地产（15 277对）、研究和试验发展（11 791对）等（图4.6）。

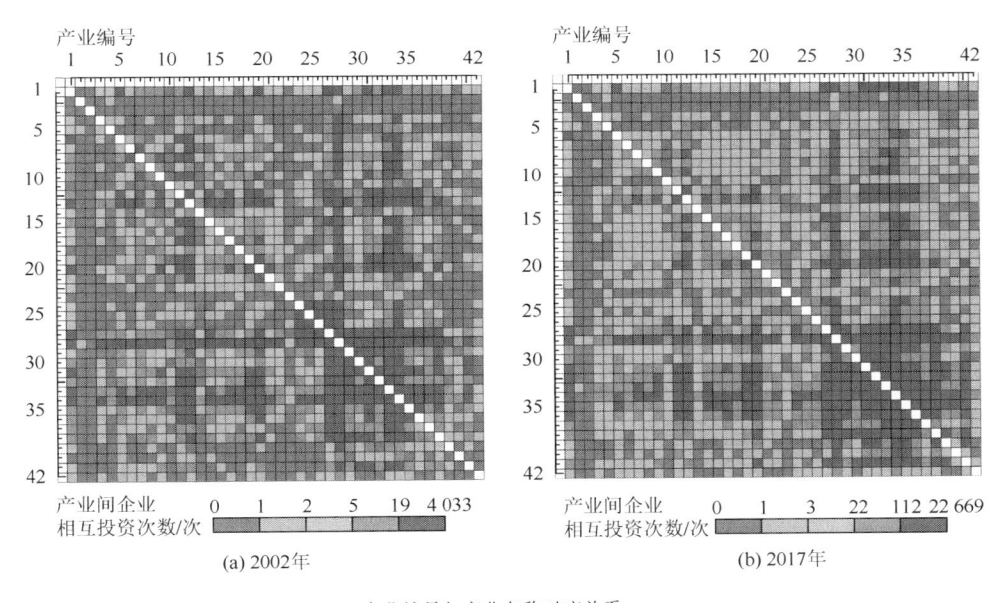

(a) 2002年

(b) 2017年

产业编号与产业名称对应关系

1-农林牧渔产品和服务　　　　　2-煤炭采选产品　　　　　　　　3-石油和天然气开采产品
4-金属矿采选产品　　　　　　　5-非金属矿和其他矿采选产品　　6-食品和烟草
7-纺织品　　　　　　　　　　　8-纺织服装鞋帽皮革羽绒及其制品　9-木材加工品和家具
10-造纸印刷和文教体育用品　　　11-石油、炼焦产品和核燃料加工品　12-化学产品
13-非金属矿物制品　　　　　　　14-金属冶炼和压延加工品　　　　15-金属制品
16-通用设备　　　　　　　　　　17-专用设备　　　　　　　　　　18-交通运输设备
19-电气机械和器材　　　　　　　20-通信设备、计算机和其他电子设备　21-仪器仪表
22-其他制造产品和废品废料　　　23-金属制品、机械和设备修理服务　24-电力、热力的生产和供应
25-燃气生产和供应　　　　　　　26-水的生产和供应　　　　　　　27-建筑
28-批发和零售　　　　　　　　　29-交通运输、仓储和邮政　　　　30-住宿和餐饮
31-信息传输、软件和信息技术服务　32-金融　　　　　　　　　　　　33-房地产
34-租赁和商务服务　　　　　　　35-研究和试验发展　　　　　　　36-综合技术服务
37-水利、环境和公共设施管理　　38-居民服务、修理和其他服务　　39-教育
40-卫生和社会工作　　　　　　　41-文化、体育和娱乐　　　　　　42-公共管理、社会保障和社会组织

图4.6　广东省产业间企业相互投资次数矩阵（后附彩图）

自2002年到2017年，教育、文化、体育娱乐、金融、卫生和社会工作、

综合技术服务、木材加工品和家具等生产服务业和第三产业的企业对外投资和关联强度明显上升，而电气机械和器材、纺织服装、食品和烟草、金属制品、金属矿采选产品、电力、热力的生产和供应等轻工业和传统制造产业的企业对外投资和关联则呈现下降趋势。受 20 世纪 90 年代广东省明确市场化的经济制度建设和我国加入世界贸易组织市场经济迅速拓展的影响，第三产业和信息技术制造业在珠三角地区蓬勃发展，企业间联系和企业活力明显增强，以深圳市为代表的信息技术、金融、互联网产业等创新型产业成为促进区域发展的重要因素。

2. 产业关联结构特征分析和产业门类优化配置

根据投入产出测算结果，2002 年与同其他产业投入产出价值流动关联较强的产业按顺序分别为化工、金属制品、机械和设备修理、建筑、金属制品、住宿和餐饮、农业、金属冶炼和压延加工、电气机械和器材以及交通仓储和邮政等产业，主要集中在第一或第二产业等传统加工制造业；而到了 2017 年，同其他产业关联建立了有效关联，且排名靠前的产业按顺序分别为化工、金属冶炼和压延加工、金融、批发和零售、租赁和商务服务、交通仓储和邮政、电力热力的生产和供应等产业（图 4.7）。

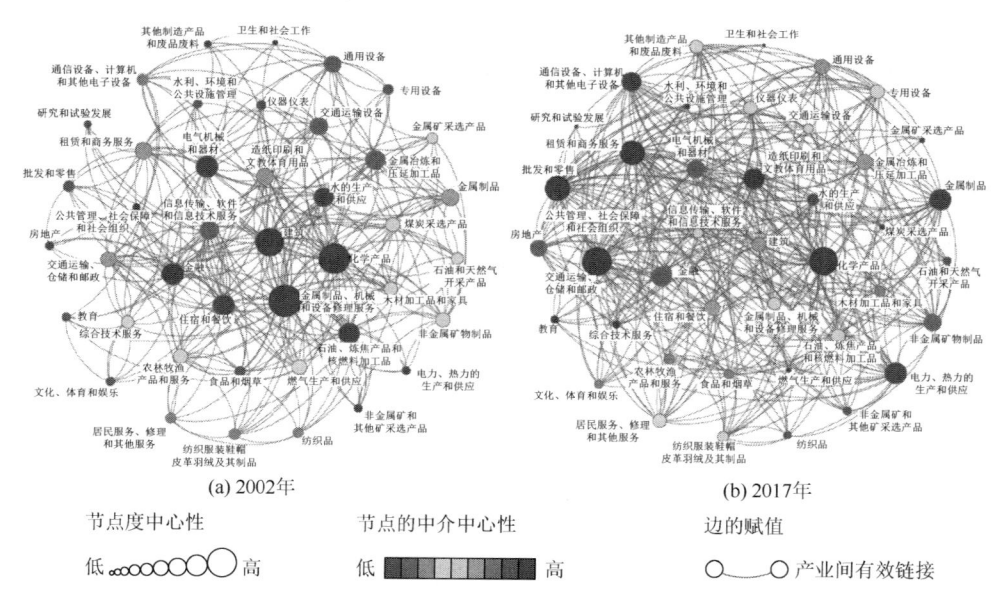

图 4.7 广东省产业关联网络结构图（后附彩图）

从宏观产业的关联特征来看，自 2002 年到 2017 年，以产业间投入产出价值流动为代表的产业关联和以产业间企业相互投资为代表的企业关联存在相似性，但不同点在于，一是以化学、金属冶炼为代表的传统第二产业依旧在宏观层面的关联占据主导地位；二是相对于企业关联，产业关联中优势产业的变化具有延迟性和滞后性，2007 年的产业关联结构和 2002 年基本保持不变，而 2012 年，金融、租赁和商务服务等产业的产业关联强度略有增多但提升不明显，这一情况直到 2017 年才有所体现（图 4.8）。

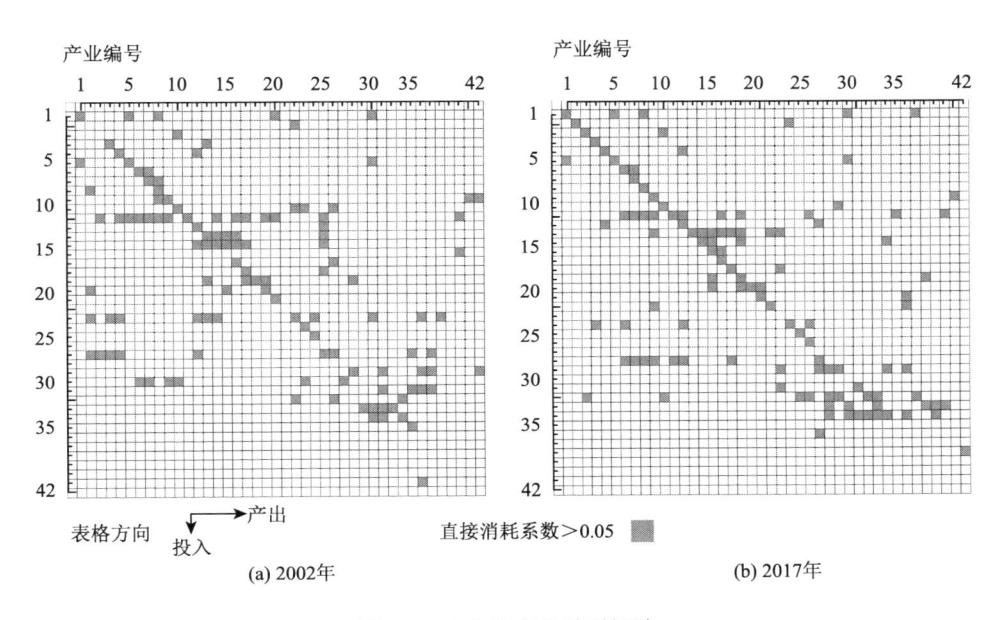

图 4.8 广东省产业关联矩阵

产业编号与产业名称对应关系见图 4.6 图例

3. 区域关联结构特征分析和产业空间配置优化

截止到 2020 年，广东省有效的企业空间数据共有约 4 886 018 家，其中 2002 年之前注册的企业数为 352 302 家，2017 年以前注册的企业为 3 695 970 家。

以各产业的企业分布的空间重心之间的距离来代表区域关联（图 4.9）。2002 年同其他产业空间分布均相对较近，在空间分布中占据优势地位，有较强的区域关联的产业主要包括交通运输、化学、批发零售、电力热力和造纸文体等第二产业和轻加工制造业。到了 2017 年，广东省有着较强区域关联的产业类型则发生了较大变化，在空间分布中占据有利位置同周边区域有较强区域关联的产业几乎全部集中在第三产业，包括交通运输、电力热力、水的供应服务、建筑、文体娱乐、综合技术服务、地产和信息技术服务等产业。

(a) 2002年　　(b) 2017年

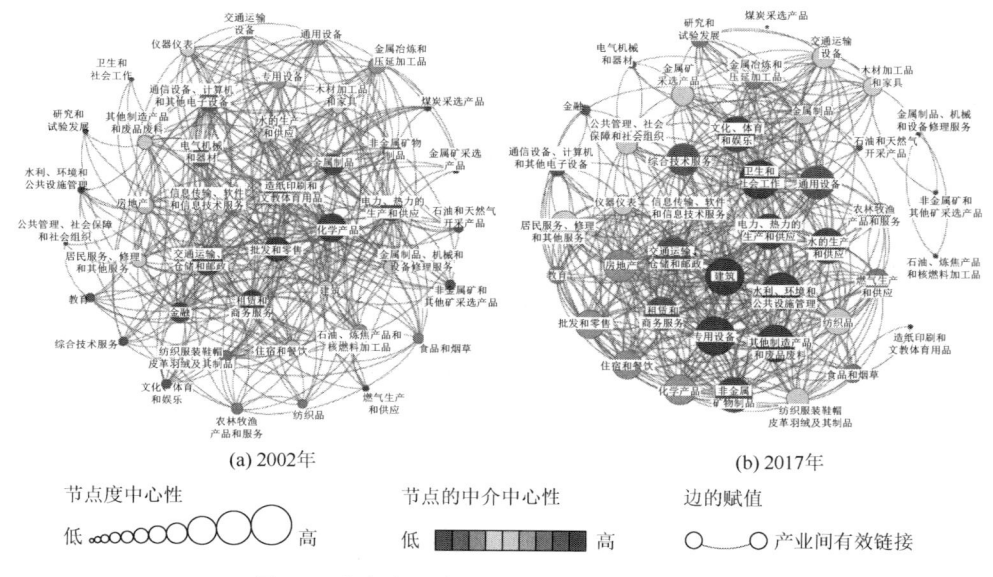

节点度中心性　　节点的中介中心性　　边的赋值

低 ○○○○○○ 高　　低 ▢▢▢▢▢ 高　　○──○ 产业间有效链接

图 4.9　广东省区域关联网络结构（后附彩图）

广东省产业区域关联存在以下两个特征：一是产业空间中心集中在珠三角地区，呈现明显的"中心-外围"格局。金属制品、机械、石油炼焦和核燃料加工、金属冶炼和压延加工、造纸印刷、煤炭开采等加工制造业和农、林、牧、渔普遍集中在外围。而以综合技术服务、房地产业、租赁和商务服务等第三产业则主要集中在珠三角的中心地区。二是自 2002 年到 2017 年，各行业的空间重心更加集中在珠三角，产业要素的空间集聚态势显著增强。2005 年以来，受广东省不断推进的产业转移政策和产业示范园的建立，粤东西北的第二产业逐步发展，以第三产业为"中心"，第一、第二产业为"外围"的产业空间格局进一步稳固，第二产业和轻加工制造业的空间优势减弱，和其他产业的区域关联程度减弱；第三产业逐步占据空间优势，和其他产业的区域关联程度增强。

4. 产业、企业、区域关联的协同特征

在传统视角下，2000 年以来，广东省产业动态发展大概经历了三个阶段（图 4.10）：一是 2008 年以前的高速粗放发展期。受加入世界贸易组织等国际事件以及"西电东送"等国家战略影响，以外向型制造业主导的广东省产业经济快速发展，这一期间广东省产业经济始终保持快速发展且当年增长速度从未低于 10%。直到 2008 年，受全球金融危机波及，广东省外向型企业受重大打击，以资源和劳动力优势主导的相对粗放的出口导向型传统产业发展模式已无法适应未来的发展需求。当年提出的"腾笼换鸟"进行劳动力和产业双重梯度转移，其实是对 2005 年全省提出的第一轮产业转移政策的进一步深化,同时加强企业自身的发展方式,通过产业升级,避免继续走高投入、高消耗、高排放的增长方式。

二是 2008 年到 2014 年前的产业空间重配置时期。受"腾笼换鸟"政策影响,广东省内产业转移战略得到大力推广,引导了产业空间的重新配置。此外,这一阶段受一揽子计划的影响,省内部分城市的房地产业成为这一阶段产业发展的焦点,部分地产企业对外联系明显增强,产业活动开始经由地产行业流入流出,全省以房地产业为代表的第三产业占比进一步增长。

三是 2014 年以来的"新常态"和产业精细化发展期。这一阶段,随着广东省内先后颁布"制造业立省"和"实体经济十条",奠定了创新型产业和制造业引领区域发展的态势,产业发展虽进入低速增长期,但总体增长趋势趋向健康、精细化发展,房地产等非实体产业逐渐被政府所抑制,避免了该类产业的过分膨胀,随着近年来"制造业十九条"的颁布和"1+20"产业政策体系的颁布则标志着以高端制造业主导的战略型产业集群的完全转型。

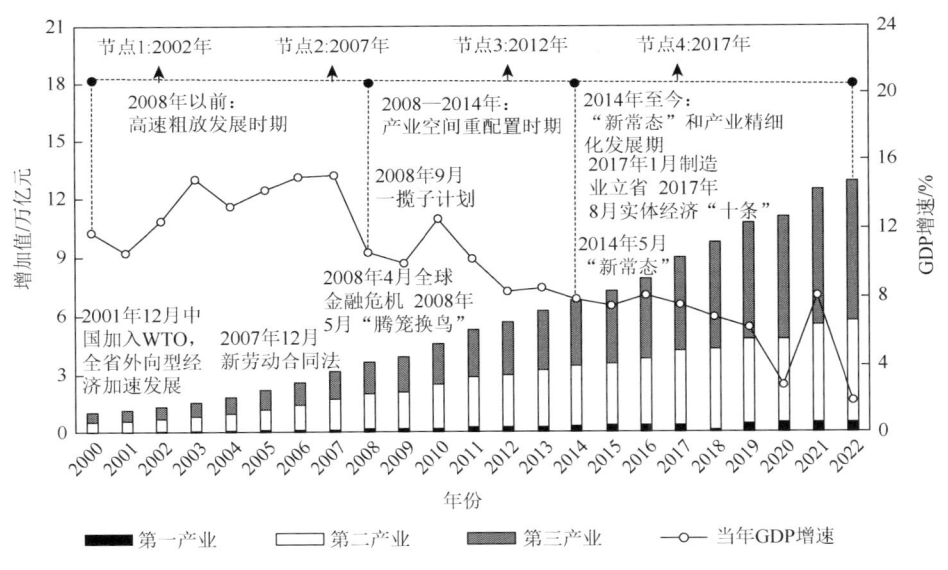

图 4.10 2000 年以来广东省产业发展变化及影响产业经济发展的事件和政策

进一步地,基于关联视角,通过企业、产业、区域关联之间关系,解析广东省产业动态变化。

根据 QAP 相关分析(表 4.5),2002 年,企业关联和区域关联具有一致性,相关系数为 0.18,在 1%的水平下显著,但产业关联和企业关联、产业关联和区域关联均不具有一致性。2000 年初期,区域产业升级的内源性"路径突破",以数码、信息技术制造等行业逐步成为了区域发展的新兴产业，通过加强企业间联系完成知识技术溢出，促进了广东省的产业升级和产生新产业。但在此阶段，省内新兴的技术产业还主要集中在以深圳市为代表的珠三角城市群内部，新兴产业少，高端产业的空间分布相对集中。这一阶段，产业尚不需要在区域内进行空间组团的重新配置来实现产业的升级和重组。

表 4.5　广东省产业关联、企业关联与区域关联矩阵的 QAP 相关分析结果

分析视角	相关系数（Obs）			显著性水平（P）		
	产业关联（C）	企业关联（K）	区域关联（D）	产业关联（C）	企业关联（K）	区域关联（D）
2002 年						
产业关联（C）	1.000***	0.08	0.021	0	0.053	0.303
企业关联（K）	0.08	1.000***	0.180***	0.053	0	0.005
区域关联（D）	0.021	0.180***	1.000***	0.303	0.005	0
2007 年						
产业关联（C）	1.000***	0.06	0.014	0	0.121	0.341
企业关联（K）	0.06	1.000***	0.008	0.121	0	0.415
区域关联（D）	0.014	0.008	1.000***	0.341	0.415	0
2012 年						
产业关联（C）	1.000***	0.143*	0.009	0	0.025	0.517
企业关联（K）	0.143*	1.000***	0.11	0.025	0	0.075
区域关联（D）	0.009	0.11	1.000***	0.517	0.075	0
2017 年						
产业关联（C）	1.000***	0.162***	0.061*	0	0.001	0.05
企业关联（K）	0.162***	1.000***	0.128*	0.001	0	0.014
区域关联（D）	0.061*	0.128*	1.000***	0.05	0.014	0

注：*显著水平 5%，**显著水平 1%，***显著水平 0.1%。

2007 年，企业、产业、区域关联两两之间均不具有一致性。这实际上是企业行为和区域产业空间重组两大诱因下的双重"路径突破"。一方面，新兴产业的企业通过进一步加强企业间的资金、信息、知识、技术的联系，促进企业联系密集的产业自身的转型和升级成为区域的优势产业；另一方面，受产业转移政策的影响，事实上全省产业已经开始了空间重配置，对口帮扶和粤东西北产业转移园的建设实际上是加强了省内各区域之间的资源要素的转移，重配置了产业组团。

2012 年，企业关联与产业关联具有一致性，相关系数为 0.143，在 5% 的水平下显著，但区域关联与企业关联、区域关联与产业关联不具有一致性。一方面，

此时信息技术、现代服务业等早期的新兴产业仍是全省战略性新兴产业，且已在国民经济价值流动中作用举足轻重。企业行为与产业价值流动保持一致，有利于优势产业通过企业间交流不断促进本产业发展，但不利于突破现有产业基础，在全省范围内衍生出新兴优势产业；而另一方面，广东省产业转移政策在2011—2015年前后得到了力度空前的推广，广东省通过推进产业转移园合作共建和省内对口帮扶政策进一步促进了珠三角外围区域地方的突破性创新，避免了产业锁定和区域产业差异进一步增大，提升了粤东西北区域产业的活力和产业重组。

2017年，企业、产业、区域关联两两之间均具有一致性。企业关联和产业关联的相关系数为0.162，在1%的水平下显著；产业关联和区域关联的相关系数为0.061，企业关联和区域关联的相关系数为0.128，均在5%的水平下显著。这种关系实际上是2014年以来"新常态"和产业精细化发展期广东省产业发展"路径依赖"和"空间邻近性"的集中体现。近十年来广东省内战略性新兴产业逐步确立并成为支撑国民经济命脉的主导型产业并在依赖现有路径下，通过关联机制不断极化本产业的优势；另一方面，2002年以来广东省经历数轮产业转移和产业空间重配置的浪潮，先行阶段下产业要素的空间分布已较为适应现阶段区域的产业发展。

5. 关联视角下产业协同发展优化配置的路径和对策

总体来看，自2000年以来，广东省产业先后经历产业内源性自发升级和区域产业空间重组双重"路径突破"，近十年来省内产业发展以产业内生性的"路径依赖"为主，且现行阶段下产业要素的空间分布已较为匹配现阶段区域的产业发展。

基于企业关联视角，应进一步加强发展和优化信息技术服务业、研究和试验发展、综合技术服务等战略性新兴产业和主导产业，通过引导资本、资源、技术、知识向片区的优势产业和主导产业流动，以溢出效应推进产业的进一步升级，加大对重点企业的融资服务，以资金流动促进大中小企业融通发展，提升广东省的产业发展活力。

基于产业关联视角，仍应巩固以化学产品、金属冶炼等传统制造业，加强发展中高端有色金属加工等金属制品和金属冶炼加工产业门类中的先进材料和新材料产业，化学产品等产业门类中的高端电子化学产品，生物医药产业中的"创新药"研发和制造，保障国民经济产业价值的顺畅流动；此外，引导和优化通信设备、计算机和其他电子设备等技术密集型制造业产业发展中的地位。同时逐步做强、做优新一代信息技术产业规模，大力发展数字经济，深化新一代信息技术和制造业深度融合发展。

基于区域关联视角，从产业要素的空间关联特征，探讨合理配置产业集群。应将优化配置交通运输相关产业的与其他产业空间联系作为配置区域产业发展的前提，在片区各类产业集群不断向珠三角"收缩内收"和"极化"的现状下，严格落实和保障珠三角片区工业用地红线，通过加强东西两翼沿海经济带和北部生态发展区的工业园区基础配套设施建设，促进部分第一产业和第二产业特色集群不断外延，以此科学统筹珠三角地区与粤东西北地区产业生产力布局。

4.2.5 范式应用的未来展望

基于关联的产业协同分析综合决策范式构建了一个关联视角下产业发展的"多主体-多方法-多尺度"分析框架。该框架通过具体产业门类，构造并计算产业关联、企业关联和区域关联，分析了广东省产业发展在关联视角下的动态变化，验证了产业关联的形成机制，完善了产业协同发展的优化配置，并基于国家、省、市、区县和产业园区等五级尺度，给出了产业协同发展优化配置的技术路径。但关联关系度量仅通过企业投资行为、产业价值流动、企业地理空间重心等空间特征等几个角度进行切入，涉及的角度相对较窄，且研究的区域范围和区域经济发展的程度不同，得出的结果往往会有差异。未来可基于关联视角，探究不同的切入视角来分析区域产业的发展动态，进一步完善区域产业发展的优化配置。

当前，在国内国际双循环的新发展格局下，我国正值"促进内循环"经济转型的新时期，在宏观尺度中，以关联视角分析区域产业动态的研究还处于起步阶段，但信息技术的发展和数据的爆炸式增长也增强了此方向研究的可行性。因此，要素关联视角下，区域产业动态研究在未来仍存在较大的研究潜力，如何获取海量大数据并结合信息技术新方法，将之纳入到传统的产业经济研究中值得引起关注，也是未来的深化方向。

4.3 基于公平-效率的城际轨道空间布局优化

4.3.1 城际轨道空间布局优化需求

国家《"十四五"现代综合交通运输体系发展规划》（2021）提出推进城市群交通现代化，加强互联互通和一体衔接，围绕京津冀、长三角、粤港澳大湾区、成渝、长江中游等城市群提升城际运输通道功能，构建多节点、网络化的城际交通网。《国家综合立体交通网规划纲要》（2021）提出要推动城市群内部交通运输一体化，基本实现城市群内部 2 小时交通圈，统筹城际网络、运力与运输组织，提升服务效率。在不断扩大交通基础设施建设规模的同时，确保区域空间结构与交通系统一体化协同发展，已成为提升城市群交通发展质量的必然选择。

城际铁路以快速、大运力的特征优势改变城市群内交通可达性，进而影响区域经济联系强度。尽管区域连通性的改善与经济增长之间的关系较为复杂，但研究已证实良好的可达性是提升区域竞争力的必要条件（Laird et al.，2005；Jin et al.，2017）。城际铁路建设带来的可达性变化为沿线地区带来规模、范围和密度经济效应，促使当地产业充分利用交通与经济之间的相互作用关系扩大市场范围，加速区域经济发展。因此，科学的城际轨道布局决策对于促进粤港澳大湾区内要素高效流动尤为重要。

为实现粤港澳大湾区城际轨道网络的有效协同优化，《粤港澳大湾区（城际）铁路建设规划》（2019）提出未来将构建主要城市间1小时通达、主要城市至广东省内地级城市2小时通达、主要城市至相邻省会城市3小时通达的交通圈。近期建设项目主要有深惠城际、深大城际、广清城际、莞惠城际、中南虎城际等。近期至2025年铁路网络运营及在建里程达到4700千米，全面覆盖大湾区中心城市、节点城市和广州、深圳等重点都市圈；远期到2035年，大湾区铁路网络运营及在建里程达到5700千米，覆盖100%县级以上城市。这一目标的实现需要在顶层设计上充分考虑城际出行需求，合理规划线路布局和重要交通节点，同时确保上层次规划与各类专项规划的有机衔接，实现国家、省、市不同尺度的规划协同。此外，轨道建设还需要深度融合土地利用和片区功能，以最大程度发挥交通节点的辐射带动作用。

粤港澳大湾区作为国家对外开放的重要战略平台，构建互联互通的综合交通网络是实现经济社会高质量发展的迫切诉求。2018年，粤港澳三地共同发布《深化粤港澳合作 推进大湾区建设框架协议》，其中明确提出推进基础设施互联互通，优化高速公路、铁路、城市轨道交通网络布局，推动各种运输方式综合衔接、一体高效。此后，《粤港澳大湾区发展规划纲要》（2019）、《粤港澳大湾区（城际）铁路建设规划》（2019）等文件陆续发布，要求持续完善大湾区交通网络建设规划方案。在区域协作全面加强的背景下，优化交通基础设施布局对空间发展的积极作用、充分发挥运输效能对推进粤港澳大湾区交通一体化发展具有重要意义。

近年来，粤港澳大湾区内各级政府投入大量资金对区域交通基础设施进行升级改造，交通网络互联互通持续加强。大湾区当前依托港口群与机场群、城际铁路、高速公路初步构建综合立体交通网络，广州白云国际机场、香港国际机场、深圳宝安国际机场改扩建工程正在同步推进，广州、深圳、珠海、东莞等亿吨大港通过加强组合港资源互补、持续完善江海联运大幅提升物流效率，广深港高铁、港珠澳大桥、南沙大桥、深中通道等相继建成通车，深珠通道、广佛西环线等基建也正在建设阶段，主要城市之间的交通时间持续缩短，通勤时间低于人口密度更大的"东京—大阪"城市群与长江三角洲地区（符正平和刘金玲，2021）。

当前粤港澳大湾区客货运输通道正在呈网络化发展趋势，广州、深圳、珠西等经济活动往来密切的都市圈交通互联互通需求不断提升。城市群内产业、居住和教育等领域的分工协作带来的跨城市流动日益频繁，形成以多个都市圈为次级核心节点的交通廊道。东京、纽约、旧金山等世界级湾区均依托轨道交通为骨干的区域交通网络，充分发挥高效的资源配置和辐射带动作用，为粤港澳大湾区提供了有力参考。以东京湾区为例，核心城市与周边主要地区 1 小时内可达，湾区范围内轨道交通出行占公共交通出行比例达 78%，其中城际铁路出行比例达 30%，对支撑湾区一体化发展发挥了重要的支撑作用（涂子学，2017）。

但粤港澳大湾区的交通运输效能仍有待提升（景国胜等，2019）。一方面，大湾区对外交通辐射带动能力尚未充分发挥，难以支撑资源要素高效流通需求。以机场群为例，2022 年大湾区九市机场旅客吞吐量为 5308 万/人次，低于长三角机场的 9526 万/人次和成渝机场的 5857 万/人次（中国民用机场协会，2023）；另一方面，大湾区内部多元出行需求在城际交通廊道上呈现高强度叠加集聚特征。但对标国际湾区，粤港澳大湾区城际轨道交通作为城市间快速联系的关键性基础设施仍存在一定短板，其城际铁路线网密度为 0.65×10^{-2} 千米/千米^2，约为东京湾区、纽约湾区、旧金山湾区的 15.18%、4.30%和 22.81%；人均城际铁路里程为 0.05 千米/万人，约为东京、纽约、旧金山湾区的 22.72%、3.60%和 7.46%（邵源等，2022）。随着"双循环"新格局下城市群内外联系的日益紧密，区域交通基础设施规划建设面临需求的快速升级。因此，构建支撑世界级城市群高质量发展的区域交通基础设施体系成为粤港澳大湾区协同决策的关键议题，需要各级发展和改革委员会、交通运输部门、自然资源部门、住房和城乡建设部门等相关方在决策制定和执行过程中充分协同，以确保交通基础设施的协调和一体化发展。

总体而言，粤港澳大湾区城际轨道布局优化需要进行更加科学的布局决策，以改善现有交通网络提升城市群整体实力。同时，粤港澳大湾区各级交通决策主体部门需要统筹协调交通基础设施综合布局，确保交通基础设施空间布局与城市群不同发展阶段的社会经济发展需求相适应。

4.3.2 交通基础设施空间布局决策技术优化

1. 城市内部决策向区域统筹决策协同

城市群区域交通基础设施空间布局优化需兼顾城际交通与城市内部交通，打破行政边界束缚，协调城市群内部各城市之间的交通需求。粤港澳大湾区交通规划包括国家、区域、城市等多个层次，由于各层次、各部门对交通规划考虑的层面不同，相互之间利益目标存在差异，各类规划之间缺乏有效协调统一。尽管《粤港澳大湾区（城际）铁路建设规划》（2020）提出在大湾区有序实施一批城际铁路项目、建设多层次的铁路网络，但尚未形成关于后续交通基础设施优化调整的区域协调决策模式。区域交通基础设施空间布局优化需要充分协调沿线各城市相关决策部门的需求，通过协同规划促进交通基础设施与社会经济发展需求相契合。

2. 单一设施调整向整体设施布局协同

在综合交通一体化发展趋势下，需要加强国家、城际、城市层面交通基础设施之间的衔接关系，基于出行机会均等化、与区域空间结构契合及经济可持续等视角对区域交通基础设施进行综合决策。以铁路为例，建设项目通常经历多年的规划、可行性研究等独立决策环节，与其他交通基础设施项目的关联性较低。尽管当前铁路设施空间布局影响研究已逐渐起步，但通常针对特定线路而非区域范围内的设施集合，不利于长期优化综合交通基础设施网络。随着城市群国家战略深入实施，城市群内中心城市及周边辐射影响范围内将产生交通运量、流动方向、质量需求等新变化，综合交通基础设施体系的构建也将突破行政区域限制。将区域内同一体系中的交通基础设施视为整体进行分析，有助于对现有基础设施布局进行系统性优化，避免功能定位重叠、工程建设重复造成的资源浪费。

4.3.3 基于公平效率的城际轨道空间布局优化范式建立

1. 明确多元决策主体

我国城市群区域城际轨道交通基础设施通常由所涉及的上一级政府指导规划建设，然后由下属各市、区的发展和改革委员会、自然资源部门、住房和城乡建设部门、交通运输部门等相关部门对交通规划选址选线、工程方案等内容进行逐级深化。在粤港澳大湾区内，通常由区域城际铁路沿线城市共同建设，主要涉及各市及下属区（县）的发展和改革委员会、自然资源部门和交通运输部门等决策主体，对区域城际轨道交通基础设施进行规划方案统筹协调以及交通结构优化等决策。

2. 确定城际轨道交通设施规划建设目标

空间布局优化决策的目标是让区域城际轨道交通基础设施规划建设在提升可达性、促进资源高效集聚的同时充分保障社会公共资源分配公平。粤港澳大湾区下属各市及区（县）各决策主体在城市群宏观交通战略规划、城市交通规划以及各类交通专项规划等方面保证战略及规划与宏观经济社会环境、人民生活需求相协调。

3. 开展多场景下的空间公平效率影响分析

在明确决策主体、决策目标后，针对区域城际轨道交通基础设施空间布局优化的综合决策需求，选择具体的数据和分析模型开展决策分析，构建多场景下的城际铁路空间公平与效率分析框架。具体区域城际轨道交通基础设施空间布局优化的综合决策技术可分为以下三步：

步骤 1：收集决策分析相关数据规范，搭建城际铁路空间布局优化分析数据库。在交通基础设施空间布局的相关分析中，涉及到政策法规、标准规范、人口、经济发展、地理空间等不同类型的数据。以粤港澳大湾区为例，通过收集整理，搭建粤港澳大湾区城际铁路空间布局优化分析数据，为后续决策分析提供数据支撑，数据库具体情况如下表 4.6 所示。

表 4.6 粤港澳大湾区城际铁路空间布局优化相关数据

数据类型	数据名称	数据用途
规划政策	《粤港澳大湾区发展规划纲要》 相关城市综合交通"十四五"规划	确定研究区域内现状与规划场景下的交通路网走向
规范标准	《公路工程技术标准》（JTG B01—2014） 《铁路线路设计规范》（GB 50090—2006） 《高速铁路设计规范》（TB 10621—2014）	交通路网运营速度参考
人口与经济数据	市级、区县级、镇街级常住人口数量 市级、区县级、镇街级地区生产总值	用于计算交通基础设施影响范围内的人口规模以及经济发展情况
空间数据	行政边界数据；土地利用数据；公路路网数据；高速路网数据；客运铁路路网数据；高速道路收费站；铁路站点数据等	用于计算不同交通路网场景下的交通可达性情况

其中，为便于后续进行城际铁路空间布局分析，需要对空间数据进行预处理，具体包括：建立高速公路、普速公路、现行铁路网、规划铁路网等矢量线状数据缓冲区，同时将线状数据和缓冲区数据进行栅格化且赋值。栅格化交通枢纽及站点，对耕地、林地、草地、建设用地、水域等不同类型土地利用数据进行赋值。按照不同的出行方式，将各个栅格数据进行叠合，形成多个出行模型的耗时面板数据

步骤 2：设计各类交通出行场景，判断不同时期交通设施建设成效。基于对空间效率及公平变化测度的考虑，区域交通基础设施空间布局优化共设置三个研究场景。以城际铁路为例，根据城际铁路不同规划建设时期的空间效率变化衡量其对空间公平的影响。一是无城际铁路的场景，包括国道、省道及其他公路；二是现状城际铁路场景，包括既有城际铁路线路；三是规划城际铁路场景，在现状基础上叠加已有规划的城际铁路。场景中不考虑其他交通条件变化，仅将城际铁路变化作为唯一变量。

步骤 3：选择交通分析模型，开展交通基础设施空间效应分析。明确决策主体、决策目标后，针对区域城际轨道交通基础设施空间布局优化综合决策需求，

第4章 粤港澳大湾区协同发展综合决策的应用实践

选择具体模型开展决策分析,其中与交通基础设施空间效应相关的模型主要有以下几类:

1)"门到门"出行时间评估方法

在现实出行场景中,人们常使用多种交通方式的组合来实现从起始点到目的点的交通出行需求,因此在出行时间的评估过程中需要考虑到各种交通方式出行耗时以及交通工具衔接时间,以求更加准确地评估出行耗时。"门到门"方法在对出行时间的分析过程中将各种出行放行下的耗时进行了明确,能够真实反映出行耗时状况,以高速铁路下出行耗时为例,其总出行耗时为:

$$T_{total} = T_{oth} + T_{transfer} + T_h + T_{td}$$

式中,T_{total} 为交通出行总耗时,T_{oth} 为从起始点到高速铁路站点的耗时,$T_{transfer}$ 为乘客由于站内安检、排队检票、换乘等因素通过高速铁路站点所用耗时,T_h 为正常行驶速度下高速铁路出行的耗时,T_{td} 为高速铁路站点到目的点的耗时。

同时,现实中人们出行方式的选择往往有多种,因此需要结合多种出行方式下的耗时状况,评估出行路途的最短时间,其评价公式为:

$$T_{min} = \min(T_1, T_2, T_3, \cdots)$$

式中,T_{min} 为出行路途的最短时间,T_1、T_2、T_3 为按照"门到门"的出行时间评估下不同出行方式的实际耗时。

2)分层栅格成本距离

出行耗时计算可通过 OD 分析和栅格成本距离两种方法进行。OD 分析基于矢量交通路网为基础,通过计算起始点和终点间的最短耗时路径得出出行耗时,该方法能够较好地模拟现实中的出行情况,但由于计算过程中只能计算两点间的通行耗时,因此不适用于计算区域层面的出行耗时状况。栅格成本距离方法则是通过将研究区划分为若干个大小一致的栅格,并对每个栅格的通行成本进行赋值,通过计算起始点通往每个栅格的通行成本即可计算在研究区域内起始点的出行耗时情况,该方法适合用于区域层面的出行耗时计算,但难以模拟现实的交通出行情况如铁路换乘、高速路与普通公路不相通等情况。因此,分层栅格成本距离计算方法则能够很好地将两者结合,最大程度还原真实的出行耗时状况。

3)加权平均出行时间

加权平均出行时间用于分析研究区域内平均的出行可达性水平,在加权平均出行时间的计算过程中,需要考虑计算对象的经济发展水平和城市规模,常以 GDP、人口数量来表示,加权平均出行时间的具体计算公式为:

$$A_a = \frac{\sum_{b=1}^{n}\left(T_{ab}^{m_1} \times M_b\right)}{\sum_{b=1}^{n} M_b}$$

式中，A_a 表示栅格 a 的加权平均出行时间，$T_{ab}^{m_1}$ 表示选择 m_1 出行方式下，从栅格 a 到目的地 b 的出行耗时，其中 n 代表所计算目的地的数量。M_b 为目的地 b 的经济与城市发展规模，通常使用人口数与 GDP 乘积的开方来表示，具体计算公式为：

$$M_b = \sqrt[2]{P_b \times G_b}$$

式中，P_b 为目的地 b 的人口规模，常以常住人口数表示，G_b 为目的地的经济发展规模，常以城市生产总值表示。

4）日常可达性指数

日常可达性指数为在一定的通行时间内，计算某城市能够覆盖的交通出行区域，可通过该指标反映城市在当前交通网络中的可达性水平。其计算公式为：

$$D_a = \sum_{b=1}^{m} P_b \times \partial$$

式中，D_a 表示城市 a 在当前交通网络下的日常可达性指数，m 是当前研究区域中的所有栅格数，P_b 为所覆盖栅格的人口规模。∂ 为判别系数，若城市 i 在所设定的时间内能够到达该栅格，则 $\partial=1$，反之 $\partial=0$。

5）经济潜力指数

经济潜力指数指城市在一定的时间成本下，能够到达的经济活动规模数量，该模型可以体现城市在当前交通网络下的区位优势潜力状况，具体计算公式为：

$$EP_a = \sum_{b=1}^{n-1} (M_b / T_{ab})$$

式中，EP_a 为城市 a 的经济潜力指数规模，值越大表明城市 a 受到经济辐射的能力越强，M_b 为城市 b 的经济与城市发展规模，T_{ab} 为城市 a 和城市 b 之间的通行时间，M_b 和 T_{ab} 的计算公式与前面加权平均出行时间公式解释中的一致。

6）可达性系数

可达性系数为城市可达性值与网络所有城市可达性平均值之比，反映城市在交通网络中可达性水平的高低，进一步体现城市在交通格局中的地位与变动。计算公式为：

$$AT_a' = (n \times AT_a) / \sum_{a=1}^{n} AT_a$$

式中，AT_a' 为城市 i 的可达性系数，AT_a 为城市 a 的加权平均出行时间，若可达性系数越小，表明城市 i 的相对可达性水平越高，在城市整体交通区位中较为优越，反之表明城市在整体交通区位中处于不利位置。

7）效率衡量指标

效率衡量指标主要用于体现交通网络变化前后对于可达性水平的提高程度，计算公式为：

$$E_i = \frac{A_{is} - A_{io}}{A_{io}} \times 100$$

式中，E_i 为城市 i 的可达性变化比，A_{is} 为城市 i 在交通网络变化后的可达性水平，A_{io} 城市 i 在交通网络变化前的可达性水平。

8）公平衡量指标

区域交通基础设施建成后能够促进区域整体可达性提升，然而不同区域的可达性改善程度有所差异，可能对空间公平性造成负面影响。衡量空间公平往往以人的需求为前提，变异系数是表示概率分布离散程度的归一化度量指标，其计算方式为样本标准差与平均值之比，已有研究选取该指标衡量城际铁路建设不同阶段可达性空间的分布情况，通常以常住人口作为权重指标，计算公式为：

$$CV_i = \frac{\alpha}{\sum A_i P_i / \sum P_i}$$

式中，CV_i 为区域 i 的变异系数，α 为可达性指标 A_i 的标准差，P_i 为城市人口数。该模型的有效性在当前交通基础设施对空间公平影响的相关研究中已被验证。CV 值增加表明公平性降低，即对空间公平存在负面影响；CV 值降低则表明公平性提升，即实现更加均衡的可达性空间布局。

9）经济联系强度

在"流空间"的理论中，城市对外经济联系总量为城市向外部城市"流"的总和，能够反映城市在当前城市空间互相联系中的地位。经济联系强度则是借用引力模型，计算城市之间的经济联系强度，计算公式为：

$$ES_{ab} = (E_a \times E_b) / T_{ab}^2$$

式中，ES_{ab} 为城市 a 和城市 b 之间的经济联系强度，E_a 和 E_b 分别为城市 a 和城市 b 的城市社会经济规模，T_{ab}^2 为城市 a 到城市 b 的最短出行时间的平方。

4. 输出模型计算结果

经过模型分析计算，通过栅格图件、统计图表等形式输出在不同时期、不同出行方式下交通基础设施的规划建设对区域内交通可达性、经济联系、空间公平性的变化情况，可判断交通基础设施建设是否为城市群、途经城市带来公平收益或利益亏损，进而为当前交通基础设施的规划建设方案提供更具针对性的优化思路。

4.3.4 深圳都市圈城际轨道空间布局优化

基于上述决策范式，以深圳都市圈为研究对象，构建城际铁路对区域空间布局的分析框架。通过比较深圳都市圈在无城际铁路、现状城际铁路和规划城际铁路三种情境下可达性与对外经济联系变化的影响，为深圳都市圈交通基础设施空间布局优化、建设交通一体化现代都市圈提供决策技术支撑。

将决策相关模型用于分析深圳都市圈城际铁路空间优化应用实践，范围具体包含深圳的10个行政区、惠州的2个行政区及3个县、东莞的28个镇及4个街道。选取途经深圳市、惠州市和东莞市的城际铁路为研究对象，具体包含高铁、跨市域普通铁路、跨市域快速铁路等多种铁路制式。

深圳都市圈位于粤港澳大湾区核心区，当前交通联系形成以深圳为中心、东莞与惠州的临深片区向外逐层减弱的圈层格局。近年来，随着社会经济不断发展，深莞惠跨界通勤、商旅往来需求持续增长，对交通基础设施条件提出更高要求。尽管城市间已初步呈现空间连绵发展状态，但城际铁路建设仍处于起步状态。截至2022年7月，深圳都市圈内共有京九铁路、赣深铁路、杭深铁路、广深铁路、莞惠城际、穗深城际、广深港客运专线7条铁路，线网分布及站点设置密度有待提升。根据相关规划，广汕铁路、深汕高铁、广深第二高铁、中南虎、莞龙、深大、深惠城际等铁路将为深圳都市圈交通网络提供进一步支撑。由于东莞不设区县，与深圳、惠州尺度有所差异，为确保空间公平研究分析单元层级统一，参照东莞市政府在不改变现有行政架构与空间范围前提下划分的六大片区进行空间公平分析，从宏观尺度衡量深圳都市圈加权平均出行时间与经济潜力指数在不同场景下的空间分配状态。

1. 基于可达性的空间效率影响分析评价

城际铁路促进了深圳都市圈可达性水平整体提升，对于铁路沿线地区出行效率的提升作用尤其显著。对深圳都市圈三种场景下的整体加权平均出行时间进行分析（表4.7），计算结果分别为118.62分、106.95分和99.9分，减幅为15.78%。通过标准差衡量加权平均出行时间的均衡度，三种场景标准差分别为58.73、59.28和59.25，城际铁路建设对深圳都市圈造成的时空收敛效应较为均衡，两极分化现象并不明显。随着区域城际铁路网络的不断完善，深莞惠各区县镇街的加权平均出行时间持续减少，不同地区可达性变化也存在一定的差异性。究其规律，城际铁路走向、在深圳都市圈中的区位关系与不同地区可达性水平强弱存在显著正相关性。

表 4.7 深圳都市圈城际铁路规划建设前后加权平均出行时间总体改善程度

改善程度	城市	地区	无城际铁路 $WATT_i$/分	现状城际铁路 $WATT_i$/分	规划城际铁路 $WATT_i$/分	现状与无城际铁路对比 绝对变化/分	现状与无城际铁路对比 变化率/%	规划与现状城际铁路对比 绝对变化/分	规划与现状城际铁路对比 变化率/%	总体改善程度/%
$WATT_i$ 改善程度最高	东莞	望牛墩镇	73.77	67.60	42.39	6.17	8.36	25.22	37.30	42.54
	东莞	茶山镇	64.11	43.25	38.29	20.87	32.55	4.96	11.47	40.28
	东莞	道滘镇	70.09	60.91	42.38	9.19	13.11	18.53	30.42	39.54
	东莞	石龙镇	69.63	46.42	42.23	23.20	33.32	4.19	9.03	39.34
	东莞	南城街道	62.80	56.63	38.68	6.18	9.84	17.94	31.68	38.41
	东莞	万江街道	67.26	60.05	41.43	7.21	10.72	18.62	31.00	38.40
	东莞	横沥镇	59.35	41.89	37.14	17.47	29.43	4.74	11.32	37.42
	东莞	樟木头镇	70.92	49.06	44.63	21.86	30.82	4.43	9.04	37.07
	东莞	麻涌镇	80.59	77.28	51.30	3.31	4.10	25.98	33.62	36.35
	东莞	中堂镇	75.69	67.16	48.80	8.53	11.27	18.37	27.34	35.53
$WATT_i$ 改善程度最低	惠州	惠阳区	84.94	73.46	67.24	11.48	13.51	6.22	8.46	20.83
	深圳	龙华区	44.19	38.26	35.16	5.93	13.43	3.10	8.09	20.43
	深圳	宝安区	48.15	44.28	38.34	3.87	8.05	5.94	13.42	20.39
	东莞	凤岗镇	47.03	41.19	37.48	5.84	12.42	3.71	9.01	20.31
	东莞	桥头镇	59.87	52.44	48.19	7.43	12.41	4.25	8.11	19.51
	深圳	坪山区	65.85	57.19	53.59	8.65	13.14	3.60	6.30	18.61
	东莞	沙田镇	70.18	62.45	57.84	7.73	11.02	4.61	7.38	17.59
	深圳	盐田区	66.05	59.95	54.50	6.10	9.24	5.45	9.09	17.49
	深圳	大鹏新区	102.82	97.47	86.40	5.35	5.21	11.07	11.35	15.97
	惠州	龙门县	175.58	170.02	165.53	5.57	3.17	4.49	2.64	5.73

注：本次研究对象不含深汕合作区。

无城际铁路场景下，加权平均出行时间最短的区域分布在深圳市与东莞市公路较为通达的中心地带，呈向外圈层式递减趋势。其中，深圳龙华区可达性水平最高，得益于其位于深圳都市圈路网密集核心区的区位优势，加权平均出行时间仅为 44 分。可达性相对较低的地区集中在惠州惠城区、博罗县、惠东县及龙门县，这些地区公路网络相对薄弱，加权平均出行时间介于 105—176 分。

现状城际铁路场景下，城际铁路沿线地区可达性大幅提升。其中，京九铁路、赣深铁路途经的惠州惠城区、博罗县与广深铁路途经东莞石龙镇、樟木头镇、茶山镇的加权平均出行时间缩短约二十分钟，减幅集中在 30.82%—33.32%。可达性效率提升最为显著的区域集中在东莞东北部、深圳福田区和惠州惠城区，深莞惠中心城区联系进一步紧密。城际铁路未经过或未设置站点的惠州龙门县、东莞大龙山镇、麻涌镇、大朗镇和深圳大鹏新区可达性改善程度不明显，加权平均出行时间仅缩短2—5分，减幅在3.17%—5.56%。

规划城际铁路场景下，深圳都市圈整体可达性进一步改善，新规划的中南虎城际铁路、深惠城际、深大城际、深汕高铁、广汕铁路等城际铁路沿线地区时空收敛效果明显。其中，东莞望牛墩镇、麻涌镇、南城街道、万江街道及道滘镇加权平均出行时间减幅集中在30.42%—37.31%，主要位于东莞西部区域。新的城际铁路不仅优化沿线地区可达性水平，对于周边区镇同样存在较大的带动作用，如东莞高埗镇、茶山镇、石排镇、石碣镇以及深圳盐田区，加权平均出行时间减幅在9.36%—16.89%。位于深莞惠边缘区域的惠州龙门县、惠东县可达性提升程度最低，其中龙门县交通基础设施建设较为薄弱，边缘区位使其难以接受其他域的交通辐射；而惠东县县域面积较大，可达性较高区域分布集中于城际铁路沿线，空间不均衡现象较为严重。经济潜力指数方面，城际铁路建设促使深圳都市圈的经济潜力优势区逐步向中部扩散，在实现整体提升的同时地区差异逐步增大（表4.8）。在预设的三种场景中，深圳都市圈整体经济潜力指数分别为144.07、162.26和179.08，增幅为24.30%，说明城际铁路建设能够提升区域经济发展潜力。通过标准差衡量经济潜力指数的均衡度，三种场景标准差分别为99.27、110.10、124.97，城际铁路建设加剧了深莞惠各地区经济发展潜力的两极分化现象。

表4.8　深圳都市圈城际铁路规划建设前后经济潜力指数总体改善程度

改善程度	城市	地区	无城际铁路 PA_i/分	现状城际铁路 PA_i/分	规划城际铁路 PA_i/分	现状与无城际铁路对比 绝对变化/分	现状与无城际铁路对比 变化率/%	规划与现状城际铁路对比 绝对变化/分	规划与现状城际铁路对比 变化率/%	总体改善程度/%
PA_i改善程度最高	东莞	望牛墩镇	200.94	211.63	315.05	10.69	5.05	103.42	32.83	36.22
	东莞	茶山镇	225.16	319.84	352.10	94.69	29.60	32.25	9.16	36.05
	东莞	横沥镇	236.42	327.02	359.97	90.60	27.71	32.94	9.15	34.32
	东莞	道滘镇	212.20	237.67	322.34	25.47	10.72	84.67	26.27	34.17
	东莞	樟木头镇	199.55	274.03	301.43	74.48	27.18	27.41	9.09	33.80
	东莞	石龙镇	212.20	299.16	320.42	86.96	29.07	21.26	6.64	33.77
	东莞	麻涌镇	172.95	177.71	258.53	4.76	2.68	80.81	31.26	33.10
	东莞	南城街道	258.22	275.38	369.35	17.15	6.23	93.97	25.44	30.09
	东莞	万江街道	242.93	259.01	346.27	16.08	6.21	87.26	25.20	29.84
	东莞	常平镇	258.91	334.54	367.73	75.63	22.61	33.19	9.03	29.59

续表

改善程度	城市	地区	无城际铁路 PA_i/分	现状城际铁路 PA_i/分	规划城际铁路 PA_i/分	现状与无城际铁路对比 绝对变化/分	现状与无城际铁路对比 变化率/%	规划与现状城际铁路对比 绝对变化/分	规划与现状城际铁路对比 变化率/%	总体改善程度/%
PA_i改善程度最低	深圳	大鹏新区	128.20	132.94	149.67	4.74	3.57	16.73	11.18	14.34
	深圳	龙华区	345.02	378.62	400.31	33.61	8.88	21.69	5.42	13.81
	东莞	凤岗镇	306.03	333.91	353.23	27.89	8.35	19.32	5.47	13.36
	惠州	惠东县	81.20	88.26	93.55	7.07	8.01	5.29	5.66	13.21
	深圳	宝安区	321.05	333.78	369.79	12.73	3.81	36.02	9.74	13.18
	深圳	盐田区	212.46	224.37	243.59	11.91	5.31	19.22	7.89	12.78
	东莞	沙田镇	195.51	211.21	224.11	15.70	7.43	12.90	5.76	12.76
	深圳	南山区	388.10	407.93	430.31	19.83	4.86	22.38	5.20	9.81
	深圳	福田区	416.29	449.52	460.61	33.23	7.39	11.10	2.41	9.62
	惠州	龙门县	67.85	69.96	71.87	2.11	3.02	1.91	2.65	5.59

注：本次研究对象不含深汕合作区。

无城际铁路场景下，经济潜力较高区域以深圳福田区、南山区、罗湖区、宝安区和龙岗区为核心向外围地区逐渐递减。其中，福田区经济潜力指数最高，为416.29。毗邻深圳的东莞凤岗镇、塘厦镇和长安镇经济潜力紧随其后，介于275.83—306.03。惠州市惠东县和龙门县经济潜力指数较低，分别为81.20和67.85。

现状城际铁路场景下，深圳都市圈整体经济潜力指数有所提升，铁路沿线区域优势提升尤为明显。广深铁路沿线的东莞茶山镇、石龙镇、横沥镇、樟木头镇等地区经济潜力提升显著，增幅介于27.4%—29.6%。赣深铁路、杭深铁路的开通同样促进了周边地区城际铁路发展，新增经济潜力较高区域以深莞惠原有经济优势区为基础向外扩散。深圳宝安区、南山区和东莞大岭山镇、长安镇镇具备较好的经济发展基础，但由于缺少与铁路衔接的快速交通网络，经济潜力指数增幅并不明显。

规划城际铁路场景下，中南虎、莞龙、穗深、深惠等多条城际铁路的开通大幅提升沿线地区的经济潜力，增幅较高区域在空间上呈现非均衡特征。东莞西北部的望牛墩镇、麻涌镇、道滘镇增长幅度最为突出，变化率超过30%。惠大铁路与广汕铁路沿线地区经济潜力同样存在一定涨幅，途经的惠州博罗县、惠城区、惠阳区及惠东县增长率介于5.6%—8.9%。深圳福田区的经济潜力指数在各场景下均位居全域首位，但增长率处于全域最低水平，规划后增幅仅2%，受城际铁路影响较低。

2. 区域空间公平变化水平计算与空间格局演变分析

城际铁路规划建设的不断推进使深圳都市圈出行时间的空间公平性降低。三种场景下深圳都市圈整体加权平均出行时间变异系数分别为 0.127、0.144 和 0.154，增幅为 20.99%，表明城际铁路规划建设使区域出行时间的空间公平差距不断增大，深圳都市圈交通可达性在空间上呈现不均衡分布特征。深莞惠经济发展总体格局呈现以深圳中心城区为核心向外圈层递减的趋势，交通基础设施发展较为不均衡。新规划的城际铁路依托现有经济发展廊道延伸，促使交通条件较好的地区可达性优势进一步提升，而发展基础较为落后的地区难以从新规划的城际铁路中获益，导致地区间可达性差距增加。在当前城际铁路规划场景下，可达性在深圳都市圈的公平性空间分布呈现中西部高、两翼低的特征。其中位于全域中西部的东莞松山湖片区、东南临深片区、深圳大鹏新区、福田区、龙岗区、罗湖区的空间公平性得到有效改善，说明西部沿海地区和东北部地区的出行时间则相对被剥削，空间公平性处于弱势地位。

另一方面，城际铁路规划建设促使深圳都市圈经济发展潜力空间分布的公平性有所提升。三种场景下深圳都市圈经济潜力指数变异系数分别为 0.165、0.162、0.161，减幅为 2.22%，数值差异减少说明深圳都市圈经济活动空间联系的均衡度有所改善，可达性增加并未造成地区间经济联系差异加大（表 4.9）。从总体格局上看，各地区受区位关系与经济规模的综合影响总体较为积极，深圳市域及东莞东部经济潜力的空间公平性均有提升。东莞滨海片区、城区片区、水乡新城片区以及远离经济中心的地区则呈现一定程度的距离衰减特征。尽管经济潜力指数绝对值有所提升，但与经济中心之间的差距进一步拉大。东莞东南临深片区和松山湖片区经济潜力的空间公平性改善幅度最大，说明这些片区在深圳都市圈内的空间作用与吸引较强，在实现区域经济协作方面能够发挥更重要作用，未来有潜力成为带动经济辐射范围向外扩张的重要地区。

表 4.9 深圳都市圈城际铁路规划建设前后加权平均出行时间与经济潜力指数的变异系数

城市	地区	无城际铁路 $WATT_i$ 变异系数	现状城际铁路 $WATT_i$ 变异系数	规划城际铁路 $WATT_i$ 变异系数	无城际铁路 PA_i 变异系数	现状城际铁路 PA_i 变异系数	规划城际铁路 PA_i 变异系数
深圳	盐田区	0.08	0.09	0.11	0.13	0.13	0.13
	坪山区	0.12	0.17	0.18	0.17	0.19	0.19
	南山区	0.10	0.11	0.11	0.27	0.26	0.27
	罗湖区	0.12	0.13	0.13	0.26	0.24	0.23
	龙华区	0.05	0.08	0.09	0.09	0.08	0.08
	龙岗区	0.11	0.15	0.14	0.11	0.12	0.10

续表

城市	地区	无城际铁路 $WATT_i$ 变异系数	现状城际铁路 $WATT_i$ 变异系数	规划城际铁路 $WATT_i$ 变异系数	无城际铁路 PA_i 变异系数	现状城际铁路 PA_i 变异系数	规划城际铁路 PA_i 变异系数
深圳	光明区	0.07	0.05	0.05	0.10	0.06	0.06
	福田区	0.03	0.05	0.05	0.18	0.18	0.17
	大鹏新区	0.17	0.18	0.15	0.16	0.16	0.13
	宝安区	0.04	0.05	0.06	0.39	0.37	0.35
惠州	龙门县	0.13	0.13	0.14	0.12	0.12	0.13
	惠阳区	0.10	0.11	0.14	0.13	0.13	0.14
	惠东县	0.39	0.48	0.52	0.28	0.29	0.31
	惠城区	0.28	0.39	0.42	0.20	0.24	0.25
	博罗县	0.30	0.28	0.30	0.23	0.20	0.20
东莞	松山湖片区	0.09	0.07	0.04	0.08	0.07	0.05
	水乡新城片区	0.04	0.08	0.09	0.07	0.09	0.10
	东南临深片区	0.20	0.15	0.13	0.18	0.13	0.09
	东部产业园片区	0.08	0.13	0.14	0.10	0.15	0.14
	城区片区	0.05	0.05	0.08	0.11	0.10	0.12
	滨海片区	0.12	0.10	0.17	0.12	0.10	0.15

注：本次研究对象不含深汕合作区。

3. 基于公平效率评价的空间布局优化建议

深圳都市圈当前城际铁路规划建设方案能够有效提升区域紧凑度，加强沿线地区的资源聚集能力与承载能力，促使城市间凭借高效交通廊道形成高效、集约的广域经济空间。根据前文分析，证实城际铁路沿线地区能够获得更大发展动能，经济潜力提升幅度远远大于非沿线地区。城际铁路开通前，深圳都市圈整体联系较为松散，公路主导的区域交通方式效率较低。城际铁路的建设促使空间连通范围扩大，促使沿线地区出行时间减少（图4.11），进而引导资源开发及产业布局。东莞石龙镇、茶山镇、石排镇以及横沥镇、常平镇、东坑镇凭借城际铁路带来的区位优势分别带动所在的松山湖和东部产业园片区实现经济快速发展，经济发展潜力分别比无城际铁路场景提升53.16%、35.99%。

在当前规划下，深圳都市圈城际铁路网络的规模扩张将进一步带动沿线地区建设，促进深圳都市圈空间结构优化与分工联系加强。东莞望牛墩镇、麻涌镇、道滘镇以及南城街道、万江街道所在的水乡新城和城区片区将在多条城际轨道线路的支撑下形成新的优势发展区，经济发展潜力相较于现状城际铁路场景提升47.12%、22.82%。就经济潜力指数公平性变化而言，大部分城际铁路沿线区域空间公平性得到提升，非沿线区域则全部有所下降。城际铁路网络规划建设有助于

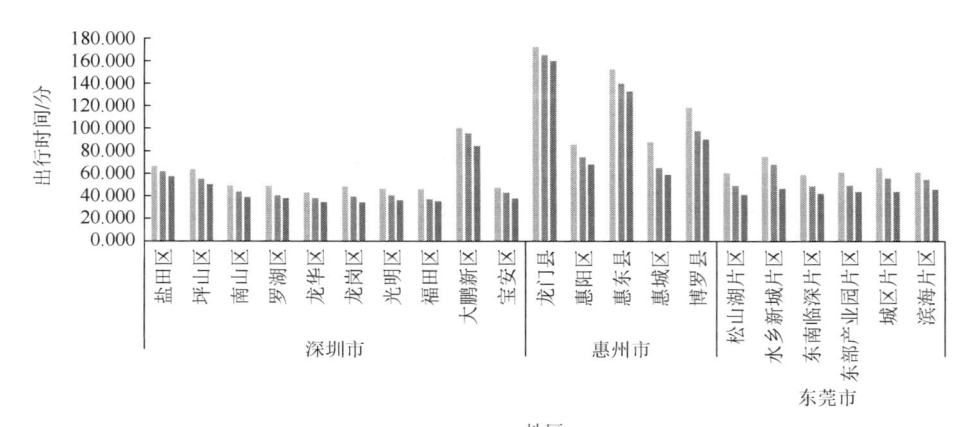

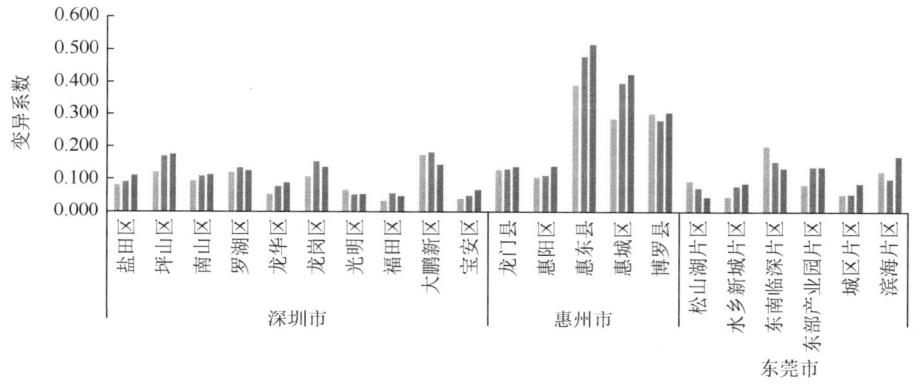

图 4.11 城际铁路建设多场景下加权平均出行时间和变异系数分区变化比较

（本次研究对象不含深汕合作区）

改善空间经济社会发展的外部环境，进而提升相邻地区之间的经济联系，形成规模经济发展模式，达到优化区域空间配置的目的。

城际铁路规划建设大幅提升深圳的经济辐射能力，与周边地区的经济交流得到加强，带来区域空间整合与同城化效应（图 4.12）。深圳作为深圳都市圈的主中心，是带动区域经济增长的关键地区。未来城际客运需求将进一步向深圳集聚，深圳福田、南山、罗湖中心城区将与外围城区以及东莞、惠州的临深地区形成更为紧密的通勤、商旅出行需求网络。在现行城际铁路规划场景下，深圳外围城区及东莞、惠州临深地区的出行时间显著减少，有效缓解了过去区域轨道交通发展相对滞后、城际交通组织结构不合理的问题，经济潜力提升幅度高于边缘地区，与区域核心增长极联系得日趋紧密能够带来更多的投资、发展与就业机会，进而推动人才引进、产业集聚与公共基础设施完善。东莞松山湖片区与东南临深片区在经济潜力指数快速提升的同时空间公平性大幅提升，实现了公平与效率兼顾发展，城际轨道建设促进了深圳与东莞松山湖、东南临深片区协同分工、产业互补、错位发展。

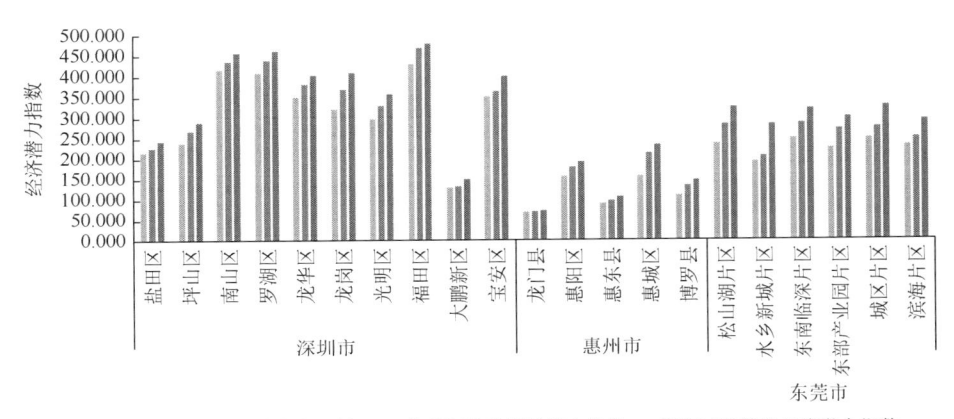

(a) 经济潜力指数比较

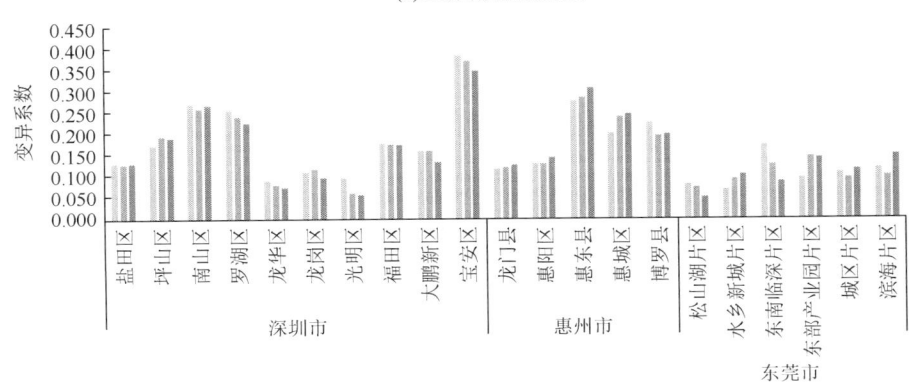

(b) 变异系数比较

图 4.12　城际铁路建设多场景下经济潜力指数分区变化比较
（本次研究对象不含深汕合作区）

然而，人口、资金、技术等核心生产要素在经济势能作用下倾向于向市场化水平相对较高的区域倾斜，中心城市在辐射周边地区发展的同时也加剧了区域不平衡现象。尽管毗邻深圳的东莞滨海片区、惠州惠阳区在城际铁路规划后经济潜力同样得到显著提升，但空间公平性下降幅度远远高于深莞惠其他地区，虹吸效应呈显著上升趋势。区域发展往往同时受到辐射效应与虹吸效应共同带来的合力作用，地区产业分工深化受阻、基础设施建设不均衡等因素导致虹吸作用占据主导地位，区域发展不平衡加剧。为抑制虹吸效应负面影响的进一步扩大，应加强深圳的产业链延伸广度，促进区域产业空间布局与城际轨道交通网络相辅相成，进一步激发城市辐射效应。

在下一步深圳都市圈城际铁路规划决策中，应完善边缘地区交通基础设施建设。城际铁路规划建设的时空收敛效应在地域范围上呈现随距离衰减特征。地处深莞惠区域边缘的惠州市龙门县、惠东县、博罗县的出行时间与经济潜力始终处于全域最低水平，城际铁路带来的改善率仅在 2.72%—7.47%。尽管早在 2009 年 9 月深莞惠三市就已通过《深圳市、东莞市、惠州市规划一体化合作协议》，并于 2010 年共同编制《深莞惠交通运输一体化规划》，但工作重心更多放在中心城区之间的互联互通，对于边缘地区与区域核心增长极的连通性研究较为欠缺。

深圳都市圈城际铁路网络建设已进入系统性结构完善阶段，在提升核心区域发展效率的同时也需兼顾边缘区域交通资源的公平分配。下一步的深圳都市圈城际铁路规划应兼顾规模扩张与质量提升，加强边缘地区交通基础设施网络建设，尤其应优化惠州龙门县、惠东县、博罗县与区域中心区域的铁路与公路联系，促使城际铁路空间覆盖与经济社会需求相匹配。

4. 交通基础设施空间布局优化范式下的跨区域共同决策路径

综上所述，深圳都市圈的整体可达性与经济发展潜力在现状及规划城际铁路场景下均有所提升，但仍需在区域尺度对交通基础设施优化布局进行统筹决策。在中观尺度下，城际铁路规划建设对地区间出行时间及经济潜力的改善幅度不同，表现出不利于资源公平配置的空间非均衡性。深圳都市圈城际铁路规划建设对下属各区县镇街带来的可达性提升存在的差异大小与是否和城际铁路直接连通、与核心区域的区位关系等因素显著相关。城际铁路开通带来的时空压缩效应促使以深圳中心城区为核心的腹地辐射范围不断向交通网络密集区扩展，以可达性的提升带动经济要素流动效率增强，进而实现区域空间优化配置。同时，在提升深圳都市圈交通网络经济效益的进程中也应兼顾公平。通过对城际铁路空间公平影响的分析，得出未来应加强惠州龙门县、惠东县、博罗县等外围区县与核心区域的城际铁路连通性，推动核心区域经济辐射范围沿交通廊道进一步向边缘地带扩散，从而促进深圳都市圈空间格局均衡发展。

在定量评价深圳都市圈城际铁路规划建设带来的空间公平效率动态变化、分析得出未来相关交通基础设施优化方向的同时，也应注重跨区域治理过程中共同决策的机制建设。深莞惠三地政府在行政上具有独立性，在面临重大发展利益问题时很难突破行政区划限制，不利于从都市圈整体发展角度进行资源优化配置。由于深莞惠城市间经济发展水平存在一定差异，且交通基础设施建设对于区域空间格局存在一定的不公平影响，利益分配不均衡的现象难以避免。因此，三地政府作为实行跨区域决策的行为主体，需要以消除行政壁垒障碍为主要目标，共同完善都市圈协同共享利益和成本分担机制，加强不同城市各决策主体之间的有机整合，从行政区各自决策向跨区域共同决策转型。

4.3.5 范式应用的未来展望

区域城际轨道布局优化综合决策范式在注重高效经济产出的同时强调空间公平分配，能够为各级政府及相关决策主体制定交通发展战略提供科学依据，推动实现均衡、可持续的城市群区域发展。然而，决策范式在现实应用中仍存在一些不足，有待进一步优化。

一是需要加强制度设计，激励不同城市决策主体参与其中，促进综合决策的开展。当前，我国城市群各城市之间仍存在竞争与利益的博弈，战略愿景与规划决策环节存在一定矛盾、决策主体参与不够等现象，有必要在不改变行政管理体制的前提下，通过国家、省级层面顶层设计制定、建立跨市管理机构与良好的激励机制，促进城市群、都市圈范围内不同城市决策主体参与到区域交通发展进程中；二是需要综合考虑交通基础设施建设成本与建设时序，提升大湾区交通基础设施空间布局优化决策科学性。大规模、跨区域的交通基础设施项目往往容易面临资金短缺的挑战，尤其是建设周期长、投资规模大的城际铁路建设，需要通过引入多元化投资主体扩大交通投融资渠道。因此，推进城市群区域交通基础设施投资建设管理机制改革，进一步协调中央政府与地方政府的交通基础设施项目决策事权，从城市群层面统筹协调，实现顶层设计、政策支撑、技术支持、建设实施各环节的有效推进，有助于提升地方决策灵活性，促进城市群交通基础设施互联互通。

4.4 国土空间多尺度生态修复综合评价

4.4.1 国土空间生态修复综合决策需求

城市群作为我国新型城镇化的主要空间载体和核心增长极，在构建新发展格局中发挥了战略引领作用。然而，全球气候变暖、生态系统功能退化、生境破碎、资源退化和环境污染等问题的日益加剧，使城市群成为生态环境问题集中治理的焦点区域。因此，城市群国土空间生态修复成为迫切的任务，旨在恢复和提升生态系统功能，维护国家与区域生态安全，提升生态品质，实现人与自然的和谐共生。

传统的线性生态修复手段和基于工程的环境治理模式主要针对单一生态环境问题、缺乏总体规划和统一的目标，并不能有效解决系统性的生态环境问题，尤其在高度城市化的城市群地区，因此城市群国土空间生态修复被相应提出。城市群国土空间生态修复的本质是城市群内各城市之间在生态保护及环境治理方面设定统一的目标，协同各参与主体间关系，采取协调一致的措施，从而确保城市群区域资源的可持续发展。国土空间生态修复是一个覆盖各尺度、各部门、各地区的系统工程，且它的运行是基于长期的实施和自我调适之上的，目的是改变传统生态修复工作中，缺乏整体规划、各尺度和各部门间没有统一目标这一现状。当前国土空间生态修复分区格局、修复区识别等治理手段，在一定程度上解决了国土空间生态修复规划在实施过程中存在部门特征明显、修复原则不明晰等多部门间利益冲突的问题（Perring et al., 2018），但未能提出具体生态修复过程中出现的部门利益冲突决策办法（Jin et al., 2017）。

经过多年的快速城市化，粤港澳大湾区人地矛盾日益突出，生态空间结构受损严重，生态源地面积减少，生态环境质量下降，生态廊道连通性降低，导致区域生态系统的供给、调节、支撑、文化等服务功能减弱。粤港澳大湾区生态退化和污染问题严重威胁生态安全，因此亟需通过国土空间生态修复实现大湾区的整体保护、系统恢复和综合治理，维护国家生态安全和区域的可持续发展。与此同时，《粤港澳大湾区发展规划纲要》提出了"大湾区天更蓝、山更绿、水更清、环境更优美"的目标，明确了"实施重要生态系统保护和修复重大工程"的要求，以加强环境保护和治理。这将有助于实现城市群国土空间的生态修复，改善环境质量，促进可持续发展，为城市群的未来发展提供更健康、更可持续的基础。

4.4.2 国土空间多尺度生态修复综合评价技术优化

尺度认知在国土空间生态修复的成功实施中扮演着至关重要的角色。尺度的选择取决于生态介质的扩展范围，包括空间尺度和时间尺度。此外，职能部门联动也是确保国土空间生态修复成功的另一个关键因素。职能部门联动意味着各部门之间的合作和协调，以制定综合性的生态修复计划和政策。这有助于避免单一领域的片面性和冲突，提高生态修复的综合效益。监测评估和适应性管理则是应对保护和修复工程实施中生态系统演变复杂性的重要手段。通过持续监测评估生态系统的健康状况和修复进展，可以及时调整和改进修复措施。适应性管理可以根据监测结果对生态修复计划进行灵活调整，以适应生态系统的演变复杂性。

传统的生态修复实施路径主要有两种：一种是自上而下，通过区域生态修复规划下达各地方的修复任务；一种是自下而上，由地方政府组织解决具体生态环境问题。然而，这两种路径都存在一定局限性。自上而下的生态修复任务下达可能会忽略针对各地区实际问题采取的补救措施，而自下而上的生态修复项目又难以实现区域尺度的生态修复目标。因此，需要一个综合考虑上述两种路径的闭环生态修复决策模型。这一模型旨在优化区域生态网络格局，通过在国土空间生态修复的关键区域实施相应措施来提高区域生态廊道的连通性及区域生态价值。同时，这一模型可以通过项目实施的反馈调整数据参数，从而实现优化区域生态网络格局的规划目标。

1. 多尺度的综合决策

生态修复规划的主要挑战在于如何从系统性角度协同和管理不同尺度的生态修复规划（Latawiec et al., 2015）。目前，我国生态修复相关工作主要是通过对生态修复项目的任务分解和项目完成情况的评估进行管理。这种管理模式存在一些问题。各县市的生态现状和问题各不相同，因此，采用同一种生态修复措施和绩效考核标准难以适应这种差异性。此外，有限的资金也无法解决核心生态问题。因此，为了保证区域间的公平性，上级部门应该关注项目的实施过程而不仅仅是结果评估。本书提出的多尺度国土空间生态修复综合决策体系在不同层级上都更具兼容性。

2. 多部门的综合决策

本书根据不同部门的职责选取了相关指标来构建评价体系，这样各部门不仅可以根据同一组分析结果做出相应决策，同时还能够了解该决策对研究区整体生态修复产生的影响。这种综合评价方法有助于提高决策的协调性和一致性，更好地满足生态修复的实际需求。

3. 非线性的综合决策

传统线性生态修复决策思维存在两个主要问题：一是关注生态修复实施与效果之间的线性关系以及生态修复问题与解决方案之间的线性关系；二是更倾向于采用"污染—治理"这种单一线性解决方案，未能从系统性角度出发全面考虑生态系统的复杂性生态修复的多样性。例如，生态效益评价是生态修复管理的难点，在实践中设定的任务完成考核指标通常难以捕捉生态系统的复杂性，导致生态修复的实际效果难以准确反映（Brancalion et al., 2016）。因此，针对这些问题，本研究提出了一种以区域整体为修复对象的新方法，将"3W"决策思维（"3W"决策思维是一种综合性的决策方法，通常用于解决复杂的问题，特别是那些涉及多方利益相关者和多个决策变量的问题，包括"What""Why""How"三个关键要素）应用在国土空间生态修复规划中。该方法通过判断措施实施的地点和类型获得更好的生态修复效果。同时，还能充分考虑模型的模糊性和随机性，引入正态云模型以提高决策的准确性。

4.4.3 国土空间多尺度生态修复综合决策范式建立

1. 明确跨部门跨层级的决策主体

国土空间生态修复的决策对象涵盖整个土地及其所承载的空间，不同尺度下可以细分为多个决策层面及对象。比如微观尺度涵盖植被和生物，中观尺度则包括生态系统如森林和农田，而在城市群国土空间生态修复中，更侧重宏观尺度，其决策对象是流域或者行政区域内的社会经济系统或者自然复合系统。粤港澳大湾区国土空间多尺度生态修复的主要焦点是规划管理相关领域，规划决策以村镇、县域、区域为基本规划单位，以便更好地与其他空间规划衔接。规划决策主体具备跨部门、跨层级、跨区域、跨制度的特点，涉及不同层级的自然资源、住建、环保等多个部门。涉及的利益主体除了自然资源、住建、环保等部门外，还有广大公众、各类协会和民间组织等。

2. 确定国土空间生态修复决策目标

国土空间生态修复的决策目标是综合整合自上而下的决策系统和自下而上的评价体系，以制定涵盖各尺度、各类型人类活动以及地表过程的生态修复相关规划。决策目标是通过提升区域生态系统内生物有机体生理功能，从而提高区域生态系统服务水平和生态系统服务价值。同时，建立生态功能的保障基线，明确生态保护和修复的区域范围，有计划地分级分类推进以自然恢复为主的重大生态修复工程，统筹推进山水林田湖草生态保护与修复，为环境治理提供有力支持。

3. 开展多尺度国土空间生态修复决策分析

国土空间生态修复综合决策旨在改变传统生态修复中缺乏统筹和统一的状况。在生态修复实践中，它通过整合不同部门和不同尺度的生态修复措施，基于国土空间生态修复规划策略中的"压力-状态-响应"原则，建立了多尺度评价框架，并在具体景观和生态方面进行了应用。从本质上看，国土空间生态修复体系的研究内容是根据研究尺度、研究问题以及研究目标的需要而确定的。这一体系有助于更加有序和全面地进行生态修复，以实现生态环境的持续改善。多尺度国土空间生态修复决策体系具体决策技术分析如下（图4.13）。

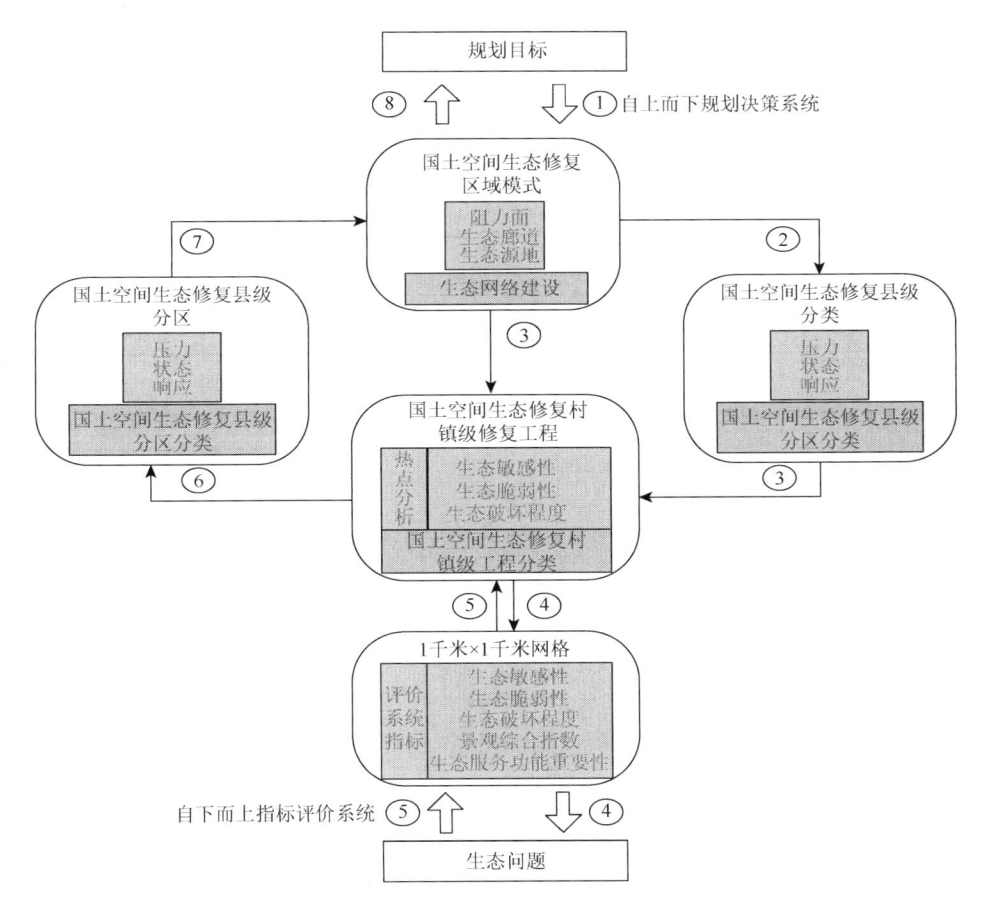

图 4.13　多尺度国土空间生态修复决策体系及技术路线

步骤 1：建立粤港澳大湾区国土空间生态修复决策分析的数据。基准年为 2020 年粤港澳大湾区土地覆被/利用数据，其中包括耕地、林地、草地、灌木、湿地、水体、建设用地以及裸地八个主要的地表覆盖类型。数据来源于国家基础地理信息中心研发的全球 30 米分辨率地表覆盖产品（https://www.ngcc.cn/dlxxzy/ygyxsjk/），主要用于计算生态敏感性、脆弱性和破坏程度等指标，数据精度为 1 千米×1 千米。

此外，涉及的其他公里网格数据还包括多年工业产值、EVI（MOD09A1，植被指数）以及 NPP（净初级生产力）等。城市行政区划数据来源于全国地理信息资源目录服务系统（http://www.webmap.cn）。高程数据来源于美国地质调查局 30 米分辨率的 SRTM1 v3.0 DEM 数据（https://earthexplorer.usgs.gov/）。土地利用规划数据用于计算县级压力状态响应模型中的响应指标。社会经济数据（来源于 2010 年及 2015 年《广东年鉴》），用于计算社会经济发展带来的压力。1：10000 交通路网矢量数据来源于 OSM 开源项目（Open Street Map，https://download.geofabrik.de/），后期通过计算欧氏距离获取各级路网空间化距离变量，并进行栅格归一化处理。为便于模型计算，对中国陆地生态系统服务价值空间分布数据集（1 千米栅格数据，单位：元/公顷）的所有栅格影像均进行 30 米分辨率重采样和行列匹配。

步骤 2：建立分析模型。一是空间分析模型。利用 ArcMap 10.7 空间分析中的热点分析（Getis-Ord Gi*），通过计算指标体系中 P41、P42、P43 的 GiZ 和 GiP 数值，识别局部热点和冷点聚集区（Peeters et al.，2014）。二是 K-means 聚类分析。利用 Geoda 软件中 K-means 聚类分析算法，对县域尺度上的评价指标进行空间聚类分析，从而得到县级层面国土空间生态修复分类分区。K-means 算法将距离作为相似性的评价指标，也就是说，两个物体距离越近，它们的相似性越高。三是正态云模型。云模型是一个有效转化定性评价与定量计算的工具，它能够最大限度表达评价对象的模糊性和随机性（Li et al.，1998），是一种处理定性概念与定量描述的不确定转换模型。

目前，这一模型已经成功应用到多个领域，包括自然语言处理、数据挖掘、决策分析、智能控制和图像处理等。而正态云模型则是一种特征鲜明的云模型，以云期望 Ex，熵 En 和超熵 He 为其标志特征。由于自然科学中许多现象的期望曲线近似遵循正态或者半正态分布，正态云模型因此具有很高的普适性。本书选用正态云模型对粤港澳大湾区国土空间生态修复系统进行分级和拟合最终评价结果，主要原因包括：一是县域尺度的指标实测值具有一定的随机性，忽视这种随机性可能导致生态修复规划的结论出现较大偏差；二是国土空间生态修复规划的效果和对评价对象现状的生态评估之间的关系存在模糊性；三是通过综合评价方法确定的各评价指标等级的界限较为主观和不合理；四是正态云模型可以提供更多决策参考，例如不同层级的隶属度，这些参考可以为修正规划结果提供合理依据。

步骤 3：确定村镇级生态修复工程类型。在国土空间多尺度生态修复的系统研究中，村镇级规模是生态工程管理体系中最小的行政单位。因此，在村镇级别，国土空间多尺度生态修复需要根据生态资源的现状、退化程度、敏感性等因素来确定生态修复工程的类型。这些工程类型包括完全基于人工干预和人工措施的生态重建工程、完全基于自然恢复的生态修复工程,以及介于这两者之间的生态修复工程等。

步骤 4:基于正态云模型的拟合,划分县市级生态修复分区。在县级尺度上,国土空间的规划反映了人地关系的整体性。为了更好地解决村镇间的沟通交流问题,并在生态工程实施的基础上,协调社会经济发展和生态保护之间的关系,规划决策应该特别注意生态修复分区分类、具体修复方案以及强度的制定,这些都是该尺度生态修复规划的重要内容。具体步骤如下:

一是构建指标集。利用本研究中所有县级指标构建指标集 $U = \{u_1, u_2, \cdots, u_n\}$,然后利用层次分析法和熵权法确定注释集 $V = \{v_1, v_2, \cdots, v_n\}$ 和权重集 $W = \{w_1, w_2, \cdots, w_n\}$。二是定量描述生成云滴。在 MATLAB 软件中输入指标集,通过编写正向云发生器,计算每一组期望 Ex、熵 En、超熵 He 并且生成云滴。三是建立正态云隶属度函数。根据正态云模型函数以及云模型三个特征参数的函数建立正态云隶属度函数。四是通过云模型拟合并模拟使用正向云发生器重复计算 1000 次,计算隶属度矩阵,即云滴 $Z = (Z_{i,j})_{n \times t}$,以及不同尺度指标的平均隶属度。五是集合 W 与矩阵 Z 相乘得到模糊子集 $B = \{b_1, b_2, \cdots, b_n\} = W \otimes Z$。根据"最大隶属度原则",选取最大隶属度对应的第 i 个评价等级 b_i 作为粤港澳大湾区县市级国土空间生态修复的最终分级分区结果。

步骤 5:基于绿地组团的分级,确定区域级生态修复区划。在区域尺度上,国土空间生态修复体系规划的目的是打造出良好的生态安全格局,构建并优化生态系统网络,这是一个成熟的可以用于该尺度的研究范式。

4. 输出决策结果

通过结合自上而下的决策系统和自下而上的评价体系,最终能够在空间上识别生态修复区域以及优先进行生态修复工程的区域,并生成相应的修复图层及决策图。

4.4.4 国土空间多尺度生态修复综合评价应用

将国土空间多尺度生态修复综合评价及决策范式应用于经济发展和生态保护矛盾突出的大湾区,最大程度满足大湾区社会经济和自然环境的需求,将生态系统修复方案调整到最佳并转化为切实可行的实践,为未来的生态修复规划提供有力的参考和指导。

1. 村镇尺度

在村镇尺度,利用 GIS 空间分析中的热点分析(Getis-Ord Gi*)功能,对粤港澳大湾区 9 个城市（除香港、澳门）进行了生态脆弱性、生态敏感性以及生态破坏度的热点分析。根据分析结果，将研究区分为七类不同等级的国土空间生态修复和保护分区，作为村镇国土空间生态修复分区决策的基础。粤港澳大湾区村镇生态修复与保护分级可以为村镇级生态修复及保护工程提供指引。首先，根据生态破坏程度空间分布，识别研究区内需要进行生态修复的村镇。然后，根据生态脆弱性热点聚集区，识别出需要进行保护的生态空间，同时结合生态敏感性区域空间分布，确定村镇生态修复工程的人工干预程度及具体工程措施。

研究区内共 603 个村镇按照上述分级原则被分为七个等级，其中 7 级（205 个村镇）和 6 级（101 个村镇）为生态压力弱点地区，主要分布在广州、佛山、江门、中山及珠海交界处的一二级生态源地，部分分布在肇庆及惠州的自然保护区。这些地区主要实施空间管控等生态保护政策，以减少人为干扰。3 级、4 级和 5 级分区主要分布在肇庆中部、广州东北部、东莞、深圳以及惠州东部的部分村镇，因生态环境受到一定程度的胁迫，需要采取生态修复和生态保护相结合的方法，并且倾向于基于自然方案的生态修复工程。1 级和 2 级共 30 个村镇，分布在佛山（4 个）、惠州（6 个）、肇庆（7 个）以及广州（13 个），因原始生态环境受到严重胁迫，需要采取人工干预进行生态修复，同时配合最严格的生态保护和空间管控措施。

首先，在粤港澳大湾区县域尺度，建立国土空间生态修复指标体系。通过使用等差分级法，对"压力-状态-响应"模型中指标层的 8 个指标进行五级分级。在这个分级系统中，级别越高相对应的环境压力越大、环境状态越差、环境响应越弱。其次，利用正态云模型对县域级国土空间生态修复分区进行拟合。根据正态云模型建立国土空间生态修复的五个分级步骤，使用 MATLAB 软件中的正向云发生器，生成不同层次指标的云图。

图 4.14 总结了粤港澳大湾区 50 个县市在国土空间生态修复 8 个评价指标方面的具体得分。首先，图 4.14（b），可以看出各指标在研究区内的得分情况，该图可为不同层级规划决策者提供参考，决策者可以直观比较整个区域的不同指标、各县市的隶属度以及各县市的指标值，从而确定优先修复的区域和重点修复的方向。其中，P4、P3、P2 以及 S2 在研究区所有评价指标中得分最高。特别值得注意的是，P3 是各县市评价指标之间差异最为显著的一个。其次，通过图 4.14（a）结果，可以提出各县市的具体优化方向。例如，生态修复分级中组团 1 的综合评分最低，表明其面临着最大的生态环境压力、最差的环境状态以及最弱的环境响应。因此，这些地区应当实施最严格的生态保护和修复措施。图 4.14（c）展示了各县市的国土空间生态修复综合评分和相应的等级。这些结果可以为具有相似国土空间生态修复评分的县市提供生态修复分级的参考信息。

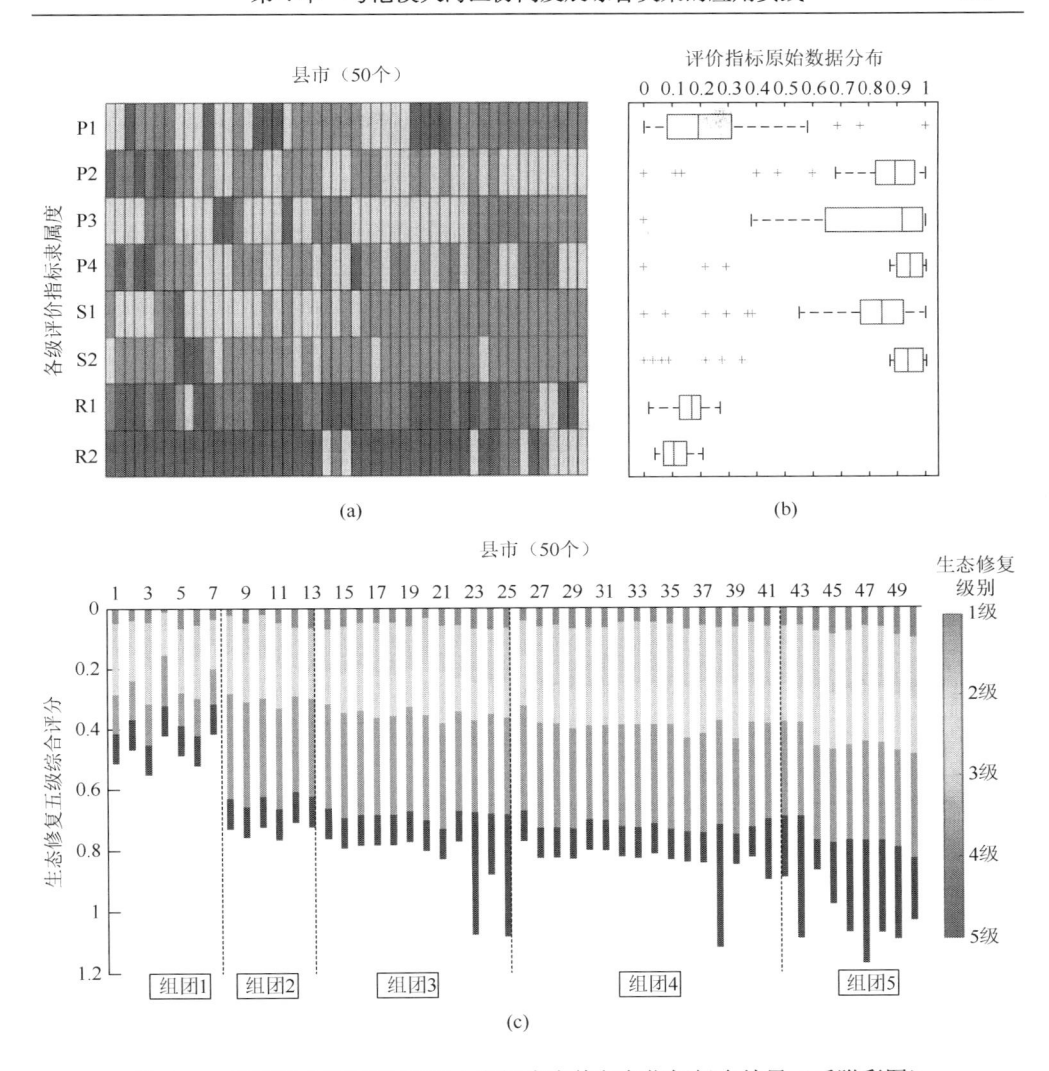

图 4.14 粤港澳大湾区县/市国土空间生态修复各指标拟合结果（后附彩图）

从粤港澳大湾区县、市国土空间生态修复分级的空间分布来看：一级生态修复区域主要位于在肇庆西北部、江门南部以及惠州北部的生态源地，这些地区被划为最严格的生态保护区域，需要实施最严格的生态保护政策；二级生态修复区域分布较为广泛，主要沿一级生态保护区向大湾区的中心城市建成区延伸，集中在大湾区东西两侧生态源地的自然保护区。在这些区域，需要加强生态保护措施，平衡经济增长和生态保护之间的关系；三级生态修复区域主要分布在大湾区南北两侧城市建成区的外围，包括北部广佛交界处、南部江门及珠海交界处以及深圳光明区。这些地区需要强化国土空间多能管理和利用，率先开展和实施土地复合利用；四级和五级区域主要位于经济发达的城市核心区和城市工业区，包括广佛交界处、中山及江门交界处、东莞、深圳西部以及深圳和惠州交界处。在这些区域，需要开展城市环境综合治理相关工作，加强城市绿地和生态廊道建设，提升整体生态系统功能。对于一些遭受严重生态破坏的地区，需要采取综合多种手段进行生态系统修复，包括优化产业结构、污染治理、废弃工矿用地管理、低效用地改造和绿化工程等措施。

2. 区域尺度

通过计算每个绿地斑块 dPCcon 值，分析评估斑块作为踏脚石斑块的重要性。结合 MSPA 分析，选出 2382 个核心斑块，并根据自然断点法将核心类斑块和桥接类划分为三个等级，即极重要、重要和一般重要。基于 MCR 模型，选取六个重要和极重要的景观组分，它们分别为江门市西部恩平地热地质公园向北延伸至肇庆星湖国家湿地公园、鼎湖山国家级自然保护区，随后向东蜿蜒至广州市从化区流溪河国家湿地公园和石门国家绿地公园，最后向东南经惠州的罗浮山风景名胜区、象头山国家级自然保护区，一直延伸到横跨深圳和香港的梧桐山—八卦岭—红花岭生态走廊。

4.4.5 范式应用的未来展望

国土空间多尺度生态修复综合评价和决策范式在构建区域生态修复模式、县市生态修复分类区划及村镇生态修复项目分类方面，发挥了重要作用。它通过景观和区域尺度深入分析复杂的生态问题，对现有生态修复规划和管理进行优化，为国土空间生态修复决策提供了坚实支撑。生态修复规划的重点和难点是如何从系统性角度出发协同和管理，为了保证区域间公平，上级部门应该对项目实施过程而非结果进行评估，本书提出的多尺度国土空间生态修复综合决策体系在不同层级上都更具兼容性。另外针对生态修复职责分散在各个层级不同部门的现状，本书根据不同部门职责选取了相关指标组成评价体系，各部门不仅可以根据同一组分析结果做出相应决策，同时还可以了解该决策对研究区域整体生态修复的影响。最后，传统线性生态修复决策思维主要通过两种方式体现，生态修复实施与效果之间的线性关系以及生态修复问题与解决方案之间的线性关系。本书以区域整体为修复对象，通过判断措施实施的地点和类型获得更好的生态修复效果，正态云模型能够充分考虑到模型的模糊性和随机性从而提高决策的准确性。

当然该范式仍有待进一步优化。首先，在网格尺度上，需要进一步分析如何执行具体的特定的修复项目。其次，指标体系的构建及指标选取应根据具体应用场景进一步完善,尤其是在网格尺度上,在足够数据支撑的条件下,应考虑引入具有时间序列、准确性及区域特性的指标。最后,在构建生态网络时,生态廊道的提取还需要充分考虑研究区生态源地以外的周边区域的生态环境,以确保生态修复规划的全面性和协同性。

4.5 跨地市邻避设施规划选址

4.5.1 跨地市邻避设施规划选址决策需求

常见的邻避设施,如区域性能源设施、环卫设施、排水设施、殡葬设施、通信设施等,作为城市基础设施的组成部分,是城市安全稳定运行和可持续发展的重要保障。但因邻避设施具有负外部效应而受到市民的反对,从而引起邻避冲突事件。从邻避冲突事件产生的根源来看,主要集中在:一是传统"决定—宣布—辩护"的决策模式,带来信息公开不到位、政府单向决策、市民参与渠道少;二是市民公平认知、风险感知和维权意识提升,对邻避设施的厌恶感增强;三是生态环境部、市民等主体诉求不同,利益分配不均衡,或者垃圾处理和环境补偿机制不完善(吕添贵和梁慧美,2018)。如何降低和缓解邻避冲突事件的发生,打破区域行政壁垒,借力城市群协同发展,推动邻避设施的共建共享、协同共治成为重要且有效的手段。

从城市发展来看,伴随城镇化的快速发展,邻避设施建设的需求与土地资源紧缺之间的矛盾日益尖锐,特别是对于人口密度较大的城市,邻避设施的用地预留不足,导致扩建或新选址的难度大大增加。同时,多数区域性邻避设施会考虑布局城市主要功能区的外围,在选址论证环节面临与相邻地市的冲突,出现土地资源无法供应等现实问题。因此,推进城市群邻避设施共建共享,对于各城市解决设施土地供给、促进设施项目落地具有重要意义。

具体以生活垃圾处理设施这一种典型的邻避设施类型为例。为落实解决生活垃圾填埋比重大、资源利用率低、垃圾焚烧处理能力急需提升等问题,推进生活垃圾处理设施项目落地,国家多部委联合印发《关于进一步做好生活垃圾焚烧发电厂规划选址工作的通知》(2017年),提出要科学合理确定生活垃圾焚烧发电厂规划与选址,鼓励在京津冀、长三角等国家级城市群打破省域(市域)限制,探索跨地市、跨省域生活垃圾焚烧发电项目建设,实现一定区域内共建共享。2021年《广东省生活垃圾处理"十四五"规划》发布,鼓励不同区域之间的设施共建,探索打破区域间隐形壁垒,积极与邻近地区统筹规划,推动垃圾处理跨区域合作。

粤港澳大湾区要创建国际一流湾区和世界级城市群，应超前谋划各类重大基础设施的规划选址，先行先试、积极探索跨省域（市域）建设垃圾焚烧发电厂、环境园等邻避设施，推动基础设施在湾区内共建共享，为促进城市群协同发展作出贡献。

4.5.2 跨地市邻避设施规划选址技术优化

1. 单个城市决策转向多个城市协同决策

城市群邻避设施共建需求具有明确的目标导向，但在当前城市群建设发展中，很少有实际项目落地完成，邻避设施的选址和研究仍集中在单个城市内部，选址由单个城市决策，未涉及跨行政区两个或多个城市共建设施。粤港澳大湾区跨地市邻避设施选址需跳出单个城市，由两个城市或多个城市根据自身的不同需求协同决策。多个城市的协同决策跨越两个或多个行政区域，涉及府际关系、部门关系、空间资源整合关系等多重要素的平衡，同时因各城市政策等的差异，相较于城市自身内部邻避设施的选址，跨地市邻避设施的规划选址复杂程度更高、协商难度更大。

2. 单一主体决策转向多个主体共同决策

纵观国内外的邻避冲突事件，最直接的表象原因在于市民捍卫环境利益的诉求未得到满足，以及由此扩展到市民知情权、参与权等公民权利和追求公平正义的社会价值的缺失（王佃利等，2017）。然而，从决策视角来看，邻避事件的发生与政府追求决策效率最大化，坚持"决定—宣布—辩护"的决策模式有直接关系。该模式下，政府不会积极主动宣传有关风险性方面的信息，并未真正地将市民意见纳入到决策程序中，市民的知情权和参与权并未得到保障，追求的公平正义无法得到满足（胡贵仁，2017）。邻避设施建设所涉及的所有相关主体均应该成为选址决策参与的主体，各主体通过利益平衡，形成决策共识。在传统决策基础上，粤港澳大湾区跨地市邻避设施规划选择决策将市民纳入决策主体，通过多个城市政府、不同城市居民的利益平衡，实现多主体共同决策，减少邻避冲突事件的发生。

3. 地理空间数据与文本信息数据相融合

邻避设施规划选址决策需要多元数据的支持，包括土地利用规划、土地利用现状、路网等地理空间数据，政策文本数据，标准规范数据等。其中，标准规范是开展决策最基本的技术要求，政策文本是符合开展决策分析的国家、地方等基本要求。以生活垃圾处理设施选址为例，涉及的政策文本数据在国家层面包括《"十四五"城镇生活垃圾分类和处理设施发展规划》（2021 年）、《关于进一步做好生活垃圾焚烧发电厂规划选址工作的通知》（2017 年）。地方层面包括《粤港澳大湾区发展规划纲要》（2019 年）、《广东省生活垃圾处理"十四五"规划》（2021 年）、《香港资源循环蓝图 2035》（2021 年）、《澳门环境保护规划（2021—2025）》（2022 年）等，这些政策文本数据是确定并指导生活垃圾焚烧发电设施规划选址场景的重要依据。另外，涉及的标准规范数据包括《环境卫生技术规范（GB 51260—2017）》《城市环境卫生设施规划标准（GBT 50337—2018）》《城市环境规划标准（GGBT 51329—2018）》等，这些数据对生活垃圾焚烧发电设施规划选址提出基本技术要求。粤港澳大湾区跨地市邻避设施选址决策除了基本的地理空间数据之外，更加强调与邻避设施相关的政策文本和标准规范数据。将地理空间数据与政策文本、标准规范数据融合共同支撑规划选址综合决策。

4. 空间分析与博弈分析相结合

规划选址必然涉及两个或多个决策主体采取不同策略进行交互和竞争的过程，因此博弈论被引入规划决策分析。博弈论的核心是研究不同决策主体的策略选择和收益，以及所做决策的均衡问题，包含局中人、策略、支付函数三个要素。局中人即参与方，每一个有决策权的参与方成为一个局中人。只有两个局中人的博弈现象成为"两人博弈"，多于两个局中人的博弈成为"多人博弈"。策略即行动方案，每个局中人都有选择可行的完整行动方案。支付函数是博弈结果，一组博弈结束时，每个局中人的"得失"是全体局中人取定的一组策略的函数。

将空间分析与博弈论相结合开展决策分析，不仅可以直观地分析、操作和可视化，更能够将涉及的多主体诉求纳入综合考虑，将利益平衡过程可视化，以全面、客观地辅助决策。在邻避设施规划选址中，由于传统政府决策主要从技术角度出发，运用空间分析方法进行邻避设施规划选址时，并未考虑邻避设施涉及多元利益主体的诉求。粤港澳大湾区跨地市邻避设施规划选址则基于设施涉及多方政府和多地居民的复杂博弈特征，从空间分析和利益博弈相结合的视角出发，在传统 GIS 空间分析的基础上，引入博弈论，建立跨地市邻避设施规划选址博弈模型，对决策主体的利益进行量化计算、分析和比较，输出跨地市邻避设施选址的优选方案。

4.5.3 基于博弈论的跨地市垃圾焚烧发电设施规划选址范式建立

1. 明确两个或多个城市政府和城市居民多元决策主体

因涉及不同城市，跨地市垃圾焚烧发电设施选址涉及多个决策主体，一般是参与设施共建的两个或多个城市政府，以及设施服务的不同城市的居民。一方面，跨地市垃圾焚烧发电设施由粤港澳大湾区内香港、澳门、广州、深圳、珠海、佛山、惠州、东莞、中山、江门以及肇庆11个城市中的两个或多个城市共建，主体涉及城市之间，以及城市内自然资源、环保等多个行业主管部门的诉求，层级多、主体多。为更好地凸显政府与居民之间的利益平衡关系，将城市内多个行业主管部门统一简化为城市政府，这样规划选址决策主体则为两个或多个城市政府；另一方面，由于垃圾焚烧发电设施自身的负外部性特点，设施规划选址涉及对设施周边城市居民的影响，无法回避居民的参与，故设施周边的居民也是决策主体。

2. 确定共同达成最佳选址方案的共识目标

规划选址决策最终目标是确定垃圾焚烧发电设施的最优选址区域或最佳选址方案，实现多个决策主体就跨地市共建垃圾焚烧发电设施的规划选址区域或方案达成共识。选址决策过程中，不同决策主体有不同的目标需求。城市政府的需求是以最小的成本提供城市公共产品，达到综合效益最大化。不同城市之间因所处发展阶段不同，发展目标不同，影响城市政府给予决策的主导因素也有所区别，甚至影响政府在决策行为上做出一定的妥协和让步。相关居民担心垃圾焚烧发电设施可能影响其居住环境，对其空间布局与住区距离形成偏好。

3. 结合GIS与博弈模型开展选址决策分析

在明确决策主体、决策目标后，针对具体决策事项，选择相应的数据和模型，完成自适应决策链，开展决策分析。选择与垃圾焚烧发电设施选址相关标准和技术规范数据、政策法规数据，以及与城市人口数据、空间地理数据等。运用空间缓冲、网格筛选和剔除分析等空间分析模型，建立两个或多个城市政府以及居民参与的选址博弈模型，计算各方案对应的不同决策主体的收益和成本，并进行空间转化，对比确定优选方案区域。具体的跨地市垃圾焚烧发电设施规划选址的决策技术分析可分为三步（图4.15）。

步骤1：确定初步选址区域。分析与垃圾焚烧发电设施相关的政策法规、技术标准等文本信息数据，开展数据特征提取、聚类分析、文本结构分析、关联性分析等文本挖掘，提取垃圾焚烧发电设施规划选址的基本要求以及禁止选择区域；利用GIS的栅格、剪裁、缓冲、筛选、剔除的分析功能，排除禁止选择的空间区域，形成初步的规划选址区域。

步骤2：确定初步选址方案。在确定的规划选址区域基础上，人工输入邻避设施立项确定的设施用地规模、建设规模和设施处理能力；在文本挖掘形成的选址基本要求基础上，输入设施方案距离临近道路和居民点的距离等参数。利用GIS模型的空间筛选功能，基于输入参数的计算，进一步筛选形成初步选址方案。

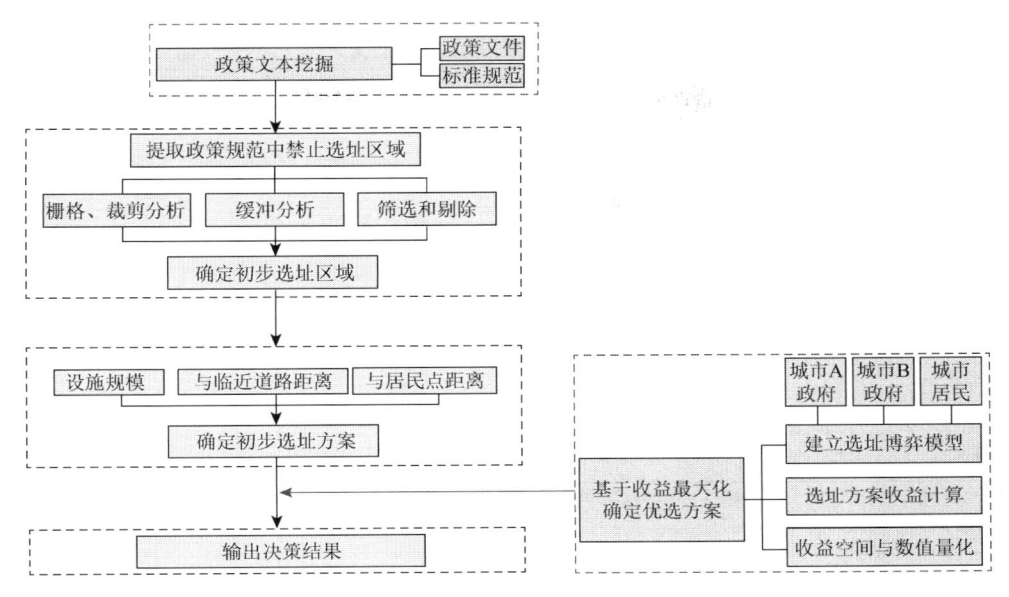

图 4.15 跨地市垃圾焚烧发电设施规划选址综合决策分析流程

步骤 3：基于收益最大化确定优选方案。以初步选址方案为中心，自动识别人口一定条件下的空间范围，即自动变换垃圾焚烧发电设施点覆盖的居民点的半径，保证每个选址都能覆盖所设定的人口数。建立城市 A 政府、城市 B 政府以及城市居民三方参与的博弈模型，分别计算各个选址方案的收益、成本以及净收益，并将每个方案对应的城市 A 政府收益、城市 B 政府收益和城市居民收益，作为该方案的属性值进行空间量化，确定对比确定最优选址方案。跨地市垃圾焚烧发电设施规划选址的博弈模型如下：

博弈参与方——决策主体。博弈模型以跨地市的两个城市（城市 A、城市 B 对应城市 A 政府、城市 B 政府）共建垃圾焚烧发电设施为例构建博弈的参与方、策略和收益三要素。参与方为城市 A 政府、城市 B 政府和设施周边城市居民。

策略集合——空间选址方案。策略为垃圾焚烧发电设施空间选址方案的集合，包括提供用地或不提供用地，每一个策略对应着一个空间选址方案。参与选址的城市 A 政府、城市 B 政府在选址过程中，策略选择都包括行动或不行动两种选择，即选址在自身行政范围内或不在自身行政范围内。假设城市 A 政府选择行动，城市 B 政府选择不行动，则该设施可以解决更多 A 市居民需求，但需提供设施的全部用地及其他成本。同理，城市 B 政府选择行动，城市 A 政府选择不行动亦如此。若城市 A 政府、城市 B 政府同时选择行动，则双方共同承担设施用地，该策略对应的空间方案表现为跨城市 A、城市 B 的行政边界；若城市 A 政府、城市 B 政府同时选择不行动，则意味着博弈谈判失败，设施选址失败，双方无法共建设施。故在城市 A 政府、城市 B 政府之间形成的策略矩阵可以表现为表 4.10。

表 4.10　跨地市垃圾焚烧发电设施规划选址 A 政府与 B 政府的博弈矩阵

决策主体		城市 B 政府	
		行动	不行动
城市 A 政府	行动	(1, 1)	(1, 0)
	不行动	(0, 1)	(0, 0)

收益——方案对应决策主体收益。收益为不同策略下，各参与方获得的总收益。由于影响收益的因子很多，模型构建中仅考虑主要因子。参与方城市 A 政府、城市 B 政府的成本主要包括用地成本、建设成本和垃圾的运输成本三类。收益主要包括处理垃圾的环境补偿收益和垃圾焚烧发电设施带来的收益两类。参与方居民的收益因子主要为垃圾焚烧发电设施排放的污染物对居民环境可能带来的影响，居民点距离越远，收益越高。

——政府用地成本。垃圾焚烧发电设施的用地规模与其设计的日处理垃圾能力有关。在不同的策略下，城市 A 政府提供的用地规模为 L_A，日处理垃圾为 V_A，城市 B 政府提供的用地规模为 L_B，日处理垃圾为 V_B。若城市 A 政府选择不行动，L_A 等于 0。同理，若城市 B 政府不行动，则 L_B 等于 0。同时，垃圾焚烧发电设施的用地存在用地机会成本，其与选址所在地块的基准地价和垃圾处理设施的实际使用年限有关。即：用地机会成本 =（平均基准地价/实际使用时间）×用地规模。将用地机会成本系数设为 C_1（单位：元/米^2·天），则城市 A 政府和城市 B 政府在不同策略组合下的用地成本可以表示为表 4.11。

表 4.11　跨地市垃圾焚烧发电设施规划选址城市 A 政府与城市 B 政府用地成本

决策主体		城市 B 政府	
		行动	不行动
城市 A 政府	行动	($C_1 \times L_A$, $C_1 \times L_B$)	($C_1 \times L_A$, 0)
	不行动	(0, $C_1 \times L_B$)	(0, 0)

——政府建设成本。建设成本为垃圾焚烧发电设施建设投资资金。基于公平考虑，城市 A 政府与城市 B 政府的建设成本与设施可解决的日垃圾产量成正比。假设设施建设每天的建设成本为 C_2（单位：元/天），设施为 A 政府解决的日处理垃圾为 V_A，为城市 B 政府提供的日处理垃圾为 V_B。由于建设成本与是否提供用

地无关，无论城市 A 政府、城市 B 政府选择何种策略，其建设成本始终为：

城市 A 政府的建设成本 = $C_2 \times V_A/(V_A + V_B)$

城市 B 政府的建设成本 = $C_2 \times V_B/(V_A + V_B)$

——政府垃圾运输成本。垃圾运输成本为垃圾由居民点运输到设施点进行处理的运输费用，由运输总距离和单位运输成本决定。运输总距离是每个居民点沿城市道路网到设施点的运输距离之和，采用 GIS 网络分析最近设施点求解来形成居民点到备选选址点间的路程。假设运输成本系数为 C_3（单位：元/千米），S_A 是位于城市 A 范围内所有居民点到设施点的运输距离之和，即 $S_A = S_{A1} + S_{A2} + S_{A3} + \cdots\cdots + S_{AN}$；$S_B$ 是位于城市 B 范围内所有居民点到设施点的运输距离之和，即 $S_B = S_{B1} + S_{B2} + S_{B3} + \cdots\cdots + S_{BN}$。由于垃圾运输成本与是否提供用地无关，无论城市 A 政府、城市 B 政府选择何种策略，其运输成本始终为：

城市 A 政府运输成本 = $C_3 \times S_A$

城市 B 政府运输成本 = $C_3 \times S_B$

——政府环境补偿收益。环境补偿收益主要指垃圾跨界清运处理过程中，某一城市进入另一城市生活垃圾终端处理设施处理生活垃圾，应承担生活垃圾处置区域环境补偿费，环境补偿标准一般在环境补偿管理办法或实施细则中进行规定。博弈模型中，若 A 政府、B 政府均行动或均不行动，双方的环境补偿收益均为 0；若一方选择行动，另一方选择不行动，则行动一方将获得不行动一方的环境补偿费。将环境补偿标准设定为 D_1（单位：元/吨），双方政府在不同策略组合下的环境补偿收益见表 4.12。

表 4.12　跨地市垃圾焚烧发电设施规划选址城市 A 政府与城市 B 政府的环境补偿收益

决策主体		城市 B 政府	
		行动	不行动
城市 A 政府	行动	(0, 0)	($D_1 \times V_B$, $-D_1 \times V_B$)
	不行动	($-D_1 \times V_A$, $D_1 \times V_A$)	(0, 0)

——政府焚烧发电收益。焚烧发电收益是垃圾焚烧发电产生的收益，与单位体积垃圾焚烧发电量、垃圾焚烧设备消耗电量及当地电价有关，计算方式为：焚烧发电收益 = [每吨垃圾发电量×（1-垃圾焚烧电量消耗比例）×当地电价]×垃圾量。

由于垃圾焚烧发电收益与是否提供用地无关、垃圾焚烧电量消耗与焚烧技术相关、电价取决于各城市定价等，故将焚烧发电收益部分固定影响因子设定为单位体积垃圾发电的收益为 D_2（单位：元/吨），无论城市 A 政府、城市 B 政府选择何种策略，其焚烧发电收益始终为：

城市 A 政府焚烧发电收益 = $D_2 \times AV_A$

城市 B 政府焚烧发电收益 = $D_2 \times BV_B$

——居民收益。居民收益主要体现在设施建设带来负外部性产生的成本。负外部性包括垃圾等待处理中的臭味、运转过程中的噪声、焚烧过程中产生的有毒有害气体、水资源和土地资源的污染风险等，负外部性的大小与居民点距离设施的直线距离有关。直线距离越大，负外部性越小，成本越小，收益越大。假设市民负外部性与居民点距离设施直线距离的影响系数设为 C_4，城市 A 政府与城市 B 政府内服务的居民点距离设施的直线距离之和为 $L = L_A + L_B$，则居民的收益为：

设施周边城市居民收益 = $C_4 \times (L_A + L_B)$

其中，居民点距离设施的直线距离之和 L 以 GIS 分析点距离计算。

不同策略下决策主体的净收益。基于上述策略的成本、收益分析，综合计算不同策略组合下城市 A 政府、城市 B 政府、设施用地周边城市居民三方各自的总收益（表 4.13）。

表 4.13 跨地市垃圾焚烧发电设施规划选址中城市 A 政府与城市 B 政府不同策略组合下的成本、收益汇总

策略组合		用地成本	建设成本	垃圾运输成本	环境补偿收益	焚烧发电收益
A 政府行动 B 政府行动	(1,1)	($C_1 \times L_A, C_1 \times L_B$)	$C_2 \times V_A/(V_A+V_B)$, $C_2 \times V_B/(V_A+V_B)$	($C_3 \times S_A, C_3 \times S_B$)	(0,0)	($D_2 \times V_A, D_2 \times V_B$)
A 政府行动 B 政府不行动	(1,0)	($C_1 \times L_A$, 0)	$C_2 \times V_A/(V_A+V_B)$, $C_2 \times V_B/(V_A+V_B)$	($C_3 \times S_A, C_3 \times S_B$)	($D_1 \times V_B, -D_1 \times V_B$)	($D_2 \times V_A, D_2 \times V_B$)
A 政府不行动 B 政府行动	(0,1)	(0, $C_1 \times L_B$)	$C_2 \times V_A/(V_A+V_B)$, $C_2 \times V_B/(V_A+V_B)$	($C_3 \times S_A, C_3 \times S_B$)	($-D_1 \times V_A, D_1 \times V_A$)	($D_2 \times V_A, D_2 \times V_B$)
A 政府不行动 B 政府不行动	(0,0)	(0,0)	(0,0)	(0,0)	(0,0)	(0,0)

策略组合 1：城市 A 政府行动、城市 B 政府行动，对应城市 A 政府、城市 B 政府行动均提供设施用地，即跨行政区的选址方案。该情形下，城市 A 政府、城市 B 政府、居民的收益分别为：

城市 A 政府收益 = $0 + D_2 \times V_A - C_1 \times L_A - C_2 \times V_A/(V_A+V_B) - C_3 \times S_A$

城市 B 政府收益 = $0 + D_2 \times V_B - C_1 \times L_B - C_2 \times V_B/(V_A+V_B) - C_3 \times S_B$

居民收益 = $C_4 \times (L_A + L_B)$

策略组合 2：城市 A 政府行动、城市 B 政府不行动，对应城市 A 政府提供设施用地、城市 B 政府不提供设施用地，即一方提供全部用地方案。该情形下，城市 A 政府、城市 B 政府、设施周边城市居民的收益分别为：

城市 A 政府收益 = $D_1 \times V_B + D_2 \times V_A - C_1 \times L_A - C_2 \times V_A/(V_A + V_B) - C_3 \times S_A$
城市 B 政府收益 = $-D_1 \times V_B + D_2 \times V_B - 0 - C_2 \times V_B/(V_A + V_B) - C_3 \times S_B$
设施周边城市居民收益 = $C_4 \times (L_A + L_B)$

策略组合 3：城市 A 政府不行动、城市 B 政府行动，对应城市 A 政府不提供设施用地、城市 B 政府提供设施用地，即一方提供全部用地方案。该情形下，城市 A 政府、城市 B 政府、设施周边城市居民的收益分别为：

城市 A 政府收益 = $-D_1 \times V_A + D_2 \times V_A - 0 - C_2 \times V_A/(V_A + V_B) - C_3 \times S_A$
城市 B 政府收益 = $D_1 \times V_A + D_2 \times V_B - C_1 \times L_B - C_2 \times V_B/(V_A + V_B) - C_3 \times S_B$
设施周边城市居民收益 = $C_4 \times (L_A + L_B)$

策略组合 4：城市 A 政府不行动、城市 B 政府不行动，对应着城市 A 政府、城市 B 政府均不提供设施用地，没有达成共识的选址方案。

模型要素的空间量化及求解。博弈模型中的每一个策略在空间中体现为一个选址的具体位置，即对应着选址的地理坐标。为了便于空间属性的计算，将符合规范标准下的可选址区域进行处理，转换为空间上均质的基本单元。根据研究范围的大小、设施的最小规模等要求，可以设置不同的基本单元尺度。

每个基本单元通过数值提取可获得以下属性：空间位置代号 $i(i = 1, 2, 3, 4……n)$，基于位置 i 的城市 A 政府的收益值为 W_{Ai}、城市 B 政府的收益值为 W_{Bi}，以及居民收益值为 W_{Mi}。根据任意单元 i 的属性，建立三维几何函数，绘制 3D 散点分布图（图 4.16）。任意单位 i 的属性值 W_{Ai}、W_{Bi}、W_{Mi} 越大，则说明收益值越大，对应的选址方案更优。

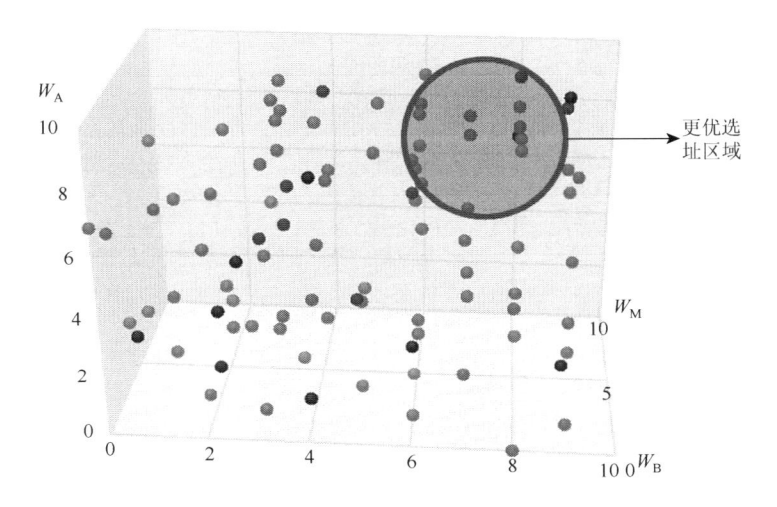

图 4.16 跨地市垃圾焚烧发电设施规划选址中 3D 散点分布图

4. 输出各选址方案的收益和空间方案位置

将引入博弈论计算的选址各个方案对应的不同决策主体收益属性的空间量化结果，以及确定的最优选址方案，一一对应在城市地理空间系统中进行位置落位，输出选址方案的具体空间位置图。

4.5.4 深莞共建垃圾焚烧发电设施规划选址多主体决策

结合广东省"十四五"焚烧发电项目的规划目标需求，该决策范式应用于深莞共建垃圾焚烧发电设施规划选址，构建深圳政府、东莞政府、两地居民三方参与的博弈模型，计算选址方案的收益成本，分析对比确定最优选址方案。选择与深圳现状老虎坑填埋场对应的选址方案进一步深入研究，通过博弈模型参数的调整，优化选址方案的收益，并基于参数调整的影响，提出依托现状老虎坑填埋场，深圳—东莞跨地市共建生活垃圾焚烧发电厂的建议，为深圳、东莞共建垃圾焚烧设施提供决策技术支撑。

1. 深莞空间单元化处理及初步选址区域确定

为了便于进行空间属性的计算求解，将深圳、东莞整个行政区范围的面域转换为空间上均质分布的 1 千米×1 千米基本单元。由于研究范围大小和研究精度要求不同，可以设置不同尺度的基本单元。将人口数据通过转为整型、栅格转面等工具转化为矢量数据，并与基本单元进行叠加。根据相关政策文件及标准规范要求，汇总垃圾焚烧发电厂选址的基本技术要求（表 4.14）。在 GIS 中对医院、学校、居民点、机场等开展缓冲分析，对耕地、湿地、水体等开展网格筛选和剔除分析，叠加形成初步选址区域。

表 4.14 跨地市垃圾焚烧发电设施规划选址中相关政策文件及标准规范的选址要求

文件名称	选址要求
《生活垃圾焚烧发电建设项目环境准入条件（试行）》（2018 年）	禁止在自然保护区、风景名胜区、饮用水水源保护区和永久基本农田等国家及地方法律法规、标准、政策明确禁止污染类项目选址的区域内建设生活垃圾焚烧发电项目。
《城市环境卫生设施规划标准》（GBT 50337—2018）	新建生活垃圾焚烧厂不宜邻近城市生活区布局，其用地边界距城乡居住用地及学校、医院等公共设施用地的距离一般不应小于 300 米。
《生活垃圾焚烧处理工程项目建设标准》（建标 142—2010）	焚烧厂的选址，应符合城镇总体规划、环境卫生专项规划以及国家现行有关标准的规定。应具备满足工程建设的工程地质条件和水文地质条件。不受洪水、潮水或内涝的威胁。受条件限制，必须建在受威胁地时，应有可靠的防洪、排涝措施。宜靠近服务区，运输距离应经济合理。与服务区之间应有良好的交通运输条件。应充分考虑焚烧产生的炉渣及飞灰的处理与处置。应有可靠的电力供应。应有可靠的供水水源。应有完善的污水接纳系统或有适宜的排放环境。对于利用焚烧余热发电的焚烧厂，应考虑易于接入地区电力网。对于利用余热供热的焚烧厂，宜靠近热力用户。

2. 基于人机交互的选址方案进一步筛选

在初选区域的基础上，综合考虑设施规模（假设设施立项确定的规模以 5 个基本单位为样本）、交通便利性（有路网覆盖）、距离居民点的远近（距离居民点大于等于 500 米，且距离尽量远）、设施服务范围同时覆盖深圳和东莞的原则，进行第二次筛选，确定 20 个初步选址方案（表 4.15）。

表 4.15　深莞跨地市垃圾焚烧发电设施规划选址初步选址方案

选址方案	空间位置	选址方案	空间位置
选址 1	东莞市长安镇	选址 11	东莞市厚街镇西侧
选址 2	深圳市宝安区松岗街道与东莞市大岭山镇交界处（现老虎坑垃圾填埋场处）	选址 12	东莞市企石镇西北侧与桥头镇交界处
选址 3	深圳市宝安区公明街道与东莞市大朗镇交界处	选址 13	东莞市常平镇西南侧与大朗镇交界处
选址 4	东莞市塘厦镇西北侧	选址 14	东莞市常平镇与樟木头镇交界处
选址 5	深圳市龙华区观澜街道西北侧	选址 15	东莞市樟木头镇东北角与谢岗镇交界处
选址 6	东莞市凤岗镇西侧与塘厦镇交界处	选址 16	深圳市沙井街道东北侧与福永街道交界处
选址 7	东莞市凤岗镇东侧	选址 17	深圳市坪山街道东南侧
选址 8	东莞市清溪镇南侧	选址 18	深圳市坪地街道东北侧
选址 9	深圳市龙岗区龙城街道东北侧	选址 19	深圳市葵涌街道东北侧
选址 10	东莞市高埗镇西北侧	选址 20	深圳市龙岗街道东侧

3. 方案对应决策主体收益计算及空间量化求解

初步选址 20 个方案因空间位置不同对应着不同的策略集合。其中，选址方案 2、3 属于深圳政府、东莞政府均行动的策略组合 1，选址方案 5、9、16、17、18、19、20 属于深圳政府行动、东莞政府不行动的策略组合 2，选址方案 1、4、6、7、8、10、11、12、13、14、15 属于深圳政府不行动、东莞政府行动的策略组合 3。设施规模设定为 5 个基本单元网格，服务人口约 330 万人，固定参数参照各地经验做法取值（表 4.16）。根据不同策略组合下收益公式计算各个选址方案的深圳政府、东莞政府和市民收益（表 4.17），并通过 SPSS 统计分析软件对结果进行标准化转化，形成 3D 散点图以及拟合结果图（图 4.17）。

表 4.16　深莞跨地市垃圾焚烧发电设施规划选址中参数取值

参数名称	释义（单位）	经验参考值
C_1	用地机会成本系数（元/米^2·天）	0.08
C_2	建设成本系数（元/天）	272 100
C_3	单位运输成本系数（元/千米）	1.4
D_1	环境补偿标准设定（元/吨）	75
D_2	单位体积垃圾发电的收益（元/吨）	163.2
C_4	市民负外部性与居民点距离设施直线距离的影响系数	0.75

表 4.17　深莞跨地市垃圾焚烧发电设施规划选址中各选址方案对应决策主体参与人的收益

选址方案	参与方	净收益	选址方案	参与方	净收益
选址 1	东莞政府	22 299.877 52	选址 10	东莞政府	38 487.848 42
	深圳政府	22 371.355 53		深圳政府	7 901.990 677
	两地市民	−7 693 948.563		两地市民	−13 580 678.83
选址 2	东莞政府	11 256.509 2	选址 11	东莞政府	25 564.409 59
	深圳政府	57 376.406 79		深圳政府	8 056.470 143
	两地市民	−7 570 105.987		两地市民	−9 193 283.575
选址 3	东莞政府	−6 472.404 256	选址 12	东莞政府	22 119.887 11
	深圳政府	41 673.297 22		深圳政府	5 840.073 053
	两地市民	−7 354 260.337		两地市民	−14 274 049.65
选址 4	东莞政府	17 988.308 02	选址 13	东莞政府	46 106.090 19
	深圳政府	14 555.465 82		深圳政府	11 717.178 05
	两地市民	−8 694 840.823		两地市民	−10 507 021.93
选址 5	东莞政府	1 679.149 003	选址 14	东莞政府	34 814.679 71
	深圳政府	41 336.052 82		深圳政府	13 351.857 3
	两地市民	−5 904 848.977		两地市民	−11 546 598.76
选址 6	东莞政府	31 182.382 35	选址 15	东莞政府	25 779.059 69
	深圳政府	40 340.454 69		深圳政府	1 959.057 203
	两地市民	−5 202 383.946		两地市民	−17 076 081.69
选址 7	东莞政府	17 549.016 87	选址 16	东莞政府	1 710.957 961
	深圳政府	23 863.472 99		深圳政府	61 997.058 55
	两地市民	−6 817 428.133		两地市民	−4 325 552.963
选址 8	东莞政府	35 718.855 87	选址 17	东莞政府	304.816 520 3
	深圳政府	29 418.676 68		深圳政府	50 253.762 71
	两地市民	−9 293 772.663		两地市民	−7 877 764.079
选址 9	东莞政府	418.063 813 7	选址 18	东莞政府	−151.351 368 6
	深圳政府	34 365.268 26		深圳政府	42 137.984 2
	两地市民	−9 409 811.832		两地市民	−11 325 375.08

第4章 粤港澳大湾区协同发展综合决策的应用实践

续表

选址方案	参与方	净收益	选址方案	参与方	净收益
选址 19	东莞政府	−205.471 495 8	选址 20	东莞政府	1 170.225 556
	深圳政府	29 881.680 23		深圳政府	51 381.702 22
	两地市民	−11 453 714.65		两地市民	−7 627 807.975

注：深圳、东莞政府净收益，单位为元。两地市民收益是设施建设带来负外部性效应，通过居民距离设施远近表达负外部性大小，单位为千米。

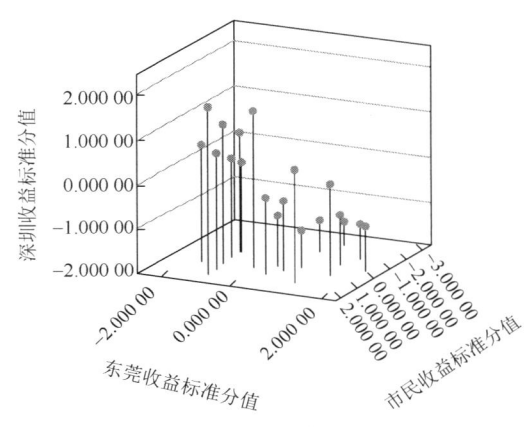

(a) 20个方案的3D散点图

(b) 拟合结果

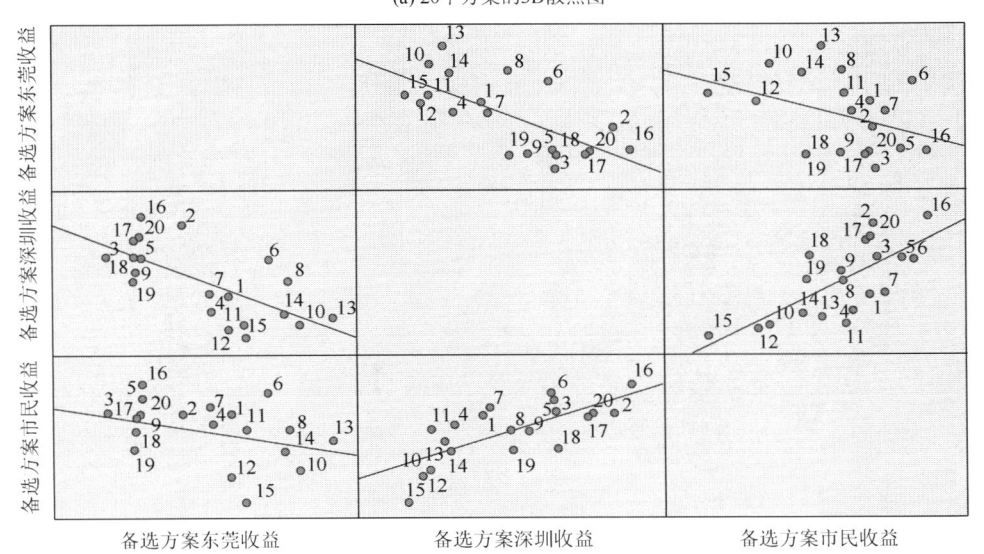

图 4.17 深莞跨地市垃圾焚烧发电设施 20 个选址方案 3D 散点图和拟合结果

对决策主体深圳政府、东莞政府及两地市民三者进行两两博弈分析。当决策主体深圳政府和东莞政府两者收益均相对较大时，选址方案 6、8、2、16、20 为优选方案（图 4.18-a）；当决策主体两地市民和深圳政府收益相对较大时，选址方案 16、2、6、5、3、20、17 为优选方案（图 4.18-b）；当决策主体两地市民和东莞政府收益相对较大时，选址方案 6、1、4、11、7 为优选方案（图 4.18-c）。其中，上述两两博弈中，选址方案 6 均为决策主体收益相对较大方案，故仅从收益最大化角度考虑，选址方案 6 成为深圳东莞共建垃圾焚烧发电厂最佳方案。

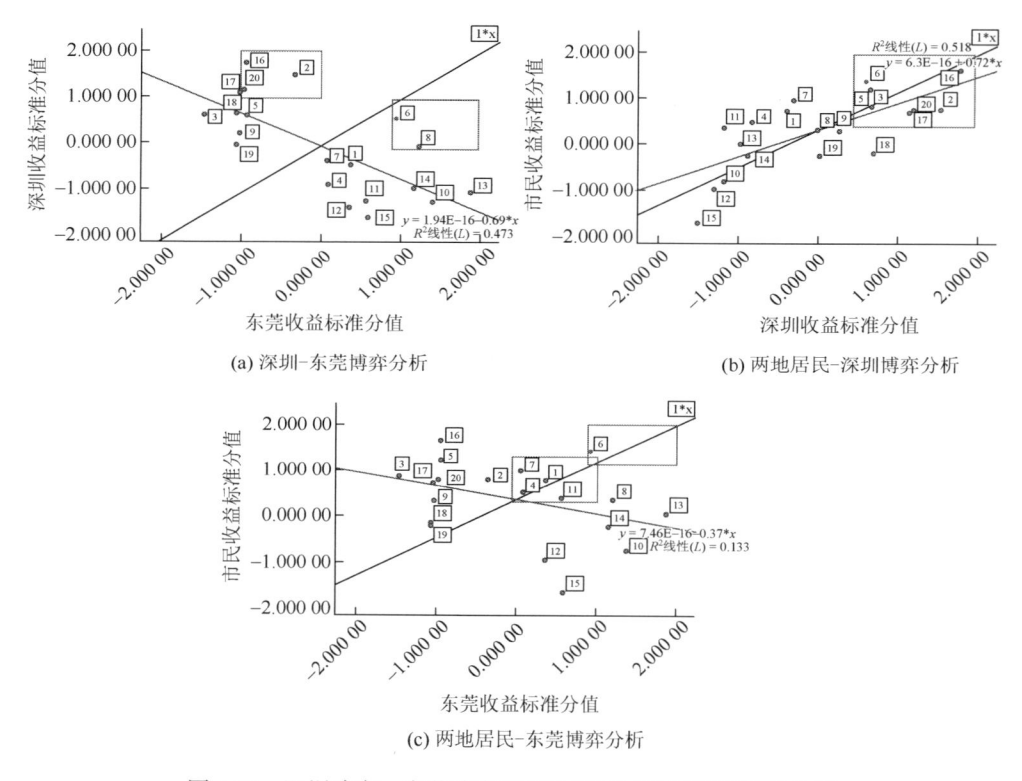

(a) 深圳-东莞博弈分析

(b) 两地居民-深圳博弈分析

(c) 两地居民-东莞博弈分析

图 4.18　深圳政府、东莞政府及两地居民三者间两两博弈分析

4. 基于现状的选址方案 2 决策主体收益优化建议

为缓解新建垃圾处理设施与土地资源紧缺之间的矛盾，提升存量用地的利用效率，选取与现状老虎坑填埋场对应的选址方案 2 进一步深入分析，探讨依托现有填埋设施，深莞跨地市共建垃圾焚烧发电设施的可行性和可实施性。

分析模型计算结果与现状填埋场实际情况分析。博弈模型分析的 20 个方案策略集中，两两博弈中结果显示：选址方案 2 在深圳政府—东莞政府、两地市民—深圳政府的博弈中属于优选方案，而在两地市民—东莞政府博弈中，由于东莞政府收益较低，不在优选方案中。即对于选址方案 2，因东莞政府无法实现收益最大化，深圳政府、东莞政府、两地市民三方无法形成设施选址的共识。该选址方案对应的空间为深圳—东莞交界处的现状垃圾处理设施——深圳老虎坑填埋场。《深圳市城市总体规划（2006—2020）》提出，要利用老虎坑填埋场西南侧的石坡石场和东侧不宜作为其他建设用途的山坡坡地建设老虎坑环境园。但老虎坑环境园并未按计划如期建设，用地却按规划确定的管理控制线预留下来。从用地供给来看，在老虎坑填埋场的基础上，深莞跨地市共建垃圾焚烧发电厂用地充裕，技术上具有可行性，且有利于土地资源集约节约利用；从收益成本来看，该方案因东莞政府收益低，影响参与方形成决策共识，并非深圳东莞跨地市建设生活垃圾焚烧发电设施的优选方案。

分析模型参数值调整对决策主体净收益影响。垃圾焚烧发电设施在项目立项后，设施规模、处理能力以及对应的服务人口规模是固定不变的，以此为前提调整模型中固定参数值，结果发现：调大参数 D_2（单位体积垃圾发电的收益，元/吨），东莞政府的收益值会提升；减小参数 C_2（建设成本系数，元/天）或 C_3（单位运输成本系数，元/千米），东莞政府的收益值也会提升。反之，减小参数 D_2（单位体积垃圾发电的收益，元/吨），或增大参数 C_2（建设成本系数，元/天）、C_3（单位运输成本系数，元/千米），东莞政府的收益值会减少。也就是说，通过增加单位体积垃圾发电的收益（元/吨）或降低建设成本系数（元/天）、单位运输成本系数（元/千米），可提升东莞政府收益，促进深圳政府、东莞政府及市民的收益尽可能最大化，增加参与方形成决策共识的概率，使选址方案 2 成为优选方案（图 4.19）。

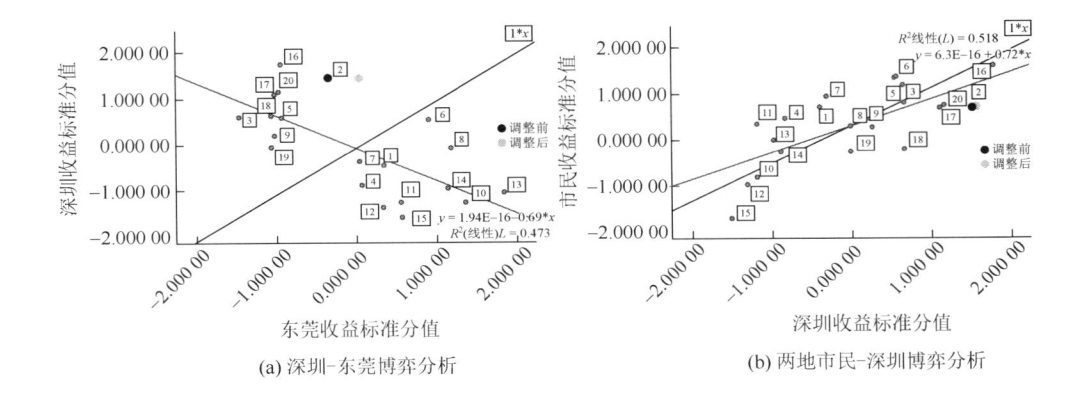

(a) 深圳-东莞博弈分析

(b) 两地市民-深圳博弈分析

(c) 两地市民-东莞博弈分析

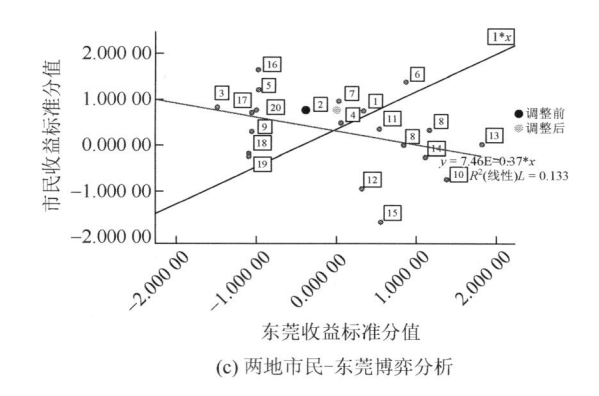

图 4.19　选址方案 2 调整前后：深圳市、东莞市、市民三者间两两博弈分析

针对方案 2 选为深莞共建焚烧发电厂提供决策建议。依托现状老虎坑填埋场选取方案 2 作为深莞跨地市共建垃圾焚烧发电厂具有一定可行性，但需要建立一定的补偿机制给予东莞相应的利益补偿。结合博弈模型参数调整对收益的影响分析，提出具体建议：一是适当提高单位体积垃圾发电的收益或降低垃圾焚烧发电厂的建成成本或单位运输成本，可以提升深圳政府、东莞政府的收益，有利于促进两地形成跨地市建设垃圾焚烧发电厂的共识；二是在补偿政策上，建议国家或广东省制定跨地市共建垃圾焚烧发电的电价补贴政策、交通运输补偿政策，共建设施的城市可向省级财政、价格、能源主管部门等提出补助申请。此外，大湾区也可率先探索设立粤港澳大湾区可再生能源发展基金，通过基金补偿支持跨地市共建垃圾焚烧发电设施或项目。

4.5.5　范式应用的未来展望

跨地市垃圾焚烧发电设施规划选址多主体决策为城市群邻避设施共建共享提供了参考依据和技术支撑，弥补了目前跨地市共建邻避设施方法的缺失，也为单个城市土地资源紧缺下邻避设施的建设提供了新路径。然而，从实际应用和共建垃圾焚烧发电设施项目落地性来看，规划选址多主体决策范式有待进一步优化：一是因各城市管理和相关规定的差异，需要相应的政策机制给予强有力的支撑。二是优化博弈模型，同时反映不同城市、不同部门之间的博弈。跨地市设施选址涉及相关利益者众多，利益博弈复杂，涉及城市与城市之间利益、城市内各部门的利益、居民利益等，该决策范式将城市内各部门的利益诉求简化为城市政府，进行多个城市政府和市民之间的博弈分析，忽略了部门利益的综合考量，博弈模型有待在进一步的研究与实践中不断优化和完善；三是强化政策因素的考量。目前的决策范式主要支撑决策者辅助决策，最终决策受政策、机制等因素影响较大，如何将政策因素纳入模型进行分析，有待进一步优化。

4.6 人口-产业-环境多要素耦合协调动态综合评估

4.6.1 人口-产业-环境多要素协同发展决策需求

从城市群系统组成来看，城市群是由特定区域内的社会、经济、自然三大系统耦合形成的复合系统。其中，社会系统主要指人口的数量和素质情况；经济系统主要指以自然资源为输入，通过生产、消费、再生的路径形成经济循环；自然系统主要指支撑人类生产活动以及生活的所有资源与环境（袁莉，2014）。三大系统之间相互作用，相互联系。实现城市群各系统协调运转本质上是在人口、产业、环境三个系统间建立起一种可持续发展的关系，该关系表达为人口、产业、环境各系统间形成良性循环、共生演进，反映城市群系统呈现良好的发展态势。因此，需要对城市群中的人口、产业、环境系统的运行状态进行定期评价和分析，及时识别出引起各系统矛盾冲突的主要问题，为推进城市群协同发展形成良好基础。

从城市群运行现状来看，我国已规划建设19个城市群，且正处于快速成长过程中，未来城市群发展建设将会进一步加快，并成为我国经济增长的核心驱动力。然而，由于城市群内各城市的规模、城市化水平、经济发展水平、人口密度等方面都有着较大差异，城市群发展未能形成优势互补、共同繁荣的整体效应（柴攀峰和黄中伟，2014），逐渐暴露出经济发展与人口密度分布不均衡、生态环境与产业发展互斥等问题（张国俊等，2022）。由此可见，优化城市群内部人口、产业、环境等资源要素的布局配置，引导各等级城市制定合适的发展方向与建设重点，促进城市群协同发展，已然成为当前我国城市群发展建设的主要任务。

从城市群发展规划来看，人口、产业、环境三要素协同发展均被多次提及。早在2015年发布的《京津冀协同发展规划纲要》中，提及京津冀三地的协同发展表现为资本、产业、人口的流动方向协同，更为重要的是建立协同发展机制，在交通一体化、生态环境保护、产业升级转移等领域取得突破。2019年发布的《长江三角洲区域一体化发展规划纲要》提及，区域一体化发展要从项目协同走向区域一体化制度创新，需要深化跨区域合作，形成一体化发展市场体系，实现基础设施互联互通、科创产业深度融合、生态环境共保联治、公共服务普惠共享。2019年发布的《粤港澳大湾区发展规划纲要》中提出，在内地和港澳之间建立深度合作示范区，深化珠三角各市和港澳合作，促进人员、物资、资金、信息等方面的有序流动，探索协调协同发展新模式。可见，人口、产业、环境作为最具地域性、阶段性和综合性的要素资源，是城市群高质量协同发展的基础，将三者作为一个整体进行分析研究，有助于推进区域内各城市的协同发展，提高资源利用效率，实现城市群可持续发展。

为实现城市群的协同发展，探索出可供城市群建设参考的经验与路径，亟需探索区域内部的人口、产业、环境资源要素的优化配置，通过多要素的联动发展，推动城市群建设发展朝着协同化的方向前进。

4.6.2 人口-产业-环境多要素耦合协调动态综合评估技术优化

1. 传统年鉴数据转向基于知识图谱的时空多尺度数据互融

人口-产业-环境协同发展的分析研究，往往需要使用人口状况、生产产值、土地利用、空气质量等各种类型的量化数据，已有研究多以各地政府发布的国民经济与社会发展统计年报、年度统计年鉴等数据作为研究数据的来源（孙平军等，2012；姜磊等，2017），该类数据由于来源官方统计口径，较为真实可靠，能够准确反映某个节点下城市发展的状态。

然而，此类数据存在一定局限。首先在时间上，统计年鉴、统计年报数据更新较慢，一般以年为单位进行更新，对于人口、经济类普查更是需经过五年、十年等才能完成更新，同时数据存在较大的滞后性，当年统计年鉴数据反映的是去年的统计情况，难以为研究工作所用；其次在尺度上，年鉴数据并不能完全覆盖城市发展的全生命周期，难以精确反映城市群在一段时间内的运行发展状态，如城市创新技术的情况就在当年数据中难以体现，同时由于统计年报、统计年鉴的数据精度大多数只停留在市县级，且数据属性类型也较为有限，难以满足对城市群内各城市开展精细化研究的需求。

随着时空大数据兴起，城市级别的统计数据不再受困于时效性、分辨率等影响，实时、精细化的多源大数据为定量研究带来更多可能。因此，在城市群人口-产业-环境协同发展评价中，引入如手机信令数据、政策大数据、企业大数据、卫星遥感数据等实时大数据作为分析数据源，与传统统计数据互为补充，同时使用城市群产业-创新知识图谱构建技术，搭建产业-创新知识图谱，建立高耦合度、高动态性、高异构性的城市群人口-产业-环境分析数据库，为开展不同发展阶段、不同评价单元的多要素协同发展综合决策研究提供坚实数据支撑。

2. 传统协同发展场景转向基于政策语义的场景需求识别

人口-产业-环境的协同发展需要在一定的场景需求下进行分析评价。回顾已有多要素协同发展的研究案例，大多数研究协同发展场景都聚焦于宏观层面上如何平衡人口、产业发展、环境质量之间关系，为未来城镇发展策略提供科学依据与参考（王少剑等，2015；任保平和杜宇翔，2021；刘洁等，2021），但此类场景往往由于研究尺度过大，最终研究结果无法提供更为精细化的决策建议，同时面对各级政府不同部门、不同类型的需求时，难以根据特定部门的诉求提供未来发展建议。在人口、产业、环境协同发展关系测度的研究方面，一些研究者提出了多种基于政策导向、具有针对性的耦合评价指标体系构建方式（吕添贵等，2016；屈小爽，2022），但此类评价指标体系由于在指标选择过程中存在一定的主观性，难以科学、全面地反映各个子系统的运行状态，且在面对不同协同发展场景需要重新构建评价体系，缺乏一定的指标自适应性。

本书引入政策文本挖掘技术，基于各个层级、各个部门所发布的公告信息，通过语义分析等方法提取不同用户主体对于当前城市在人口、产业、环境协同方面的具体需求，增强协同发展场景识别的自适应性与准确性。同时，根据发展场景的目标特征，遵循整体对应、各类型比例适当、评价重点突出、总量与均量指标相结合、评价数据具有可获性与可比性等原则条件（刘定惠和杨永春，2011）进行评价指标体系选取和构建。进一步根据所挖掘提取的场景需求，从多源数据库中筛选出符合该类政策导向的敏感性指标，并将其归类为具体属性类型，构建政策导向下的协调发展指标体系，为后续作协同发展评价分析作准备。

4.6.3 基于政策语义的人口-产业-环境多要素耦合动态评估决策范式建立

1. 明确综合决策主体：相关地域管辖单元下的各个政府职能部门

城市群建设发展涉及众多地域管辖单元，包括城市群本身及其下辖地级市。城市群人口-产业-环境要素耦合动态综合评估的决策主体应是相关地域管辖单元下的政府职能部门，主要涉及主管城市群的政府部门及其下辖城市的人力资源和社会保障部门、工业和信息化部门、科学技术部门、自然资源部门、住房与城乡建设部门、生态环境部门等。

2. 确定综合决策目标：把握协同发展状态，分导向施策助推发展

城市群发展是内部经济运行客观规律和外部政府主导政策共同作用的结果，内部经济客观规律要求人口、产业与环境发展保持合理的速度与强度，而外部政策效应在一定程度上可能导致人口、产业与环境发展的背离，带来区域内人口、产业与环境发展过程的阶段性失衡。在协调发展新理念、高质量发展新要求下，

为科学测度城市群人口-产业-环境协同发展水平，构建面向城市群不同部门及主体协同需求的决策场景及多要素耦合协调动态评估范式，全面把握城市群人口-产业-环境协同发展状态，进而分导向施策，推动城市群内部城市的人口-产业-环境协调发展。

3. 开展综合决策分析：基于政策语义的城市群协同发展综合决策分析

在明确协同发展综合决策主体和目标后，开展城市群人口-产业-环境协同发展综合决策分析，总体技术路线如图 4.20 所示，分析步骤可分为以下四步：

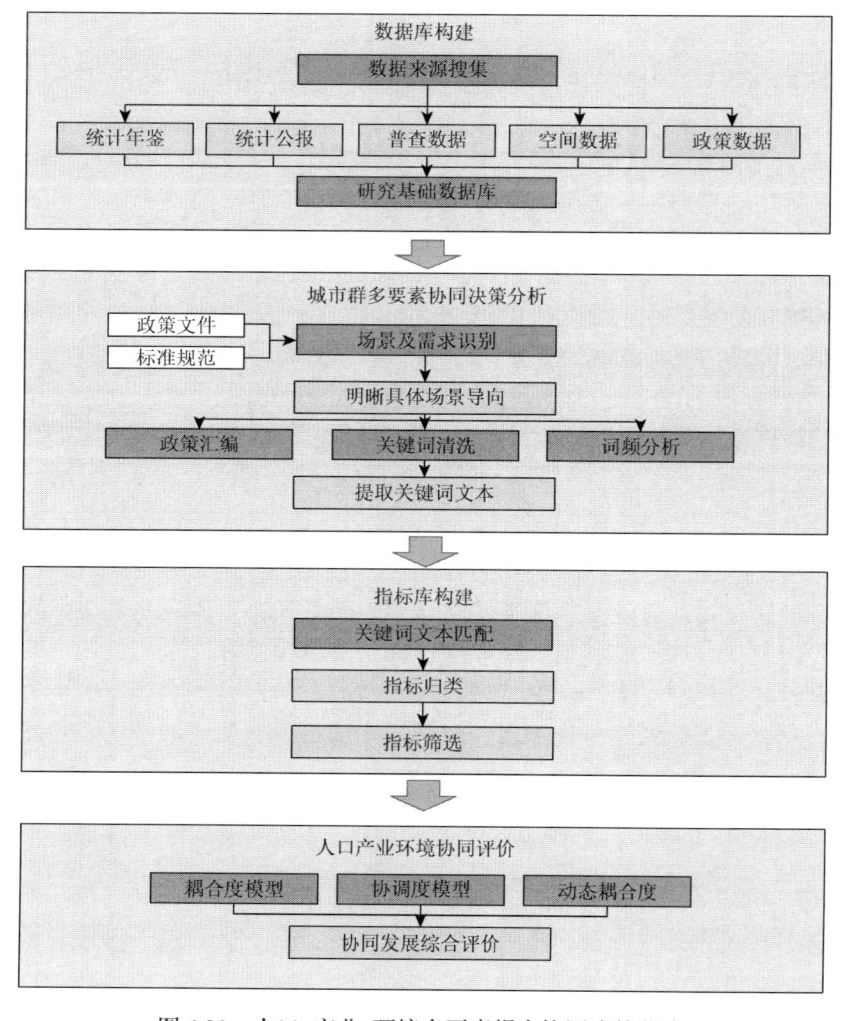

图 4.20 人口-产业-环境多要素耦合协同决策范式

步骤 1：收集多源数据，构建综合决策分析基础数据库。收集统计年鉴、政府统计公报、普查数据、地理空间数据、政策数据等多源数据，对数据进行筛选、清洗、标准化、遥感数据解译等预处理，形成人口数据、经济数据、法人数据、地理空间数据、互联网数据等各类型数据，搭建多要素协同发展综合决策分析的基础数据库。由于人口、产业、环境系统发展水平测算涉及人口质量、经济质效、产业结构、人居环境、自然资源禀赋等多项指标，各项指标间存在量纲差异和单位不统一的问题，为消除其影响，使指标值同时具有空间可比性和时序可比性，需要对各类数据的数值进行标准化处理，具体计算过程如下：

①根据基本理论确定各指标性质，正向指标代表向上或向前发展、增长的指标，指标值越大评价越好；负向指标则相反，指标值越大评价越差。

②对指标进行无量纲化处理，常用的方法主要有总和标准化、标准差标准化、极大值标准化和极差标准化，计算公式如下：

正向指标：$X'_{ij} = (X_{ij} - \text{Min}_j) / (\text{Max}_j - \text{Min}_j)$

负向指标：$X'_{ij} = (\text{Max}_j - X_{ij}) / (\text{Max}_j - \text{Min}_j)$

式中，X'_{ij} 表示评价单元 i 第 j 项指标的归一化值，X_{ij} 表示其实际数值；Max_j 和 Min_j 则分别表示在所有评价单元中第 j 项指标的最大值和最小值。

步骤 2：基于政策语义识别技术，实现城市群多要素协同决策分析场景及需求识别。针对不同用户主体，基于其门户网站等信息发布平台，采用政策文本挖掘方式，通过对文本内容条目化、关键词提取、语义分析等步骤捕捉多目标场景以及不同用户主体对于城市群发展的人口、产业、环境协同需求，进而通过关联分析，将政策文本关键词量化为具体指标。

步骤 3：政策导向下的多要素协同发展综合决策指标库构建。不同用户主体对城市群发展人口-产业-环境的协同需求决定着评价指标库的构建，指标选取依据政策文本挖掘成果，并与其形成互馈关系。同时，指标库构建与数据库构建之间也处于互相调整、互为补充的动态过程。在多要素协同发展综合决策指标库构建中，需要对各类型指标进行权重赋值，权重确定方法主要分为主观赋权法和客观赋权法两种，主观赋权法如层次分析法、特尔菲法、综合评分法、模糊评价法和指数加权法等，客观赋权法如主成分分析法（PCA）、熵值法、TOPSIS 法、灰色关联分析法等。其中，层次分析法是一种解决多目标复杂问题的定性与定量相结合的决策分析方法，用决策者的经验判断衡量同一层次各项指标的相对重要程度，适用于多目标多层次决策分析。综合考虑研究内容及目的，本书范式采用层次分析法确定城市群人口-产业-环境协同发展评价指标体系中各项指标权重。

步骤 4：基于耦合协调度模型的人口-产业-环境协调动态评估。面向不同尺度评价单元，针对其内部人口、产业、环境三个子系统，通过耦合协调度模型、动态耦合度模型等测度模型，运用时间序列分析，评价人口-产业-环境协同发展过程以及协调发展程度，识别针对需求响应较为薄弱的系统，以及通过评价结果分析比较不同区域人口-产业-环境协同发展的差异化特征。其中，耦合协调度模型、动态耦合度模型计算公式如下：

①耦合协调度模型

在物理学中通常用耦合协调度函数对两个或两个以上相互作用和影响的关系进行定量测度，借用耦合协调度模型，可以有效揭示城市群人口、产业与环境发展的状态、水平和内在协同关系，但三要素的耦合是一个动态的变化过程，既需要考虑各评价单元观测始末时间点的人口-产业-环境协同发展状态，又需要考虑观测期间三要素的动态变化大小与方向，因此，本书范式改变常规的测度思路，兼顾静态耦合与动态耦合，将观测期间城市群各评价单元人口、产业与环境的发展水平测度值变化率也作为耦合分析对象，同时也兼顾了不同要素状态与变化过程。耦合协调度模型及计算公式如下：

$$C_i = 3 \times \left[\frac{P_i \times I_i \times E_i}{(P_i + I_i + E_i)^3} \right]^{\frac{1}{3}}$$

$$P_i = \sum_{i=1}^{m} W_{i1} P_i'$$

$$I_i = \sum_{i=1}^{m} W_{i2} I_i'$$

$$E_i = \sum_{i=1}^{m} W_{i3} E_i'$$

式中，C_i 为城市群 i 评价单元人口-产业-环境耦合度；P_i、I_i 和 E_i 分别为城市群 i 评价单元人口、产业与环境系统发展水平；W_{i1}、W_{i2}、W_{i3} 表示权重，各指标权重利用上述层次分析法计算得出；P_i'、I_i'、E_i' 分别表征城市群人口、产业、环境系统指标值，是所得初始数据标准化后的无量纲值。参考相关研究，当 $C_i = 0$ 时，城市群人口-产业-环境三系统处于无关状态；$C_i \in (0, 0.3)$ 时，城市群人口-产业-环境三系统处于较低水平耦合阶段；$C_i \in (0.3, 0.5)$ 时，城市群人口-产业-环境三系统处于拮抗阶段；$C_i \in (0.5, 0.8)$ 时，城市群人口-产业-环境三系统处于磨合阶段；$C_i \in (0.8, 1)$ 时，城市群人口-产业-环境三系统处于高水平耦合阶段；当 $C_i = 1$ 时，城市群人口-产业-环境三系统处于良性共振耦合阶段。为进一步探明城市群人口、产业、环境之间的耦合协调发展水平，在耦合度的基础上，对协调度进行综合测度，其公式为：

$$D_i = (C_i \times T_i)^{\frac{1}{2}}$$

$$T_i = \alpha P_i + \beta I_i + \gamma E_i$$

式中，D_i 为城市群 i 评价单元人口-产业-环境耦合协调度；T_i 为城市群人口-

产业-环境发展综合评价指数；α、β、γ 为待定系数，按上述层次分析法基于不同导向及场景确定权重。参考相关研究成果，并结合实际情况，将城市群人口-产业-环境耦合协调度等级划分如下，即失调状态（$0 < D_i \leqslant 0.5$）、勉强协调（$0.5 < D_i \leqslant 0.6$）、初级协调（$0.6 < D_i \leqslant 0.7$）、中级协调（$0.7 < D_i \leqslant 0.8$）、良好协调（$0.8 < D_i \leqslant 1.0$）。

②动态耦合度模型

$$DC_i = 3 \times \left[\frac{\Delta P_i \times \Delta I_i \times \Delta E_i}{(|\Delta P_i| + |\Delta I_i| + |\Delta E_i|)^3} \right]^{\frac{1}{3}}$$

$$\Delta P_i = \frac{P_i^{t_2} - P_i^{t_1}}{P_i^{t_1}}; \Delta I_i = \frac{I_i^{t_2} - I_i^{t_1}}{I_i^{t_1}}; \Delta E_i = \frac{E_i^{t_2} - E_i^{t_1}}{E_i^{t_1}}$$

式中，DC_i 为城市群 i 评价单元人口-产业-环境动态耦合度；P_i、I_i 和 E_i 分别为城市群 i 评价单元人口、产业与环境系统发展水平；t_1、t_2 为研究期始末时间点；ΔP_i、ΔI_i 和 ΔE_i 分别表示城市群 i 评价单元人口、产业与环境系统发展水平综合值的变化率；$|\Delta P_i|$、$|\Delta I_i|$ 和 $|\Delta E_i|$ 代表三者对应的绝对值。动态耦合度 DC_i 取值在 –1 到 1 之间，负值表明人口、产业与环境中仅有一个系统或三个系统的值同时在研究期内出现负增长，正值表明人口、产业与环境三个系统的值在研究期内同时正向增长或有两个系统的发展水平出现负增长。因此，可将城市群人口-产业-环境动态耦合结果分为四种类型：Ⅰ（人口-产业-环境全面正向发展型）：人口、产业与环境三个系统值均正向增长；Ⅱ（单系统发展滞后型）：人口、产业与环境三个系统中有一个系统的值出现负向增长；Ⅲ（双系统发展滞后型）：人口、产业与环境三个系统中仅有一个系统的值出现正向增长；Ⅳ（人口-产业-环境全面负向发展型）：人口、产业与环境三个系统值均负向增长。

4.6.4 广东省 9 个湾区城市基于就业人口增长的多要素协同发展决策

基于政策语义的城市群人口-产业-环境要素耦合动态综合评估范式，进一步探讨广东省 9 个湾区城市在不同时间点三个子系统的协调发展形式。通过构建耦合协调度模型，基于就业人口增长场景，对人口、产业、环境三个系统分别选取与城市发展相关联具有显著特征的指标，进而探究其在 2000 年、2010 年、2020 年三个时间段的动态耦合关系，为粤港澳大湾区的高质量发展提供决策参考和定量依据。

1. 人口-产业-环境多要素耦合动态综合评估基础数据及指标库构建

从广东省 9 个湾区城市人口、产业、环境相关数据的可获取性等实际情况出发，收集统计年鉴、政府统计公报、普查数据、地理空间数据、政策等数据，并对数据进行预处理形成协同发展综合决策基础数据库，同时在三个系统层、十四个准则层框架下，建立广东省 9 个湾区城市人口-产业-环境要素耦合动态综合评估指标库，兼顾规模总量型、结构比例型、质量效率型三种指标类型的选取，共形成 78 项具体指标（表 4.18）。

表 4.18　广东省 9 个湾区城市人口-产业-环境协同发展评价指标库

系统层	准则层	指标层	指标类型	指标方向
人口	人口规模	常住人口数量	规模总量型	正向
		人口密度	质量效率型	负向
		人口自然增长率	质量效率型	负向
	人口质量	人口城镇化率	结构比例型	正向
		劳动力数量	规模总量型	正向
		劳动力资源占比	结构比例型	正向
		劳动力资源增长率	质量效率型	正向
		城镇登记失业率	结构比例型	负向
		人口老龄化率	结构比例型	负向
		老年人口抚养比	结构比例型	负向
		每 10 万人口中拥有的受大学教育程度人数	结构比例型	正向
	人口结构	人口性别比	结构比例型	适中
	人民生活	城市居民人均可支配收入	质量效率型	正向
		城市居民恩格尔系数	结构比例型	负向
	城乡差异	城乡居民人均可支配收入比	结构比例型	适中
		城乡居民人均消费支出比	结构比例型	适中
		城乡居民恩格尔系数比	结构比例型	适中
产业	经济质效	地区生产总值	规模总量型	正向
		人均地区生产总值	质量效率型	正向
		地均地区生产总值	质量效率型	正向
		二产产值增加值	规模总量型	正向
		二产产值增长率	质量效率型	正向
		三产产值增加值	规模总量型	正向
		三产产值增长率	质量效率型	正向
		地方财政收入	规模总量型	正向
		地均地方财政收入	质量效率型	正向
		经济增长速率	质量效率型	正向
		劳动生产率	质量效率型	正向
		资本生产率	质量效率型	正向

续表

系统层	准则层	指标层	指标类型	指标方向
产业	产业结构	二产产值占地区生产总值比重	结构比例型	正向
		三产产值占地区生产总值比重	结构比例型	正向
		产业结构高级化指数	结构比例型	正向
	对外开放	进口依存度	结构比例型	正向
		出口依存度	结构比例型	正向
	创新活力	专利授权量	规模总量型	正向
		万人专利授权量	质量效率型	正向
		高新技术企业数量	规模总量型	正向
		万人高新技术企业数量	质量效率型	正向
		R&D经费投入	规模总量型	正向
		R&D经费投入强度	结构比例型	正向
		教育支出强度	结构比例型	正向
		规模以上高新技术产业产值增长率	质量效率型	正向
		电子及通信设备制造业产值比重	结构比例型	正向
	绿色发展	万元地区生产总值能耗	质量效率型	负向
		万元地区生产总值电耗	质量效率型	负向
		万元地区生产总值水耗	质量效率型	负向
环境	人居环境	地方一般公共预算支出	规模总量型	正向
		人均地方一般公共预算支出	质量效率型	正向
		人工建造活动用地面积	规模总量型	负向
		人均人工建造活动用地面积	质量效率型	负向
		城镇人均住宅用地	质量效率型	正向
		人均道路面积	质量效率型	正向
		人均公园绿地面积	质量效率型	正向
		每千人拥有医院病床数	质量效率型	正向
		医院病床数增长率	质量效率型	正向
		每万人拥有的博物馆、图书馆、科技馆、艺术馆等文化艺术场馆数量	质量效率型	正向
		每万人拥有小学及初中（九年义务教育）学校数量	质量效率型	正向
		每十万人拥有普通高等院校数量	质量效率型	正向
	自然资源	耕地面积	规模总量型	正向
		人均耕地面积	质量效率型	正向
		森林面积	规模总量型	正向
		森林面积增长率	质量效率型	正向

续表

系统层	准则层	指标层	指标类型	指标方向
环境	自然资源	人均森林面积	质量效率型	正向
		森林覆盖率	结构比例型	正向
		水体面积	规模总量型	正向
		水体面积增长率	质量效率型	正向
		人均水体面积	质量效率型	正向
		草地面积	规模总量型	正向
		草地面积增长率	质量效率型	正向
		人均草地面积	质量效率型	正向
	生境质量	总碳储量	规模总量型	正向
		生物丰度指数	规模总量型	正向
		优良水质比例	结构比例型	正向
		空气质量达标率	结构比例型	正向
	排污处理	污水处理厂数量	规模总量型	正向
		城市生活污水集中收集率	结构比例型	正向
		生活垃圾无害化处理率	结构比例型	正向
		工业固体废弃物综合利用率	结构比例型	正向

2. 广东省 9 个湾区城市就业人口增长政策文件分析

登录广东省 9 个湾区城市的政府相关网站，在政务公开板块的法规公文下获取历年市政府级文件（最新至 1995 年，如无法追溯至 1995 年，则尽可能获取），同时分市建立 excel 表格，字段依次为：年份、文号、政策名称、政策发布单位、政策关键词。

重点选取与就业驱动导向为指导的研究指标体系相关的政策文件，即主要选取与文件名称或全文出现"就业"相关的文件。以广州市为例选取针对广州市级层面的政策文件时，如：《广州市高校毕业生就业创业补贴政策》。不相关的，如《广州市人民政府关于市政府领导工作分工的通知》《广州市人民政府关于印发广州市畜禽养殖管理办法的通知》等政策文件则不选取。

关键词提取规则是：政策关键词来源于政策文件标题，提取能概括政策内容的关键信息，并且要与指标体系的几个维度相关，以《广州市高校毕业生就业创业补贴政策》为例，提取"受大学教育程度人数""就业服务机构""就业补贴"等关键词入库。基于此种分析方法，提取广东省 9 个湾区城市就业相关的文件，进一步按照政策语义分析形成综合评价的基础数据库和指标库。

3. 就业导向下人口-产业-环境指标体系构建

以科学性、系统性、可操作性、代表性和导向制宜性为原则，通过分析广东省 9 个湾区城市相关政策，从人才引进的角度提取政策关键词，以其出现频率及对应政策重要性为参考标准，综合考虑研究内容及评价目标，建立了广东省 9 个湾区城人口-产业-环境协同发展评价指标体系，分为人口、产业、环境 3 个系统层，下设 10 个指标层，并采用层级分析法的赋权法确定各指标的权重（表 4.19）。

在人口指标层中，劳动力资源、人口老龄化、每 10 万人口中拥有受大学教育程度人数反映了城市就业状况和城市劳动力质量储备情况；在产业指标层中，产业结构高级化指数直接体现了二三产业发展的创新活力，专利授权量、规模以上高新技术产业产值增长率则从科教水平和新兴产业发展水平方面体现了城市就业需求；在环境指标层中，每万人拥有医院病床数和每 10 万人普通高等院校数量呈现出的基本服务资源的供给量反映了人居环境的质量情况和需求，人均森林面积、人均水体面积则体现了城市的自然生态资源储备及覆被状况。

表 4.19 广东省 9 个湾区城市人口-产业-环境协同发展评价指标体系

系统层	指标层	指标类型	权重		指标方向
人口	劳动力资源	结构比例型	1/3	0.4	正向
	人口老龄化	结构比例型		0.3	负向
	每 10 万人口中拥有受大学教育程度人数	结构比例型		0.3	正向
产业	产业结构高级化指数	结构比例型	1/3	0.4	正向
	专利授权量	规模总量型		0.2	正向
	规模以上高新技术产业产值增长率	质量效率型		0.4	正向
环境	每万人拥有医院病床数	质量效率型	1/3	0.3	正向
	每 10 万人普通高等院校数量	质量效率型		0.2	正向
	人均森林面积	质量效率型		0.25	正向
	人均水体面积	质量效率型		0.25	正向

4. 就业驱动下的耦合协调度分析

从 2000 年、2010 年、2020 年三个时间点各地级市的耦合协调度出发，分析粤港澳大湾区 9 个城市人口-产业-环境系统的时空变化情况（表 4.20）。从时间维度来看，2000 年整体城市耦合协调程度良好，以广州为首的 8 个城市均处于勉强协调、初级协调及良好协调状态，仅有东莞处于耦合失调状态；2010 年，处于失调状态的城市数量增加至 4 个，包括东莞、深圳、佛山和惠州，反映出城市子系统之间失去了原本的良性互动；2020年，整体城市耦合协调程度进一步降低，仅有广州市和珠海市耦合协调度处于中级协调状态，其余城市均表现为失调及勉强协调状态。综合来看，2000年、2010年和2020年粤港澳大湾区大多数城市随着时间的推移，人口-产业-环境整体耦合协调程度呈下降趋势。

表 4.20　广东省9个湾区城市2000年、2010年和2020年人口-产业-环境耦合协调度分析

行政单元	2000年	类型	2010年	类型	2020年	类型
广州市	0.85	良好协调	0.84	良好协调	0.79	中级协调
深圳市	0.55	勉强协调	0.44	失调状态	0.42	失调状态
珠海市	0.70	初级协调	0.74	中级协调	0.74	中级协调
佛山市	0.66	初级协调	0.44	失调状态	0.52	勉强协调
惠州市	0.57	勉强协调	0.49	失调状态	0.52	勉强协调
东莞市	0.42	失调状态	0.47	失调状态	0.35	失调状态
中山市	0.60	勉强协调	0.64	初级协调	0.46	失调状态
江门市	0.56	勉强协调	0.61	初级协调	0.55	勉强协调
肇庆市	0.64	初级协调	0.66	初级协调	0.54	勉强协调

从各城市的耦合协调度发展趋势来看，2000年、2010年和2020年，广东省9个湾区城市间人口-产业-环境耦合协调度存在明显差异，并且差异逐年扩大。2000年，9个城市中耦合协调度最高值为广州的0.85，最低值为东莞的0.42，相差0.43，最低值为最高值的49%。2020年差值为0.44，最低值仅为最高值的44%，各城市耦合协调度差距逐渐加大。此外，如图4.21所示，各城市耦合协调度的年份波动幅度较大，整体协调度呈现恶化趋势。其中，珠海市的波动幅度最小，且呈现了稳定发展的态势，2010年耦合协调度突破了0.7，正式由初级协调迈入中级协调发展阶段；广州市在三个时间点均表现为良好协调或中级协调，耦合协调度在2020年有所下降，但整体处于粤港澳大湾区的领先地位；深圳市耦合协调度呈现下降趋势，整体排名倒数；佛山市的波动跨度最大，呈现先下降后回升趋势，但总体由初级协调恶化至勉强协调状态；惠州市同样为先下降后回升，但总体波动不大，大体保持为勉强协调状态；东莞市、中山市、江门市、肇庆市的耦合度先上升后下降，与2000年相比呈下降趋势。

为进一步有效判断广东省9个湾区城市人口-产业-环境耦合协调发展的相对质量和水平，研究对大湾区9个地级城市2000年、2010年、2020年的动态耦合变化程度进行了分析，探究其人口-产业-环境耦合协调度的发展水平以及动态演化趋势。

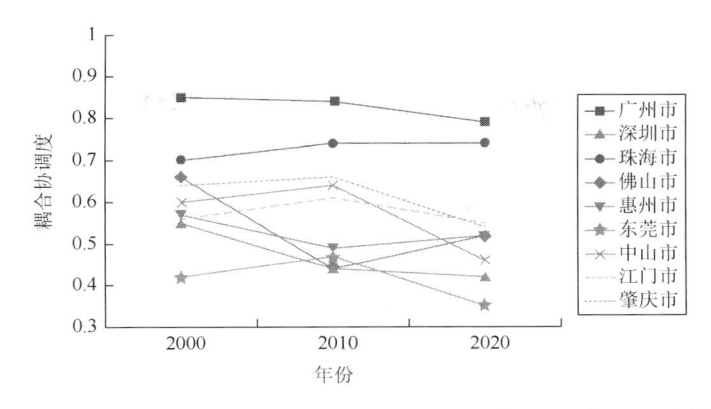

图 4.21 广东省 9 个湾区城市 2000 年、2010 年和 2020 年人口-产业-环境耦合协调度

2000 年、2010 年和 2010 年期间，广东省 9 个湾区城市的耦合度整体水平不高且区域发展不均衡。由表 4.21 可知，仅有珠海市为人口-产业-环境正向发展型，动态耦合度最高（0.910），其中环境提升最为显著；东莞市、中山市、江门市为单系统发展滞后型，其中东莞市和江门市的产业发展波动较大，这说明产业方面缺乏明显的动力、稳定性不足，而江门市较低的动态耦合度表明其三大系统在协调度上面缺乏联动性；广州市、深圳市、佛山市、惠州市、肇庆市为单系统发展引领型，前三者以人口为优势系统，惠州市与肇庆市以产业为优势系统，表明城市在发展优势上存在差别。整体来看，大部分城市发展的制约因素为产业或环境，其中产业的波动更为明显（图 4.22）。

表 4.21 广东省 9 个湾区城市 2000—2010 年人口-产业-环境耦合协调度比较

行政单元	Δ人口	Δ产业	Δ环境	动态耦合度	城市发展类型
广州市	0.060	−0.114	−0.030	0.860	单系统发展引领型
深圳市	0.162	−0.157	−0.043	0.860	单系统发展引领型
珠海市	0.031	0.039	0.084	0.910	人口-产业-环境正向发展型
佛山市	0.122	−0.559	−0.064	0.660	单系统发展引领型
惠州市	−0.186	0.020	−0.136	0.700	单系统发展引领型
东莞市	0.073	−0.239	0.055	−0.810	单系统发展滞后型
中山市	0.185	−0.036	0.044	−0.750	单系统发展滞后型
江门市	0.005	0.188	−0.047	−0.450	单系统发展滞后型
肇庆市	−0.048	0.152	−0.004	0.460	单系统发展引领型

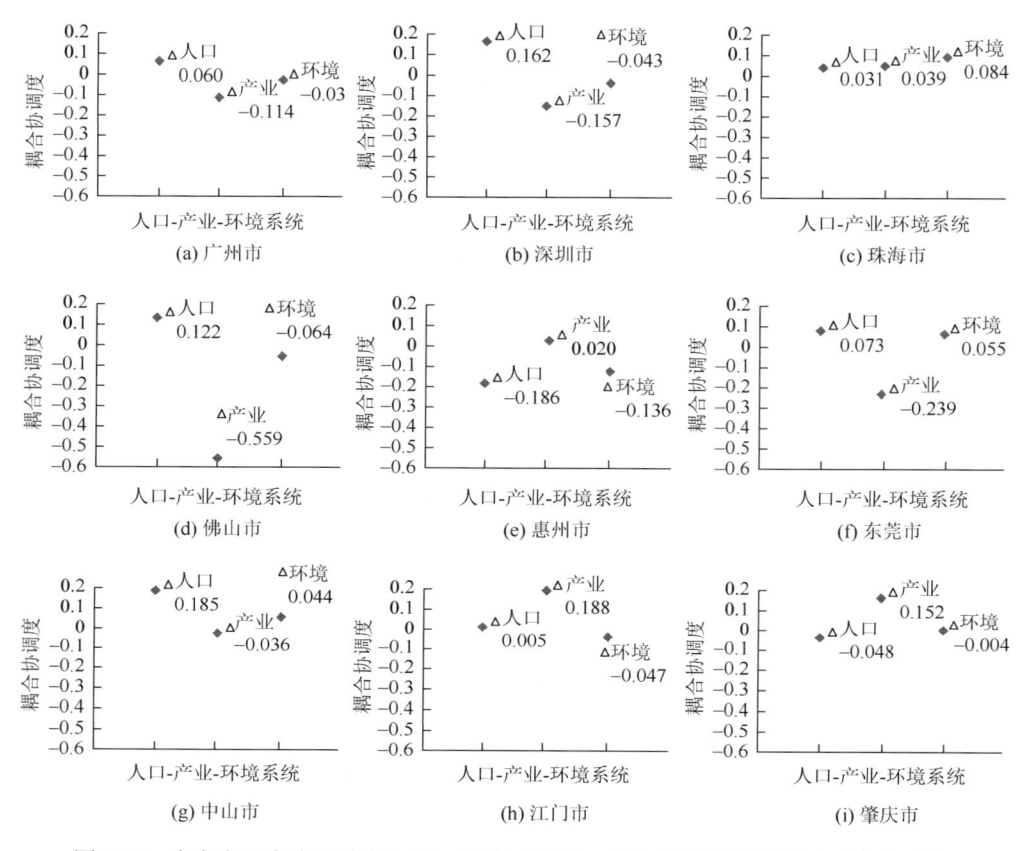

图 4.22 广东省 9 个湾区城市 2000—2010 年人口-产业-环境系统发展水平变化对比

2010—2020 年期间，各城市的发展类型可分为单系统发展引领型、单系统发展滞后型和人口-产业-环境负向发展型三类，表明其人口、产业和环境发展水平存在至少一个下降的情况。从表 4.22 可知，中山市跌入了人口-产业-环境系统耦合协调度负向发展阶段，尤其在人口子系统方面存在明显的下降趋势。深圳市、佛山市、惠州市和江门市为单系统发展滞后型，除深圳外的三个城市的人口系统发展水平均为下降趋势，深圳市则以环境发展水平下降为特征。广州市、珠海市、东莞市、肇庆市为单系统发展引领型，其中广州市、肇庆市除环境外的人口及产业均为下降趋势、珠海市除产业外的人口和环境发展水平出现一定程度的下滑、东莞市人口发展水平有较大提升，但产业与环境发展水平呈下降状态。整体上，该阶段粤港澳大湾区下各城市均呈现出局部失调的状态，缺少人口-产业-环境各系统耦合协调发展，主要体现在人口和产业两大系统的发展动力不足，存在下滑趋势，协调发展的制约因素集中表现在人口发展水平上，除深圳市和东莞市的人口发展水平呈上升趋势外，其余城市的人口指标均处于下降状态，可能原因为人口老龄化数量及比重增加、人才吸引力降低导致人才流失等（图4.23）。

表 4.22　广东省9个湾区城市2010—2020年人口-产业-环境耦合协调度比较

行政单元	Δ人口	Δ产业	Δ环境	动态耦合度	协同发展类型
广州市	−0.160	−0.075	0.002	0.370	单系统发展引领型
深圳市	0.054	0.113	−0.008	−0.630	单系统发展滞后型
珠海市	−0.125	0.102	−0.113	1.000	单系统发展引领型
佛山市	−0.153	0.143	0.001	−0.320	单系统发展滞后型
惠州市	−0.028	0.057	0.055	−0.950	单系统发展滞后型
东莞市	0.321	−0.280	−0.059	0.790	单系统发展引领型
中山市	−0.358	−0.169	−0.119	−0.900	人口-产业-环境负向发展型
江门市	−0.197	0.064	0.052	−0.830	单系统发展滞后型
肇庆市	−0.224	−0.088	0.062	0.860	单系统发展引领型

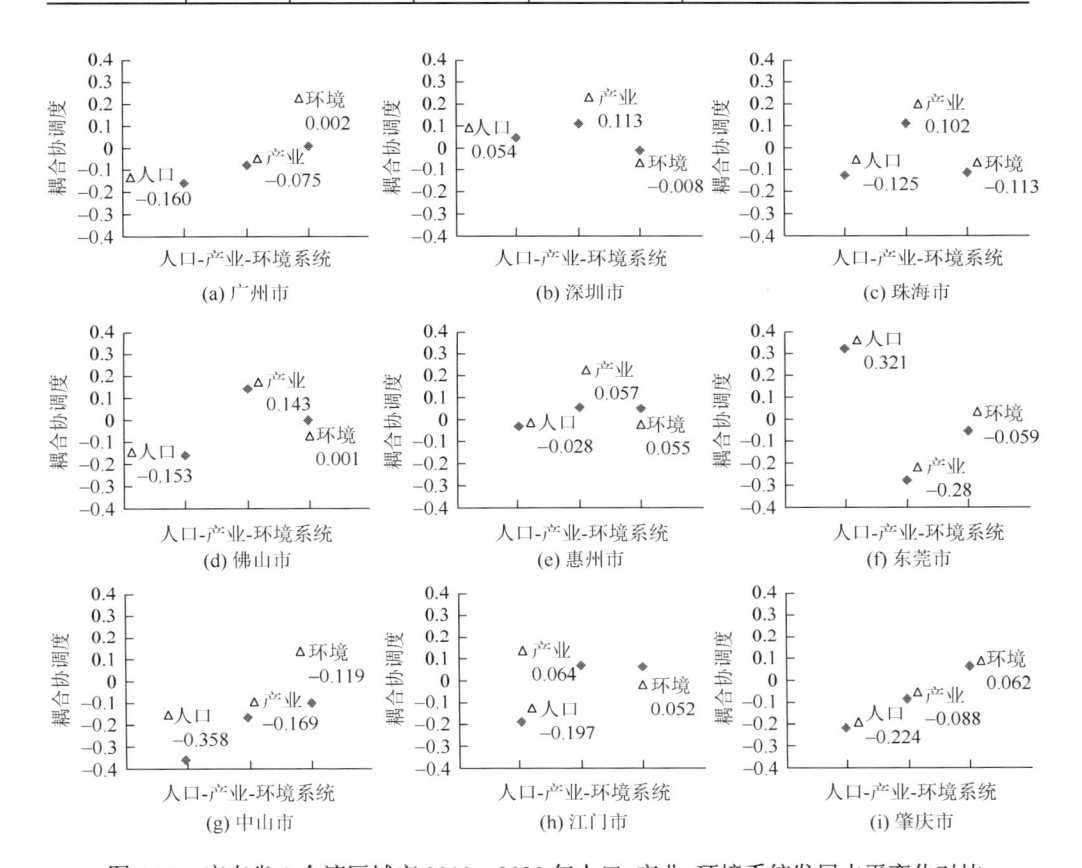

图 4.23　广东省9个湾区城市2010—2020年人口-产业-环境系统发展水平变化对比

5. 基于耦合协调度分析结果的结论与建议

综上分析，就业导向下广东省 9 个湾区城市的人口-产业-环境三系统整体的耦合水平在时间上和空间上呈现出明显的差异性（图 4.24）。主要研究结论与建议如下：第一，从时间维度来看，2000 年、2010 年和 2020 年广东省 9 个湾区城市大多数城市在人口-产业-环境上的耦合协调程度差异较大且发展态势缓慢。其中，广州、珠海协调性最好且稳定，东莞、江门、惠州协调性较差，其余城市耦合协调性变化较大，但均呈恶化趋势。第二，从发展重点来看，制约广东省 9 个湾区城市政策导向人口-产业-环境协同发展的主要因素已经从产业和环境转变为人口因素。2000—2010 年间，除珠海市外，产业或环境因素是影响湾区各城市协同发展的主要因素。2010—2020 年间，除深圳市和东莞市的人口发展水平呈上升趋势外，其余城市的人口指标均处于下降状态。第三，从优化路径来看，广东省 9 个湾区城市各城市存在经济基础和发展起步时间的差异，需要因地制宜地、有序规划人口、产业和环境政策来促进三者协调发展，吸引人才以建设协同互补、高质量发展的区域经济布局。

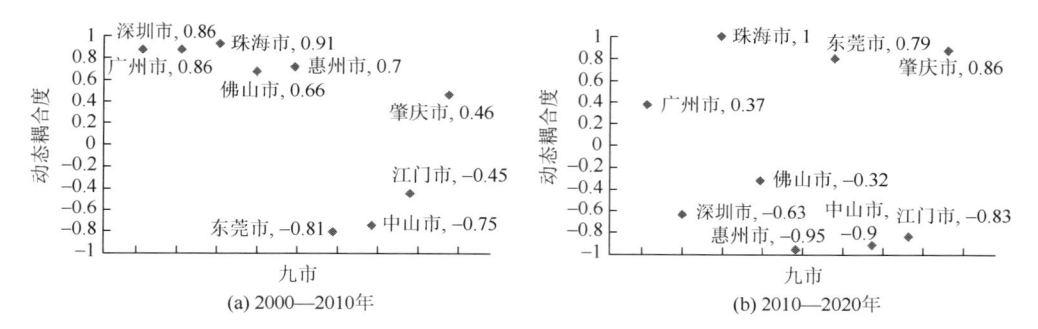

图 4.24　广东省 9 个湾区城市 2000—2010 年（左）、2010—2020 年（右）人口-产业-经济动态耦合结果对比

4.6.5　范式应用的未来展望

基于政策语义的城市群人口-产业-环境要素耦合协调动态综合评估范式解决了在耦合协调度评价过程中数据来源单一的问题，增强评价指标体系构建的科学性和针对性，为当前城市群建设发展过程中如何针对特定的管理部门主体需求，优化城市要素资源配置提供了一定的参考与借鉴。然而，从范式在粤港澳大湾区的实际应用来看，目前仍存在一定的局限。首先，在协同发展分析模型上，采用应用较为稳定成熟的耦合协调度模型作为评价方法，有效反映各系统之间的发展协调情况，但分析结果只能根据数值分布的规律来判断各系统是否具有同步性，

忽略了评价单元之间的空间自相关性，后续可引入如 Moran's I 指数、Geary's C 指数等空间统计方法模型，加深对城市群人口-产业-环境协同发展空间关联性特征的研究。其次，在指标体系的构建过程中，面对不同部门的协同发展需求，仍存在数据可获取性或可比性不高的问题，后续还需寻找更多类型的数据指标来支撑多种决策场景下的协同发展需求。最后，范式应用的结论与建议仍需采用人工判读的方式，根据前期完成的分析结果提出结论与建议。未来可预先制定分析结论和建议的判定特征，采用语义识别技术自动根据分析结果提出对应的结论与建议，提高综合决策的智能化水平。

第 5 章 城市群协同发展综合决策发展展望

城市群协同发展是中国式现代化进程中的一项重大任务。顺应国家发展重大战略需求，紧扣我国城市群协同发展综合决策的核心特征，在复杂、多元以及具有不同特征的城市群开展不同领域的综合决策范式应用与实践，具有重要的应用价值。城市群协同发展综合决策的发展需要将理论研究与实践应用紧密结合。一方面，综合决策的理论基础要求不断升级决策范式，指导具体决策分析；另一方面，决策实践需要将决策范式提供的分析方法和路径结合具体场景来进行实际应用。决策范式指导决策应用实践，应用实践反馈进行决策范式的优化，共同支撑综合决策不断深化和拓展。随着社会需求的变化和技术的更新迭代，城市群协同发展综合决策呈现出场景细分、主体协同、要素联动、智能决策、技术集成等特点和趋势。

5.1 提供场景化的决策支持

决策是基于场景需求开展的分析和应用，缺少了场景，决策很难达到实际目的。在场景驱动下，城市群协同发展综合决策需要以场景细分为发力点，提供细分场景的决策方案，从而有助于更精确地满足和应对城市群协同发展的需求和挑战。

5.1.1 产业协同发展

产业协同发展作为城市群协同发展的根基，是推动城市群实现高质量发展的重要突破领域。随着城市群产业协同研究的不断深化，在对产业协同发展现状测度研究的基础上，产业协同研究进一步向促进产业空间合理布局、提高产业链优化协作以及优化产业协同实施机制等方向延伸（卢庆强等，2024）。

产业空间布局优化与重组。随着城市建设用地资源稀缺性凸显，可用于产业发展的空间趋于紧张，未来亟需在城市群产业协同发展目标下对可建设用地资源进行优化，推动产业布局与土地供给协调发展。比如在区域产业空间布局优化过程中，依托企业普查数据和用地数据，分析上下游产业链、区域产业空间匹配特征及形成机制，引导高质企业的培育引入，合理安排确定空间供给规模和布局，促进产业空间效能提升和产业空间布局的完善，从而提高土地资源使用效率。特别地，随着各地工业上楼的推进，存量工业用地及其空间进入增量再造新阶段，这一过程需要与区域产业布局进行协调，以实现产业空间供需关系的优化匹配。

产业链深度协作。当前城市群产业协同所带来的产业链优化升级最大效能尚未得到充分发挥，仍然存在产业联动发展缺失、重点产业培育受阻等问题（武义青等，2023）。城市群要实现更高层次的经济发展，产业协同必须要在产业链的培育和升级上发力，以产业园为载体，在产业合作上谋划产业的孵化、承载和研发。目前针对产业园区全流程综合规划的方法，可以结合产业园区近远期的产业功能发展需求，从测试、封装、制造等环节布局产业链，定制化招商引进企业，推动产业园从制造环节向产业链两端延伸，实现规划、建设、招商、运营的一体化，通过良好的产业联动发展打造有机的产业群落、产业生态链。

产业协同实施机制优化创新。过去城市群产业协同发展较大程度上由省级管理单位牵引，不同主体之间缺乏多层次的协同对接，不同主体利益关联诉求难以得到有效调节。未来，城市群产业协同将进一步重视城市之间、产业上下游之间、企业之间的协同发展意愿，通过合作体制机制的创新，搭建多元主体之间对接的渠道，推动政、企、学、研等主体形成更紧密的协同关系网络。比如在广东省内对口帮扶和产业转移发展过程中，探索建立了省级统筹、市级沟通协作的实施机制，针对产业转移在产业共建、财政激励、土地合作开发、产业人才联合培养等领域开展众多合作，有力保障了产业对口帮扶的推进和落实。

5.1.2　交通互联互通

为实现城市群交通一体化发展，不仅要统筹考虑交通规划建设对区域空间格局、产业布局的影响，强化交通建设与土地开发的融合、与产业发展的联动，还要在交通运营管理、交通服务等方面加强协同。

公共交通导向型发展（transit-oriented development，TOD）与交通一体化综合发展。推广以综合交通枢纽为引擎进行差异化、特色化的 TOD 开发模式，通过制定站城一体规划设计导则、综合交通枢纽设计及衔接换乘标准规范等，统筹城市群内各城市、各片区不同尺度的交通与土地综合一体化开发，充分释放土地开发潜力。特别地，进入存量发展时代，轨道站点周边存量低效用地的更新改造成为 TOD 综合开发的主要对象。研究表明，粤港澳大湾区轨道交通站点周边的 5 千米范围内拥有近 2000 千米^{2}可开发存量用地，南珠中城际和广佛江珠城际站点周边存量用地占比分别超过 60%和 50%[①]。通过 TOD 综合开发，可以实现交通建设与

---

① 《专家分享｜金祎：存量背景下粤港澳大湾区城际铁路 TOD 综合开发的思考》（来自公众号：广东省三旧改造协会）。

土地开发的深度融合，这不仅是高效利用存量土地资源的重要领域，也是实现城市群综合交通一体化发展的重要抓手。

物流网络建设与优化。加强物流产业标准化建设，建立符合城市群发展实际需求的物流标准体系，消除跨区域物流一体化发展的机制限制（钟燕，2022）。粤港澳大湾区应通过构建轴辐式的物流网络，充分发挥香港、澳门、广州、深圳等核心城市的物流网络带动能力。在当前大湾区内的物流企业中，通过政策扶持及市场培育，发展更多的综合性物流企业，推动区域物流功能多元化发展。

交通运力优化配置。引导区域间交通资源共享和组织优化，提升运力配置效率。例如广深港高铁通过设立西九龙口岸实施"一地两检"，建立了内地与香港在口岸运行管理方面的联络协调和管辖权划分机制，有效实现了广深港高铁系统的互联互通。广深港高铁已连接粤港澳大湾区6个内地城市，5年来客运量超过3500万人次，仅2023年1月至8月就超过1200万人次[①]。为满足日益频繁的跨境交流需求，广深港高铁不断优化运力配置，深港间车次增开至每日140班，持续提升系统运能。通过科学优化运输组织方式，广深港高铁实现了运力资源的合理配置，提高了运输效率，有力促进了大湾区不同城市之间的人员往来和经贸发展。

低空交通发展。推动低空空域管理改革、协同规划低空航路航线网络，创建多层级公共航路网络，并探索重点城市之间货运无人机航线划设，通过机制协同培育发展低空制造、低空保障、低空飞行及综合服务等新增长点。当前，在粤港澳大湾区建设领导小组领导下，粤港澳三地合作建立大湾区低空经济发展协调机制，以推动低空空域管理改革、协同规划大湾区低空航路航线网络，并探索重点城市之间货运无人机航线划设。

5.1.3 国土优化利用

围绕经济社会高质量发展、人居环境高品质生活、安全底线刚性保护和社会管理高效能治理的管理需要，搭建国土空间优化利用应用场景，加强国土空间治理。通过规划时空数据治理、构建多主题数据模型、建立国土空间规划专业大模型、搭建智能化监测分析场景，完善国土空间的动态感知、实时监测、自动预警、模拟推演、便捷服务能力，提高国土空间规划编制、审批、实施、监督全流程管理数智化水平。

建设智慧国土。2023年1月发布的《全国国土空间规划纲要（2021—2035年）》提出了"建设智慧国土"工作任务和目标。2023年9月，自然资源部办公厅印

---

① 《广深港高铁香港段开通5周年：客运量超3500万人》（来自公众号：粤港澳大湾区门户网站）。

发《全国国土空间规划实施监测网络建设工作方案（2023—2027年）》，提出以"数字化""网络化"支撑实现国土空间规划全生命周期管理"智能化"，推动美丽中国数字化治理体系构建和绿色智慧的生态文明建设。信息监测网络建设核心是升级国土空间规划"一张图"实施监督信息系统，开展国土空间规划实施监测，有助于及时发现国土空间开发保护问题，了解发展趋势，为推动形成人与自然和谐发展的国土空间开发保护总体格局，实现国土空间发展目标和战略提供技术支撑。

生态系统安全韧性提升。基于生态系统自身的平衡和协调视角，通过协同行动联合开展城市群生态保护和修复，特别是对重要湿地、森林和河流的保护，以及栖息地恢复和野生动植物保护。国土空间生态红线的划定、自然保护地的确立、生态廊道的协同建设、城市群生态网络协同构建路径及治理等都是基于生态系统自身的平衡和协调而开展的应用。京津冀城市群率先开展了城市群生态安全研究，通过构建城市群生态安全协同决策支持框架和系统，生成多要素、多情景、多目标和多重约束的协同发展方案，为生态环境容量和生态安全保障双约束下的京津冀协同发展和生态型城市群建设提供了重要的技术支撑（方创琳等，2021）。面对气候变化这一重大全球性挑战，我国在联合国大会郑重承诺二氧化碳排放力争于2030年前达到峰值，努力争取2060年前实现碳中和。在此背景下，共同推动适应气候变化与生态保护修复成为城市群协同发展的新要求，与之相关的生物多样性保护、山水林田湖草系统治理、生态脆弱地区气候变化风险评估、沿海等重点地区的气候韧性评估与提升等应用场景将成为城市群协同发展的重要内容。

5.1.4 基础设施供给

基础设施是城市高效运行和健康发展的物质基础，是推进城市群协同发展的先行领域，在城市群发展中居于重要的先导地位。随着城市化进程的不断推进，城市内涝、水污染等问题以及高温、暴雨等极端天气事件产生的系统性风险日益复杂，基础设施的韧性建设压力不断增加，基础设施供给不平衡不充分的矛盾仍较突出。应对新时期新形势新需求以及极端天气事件，城市群基础设施建设需关注以下场景建设：

（1）区域基础设施承载力优化。涉及区域基础设施承载力测度、基础设施水平和承载力评估、基础设施承载力与城镇化水平耦合评价等细分场景（王金欢，2020；陈希，2022）。基础设施承载力不足，有碍城市正常运行；承载力过剩，意味着资源浪费或不合理分配。特别地，在推进城市更新实施的过程中，在核查基础设施现状的基础上，需要综合评估城市更新对市政交通等基础设施承载力的影响，并基于承载力评估提出优化利用的意见和建议。

（2）市政基础设施安全韧性提升。涉及安全韧性评价指标构建、韧性效果评估、基础设施安全韧性专项体检、城市安全风险评估、基础设施监测预警、应急能力评估等细分场景（王忠瑞，2023；郝爽，2023）。市政基础设施是复杂城市系统脆弱性中的一环，但同时承担保障城市安全运行的重要功能。近年来发生的郑州"7·20"特大暴雨、北京"7·31"暴雨灾害等事件给城市造成巨大损失，提升市政基础设施的韧性，建设更加安全的韧性城市成为城市建设的重点之一。住房城乡建设部推进的城市体检、自然资源部推进的国土空间规划城市体检评估都设置了安全韧性体检的多维度指标，鼓励各地开展安全韧性专项体检，为城市健康运行提供基础支撑。

（3）重大新型环卫设施规划建设。随着"双碳""无废城市"等建设理念的推广普及，静脉产业园、能源生态园、循环经济产业园、资源环保产业园、资源回收基地等新型环卫设施建设成为新兴领域。围绕新型环卫设施的规划选址、生态环境效益评估、垃圾处理异地补偿政策、设施共建审批机制和实施跟踪机制（虢英娜，2023；高煜昕等，2023）等一系列细分应用场将随之出现。例如深圳对现状四座环境园（老虎坑、白鸽湖、清水河和坪山环境园）规划建设实施情况进行了专项评估，预判未来片区发展所需的环卫设施支撑能力，环卫设施与城市功能优化、市民生活关联的场景进一步丰富延展。

（4）绿色基础设施的保护和建设。涉及绿色基础设施网络构建、绿色基础设施服务功能评价、绿色基础设施适宜性评价、重要绿色基础设施识别、黑臭水体系统治理、区域水生态保护和系统修复、区域生态系统优化、海绵城市建设、绿色基础设施的碳减排核算、碳汇价值评估（白玉静，2021；刘秋宏，2022；张翼飞等，2022）等细分场景。从生态控制线到绿道网、碧道网，再到公园城市，都是绿色基础设施保护与利用的场景迭代。

（5）能源设施的节能减排。涉及综合能源系统优化调度、重大能源项目投资风险评估和预警、能源消费结构的优化、能源消费碳排放核算、能源利用效率评价、能源设施的规划布局、能源体系绿色转型（葛娇娇，2023；赵楠等，2023）等细分场景。例如，作为美国能源基金会与广东省战略合作的项目，中山翠亨新区可持续能源系统的建设着力规划构建与资源禀赋条件相符、城市空间形态紧密结合、可联动调度和保障度高、并具有良好复制推广特性的能源系统。

5.2 关注多元主体的合作关系

城市群是由一个个复杂的独立城市系统，以联系的方式相互作用和影响，形成更为复杂的整体系统。在城市群发展中，仅依靠不同城市政府之间的合作以及政府不同职能部门内部协同难以解决城市群发展面临的全局性与战略性，以及复杂化与多样性的社会公共问题，需要地方政府在体制内协同的基础上进行外向性拓展，寻求与市场企业、公众平台及居民等的有效协同，在决策场景不断细分的过程中，涉及的参与主体可以得到具体和明确。

5.2.1　关注企业、政府、科研载体之间的互动

在产业链培育和发展过程中，通过合作、协作、资源共享等方式可以协同不同的企业、组织或个体，共同实现价值最大化。为推动产业科创价值的提升，企业、政府与科研载体的协同需要相应的协作机制、激励机制等作为保障支持，以激发各主体的积极性，确保协同效率与质量。

企业作为产业协同的重要参与者，更是推动城市经济增长的主体，其依托自身的专业技术和资源优势，在产业链的全过程环节，比如供应、制造、分销等，相互合作与互补，为产业协同提供相应的技术和资源支持，推动产生新产品和新服务，提高产能、创造价值。同时，企业积极参与合作伙伴间的沟通和协调工作，共同解决可能出现的问题和难题，推动技术创新，保障合作的顺利进行。

政府作为产业协同的监管者和推动者，具有引导和统筹协调的功能。不同部门工作职能有所侧重。发展和改革委员会制定相应的产业规划、政策法规，引导产业结构合理发展。科学技术部门侧重通过发布政策支持，引导和鼓励科技创新和科研成果转化。工业和信息化部门重点聚焦和引导发展信息化、数字化等产业。此外，政府部门通过资源整合，提供公共服务、科研资源等支持，搭建信息交流的平台，保证各方之间的信息共享，促进产业协同的顺利进行和高效运作。

科研载体是产业协同的技术支持和创新驱动者，涉及大学、研究机构、国家重点实验室、省实验室、大科学装置等，在基础研究和高技术研究领域具有绝对优势，为产业协同提供源源不断的原始创新动力。此外，科研载体通过技术人才的培养，为产业协同提供人力资源保障。

5.2.2　关注供给方与需求方之间的平衡关系

需求与供给是城市正常运行不可或缺的重要因素，两者相互作用、密不可分。没有供给就没有需求，没有需求也不会存在供给。需求的变化取决于使用者，供给的变化取决于决策者。政府作为城市各类公共服务设施、基础设施的主要决策者和供给者，通过规划编制、政策制定等各种方式引导和调节需求与供给关系，促进供需平衡，实现资源的合理配置，保障城市高效运转。

在交通互联互通的场景中，供给方是相关政府部门和各类交通运营企业，包括不同层级的政府及政府内部的交通运输、发展和改革、自然资源、住房与建设、

生态环境等部门以及运营企业等，分别在各自的事权范围内提供规划、建设、资金、运营等供给和政策支持服务。需求方主要包括需进行交通运输的企业和出行居民，主要存在生产性物流等货运需求和居民出行客运需求。前者应主动加强与后者之间信息流通和互动机制等方面的链接，建立持续运行的需求预测机制和调研渠道，充分了解客运及货运现实需求及未来变化趋势，作为协同决策的重要参考。双方共同针对需要优先解决的交通问题进行广泛交流，确保交通规划建设真正服务于不同群体、不同类型的出行需求。因此，城市群交通协同在关注城市之间以及地方政府内交通、发改、自然资源、住建、环保等部门诉求的基础上，将更加强调交通需求方与供给方之间的平衡，建立供需主体协同机制。

在城市群交通协同领域，多层次政府主体之间建立高效的府际协调机制至关重要，通过协同合作解决跨市交通规划、建设和政策方面的冲突，包括规划一致性、资源分配、政策协调和项目统筹实施等。构建高效的府际协调机制，需要构建权威、高效的常设协调管理机构，由多地政府共同组建面向跨区域协作的重大交通基础设施项目建设与协调的常规行政管理机构，统筹协调跨区域投融资、成本分担及利益分配等问题，建立有效的激励机制，通过合理的成本收益分配机制加强各地政府的合作动力，进而提高区域综合效益，推进常态化的区域协同立法机制，通过跨区域的规则衔接解决各地交通标准规则差异难题。

城市群交通协同不仅需要多层次政府与交通运输部之间紧密合作，同时也需要发改、自然资源、住建、环保等多部门在各自专职领域内进行衔接和协调，尤其需要明确交通运输部与自然资源部的关系。交通系统是城市群的经济发展的重要支撑，不同的交通线路、规模、运量以及组织方式也直接影响区域国土空间布局。但是，在当前交通与国土规划中，由于主管部门在事权定义、规划依据等方面的差异，往往容易产生事权冲突，影响规划实施效果。面对这一系列问题，需要进一步加强交通与自然资源部的目标融合、明确事权边界和建立联动机制。

5.2.3 关注跨区域、跨部门的政府、市民、企业之间的协同

城市群尺度的国土空间开发保护经常由于不同城市的管理差异，面临制度多元性和多级中心体系等问题，协商展开方案规划常常展现出有限性特征。可以通过"愿景规划"的方式推进规划实践。首先，保护区域性的自然生态本底如大气、海洋、土壤、保护动物是城市发展面对的共同议题。在全球气候变化的背景下，追求高质量区域生态安全与环境品质的愿景会将城市之间联系在一起，为后续进一步的合作建立良好的沟通基础；其次，城市群城际关系会逐渐走向多中心体系，城市群之间的国土开发保护应从生态等跨界共识方面入手。通过生态环境的保护

和改善，合理规划城际绿地和自然保护区，加强城市群水资源保护和水环境治理，打造绿色发展的新格局。在此基础上，逐步扩大"愿景规划"的范围，将更多事务纳入规划范围，实现城市群的协调发展。

通过建立合作机制和搭建合作平台，加强城市间协商合作，共同制定规划方案，实现城市的协同发展。这些措施将有助于实现城市群国土空间开发保护的可持续发展。例如，深圳及香港两地在生态文明和可持续发展理念的指导下，深圳湾湿地及米埔湿地的红树林保护及修复需要从流域尺度出发，不仅要考虑跨行政区不同主体的利益，同时还要考虑两种制度及标准的衔接；深莞惠三市生态环境部，不断完善深圳都市圈生态环境合作机制，维护生态安全格局，建立全域覆盖、分类管理的生态环境分区管控体系。

城市群基础设施建设涉及决策主体众多，有不同城市政府、政府不同部门、城市市民，有的甚至涉及到企业决策，各决策主体有着不同的利益诉求和价值标准，实现多元主体之间的利益诉求的协调是确保设施顺利建设的关键。在推动城市群绿色基础设施建设方面，广东率先在全省推动南粤古驿道建设，所涉及决策主体包括政府部门、社会组织及公众等多元主体。南粤古驿道建设需考虑对历史文化遗产的保护和利用，也需注重其为社会承担的提供游憩、文化教育及科学研究等功能，这些功能的实现需要引入较多的主体参与到古驿道建设中，从古驿道规划、建设、维护等全生命周期实现多元主体的协同。

在新型环卫设施规划建设中，关注的决策主体与绿色基础设施不同。要在府际间合作关系的基础上，关注政府内部不同部门之间的合作关系。政府在设施建设中发挥着主导作用，自然资源部提供土地，生态环境部负责环境影响评价、住房和城乡建设部负责审批等等。例如，对于两个城市共建垃圾焚烧发电厂选址的场景需求，需要在两地政府统筹协调基础上，将包括自然资源部门、生态环境部门、住房和城乡建设部门等部门诉求一并纳入综合决策给予考虑。同时，要强化市民的参与以及信息对市民的公开与透明。随着开发建设模式的转变，越来越多的企业会参与到环卫设施建设中，综合决策也要重点关注企业主体。作为开发运营主体，企业对环卫设施的建设具有一定的主导权。作为进入园区的企业主体，以追求最小成本最大收益为出发点，园区内要能够形成上下游的循环产业链，将垃圾变废为宝，推动实现碳减排。

5.2.4 关注公众和社会的参与

公众参与能够将相关利益者纳入到决策中来，有机会表达各自诉求，是化解政府、市民、企业或组织之间决策矛盾的重要手段。城市群综合决策将越来越关注公众参与和社会创新，以确保决策更加包容、智慧和具有可持续性。

在城市群生态协同决策中，除了依靠政府主导和监督外，将更加重视不同主体之间的协作、公众参与和社会创新。生态协同涉及利益主体包括政府部门、企业、非政府组织、学术界、社会组织等。这些主体联手共同制定政策、规划和项目，以推动城市群的生态环境协同建设。政府是政策和规划计划的制定者和统筹者，各部门之间通过紧密协作，制定和执行城市群生态协同建设的策略和计划，确保各方面的决策协调一致，也可制定相应支持和鼓励合作的政策，寻求国际和地区伙伴关系，以获取经验分享和技术支持，加速生态协同建设。市民主要提供意见和发挥监督作用。随着决策过程更加开放和民主，市民将有更多机会参与决策，比如通过公民论坛、咨询会议、在线平台等多种方式实现公众参与，或鼓励社区居民参与支持社区项目和倡议，以改善当地的生态环境。

在环境污染协同治理方面，通过建立跨城市群的环境治理机制，协同制定政策和计划，共享监测数据和治理经验，加强跨地市的政府合作，以共同应对污染问题。在公众参与方面，可以利用社交媒体开展教育活动，加强环保知识的普及和宣传，让市民积极参与其中。

5.3 深化多要素联动机理分析

作为开放复杂的巨系统，城市群各城市之间除了在地理上具有邻近性，更多的表现出人口、产业、环境、经济、资本、信息等要素联系上具有较强的关联性，并呈现跨界流动、跨时空动态演化等显著特征。基于不同要素及要素之间的内在机理，深化多要素的联动分析，强化要素之间的耦合关系，有助于更好地认识城市群的协同规律，为科学决策提供参考依据。

5.3.1 强化技术、政策与空间资源配置的联动

在城市群产业协同的过程中，技术、政策与空间要素的联动形成一个紧密的协同网络。

技术在产业协同中起到极为重要的推动作用，同时也受产业协同的影响。产业协同促使不同技术领域间的融合与创新，为技术发展带来更多可能性，而不同技术领域的融合又促成全新技术的涌现，同时技术的发展也推动了产业协同，为产业链提供了更强的支撑。当前，各地纷纷加紧建设科学城、科教城、科创城，作为承担发展科技、产业和教育三大使命。通过产学研的深度融合，建立完善的科技创新孵化体系，打通基础研究、技术攻关、成果转化、人才支撑的创新生态链条，实现科技和产业协同良好的联动发展。

政策环境对产业协同和企业发展起到积极引导和保障作用，为企业的合作提

供政策支撑，而产业协同的发展状况也会影响政策环境建设，促使政府加大对产业协同的政策支持，形成良性的政策与产业协同的互动循环。例如，美国大西洋沿岸城市群，起初政府通过提供资金支持、税收优惠等措施，鼓励企业进行技术创新和产业升级，促进城市群的科技创新和产业发展，吸引大量企业聚集。同时政府根据城市群的发展情况和需求不断调整和改进政策，如支持基础设施建设、提高劳动力素质等，为企业提供更好的发展环境和更多的机会，不断优化政策实现产业更好的协同发展。

空间资源的合理配置可以促进产业在城市群内优化布局，而产业结构的优化和升级可以推动土地资源的集约利用和高效配置，提高土地资源的利用效率。低效工业用地盘活成为近年推动产业发展转型和高端制造业发展的重要抓手，各地正积极探索高层楼宇进行工业生产的新型空间模式。深圳在工业上楼过程中将产业对空间的需求以及空间载体对产业的适应进行深度结合，找到产业和空间的结合点。

5.3.2 驱动社会和经济要素协调发展

城市群交通互通不仅是各种交通方式的物理连接，更是城市群内产业、人才、资金等要素之间深度协同的综合体现。仅依靠交通系统内部基础设施建设、运营管理、体制机制等方面的要素协同，难以从根本上优化城市群资源配置效率，需要交通系统与产业结构、资金支持、人员流动等外部环境实现密切匹配，与之形成耦合互馈的关系，才能发挥其应有的支撑作用。通过构建高效的产业链、创新链和物流链，促使交通规划建设与产业发展需求相互适应，并根据需求进行动态优化调校，形成科学合理的区域分工网络，助推区域资源共享和分工协作，并成为城市群发展的强大引擎。

交通网络的改善在城市发展和产业布局中发挥着关键作用，不仅促使产业向交通枢纽和节点城市集中，同时也助于推动产业园区化和产业集群化的进程。交通作为企业选址的重要考量因素之一，良好的交通基础设施可以降低企业运输和配送成本，提高生产效率。先进的交通体系有利于产业链协作和分工协作，上下游企业可以依托便捷的交通实现就地采购或配送，降低中间环节损耗，提高资源利用效率。高端服务业的发展促进商务出行需求增加，从而对交通运力提出更高要求。以无锡和苏州为例，两地围绕苏南硕放国际机场规划布局临空产业，通过优化区域交通网络，完善高速公路、铁路等多式联运体系，实现临空产业战略协同。围绕机场地区联合规划临空产业功能布局，明确不同产业门类的发展目标和定位，避免同质竞争。同时完善了高速公路、铁路等多式联运体系，构建区域1小时交通圈。依托高效的交通网络，两市将共同打造环太湖地区的核心节点和门户级交通枢纽，进而带动区域融合发展。

各种融资渠道是交通建设资金来源的重要保障。跨区域交通基础设施建设需要沿线地方政府通过交通基础设施专项债券、发展基金等多渠道筹措资金，同时完善的交通基础设施也能够带来良好预期，拉动沿线地区的土地价值，形成良性的资金循环。实现多种融资渠道和方式与交通耦合联动，既可满足交通建设的资金需求，也能释放交通基础设施的资金吸引效应，实现良性互动。以广佛江珠城际建设为例，为了缓解巨大的资金筹措压力、实现投融资平衡，江门市采取 TOD 综合开发模式，以最大程度提升站场周边土地价值，通过土地综合开发的收益来支持项目的建设和运营。粤港澳大湾区城际铁路项目的投融资和建设方式逐步向"都市圈统筹"模式转变，即广州地铁集团有限公司、深圳市地铁集团有限公司与沿线各市联合筹措项目资本金，各市承担建设资本金及运营补亏，实现了城际铁路建设与沿线地区建设的财务整合。

完备的城际快速交通使得人才流动更加频繁，各类专业人才的集聚也为交通系统提供技术管理支撑。同时，人才对教育、医疗等软环境的需求推动了交通节点周边公共服务设施的建设以及宜居宜业环境的营造。可见，交通发展与人才集聚相互促进，城市群交通互联互通也需要立足吸引人才的目标，不断完善交通和公共服务设施，以人才集聚带动交通升级。

5.3.3 增强人地耦合系统分析

国土空间综合整治的目标是优化国土空间开发保护格局，提升国土空间品质和利用效率，实现人口、经济、资源环境的协调发展。这一目标的实现需要建立在深入理解人地关系的基础之上，建立人地耦合系统分析工具。

在人地耦合系统中，自然地理要素是基础，它们直接或间接地影响着社会经济要素的发展和分布。例如，国土资源的数量和质量直接关系到农业生产和人口分布；土地资源的利用方式和保护程度则直接影响到生态环境的状况和气候变化，而交通网络的布局和发达程度则是区域经济发展的重要基础。

基于生态系统与人类需求之间关系的调节与适应视角，从自然生态系统及流域的整体性出发，克服因人为行政管理引起的生态建设的限制，更加综合地考虑政策、经济、社会、自然资源和生态环境的一体性要求，同时共同应对气候变化给城市群带来的影响，制定适应和减缓措施，以促进城市群生态系统进入可持续发展的轨道。

同时，社会经济要素也对自然地理要素产生着深刻的影响。例如，人口的增加和城市化进程的加快会带来土地资源的过度开发和环境污染等问题，工业的发展也会带来能源消耗和废弃物排放等问题。这些影响会进一步影响到自然地理要素的分布和状态，从而形成了一个相互作用的复杂系统。

在人地耦合系统中，各个要素之间存在着复杂的相互作用关系，这些关系可以通过各种方式和途径进行调控和管理。例如，通过制定土地利用规划和环境保护政策等措施来优化国土空间的利用方式和保护生态环境；通过发展公共交通和减少私家车使用等措施来缓解交通拥堵和减少空气污染等问题。这些调控和管理措施的实施可以促进区域的可持续发展和人与自然的和谐共生。

通过深入研究人地耦合系统中各个要素之间的相互作用关系和作用机制，可以更好地把握区域发展的规律和趋势并制定出更为精准的规划措施和发展策略。

5.3.4 联动土地、环境、产业、功能等多要素

城市群复杂系统的特征决定了城市群设施共建并非单一要素的决策分析，而需要开展多要素联动分析。多要素联动分析又因场景不同，联动要素不同且有所侧重。

在推动生活垃圾碳减排、建设"无废"城市成为新时期各地贯彻落实"双碳"目标重要举措的背景下，静脉产业园、能源生态园、循环经济产业园、资源环保产业园等新型环卫设施则更强调土地、环境、产业和功能要素之间的联动，以实现经济、环境和社会效益多赢。

土地要素的高效集约利用是缓解设施空间紧缺的重要手段，不同的设施类型、不同垃圾处理方式直接影响了土地的利用效率。环境要素是环卫设施的核心要素，设施建设的目的是解决环境问题，但在处理过程中也会带来大气、水污染等环境污染，如何减少垃圾处理对环境的污染是环卫设施建设考虑的重要因素。设施运行中的碳排放水平是环境要素重要组成，对实现碳达峰、碳中和具有重要作用。产业要素是新型环卫设施建设必须同时考虑的要素，园区要形成从源头收集到末端全利用的静脉全产业链，构成循环经济的闭环。

园区垃圾处理的工艺流程与相应产业密切相关，垃圾焚烧炉渣为环保建材提供部分原材料，其产生的蒸汽又可支持餐厨、污泥、蛋白提取厂的蒸汽需求；大件垃圾处理厂、污泥处理厂为焚烧发电提供了可燃原料；废旧橡塑、报废汽车、电子垃圾、废旧机电等新能源、环保设备研发与制造、资源再生利用等提供原材料。功能方面，园区强调功能混合以及产学研一体化的发展模式，除了垃圾处理类、工业固废处理类、建筑固废处理类、机电废弃物处理类、污水处理类等核心功能外，要增加上下游，包括宣传教育、科研展销、再生利用、生态修复等动脉产业，以实现多种功能共生，达到经济、社会、经济效益的平衡与共赢。

5.4 集成应用数字化技术与人工智能方法

城市群协同治理关注技术方法的更新与迭代，以应对日益复杂的挑战和可持续发展需求。近年来，随着数字化技术和人工智能方法应用的扩大，城市群协同建设也可以通过数字化技术和人工智能方法等进一步提升综合决策的准确性和智能化。这些技术不仅可以提供数据支持和分析能力，还可以改善决策过程的效率和精确度。当然，这都需要培养具备数字技能的决策者和分析师，以充分发挥这些技术的优势。

5.4.1 多模态数据与多时空数据融合

数据作为新时期重要的资源要素，是支撑综合决策分析的基础。然而，随着场景的细分，综合决策对数据采集和处理、数据融合和数据共享都提出了更高的要求。精度高的数据有利于提升模型预测和分析的准确性，支持决策者作出精确决策。多时空数据的融合有助于更深入、更全面地理解城市群的特征，为综合决策提供更好的数据支持，帮助城市群实现可持续发展的目标。

大数据、物联网、人工智能等新技术的应用提高了数据采集和处理效率，增强了数据的时效性。大数据技术能够实现数据的实时收集、存储和分析，通过传感器网络、卫星遥感、航空遥感技术、环境监测设备以及手机、GPS 设备等移动终端采集地理信息数据、环境数据（如空气质量、水质、土壤状态、气象信息等）、人口移动的流数据等，有助于更深入、更全面地理解城市群基本运行情况和特征。物联网技术能够实时收集和传输数据，通过将传感器、设备和物体互相连接，实现彼此之间的交互和共享，能够更加迅速和高效地获取信息和数据，提升数据的时效性。大数据技术与人工智能技术的紧密结合，能够从数据中获取更准确、更深层次的知识，挖掘数据背后的价值，提升综合决策水平。比如在环卫设施建设方面，依托设施配置的物联网感知设备，对环境产业园的大气污染、水质、噪声水平等进行监测，实时掌握园区环境状况，进而与人工智能技术结合应用，分析核算园区碳排放水平，为园区碳减排路径优化提供支撑。

云计算服务、图像识别、机器学习等技术的不断发展为多模态数据的融合提供了重要支撑。通过视频、音频、文本、图像、矢量图形等不同类型数据进行整合、数据清洗及标准化、数据挖掘和分析来实现数据的融合，可以获得更全面、更综合、更丰富的信息，有助于破解单一数据源难以满足复杂城市问题的瓶颈。智能体、机器学习等技术与数据的融合，增强了数据融合过程的智能化和自适应化，有助于提升数据融合的精准性、可信度。如将专利数据、论文数据、社交媒体数据等融合起来,更全面地了解产业的创新能力和竞争态势。融合多源数据构建城市群环境监测体系,实现对空气、水质、土壤等污染源的实时监测和预警,并基于资源、能源、碳排放、自然灾害风险等多要素联动分析,可为城市群协同发展提供科学化的决策支撑。

建立合理的数据共享机制,完善相应的政策法规,是打通数据共享渠道,实现跨部门、跨地域、跨行业数据共享的重要保障。数据共享可避免数据的重复收集和处理,为决策提供更准确、更全面的基础信息,有助于政府、企业、社会组织等做出更加明智的决策,提高决策效率、降低风险。数据共享本质上也是一种合作和协作,加强城市群跨地域、跨部门的数据共享,实际上也是推动城市群协同发展。数据共享的方式因数据类型、参与主体以及决策目标需求不同而不同,建立数据开放平台是目前数据共享常用方式,各级政府、研究机构和企业在平台上共享数据,并将数据分享和决策过程开放给公众,便于公众参与相关规划编制、生态环境保护、重大基础设施建设等城市(群)的各项决策中,也有利于缓解邻避事件的发生。比如城市群内各政府共享规划和政策等信息,为城市间相互协作搭建了合作平台,也为企业和创新机构提供了参与城市(群)建设的渠道,成为城市群综合决策多主体参与的重要媒介之一。当然,数据共享的同时要注意数据的加密和脱敏,以确保数据的安全性和隐私保护。

建立监测网络系统,也是数据集成和共享的一种重要途径。首先,加强对时空数据的治理。从梳理业务需求开始,对现有数据库中的内容进行盘点和整合,进行数据汇聚融合治理。为发挥数据汇聚优势,开展支撑业务需求的数据精细化治理,以场景流驱动建立有机衔接、上下联动的数据流、业务流,需要通过建立健全权威高效的数据获取机制及推进多源时空数据融合治理等方式促进数据汇聚融合。国土空间规划实施监测网络需要构建包含底线管控、空间格局、交通、公服、市政、人口、经济等主题的国土空间信息模型主题数据体系,夯实国土空间规划实施监测网络的数字底座,为建设国土空间规划实施监测网络提供坚实的数据基础;其次,构建指标体系和主题数据模型。以业务逻辑为牵引,构建分类分级的监测评价指标体系,以智能模型为驱动,动态构建模型,注入智慧知识。为了实现"数据"到"信息"的跃迁,加强可读性和针对性,可以加大人工智能生成技术、深度学习等新技术应用力度,探索构建国土空间规划专业大模型体系,开发辅助编制、协同审批、智能监测评估预警的管理工具,提升业务场景搭建效率和可视化水平专业度。

5.4.2 数字化方法与人工智能大模型应用

综合决策涉及多元主体的复杂性、多要素的联动势必会带来一些方法的不适用，人工智能、多智能体、三维模拟、智能感知等新技术的应用为综合决策方法的更新迭代提供了重要支撑。与此同时，越来越多的应用场景需要综合利用多种不同的数据，对模型算法的要求逐渐提高，现有成熟、单一的模型将难以处理多种数据，解决复杂城市群问题。人工智能、神经网络等新技术以及多模型组合应用、跨学科技术方法的结合等将成为未来城市群综合决策的重要方法。

数字孪生作为一种新兴的技术手段，将在城市（群）发展中得到广泛应用和拓展。数字孪生技术通过数据全域标识、状态精准感知、数据实时分析、模型科学决策和智能精准执行等手段构建城市（群）的虚拟模型，洞悉城市复杂运行规律、内在关联和影响机理，模拟城市（群）的发展和变化，解决城市（群）发展中的复杂性和不确定性问题，支撑决策者做出更明智的决策（许旭等，2022）。数字孪生技术目前在城市管理、公共安全、市政交通等领域开展了智慧场景的应用试点研究，未来在城市群重大基础设施、公共安全协同预防、公共危机协同应对、区域环境治理等方面将有广阔的前景。比如应用于城际铁路规划选线，城市群数字孪生系统将模拟不同规划选址方案的效果，比较不同方案的成本、客流、经济等效益，使决策者能够更好地了解可能的结果，并选择最佳的规划选址方案。此外，数字孪生技术可与人工智能技术结合，进行智能交通管理和资源优化、区域生态环境协同治理、节假日流量预测的预警预案等场景，提高城市的运行效率、生态环境和安全能力。

人工智能技术为城市各领域带来颠覆性变革的同时，也对城市（群）研究工作的逻辑与方法带来挑战。不同于"数字城市""城市大脑"等数字孪生技术，LLaMA、GPT-2、StableLM、T5、ChatGPT、百度的文心一言、字节的云雀大模型等通用大模型以及 PlanGPT、CityGPT、UniChat、TransGPT·致远等专业大模型的出现让人工智能技术赋予人类社会属性，展现出了人类智能的超级计算、自我学习和推理，以及自适应的能力。人类大脑对知识存储的广度和深度有限，而人工智能通过预训练的大模型，不仅可实现对海量知识的存储、迁移、推理以及更新迭代，而且基于自然语言的人机交互又能让城市管理者、政策决策者以及社会公众等都能参与到决策过程中，实现多主体共同决策。比如在城市规划领域，人工智能通过提示词工程（prompt engineering）、思维链（chain of thoughts）、思维树（tree of thoughts）等工程技术，不仅可以高效完成重复性、辅助性基础工作，更能为规划师提供庞大且完备的系统性、逻辑性论证支撑，避免了规划备受质疑的科学性不强、系统性不足等问题。基于人工智能技术的城市模拟与预测、人机交互的规划方法、面向未来场景的规划应对等将成为人工智能技术应用的重要方向。比如通过大模型对多年城市群土地利用现状、规划数据的学习，模拟 2035 年、2050 年甚至更长时期的土地利用规划图，生成规划图纸和文本报告；针对自动驾驶、低空飞行等新应用场景，通过人工智能技术的情景模拟，前瞻性的研究技术对居民生活和行为方式的改变，预测新场景下城市空间、功能布局的需求变化，助力城市管理者作出超前的规划应对。

多智能体强调多个智能体间的协调合作、群体合作，注重协调行动解决方案，是一种进行复杂系统分析的重要工具。多智能体与城市群综合决策多主体、多目标、多要素联动等特征相适应，对系统解决大型、复杂的城市群问题具有绝对优势。目前，多智能体技术在城市交通领域应用较多，比如通过多智能体系统与视频监控、卫星导航、交通信号灯、智能灯杆、停车管理等设备相连，实现交通流量的自动化监测、交通信号灯控制、城市道路交通管理以及停车位预约、共享等功能，提高城市交通管理水平和运行效率。随着多智能体建模、决策算法、安全等技术的进一步发展，多智能体将在国土资源优化配置、环境保护和监测、公共安全及应急救援、能源控制与管理等领域和场景中得到更广泛的应用。比如建立城市群智能安防系统，通过多智能体的系统集成，实现城市群公共安全事件预警、城市群一体化的应急响应。

跨学科技术方法的组合运用将成为解决城市群复杂问题的重要手段。随着城市间合作的进一步深化，运筹学里的博弈论将在城市/城市群综合决策中得到广泛应用。综合决策是考虑多元主体之间的不同利益诉求，通过决策者之间的博弈互动，最终实现最优解的过程。比如囚徒困境、纳什均衡、最大化社会利益、演化博弈、静态/动态博弈等不仅为决策提供新思路，也可应用于设施规划布局优化、设施规划选址、城市更新、邻避事件规避、违法建设模拟、政府补助机制的演化模拟等不同应用场景。将博弈论与复杂网络结合，可用于开展区域经济、科技、产业合作的动态模拟研究，讨论网络演化进程的影响因素，指导政策制定并促进深化合作。

5.4.3 综合决策平台及其可视化平台建设

计算机的发展推动了决策支持系统的产生，信息化、数字化时代的到来使得各种信息化系统、数字化平台等成为政府、企业、机构等的重要工具。基于计算机的综合决策平台集成人工智能、多智能体、神经网络等先进技术方法，以及多源数据的采集、管理、分析等于一体，为决策者理性决策、科学决策、精准决策提供支持服务，是推动城市（群）治理能力现代化和提升治理水平的重要工具。目前，基于单一业务类型或某一领域的决策支持系统越来越多，如城市规划支持系统、交通规划决策支持平台、应急指挥决策支持平台、城市体检评估系统等。接下来，基于国土空间一张图、城市信息模型（CIM）基础平台、一网统管等信息系统建设的基础底座，集成更多应用场景的综合决策平台成为重要发展方向。

2023年9月，自然资源部办公厅印发《全国国土空间规划实施监测网络建设工作方案（2023—2027 年）》，要求构建全域覆盖的国土空间信息模型（territory information model，TIM），部署开展国土空间规划实施监测网络（以下简称"CSPON"）建设试点。CSPON 将依托国土空间基础信息平台，以国土空间信息模型（TIM）为数字基础，构建场景认知-数据感知-模型研发-治理决策的全链条数智化技术，是国土空间规划领域的重要综合决策平台。平台将支撑决策者开展国土空间规划领域各种应用场景的决策，为高校、研究机构、企业、个人等参与国土空间治理提供平台载体。

可视化平台通过图形化界面，将复杂的数据转化为直观的可视化图表，帮助决策者更加快速地理解和分析数据，辅助决策者决策，是综合决策平台的重要组成部分。在新技术的加持下，定制化、多元化、交互式的可视化呈现将成为重要发展方向。随着场景的细分，通用的可视化界面将难以匹配细分的应用场景，需要有针对性、定制化的界面予以展示，如城市体检评估系统需要针对每项体检指标制定不同维度的指标分析界面，包括指标历年的对标、与其他城市的对比、与标准规范的对比、与城市发展目标的对比等，同一应用场景也需要有多元化的可视化界面满足不同决策者的需求。除此之外，交互式的可视化界面越来越重要，其不仅要满足决策者通过交互操作和改变可视化参数来更好地理解和分析数据，更要能够实时地反馈决策者的操作和选择、帮助决策者开展探索性数据分析、支持决策者构建数据背后的故事。比如基于百度地图餐饮、旅游、购物等 POI 数据，挖掘城市群内不同城市的活力和吸引力。综合决策平台与之配合的可视化平台，两者相辅相成，密不可分，共同辅助决策者实现高效决策。

参 考 文 献

白玉静，2021. 基于绿色基础设施评估的哈尔滨城乡空间结构调控研究[D]. 黑龙江：哈尔滨工业大学.
步一，陈洪侃，许家伟，等，2022. 跨学科研究的范式解析：理解情报学术中的"范式"[J]. 情报理论与实践，45（03）：12-18.
曹琳剑，王杰，王欢欢，等，2019. 京津冀基础设施建设与人口集聚耦合演进分析——基于推拉理论解析[J]. 地理科学，39（08）：1256-1264.
曹祺文，顾朝林，管卫华，2021. 基于土地利用的中国城镇化 SD 模型与模拟[J]. 自然资源学报，36（04）：1062-1084.
柴攀峰，黄中伟，2014. 基于协同发展的长三角城市群空间格局研究[J]. 经济地理，34（06）：75-79.
陈必壮，杨立峰，王忠强，等，2010. 中国城市群综合交通系统规划研究[J]. 城市交通，8（01）：7-13.
陈道平，田盈，陈宇科，2022. 成渝地区双城经济圈一体化发展路径与对策[J]. 当代经济，39（03）：64-70.
陈刚，刘珊珊，2006. 产业转移理论研究：现状与展望[J]. 当代财经，10：91-96.
陈国青，曾大军，卫强，等，2020. 大数据环境下的决策范式转变与使能创新[J]. 管理世界，36（02）：95-105, 220.
陈剑锋，唐振鹏，2002. 国外产业集群研究综述[J]. 外国经济与管理，08：22-27.
陈建军，刘月，邹苗苗，2016. 产业协同集聚下的城市生产效率增进——基于融合创新与发展动力转换背景[J]. 浙江大学学报（人文社会科学版），46（03）：150-163.
陈利顶，周伟奇，韩立建，等，2016. 京津冀城市群地区生态安全格局构建与保障对策[J]. 生态学报，36（22）：7125-7129.
陈少杰，沈丽珍，2019. 基于腾讯位置大数据的三地同城化地区人口流动时空特征研究[J]. 现代城市研究，11：1-12.
陈希，2022. 我国城市市政设施承载力测度及影响因素研究[D]. 重庆：重庆大学.
崔书会，李光勤，豆建民，2019. 产业协同集聚的资源错配效应研究[J]. 统计研究，36（02）：76-87.
丁成日，石晓冬，牛毅，等，2018. 城市人口预测及其城市规划意义——以北京为例[J]. 城市规划，42（09）：21-27.
董越，徐琳瑜，2019. 一种城市综合承载力双向复合动态评价方法及实证研究[J]. 环境科学学报，39（09）：3171-3179.
段婷，运迎霞，2019. 德国莱茵-鲁尔都市区轨道交通规划体系及启示[C]. 2019 中国城市规划年会.

段晓男，王效科，逯非，等，2008. 中国湿地生态系统固碳现状和潜力[J]. 生态学报，28（02）：463-469.
樊明捷，2019. 区域协同：旧金山、纽约与东京湾区借鉴[J]. 城市开发，22：39-41.
樊一江，谢雨蓉，汪鸣，2017. 我国多式联运系统建设的思路与任务[J]. 宏观经济研究，07：158-165，191.
方创琳，2009. 城市群空间范围识别标准的研究进展与基本判断[J]. 城市规划学刊，000（04）：1-6.
方创琳，2017. 京津冀城市群协同发展的理论基础与规律性分析[J]. 地理科学进展，36（01）：15-24.
方创琳，2020. 以都市圈为鼎支撑中国城市群高质量发展[J]. 张江科技评论，06：30-33.
方创琳，鲍超，王振波，等，2021. 城市群区域生态安全协同保障决策支持系统方法[M]. 北京：科学出版社.
冯剑丰，李宇，朱琳，2009. 生态系统功能与生态系统服务的概念辨析[J]. 生态环境学报，18（04）：1599-1603.
冯舒，唐正宇，俞露，等，2022. 城市群生态网络协同构建场景分析研究——以粤港澳大湾区为例[J/OL]. 生态学报，20：1-15.
傅惠，伍乃骐，胡刚，2016. 城市交通系统管理与优化研究综述[J]. 工业工程，19（01）：10-15.
符正平，刘金玲，2021. 新时代粤港澳大湾区协同发展研究[J]. 区域经济评论，3：51-57.
傅志寰，陆化普，2016. 城市群交通一体化理论研究与案例分析[M]. 北京：人民交通出版社.
高达，李格，2022. 政府合作与城市群能源效率——基于长三角城市经济协调会的准自然实验[J]. 软科学，36（02）：78-85.
高煜昕，高明，2023. 城市生活垃圾碳排放效率空间关联网络及影响因素[J]. 中国环境科学，43（11）：5900-5912.
葛娇娇，2023. "一带一路"沿线能源投资项目风险识别、评估和预警研究[D]. 南京：南京信息工程大学.
顾朝林，2011. 城市群研究进展与展望[J]. 地理研究，30（05）：771-784.
国际联合委员会，2011. 区域环境合作的典范——保护五大湖［J］. 哲伦译. 资源与人居环境，03：57-60.
郭嵘，白玉静，2016. 绿色基础设施评估的城乡空间结构模拟与调整[C]. 第5届金经昌中国青年规划师创新论坛.
郭延永，刘攀，吴瑶，2013. 城市轨道交通建设时序确定方法[J]. 武汉理工大学学报，35（06）：75-80.
虢英娜，2023. 功能混合导向下静脉产业园合计模式研究[D]. 济南：山东建筑大学.
韩文超，彭伊倩，朱红，等，2023. 粤港澳大湾区一体化发展背景下广州都市圈规划[J]. 规划师，39（11）：86-92.
郝爽，2023. 京津冀区域城市基础设施韧性评价及发展策略研究[D]. 张家口：河北建筑工程学院.
何雄浪，朱旭光，2010. 成渝经济区产业结构调整与经济发展研究[J]. 软科学，24（06）：74-79.
贺传皎，王旭，邹兵，2012. 由"产城互促"到"产城融合"——深圳市产业布局规划的思路与方法[J]. 城市规划学刊，05：30-36.

贺艳华，邓凯韶，唐承丽，等，2017. 长株潭城市群城乡人口流动特征及动力机制[J]. 经济地理，37（01）：74-81.
洪亮，马费成，2022. 面向大数据管理决策的知识关联分析与知识大图构建[J]. 管理世界，01：207-218.
侯兵，周晓倩，2015. 长三角地区文化产业与旅游产业融合态势测度与评价[J]. 经济地理，35（11）：211-217.
胡鞍钢，周绍杰，2014. 绿色发展：功能界定、机制分析与发展战略[J]. 中国人口·资源与环境，01：14-20.
胡贵仁，2017. 邻避冲突的解决困境及协同治理策略研究[J]. 武汉技术学院学报，16（03）：22-26.
胡昊，朱燕萍，邬峻，2006. 发展大上海都市圈快速铁路系统——巴黎-阿姆斯特丹都市圈的启示[J]. 铁道运输与经济，08：1-3, 15.
胡洪营，孙艳，席劲瑛，等，2015. 城市黑臭水体治理与水质长效改善保持技术分析[J]. 环境保护，43（13）：24-26.
胡俊凯，2019. 东京湾启示录：世界级大湾区的成功秘诀[J]. 中华建设，05：20-21.
黄海军，高自友，田琼，等，2018. 新型城镇化导向下的城市群综合交通系统管理[J]. 中国科学基金，32（02）：214-223.
黄京鸿，葛永军，刁承泰，2001. 中国各地区第三产业发展水平综合评价[J]. 经济地理，01：43-46.
霍静，2021. 因果关系中的范式与科学革命[J]. 西部学刊，23：136-138.
戢小辉，尤勍，丁韵婷，等，2015. 基于改进TOPSIS的轨道交通建设时序研究[J]. 铁道标准设计，59（07）：79-84.
贾文通，黄震方，刘俊，等，2021. 高铁对区域旅游"时空压缩"效应的测度与分析——以长江经济带为例[J]. 地理研究，40（06）：1785-1802.
姜磊，柏玲，吴玉鸣，2017. 中国省域经济、资源与环境协调分析——兼论三系统耦合公式及其扩展形式[J]. 自然资源学报，32（05）：788-799.
姜峥，2018. 农村一二三产业融合发展水平评价、经济效应与对策研究[D]. 黑龙江：东北农业大学.
江曼琦，席强敏，2014. 生产性服务业与制造业的产业关联与协同集聚[J]. 南开学报（哲学社会科学版），01：153-160.
蒋小翼，吴迪，2021. 美日建立入海污染物排放管控机制的经验及其启示[J]. 边界与海洋研究，6（01）：50-62.
景国胜，黄荣新，徐士伟，2019，等. 粤港澳大湾区轨道交通体系发展的思考[J]. 城市交通，17（03）：67-74.
景云，李凯旋，王旋，等，2022. 高速铁路成网条件下跨城市群客流输送模式[J]. 清华大学学报（自然科学版），62（07）：1151-1162.
康蕾，宋周莺，2020. 中国区域投入产出效率的研究框架与实证分析[J]. 地理科学，40（11）：1868-1877.
柯新利，边馥苓，2009. 地理元胞自动机研究综述[J]. 咸宁学院学报，03：103-106.
拉卡托斯，马斯格雷夫，1987. 批判与知识的增长[M]. 北京：华夏出版社.
赖力，2011. 中国土地利用的碳排放效应研究[D]. 南京：南京大学.

赖艺欢，张源，王静，等，2022. 伦敦市郊铁路 Crossrail 规划建设运营经验及启示[J]. 现代城市轨道交通，05：100-105.

李博雅，肖金成，马燕坤，2020. 城市群协同发展与城市间合作研究[J]. 经济研究参考，04：32-40.

李娣，2015. 欧洲西北部城市群发展经验与启示[J]. 全球化，10：41-52，15，134.

李国平，罗心然，2021. 京津冀协同发展战略对北京人口规模调控的影响研究[J]. 河北经贸大学学报，42（03）：94-102.

李焕，黄贤金，金雨泽，等，2017. 长江经济带水资源人口承载力研究[J]. 经济地理，37（01）：181-186.

李丽琴，魏传江，谢新民，等，2015. 城市群水资源协同配置模型及超长期配置方案研究[J]. 中国水利水电科学研究院学报，13（06）：401-407.

李琳，刘钒，李浩，等，2021. 推动长江中游城市群协同发展[J]. 长江流域经济研究，01：3-30.

李美玲，牟振华，崔东旭，等，2017. 基于势能的山东半岛城市群城际客流需求预测模型[J]. 公路，62（05）：168-173.

李沛霖，2021. 伦敦都市圈生活功能建设经验及对我国都市圈发展的启示[J]. 中国经贸导刊，21：59-62.

李琼，黄鹏，2009. 客运专线旅客换乘问题研究[J]. 铁道运输与经济，31（01）：23-26.

李荣，孔伟丽，舒棚，2021. 城市群多模式交通网络协同优化研究现状与展望[J]. 综合运输，43（06）：16-21.

李荣欣，2018. 日本东海道城市群建设启示录[J]. 前线，04：76-78.

李小建，2002. 经济地理学中的企业网络研究[J]. 经济地理，22（05）：5-9.

李小建，覃成林，高建华，2004. 我国产业转移与中原经济崛起[J]. 中州学刊，03：15-18.

李小璐，霍中和，逄锦福，2020. 区域协同处置危险废物 创新"绿色通道"模式——模式推广条件、市场需求与适用范围分析[J]. 中国环保产业，10：29-32.

李秀霞，徐龙，江恩赐，2013. 基于系统动力学的土地利用结构多目标优化[J]. 农业工程学报，29（16）：247-254，294.

李媛媛，刘金淼，黄新皓，等，2018. 北美五大湖恢复行动计划经验及对中国湖泊生态环境保护的建议[J]. 世界环境，02：33-36.

廖小明，2020. 协同治理视域下民族地区生态治理的路径选择[J]. 学术探索，09：50-56.

凌小静，2018. 四大世界级都市圈交通出行特征分析[J]. 交通与运输，34（06）：13-15.

刘登娟，吕一清，2017. 长江经济带成渝城市群环境与经济协调发展评价[J]. 经济体制改革，02：36-42.

刘定惠，杨永春，2011. 区域经济-旅游-生态环境耦合协调度研究——以安徽省为例[J]. 长江流域资源与环境，20（07）：892-896.

刘红光，王云平，季璐，2014. 中国区域间产业转移特征、机理与模式研究[J]. 经济地理，34（01）：102-107.

刘洁，姜丰，栗志慧，2021. 京津冀城市群产业—人口—空间耦合协调发展研究[J]. 中国软科学，S1：171-178.

刘金成，谭健妹，2014. 区域城际轨道交通网络与空间结构适应性[J]. 公路交通科技，31（04）：136-141.

刘举科,孙伟平,胡文臻,2019. 生态城市绿皮书:中国生态城市建设发展报告（2019）[M]. 北京:社会科学文献出版社.

刘敏,王海平,2014. 京津冀协同发展体制机制研究-基于世界六大城市群的经验借鉴[J]. 现代管理科学,12:67-69.

刘秋宏,2022. 长株潭城市群绿色基础设施对步行体力活动的适宜性研究[D]. 湖南:中南大学.

刘陶,陈丽媛,2021. 长三角一体化发展经验及其对长江中游城市群建设的启示[J]. 决策与信息,07:63-71.

刘云中,刘嘉杰,2023. 从人口特征看中国都市圈的发展态势[J]. 区域经济评论,06:20-26.

刘在平,2017. 大数据时代的决策思维[J]. 珠江论丛,01:23-38.

娄晓帆,杨溯,许晓春,2021. 基于生态文明建设理念的粤港澳大湾区海岸带修复[J]. 水利水电技术（中英文）,52（S2）:332-334.

卢庆强,龙茂乾,欧阳鹏,等,2024. 区域协同治理与契约协同型规划——都市圈治理体系重构与规划理念变革[J]. 城市规划,48（02）:12-19.

罗福周,王婷,2021. 城市收缩背景下基础设施与人口的协调发展研究——以东北地区30个收缩城市为例[J]. 国土资源科技管理,38（02）:114-127.

骆永明,滕应,2018. 我国土壤污染的区域差异与分区治理修复策略[J]. 中国科学院院刊,33（02）:145-152.

吕添贵,梁慧美,2018. 利益相关者视角下城市垃圾处理设施选址"邻避"冲突:形式、成因与应对研究[J]. 江西科学,36（05）:877-883.

吕添贵,吴次芳,李洪义,等,2016. 人口城镇化与土地城镇化协调性测度及优化——以南昌市为例[J]. 地理科学,36（02）:239-246.

马向明,陈洋,陈昌勇,等,2020. "都市区""都市圈""城市群"概念辨识与转变[J]. 规划师,03:5-11.

马勇军,姜雪青,律智赢,等,2022. 近十年学科课程研究范式的跨学科分析——兼谈与一般教育研究范式的比较[J]. 中国教育科学（中英文）,5（01）:42-53.

毛显强,邢有凯,高玉冰,等,2021. 温室气体与大气污染物协同控制效应评估与规划[J]. 中国环境科学,41（07）:3390-3398.

孟晓静,杨立中,李健,2008. 基于元胞自动机的城市区域火蔓延概率模型探讨[J]. 中国安全科学学报,18（2）:28.

潘峰华,方成,2019. 从全球生产网络到全球金融网络:理解全球—地方经济联系的新框架[J]. 地理科学进展,38（10）:1473-1481.

彭泽亚,2022. 省域视角下全要素能源效率的地区差异及影响因素研究[D]. 昆明:云南财经大学.

钱喆,吴翱翔,张海霞,2015. 世界级城市交通发展战略演变综述及启示[J]. 城市交通,13（01）:52-59.

秦尊文,张宁,2016. 长江中游城市群生态环保协调机制亟待建立[J]. 学习月刊,01:15-16.

屈小爽,2022. 旅游经济与生态环境耦合度及协同发展机制研究——以黄河流域省会城市为例[J]. 生态经济,38（10）:125-130.

任保平,杜宇翔,2021. 黄河流域经济增长-产业发展-生态环境的耦合协同关系[J]. 中国人口·资源与环境,31（02）:119-129.

邵春福,刘志平,聂正英,等,2022. 城市群综合交通枢纽布局规划与功能设计[M]. 北京:电子工业出版社.

邵源, 黄启翔, 易陈钰, 等, 2022. 粤港澳大湾区综合立体交通网战略构思[J]. 城市交通, 20（02）: 90-98.

沈颂东, 亢秀秋, 2018. 大数据时代快递与电子商务产业链协同度研究[J]. 数量经济技术经济研究, 35（07）: 41-58.

沈体雁, 李志斌, 凌英凯, 等, 2021. 中国国家标准产业集群的识别与特征分析[J]. 经济地理, 41（09）: 103-114.

盛亦男, 杨旭宇, 2021. 中国三大城市群流动人口集聚的空间格局与机制[J]. 人口与经济, 06: 88-107.

师翠英, 荆克迪, 李恒宇, 等, 2016. 基于 P-s 方法的天津市人口承载力分析[J]. 生态经济, 32（10）: 17-21.

史峰, 邓连波, 2004. 旅客换乘网络优化设计[J]. 铁道科学与工程学报, 01: 78-82.

石洪昕, 穆兴民, 张应龙, 等, 2012. 四川省广元市不同土地利用类型的碳排放效应研究[J]. 水土保持通报, 32（3）: 101-106.

舒佳馨, 林依静, 2020. 场景思维在移动互联网时代的价值和场景构建方式[J]. 新闻研究导刊, 11（05）: 1-3, 106.

宋贤萍, 2016. 我国城市基础设施建设可持续发展水平评价研究[D]. 重庆: 重庆大学.

苏雅丽, 张艳芳, 2011. 陕西省土地利用变化的碳排放效益研究[J]. 水土保持学报, 25（01）: 152-156.

孙虎, 乔标, 2015. 京津冀产业协同发展的问题与建议[J]. 中国软科学, 07: 68-74.

孙平军, 丁四保, 修春亮, 等, 2012. 东北地区"人口-经济-空间"城市化协调性研究[J]. 地理科学, 32（04）: 450-457.

陶志祥, 2016. 我国城市群综合交通规划中若干重要问题探讨[J]. 综合运输, 38（12）: 27-31.

佟璐, 聂磊, 付慧伶, 2010. 多式联运路径优化模型与方法研究[J]. 物流技术, 29（05）: 57-60.

童玉芬, 和明杰, 杨欢, 等, 2022. 中国主要城市群的人口模式分类研究[J]. 北京行政学院学报, 01: 114-121.

涂子学, 2017. 东京都市圈轨道交通系统研究[J]. 科学与财富, 29: 1-4.

王保华, 何世伟, 2017. 综合运输体系下快捷货物运输网络资源配置优化模型及算法[J]. 铁道学报, 39（02）: 10-16.

王缉慈, 2004. 关于中国产业集群研究的若干概念辨析[J]. 地理学报, S1: 47-52.

王金欢, 2020. 城市基础设施承载能力评价及提升策略研究[D]. 重庆: 重庆大学.

王俊敏, 沈菊琴, 2016. 跨域水环境流域政府协同治理: 理论框架与实现机制[J]. 江海学刊, 05: 214-219, 239.

王茂军, 杨雪春, 2011. 四川省制造产业关联网络的结构特征分析[J]. 地理学报, 66（02）: 212-222.

王茜娅, 2022. 中国能源配置效率的测度及影响因素分析[D]. 云南: 云南财经大学.

王少剑, 方创琳, 王洋, 2015. 京津冀地区城市化与生态环境交互耦合关系定量测度[J]. 生态学报, 35（07）: 2244-2254.

王淑营, 2008. 面向制造业产业链的协同商务平台集成框架[J]. 西南交通大学学报, 05: 643-647.

王佃利, 等, 2017. 邻避困境: 城市治理的挑战与转型[M]. 北京: 北京大学出版社.

王玉明，2019. 构建城市群区域环境治理的合作网络[J]. 哈尔滨工业大学学报（社会科学版），21（03）：108-117，2.
王玉明，2016. 北美五大湖区城市群环境合作治理的经验[J]. 四川行政学院学报，06：16-19.
王忠宏，2003. 哈佛学派、芝加哥学派竞争理论比较及其对我国反垄断的启示[J]. 经济评论，01：72-74，85.
王忠瑞，2023. 暴雨洪涝灾害下考虑多重关联的城市关键基础设施韧性评估研究[D]. 烟台：山东工商学院.
汪文超，周琴，毛小羽，2022. 重庆市绿色水生态网建设初步研究[J]. 水资源开发与管理，06：31-36.
汪云林，付允，李丁，2007. 基于投入产出的产业关联研究[J]. 工业技术经济，27（5）：4.
汪自书，苑魁魁，吕春英，等，2016. 资源环境约束下的北京市人口承载力研究[J]. 中国人口·资源与环境，26（S1）：351-354.
魏后凯，2003. 产业转移的发展趋势及其对竞争力的影响[J]. 福建论坛（经济社会版），04：11-15.
魏守华，王缉慈，赵雅沁，2002. 产业集群：新型区域经济发展理论[J]. 经济经纬，02：18-21.
吴俊江，2021. "一国两制"框架下粤港澳大湾区城市群协同发展研究[D]. 成都：西南财经大学.
吴其刚，杨建军，高明明，2009. 城际铁路建设准入及时序决策模型研究[J]. 铁道工程学报，26（10）：102-105.
吴文化，单连龙，刘斌，等，2010. 城市群客运交通发展的基本特征及系统框架研究[J]. 宏观经济研究，04：3-22，31.
吴志军，2015. 长江中游城市群协调发展及合作路径[J]. 经济地理，03：60-65.
武义青，冷宣荣，田晶晶，2023. 推动京津冀产业链合作向更深层次拓展——京津冀产业协同发展九年回顾与展望[J]. 经济与管理，37（03）：1-8.
向鹏成，曹园园，2016. 城市基础设施供给与城市人口匹配度研究——以重庆市为例[J]. 人口与发展，22（2）：33-38.
西尔，克拉克，2019. 场景：空间品质如何塑造社会生活[M]. 祁述裕，吴军，等译. 北京：社会科学文献出版社，37-80.
肖建平，2006. 区域性城际轨道交通客流预测方法研究[J]. 城市轨道交通研究，02：35-37.
邢盘洲，2019. 决策过程中的系统思维[J]. 江苏警官学院学报，34（04）：92-96.
邢琰，成子怡，2018. 伦敦都市圈规划管理经验[J]. 前线，03：76-78.
熊鹰，陈云，李静芝，等，2018. 基于土地集约利用的长株潭城市群建设用地供需仿真模拟[J]. 地理学报，73（03）：562-577.
徐成永，佟鑫，2022. 都市圈轨道交通发展研究及对策[J]. 现代城市轨道交通，03：1-8.
徐南荣，钟伟俊，1995. 科学决策理论与方法[M]. 南京：东南大学出版社.
许旭，王婧，鲁金萍，2022. 我国数字孪生城市发展呈现六大趋势[J]. 数字经济，05：38-41.
薛郁，董力耘，戴世强，2001. 一种改进的一维元胞自动机交通流模型及减速概率的影响[J]. 物理学报，50（03）：445-449.
闫海峰，董守清，李群仁，2008. 客运专线列车开行方案优化思路综述[J]. 铁道运输与经济，05：69-71，75.
燕中州，朱鹏，王泽敏，等，2013. 欧洲主要城市群发展概况及经验借鉴[J]. 天津经济，12：

13-15.

杨国清，朱文锐，文雅，等，2019. 20年来广东省土地利用碳排放强度与效率空间分异研究[J]. 生态环境学报，28（02）：332-340.

杨家文，方创琳，宋歌，等，2011. 中国城市群的机动性：趋势与机遇[J]. 城乡规划，02：13-20.

杨建新，2019. 国土空间开发布局优化方法研究——以武汉市为例[D]. 北京：中国地质大学.

杨黎静，李宁，王方方，2021. 粤港澳大湾区海洋经济合作特征、趋势与政策建议[J]. 经济纵横，02：97-104.

姚士谋，1992. 我国城市群的特征、类型与空间布局[J]. 城市问题，01：10-15，66.

姚士谋，李青，武清华，等，2010. 我国城市群总体发展趋势与方向初探[J]. 地理研究，29（08）：1345-1354.

姚士谋，周春山，张童，等，2017. 21世纪我国城市群发展的新特征、新理念[J]. 城市观察，02：26-31.

袁莉，2014. 城市群协同发展机理、实现途径及对策研究[D]. 湖南：中南大学.

叶雅阁，刘涌康，1989. 决策科学手册[M]. 天津：天津科技翻译出版公司.

叶玉玲，韩明初，陈俊晶，2018. 基于出行链的城际旅客出行方式选择行为[J]. 同济大学学报（自然科学版），09：1234-1240.

俞国琴，2007. 国内外产业转移理论回顾与评述[J]. 长江论坛，05：31-38.

余茹，成金华，2019. 2003-2017年京津冀资源环境承载力评价——基于熵权法的13个城市面板数据研究[J]. 技术经济与管理研究，02：109-115.

岳中刚，2014. 战略性新兴产业技术链与产业链协同发展研究[J]. 科学学与科学技术管理，35（02）：154-161.

曾贤刚，毕瑞亨，2014. 绿色经济发展总体评价与区域差异分析[J]. 环境科学研究，12：1564-1570.

詹龙圣，陈可欣，李倩倩，等，2021. 国土空间规划中生态保护与修复研究——以山东威海市为例[J]. 智能城市，7（11）：107-112.

张彩江，2007. 整合系统方法论（ISM）对复杂决策范式（CDP）形成的关系研究[J]. 管理工程学报，021（004）：19-23.

张丹宁，陈阳，2014. 中国装备制造业发展水平及模式研究[J]. 数量经济技术经济研究，31（07）：99-114.

张贵，李慧祥，2022. 新时代天津深入推进京津冀协同发展的战略思考[J]. 理论与现代化，03：29-39.

张国俊，王运喆，陈宇，等，2022. 中国城市群高质量发展的时空特征及分异机理[J]. 地理研究，41（08）：2109-2124.

张婧，2016. 我国跨区域大气污染防治联防联控机制研究[J]. 法制博览，30：41-42.

张俊峰，张安录，董捷，2014. 武汉城市圈土地利用碳排放效应分析及因素分解研究[J]. 长江流域资源与环境，23（5）：595-602

张尚武，潘鑫，2021. 新时期我国跨区域重大基础设施规划建设的战略思考[J]. 城市规划学刊，02：38-44.

张拴虎，杨娟，2021. 粤港澳大湾区海洋经济高质量协同发展路径与策略[J]. 新经济，11：129-132.

张文显，于宁，2001. 当代中国法哲学研究范式的转换——从阶级斗争范式到权利本位范式[J]. 中国法学，01：63-79.

参 考 文 献

张翼飞，李嘉蕙，王艺蔚，2022. 中国城市绿色基础设施绩效研究——基于自然的解决方案[J]. 生态经济，38（11）：100-107.
张媛媛，孟斌，朱海勇，2014. 城市增长模拟模型研究综述[J]. 北京联合大学学报，01：6-12.
赵丹，张京祥，2012. 高速铁路影响下的长三角城市群可达性空间格局演变[J]. 长江流域资源与环境，21（04）：391-398.
赵慧娟，唐慧佳，孙林夫，2006. 基于应用服务提供商的汽车产业链协同商务平台解决方案[J]. 计算机集成制造系统，05：745-752.
赵楠，王俊等，2023. 计及氢电混合动力车响应的多区域综合能源系统协调优化调度[J]. 电力自动化设备，43（12）：257-264.
郑燕伟，2000. 产业转移理论初探[J]. 中共浙江省委党校学报，03：19-22.
中国民用航空局，2023. 2022 年全国民用运输机场生产统计公报[R/OL]. 发展计划司.
　　https://a.tydcdn.com/2024/04/7fd1663d934537984e6651b0a15b71027b4c1c41.pdf.
钟景绍，2022. 我国危险废物利用处置现状及趋势[J]. 山东化工，51（05）：104-105，108.
钟燕，2022. 粤港澳大湾区城市群物流一体化发展的内在机理与优化路径[J]. 商业经济研究，13：171-174.
周成虎,欧阳,马廷,等,2009. 地理系统模拟的 CA 模型理论探讨[J]. 地理科学进展,06:833-838.
周松兰，刘栋，2005. 产业关联度分析模型及其理论综述[J]. 商业研究，05：107-111.
朱晟君，金文纨，胡晓辉，2020. 关联视角下的区域产业动态研究进展与反思[J]. 地理研究，39（05）：1045-1055.
朱彦东，吴兵，汪海渊，2001. 城市群综合交通系统战略规划研究[J]. 现代城市研究，04：44-47.
宗会明，黄言，2019. 高速铁路对成渝城市群区域可达性和城市相互作用格局的影响[J]. 人文地理，34（03）：99-107，127.
Andrew S A，2008. Regional integration through contracting networks：an empirical analysis of institutional collection action framework[J]. Urban Affairs Review，44（3）：378-402.
Brancalion P H S，Schweizer D，Gaudare U，et al.，2016. Balancing economic costs and ecological outcomes of passive and active restoration in agricultural landscapes：the case of Brazil[J]. Biotropica，48（6），856-867.
Cao W，Yuan X，2019. Region-county characteristic of spatial-temporal evolution and infuencing factor on land use-related CO_2 emissions in Chongqing of China，1997—2015[J]. Journal of Cleaner Production，231：619-632.
Chen Y M，Li X，Liu X Q，et al.，2014. Modeling urban land-use dynamics in a fast developing city using the modified logistic cellular automaton with a patch-based simulation strategy[J]. International Journal of Geographical Information Science，28（2）：234-255.
Chen Y M，Li X，Huang K N，et al.，2020. High-resolution gridded population projections for China under the shared socioeconomic pathways[J]. Earth's Future，8（6）．
Clarke K C，Gaydos L J，1998. Loose-coupling a cellular automaton model and GIS：long-term urban growth prediction for San Francisco and Washington/Baltimore[J]. International Journal of Geographical Informationence，12（7）：699-714.
Duvivier C，Xiong H，2013. Transboundary pollution in China：a study of polluting firms' location choices in Hebei province[J]. Environment and Development Economics：18（4）．

Dieleman F M, Faludi A, 1998. Polynucleated metropolitan regions in Northwest Europe: theme of the special issue[J]. European Planning Studies, 6 (4): 365-377.

Dong N, You L, Cai W J, et al., 2018. Land use projections in China under global socioeconomic and emission scenarios: utilizing a scenario-based land-use change assessment framework[J]. Global Environmental Change, 50: 164-177.

Garn H A, Wilson R H, 1972. A Look at Urban Dynamics: the forrester model and public policy[J]. IEEE Conference on Computer Vision and Pattern Recognition, 2 (2): 150-155.

Hidalgo C, Klinger B, Barabassi A, et al., 2007. The product space conditions the development of nations[J]. Science, 317 (5837): 482-487.

Huang Q X, He C Y, Liu Z F, et al., 2014. Modeling the impacts of drying trend scenarios on land systems in northern China using an integrated SD and CA model[J]. Science China Earth Sciences, 57 (4): 839-854.

Jin F J, Jiao J J, Qi Y J, et al., 2017. Evolution and geographic effects of high-speed rail in East Asia[J]. Journal of Geographical Sciences, 27: 515-532.

Jin J S, Wang R S, Li F, et al., 2011. Conjugate ecological restoration approach with a case study in Mentougou district, Beijing[J]. Ecological Complexity, 8 (2), 161-170.

Jin X B, Shao Y, Zhang Z H, et al., 2017. The evaluation of land consolidation policy in improving agricultural productivity in China[J]. Scientific Reports: 7 (2792).

Kamusoko C, Gamba J, 2015. Simulating urban growth using a random Forest-Cellular Automata (RF-CA) model[J]. International Journal of Geo-Information, 4 (2): 447-470.

Lagarias A, 2012. Urban sprawl simulation linking macro-scale processes to micro-dynamics through cellular automata, an application in Thessaloniki, Greece[J]. Applied Geography, 34: 146-160.

Laird J J, Nellthorp J, Mackie P J, 2005. Network effects and total economic impact in transport appraisal[J]. Transport Policy, 12 (6): 537-544.

Latawiec A E, Strassburg B B N, Brancalion P H S, et al., 2015. Creating space for large-scale restoration in tropical agricultural landscapes[J]. Frontiers in Ecology and The Environment, 13 (4): 211-218.

Li D Y, Han J W, Shi X M, et al., 1998. Knowledge representation and discovery based on linguistic atoms[J]. Knowledge-Based Systems, 10 (7): 431-440.

Li F, Zhang S W, Yang J C, et al., 2016. The effects of population density changes on ecosystem services value: a case study in Western Jilin, China[J]. Ecological Indicators, 61 (2): 328-337.

Li X, Chen Y M, 2020. Projecting the future impacts of China's cropland balance policy on ecosystem services under the shared socioeco nomic pathways[J]. Journal of Cleaner Production, 250: 119489.

Li X, Gar-On Y A, 2002. Neural-network-based cellular automata for simulating multiple land use changes using GIS[J]. International Journal of Geographical Information Systems, 16 (4): 323-343.

Li X, Liu X P, 2006. An extended cellular automaton using case-based reasoning for simulating urban development in a large complex region[J]. International Journal of Geographical Information Science, 20 (10): 1109-1136.

Li X, Zhang Y H, Liu X P, et al., 2012. Assimilating process context information of cellular automata into change detection for monitoring land use changes[J]. International Journal of

Geographical Information Science, 26 (9): 1667-1687.

Liao W L, Liu X P, Xu X Y, et al. , 2020. Projections of land use changes under the plant functional type classification in different SSP-RCP scenarios in China[J]. Science Bulletin, 65 (22): 1935-1947.

Liu X P, Li X, Liu L, et al. , 2008. A bottom-up approach to discover transition rules of cellular automata using ant intelligence[J]. International Journal of Geographical Information Science, 22 (11-12): 1247-1269.

Liu Y, Liu X H, 2009. Applying SLEUTH for simulating urban expansion of Hangzhou[J]. International Conference on Earth Observation for Global Changes, 7471 (5): 797-807.

Peeters A, Zude M, Kathner J, et al. , 2015. Getis-Ord's hot-and cold-spot statistics as a basis for multivariate spatial clustering of orchard tree data[J]. Computers and Electronics in Agriculture, 111: 140-150.

Perring M P, Erickson T E, Brancalion P H S, 2018. Rocketing restoration: enabling the upscaling of ecological restoration in the Anthropocene[J]. Restoration Ecology, 26 (6), 1017-1023.

Pijanowski B C, Tayyebi A, Doucette J, et al. , 2014. A big data urban growth simulation at a national scale: Configuring the GIS and neural network based Land Transformation Model to run in a High Performance Computing (HPC) environment[J]. Environmental Modelling & Software, 51: 250-268.

Pijanowski B C, Pithadia S, Shellito B A, et al. , 2005. Calibrating a neural network-based urban change model for two metropolitan areas of the Upper Midwest of the United States[J]. International Journal of Geographical Information Science, 19 (2): 197-215.

Pontius R G, Cornell J D, Hall C A S, 2011. Modeling the spatial pattern of land-use change with GEOMOD2: application and validation for Costa Rica[J]. Agriculture Ecosystems & Environment, 85 (1-3): 191-203.

Román C, Espino R, Martín J C, 2007. Competition of high-speed train with air transport: the case of Madrid-Barcelona[J]. Journal of Air Transport Management, 13 (5): 277-284.

Shoyama K, Matsui T, Hashimoto S, et al. , 2019. Development of land-use scenarios using vegetation inventories in Japan[J]. Sustainability Science, 14 (1): 39-52.

The Greater London Authority, 2021. The London Plan-The spatial development strategy for Greater London[R]. London: The Greater London Authority.

Verburg P H, Eickhout B, Meijl H V, 2008. A multi-scale, multi-model approach for analyzing the future dynamics of European land use[J]. The Annals of Regional Science, 42 (1): 57-77.

Verburg P H, Overmars K P, 2009. Combining top-down and bottom-up dynamics in land use modeling: exploring the future of abandoned farmlands in Europe with the Dyna-CLUE model[J]. Landscape Ecology, 24 (9): 1167-1181.

Yang B, Chen X, Wang Z Q, et al. , 2020. Analyzing land use structure efficiency with carbon emissions: a case study in the Middle Reaches of the Yangtze River, China[J]. Journal of Cleaner Production, 274: 123076.

Yao E J, Morikawa T, 2005. A study of on integrated intercity travel demand model[J]. Transportation Research Part A: Policy and Practice, 39 (4): 367-381.

后　　记

　　为解决城市群协同发展面临的实际问题，国家重点研发计划选择开放程度最高、经济活力最强的粤港澳大湾区，立项开展"粤港澳大湾区城市群综合决策和协同服务研究与示范"项目。针对城市群协同发展综合决策协同难度大、跨地域资源共享难、协调难、决策难以及决策手段和模式单一等问题，设子课题"城市群综合决策支持技术"，由深圳市城市规划设计研究院股份有限公司（以下简称深圳规划院）承担完成。本书以子课题"城市群综合决策支持技术"研究成果为支撑，以范式-决策-实践为主线，整体构建了城市群协同发展综合决策的体系化框架，并针对粤港澳大湾区多场景需求进行了实践应用。

　　感谢"粤港澳大湾区城市群综合决策和协同服务研究与示范"重点专项的牵头单位深圳大学，系统协调并统筹开展各项课题研究工作，对本子课题的研究方向和技术重点进行总体把控。感谢国家超级计算深圳中心（深圳云计算中心），为本子课题提供了软件开发、模型集成等技术支撑。感谢广东省科学院广州地理研究所、中电科新型智慧城市研究院股份有限公司、广东省土地调查规划院、香港理工大学深圳研究院、中国科学院自动化研究所、中山大学、广东省国土资源技术中心和北京高德云图科技有限公司等联合研究单位，通过高效的技术交流与信息共享，为本子课题打通技术思维提供了重要支持。

　　特别感谢深圳大学郭仁忠院士以及黄正东、贺彪、涂伟、李晓明、李敏敏等老师对本子课题研究内容和技术难点的指导和帮助，感谢黄涛、单广志、刘小平、陈明星、郑华、吴健生、吕晓蓓、安鹤男、秦培武等多位专家对本子课题的悉心指导。最后感谢深圳规划院多团队的鼎力支持，本书的形成得益于跨专业、多部门的联合攻关，体现了深圳规划院一如既往的开放合作的工作作风和务实创新的工作理念。在此对各位付出的辛勤劳动表示最真挚的感谢！

　　本书尝试运用场景思维、决策导向和案例实践的综合方法研究城市群这一开放的复杂巨系统，期望本书能从理论、方法、实践层面为城市群复杂问题的解决提供综合决策实施的系统路径。然而技术的迅速迭代、方法的日益优化与数据的多源复杂对已有研究提出了持续优化的挑战，我们的工作也一直在路上。本书中难免存在疏漏和不足，望得到同行们的持续指点！

本书作者

2024 年 3 月于深圳

彩　　图

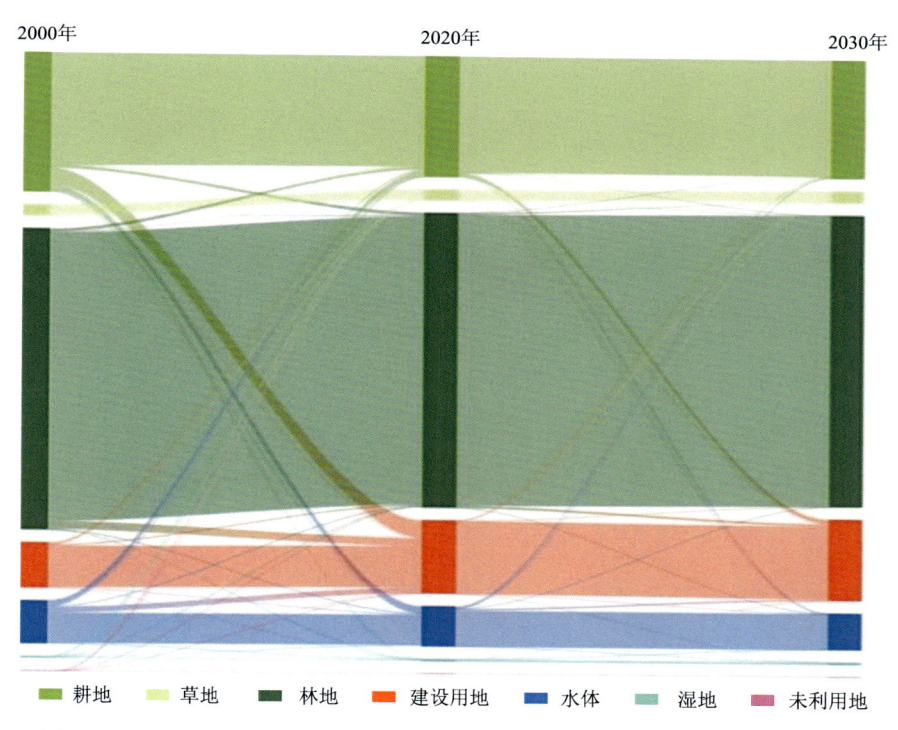

图 4.2　基于历史趋势情景的 2000—2030 年粤港澳大湾区土地利用变化桑基图

(a) 2002年 (b) 2017年

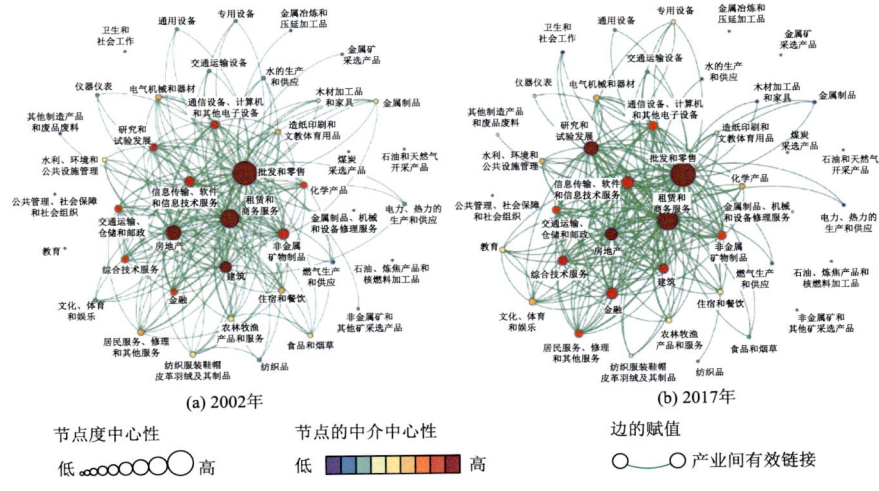

节点度中心性　　　节点的中介中心性　　　边的赋值

低 ○○○○○ 高　　低 ▮▮▮▮▮▮▮ 高　　○—○ 产业间有效链接

图 4.5　广东省企业关联网络结构图

产业间企业相互投资次数/次　0　1　2　5　19　4 033

(a) 2002年

产业间企业相互投资次数/次　0　1　3　22　112　22 669

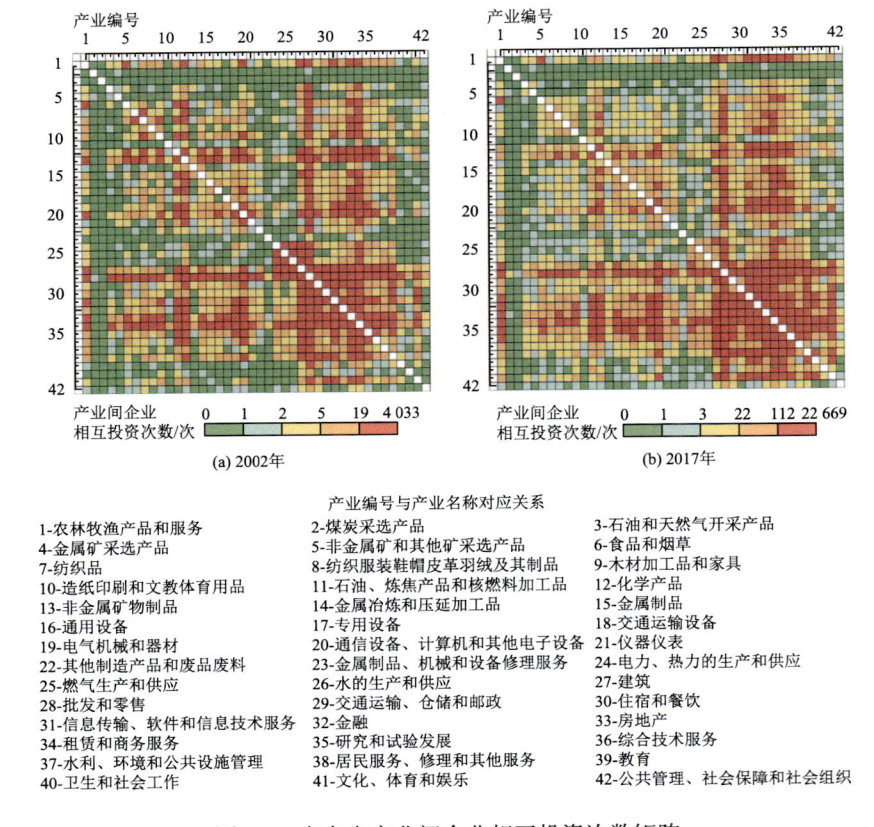

(b) 2017年

产业编号与产业名称对应关系

1-农林牧渔产品和服务　　　2-煤炭采选产品　　　　　　　3-石油和天然气开采产品
4-金属矿采选产品　　　　　5-非金属矿和其他矿采选产品　6-食品和烟草
7-纺织品　　　　　　　　　8-纺织服装鞋帽皮革羽绒及其制品　9-木材加工品和家具
10-造纸印刷和文教体育用品　11-石油、炼焦产品和核燃料加工品　12-化学产品
13-非金属矿物制品　　　　　14-金属冶炼和压延加工品　　　15-金属制品
16-通用设备　　　　　　　　17-专用设备　　　　　　　　　18-交通运输设备
19-电气机械和器材　　　　　20-通信设备、计算机和其他电子设备　21-仪器仪表
22-其他制造产品和废品废料　23-金属制品、机械和设备修理服务　24-电力、热力的生产和供应
25-燃气生产和供应　　　　　26-水的生产和供应　　　　　　27-建筑
28-批发和零售　　　　　　　29-交通运输、仓储和邮政　　　30-住宿和餐饮
31-信息传输、软件和信息技术服务　32-金融　　　　　　　　33-房地产
34-租赁和商务服务　　　　　35-研究和试验发展　　　　　　36-综合技术服务
37-水利、环境和公共设施管理　38-居民服务、修理和其他服务　39-教育
40-卫生和社会工作　　　　　41-文化、体育和娱乐　　　　　42-公共管理、社会保障和社会组织

图 4.6　广东省产业间企业相互投资次数矩阵

(a) 2002年　　(b) 2017年

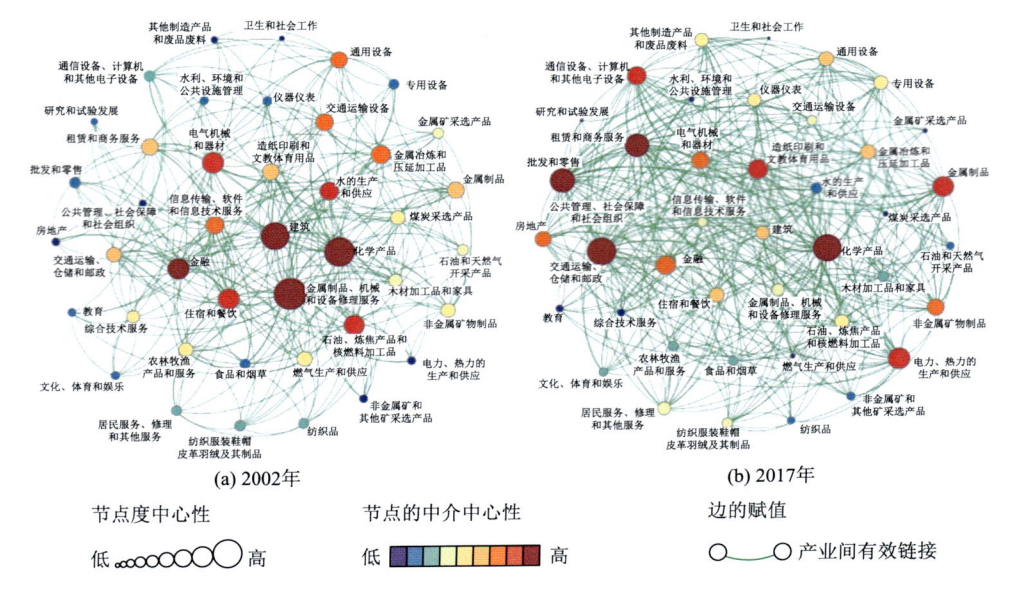

节点度中心性　　节点的中介中心性　　边的赋值

低 ○○○○○ 高　　低 ▨▨▨▨▨ 高　　○─○ 产业间有效链接

图 4.7　广东省产业关联网络结构图

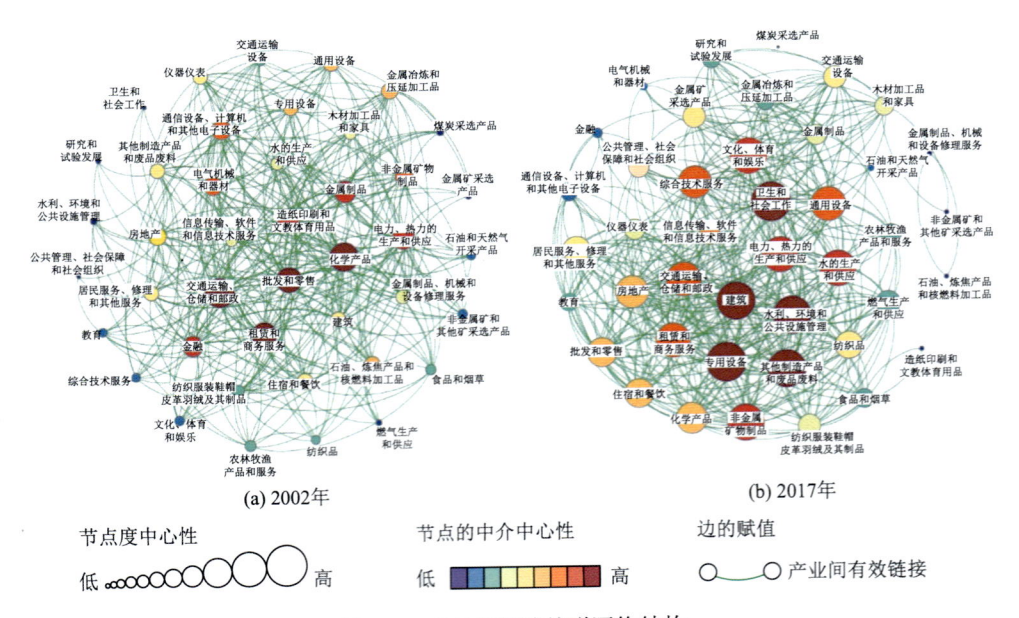

(a) 2002年　　(b) 2017年

节点度中心性　　节点的中介中心性　　边的赋值

低 ○○○○○ 高　　低 ▨▨▨▨▨ 高　　○─○ 产业间有效链接

图 4.9　广东省区域关联网络结构

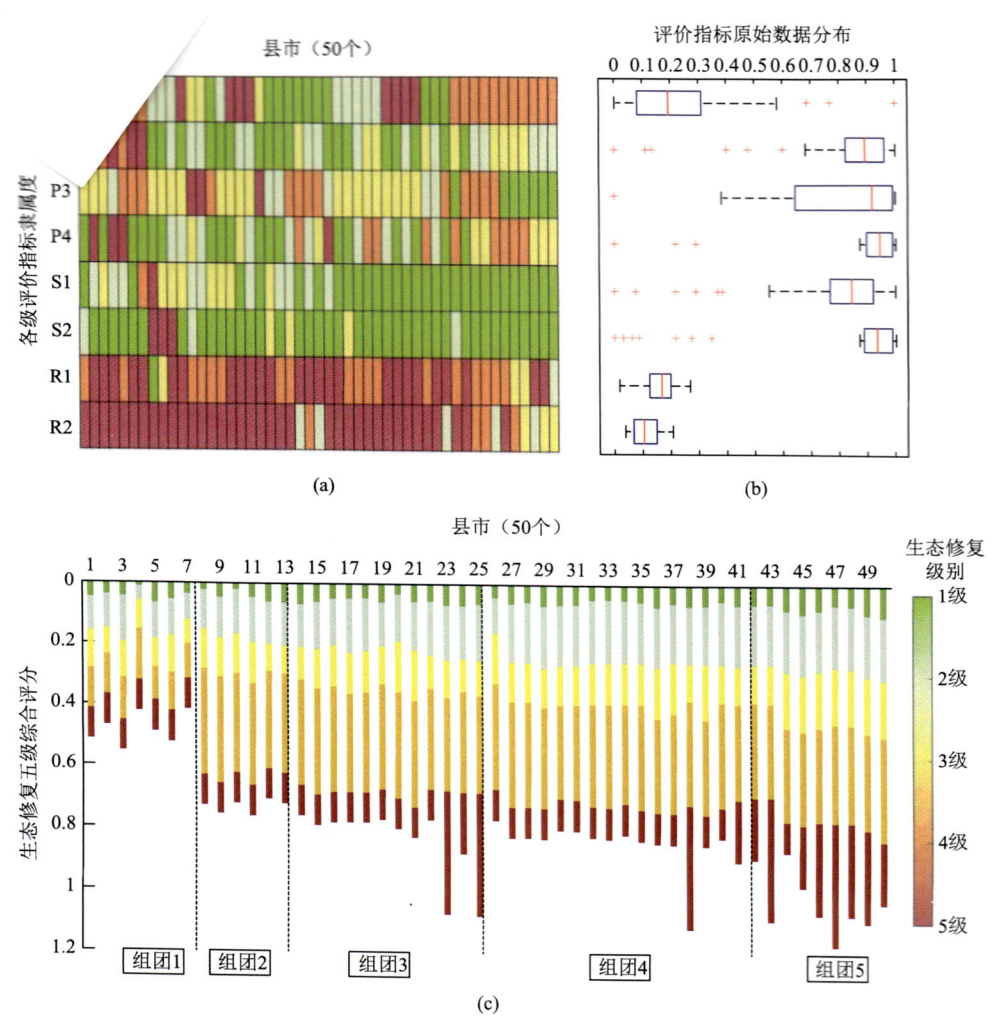

图 4.14 粤港澳大湾区县/市国土空间生态修复各指标拟合结果